高等院校土建类专业"互联网+"创新规划教材

建设工程项目管理

主　编	范红岩	宋岩丽
副主编	冀彩云	左亚静
参　编	陈立东	张　晋
	姚新红	程炳勇
主　审	苏锦龙	田恒久

北京大学出版社
PEKING UNIVERSITY PRESS

内 容 简 介

本书以现行国家标准《建设工程项目管理规范》（GB/T 50326—2017）为基础，全面系统地介绍了建设工程项目管理的内容体系，注重理论联系实际。

全书共分9个模块，主要内容包括：建设工程项目管理概论、建设工程项目管理组织、建设工程合同管理、建设工程项目进度管理、建设工程项目质量管理、建设工程项目成本管理、建设工程项目安全生产、绿色建造与环境管理、建设工程项目风险管理、建设工程项目管理规划。

本书可作为高等职业教育本科土木建筑大类中建设工程管理、工程造价、建筑工程等专业的教材，也可供相关专业的工作人员使用和参考。

图书在版编目(CIP)数据

建设工程项目管理/范红岩，宋岩丽主编．—北京：北京大学出版社，2024.6
高等院校土建类专业"互联网+"创新规划教材
ISBN 978-7-301-34993-9

Ⅰ.①建… Ⅱ.①范…②宋… Ⅲ.①基本建设项目—项目管理—高等学校—教材 Ⅳ.①F284

中国国家版本馆 CIP 数据核字(2024)第 082760 号

书　　　名	建设工程项目管理 JIANSHE GONGCHENG XIANGMU GUANLI
著作责任者	范红岩　宋岩丽　主编
策 划 编 辑	吴　迪
责 任 编 辑	伍大维
数 字 编 辑	蒙俞材
标 准 书 号	ISBN 978-7-301-34993-9
出 版 发 行	北京大学出版社
地　　　址	北京市海淀区成府路 205 号　100871
网　　　址	http://www.pup.cn　新浪微博：@北京大学出版社
电 子 邮 箱	编辑部 pup6@pup.cn　总编室 zpup@pup.cn
电　　　话	邮购部 010-62752015　发行部 010-62750672　编辑部 010-62750667
印 刷 者	北京飞达印刷有限责任公司
经 销 者	新华书店
	787 毫米×1092 毫米　16 开本　21.75 印张　531 千字 2024 年 6 月第 1 版　2024 年 6 月第 1 次印刷
定　　　价	59.00 元

未经许可，不得以任何方式复制或抄袭本书之部分或全部内容。
版权所有，侵权必究
举报电话：010-62752024　电子邮箱：fd@pup.cn
图书如有印装质量问题，请与出版部联系，电话：010-62756370

前言

2021年,教育部对职业教育专业目录进行了全面修(制)订,形成了《职业教育专业目录(2021年)》,高职本科专业由原来的80个增至247个。本教材是应高等职业教育本科"土木建筑大类"中"土建施工类""建设工程管理类"专业教学需求,为此类专业"建设工程项目管理"这一专业核心课程教学提供的适用教材,其目的是使学生掌握建设工程项目管理的基本原理、知识、方法和技能,培养能够从事大型或复杂建设工程项目管理工作的高层次技术技能人才。

教材对接相关专业简介、专业教学标准(征求意见稿)、行业标准,以《建设工程项目管理规范》(GB/T 50326—2017)为基础,参考全国一、二级建造师执业资格考试用书,在全面介绍建设工程项目全过程管理的基础上,侧重强调建设工程项目施工阶段的管理,将"建筑工程施工组织"和"项目管理"的理论、方法和技能融为一体,形成一本较为完整的、适用高等职业教育本科要求的建设工程项目管理教材。本教材具有以下特点。

第一,以立德树人为根本,挖掘课程思政元素。根据教学内容,本教材适时适度开发课程思政元素,将其有机融入教材,引导教师将价值塑造、知识传授和能力培养三者融为一体,培养具有"家国情怀、科学素养、法律意识、工程伦理、工匠精神、职业理想"的技术技能型人才。同时本教材将党的二十大精神有机融入其中,引导教师在知识和技能传授中以立德树人为根本,引领主流价值观。

第二,力求把握与普通本科、高职专科教材的区别。坚持职业教育类型特征,校企合作共同分析岗位需求,确定能力目标,以职业活动为单元组织教学内容,在部分模块设置"工作任务单",体现了"能力为本"的职业性及教材的实用性。与高职专科培养面向专业技术的应用型人才相比,高职本科的教育目标是培养面向专业领域的应用型人才,由于高职本科毕业生从业需要解决更为复杂的问题,因而涉及的教学内容相应更宽、更深,要求学生不仅知其然,还要知其所以然。

第三,以行业发展为引领,体现现行国家、行业标准及行业发展新要求。本教材充分体现了建筑业新经济、新技术,反映了信息化、绿色建造等对建设工程项目管理的要求,将现行国家、行业标准贯穿于教材相应内容中。

第四,以"互联网+"为依托,提供了丰富的学习资源。本教材通过二维码提供知识链接、工程案例、在线答题、习题辅导等配套资源，并将及时调整更新。

　　本教材由山西工程科技职业大学负责，与中天建设集团有限公司山西分公司合作编写，由山西工程科技职业大学范红岩、宋岩丽任主编，山西工程科技职业大学冀彩云、左亚静任副主编，山西工程科技职业大学陈立东、张晋、姚新红和中天建设集团有限公司山西分公司程炳勇参编。本教材具体编写分工如下：范红岩编写模块1，宋岩丽编写模块5，冀彩云编写模块4，左亚静编写模块3和模块8，陈立东编写模块2，张晋编写模块6，姚新红编写模块7，程炳勇编写模块9。全书由中建二局第二建筑工程有限公司苏锦龙和山西工程科技职业大学田恒久主审。中天建设集团有限公司山西分公司、中建二局第二建筑工程有限公司等单位提供了部分案例。在编写过程中，笔者还查阅和检索了建设工程项目管理方面的大量信息、资料，吸收了国内外许多同行专家的最新研究成果，选用了哔哩哔哩、维基百科、OFweek维科网等网站的资料，在此表示衷心的感谢！

　　由于编者水平有限，教材中难免存在疏漏和不妥之处，恳请广大读者批评指正。

编　者
2024年3月

目 录

模块 1　建设工程项目管理概述 ……………………………………………………………… 1
　　任务单元 1.1　建设工程项目管理基础知识 ………………………………………………… 4
　　任务单元 1.2　建设工程项目管理的内容和类型 …………………………………………… 9
　　任务单元 1.3　施工项目管理 ………………………………………………………………… 12
　　任务单元 1.4　建设工程项目目标控制基本原理 …………………………………………… 16
　　任务单元 1.5　项目管理的产生与发展 ……………………………………………………… 19
　　模块小结 ……………………………………………………………………………………… 21
　　思考与练习 …………………………………………………………………………………… 21

模块 2　建设工程项目管理组织 ……………………………………………………………… 24
　　任务单元 2.1　建设工程项目管理的组织理论 ……………………………………………… 26
　　任务单元 2.2　施工方的管理组织机构 ……………………………………………………… 38
　　任务单元 2.3　施工企业项目经理 …………………………………………………………… 45
　　模块小结 ……………………………………………………………………………………… 50
　　思考与练习 …………………………………………………………………………………… 50

模块 3　建设工程合同管理 …………………………………………………………………… 53
　　任务单元 3.1　建设工程合同管理概述 ……………………………………………………… 55
　　任务单元 3.2　建设工程施工合同的订立 …………………………………………………… 58
　　任务单元 3.3　建设工程施工合同的履行 …………………………………………………… 62
　　任务单元 3.4　建设工程施工合同的变更、违约、索赔、终止和争议 …………………… 66
　　模块小结 ……………………………………………………………………………………… 70
　　思考与练习 …………………………………………………………………………………… 71

模块 4　建设工程项目进度管理 ……………………………………………………………… 73
　　任务单元 4.1　建设工程项目进度管理概述 ………………………………………………… 75
　　任务单元 4.2　流水施工原理与横道计划 …………………………………………………… 80
　　任务单元 4.3　网络计划技术 ………………………………………………………………… 96
　　任务单元 4.4　建设工程项目进度计划的编制与实施 ……………………………………… 131
　　任务单元 4.5　建设工程项目施工进度计划的检查与调整 ………………………………… 145
　　模块小结 ……………………………………………………………………………………… 159
　　思考与练习 …………………………………………………………………………………… 159

模块 5　建设工程项目质量管理 … 169

  任务单元 5.1　建设工程项目质量管理概述 … 172
  任务单元 5.2　建设工程项目参与方的质量责任及建设工程质量管理制度 … 177
  任务单元 5.3　建设工程项目质量管理程序 … 181
  任务单元 5.4　质量控制的数理统计分析方法 … 192
  模块小结 … 208
  思考与练习 … 208

模块 6　建设工程项目成本管理 … 212

  任务单元 6.1　建设工程项目成本管理概述 … 214
  任务单元 6.2　建设工程项目成本计划 … 219
  任务单元 6.3　建设工程项目成本控制 … 229
  任务单元 6.4　建设工程项目成本核算 … 239
  任务单元 6.5　建设工程项目成本分析与考核 … 242
  模块小结 … 254
  思考与练习 … 254

模块 7　建设工程项目安全生产、绿色建造与环境管理 … 258

  任务单元 7.1　建设工程项目安全生产、绿色建造与环境管理概述 … 260
  任务单元 7.2　建设工程项目安全生产管理 … 264
  任务单元 7.3　建设工程项目绿色建造与环境管理 … 275
  模块小结 … 278
  思考与练习 … 279

模块 8　建设工程项目风险管理 … 283

  任务单元 8.1　建设工程项目风险管理概述 … 285
  任务单元 8.2　建设工程项目风险识别 … 287
  任务单元 8.3　建设工程项目风险评估 … 291
  任务单元 8.4　建设工程项目风险应对与监控 … 293
  模块小结 … 295
  思考与练习 … 296

模块 9　建设工程项目管理规划 … 298

  任务单元 9.1　建设工程项目管理规划概述 … 300
  任务单元 9.2　建设工程项目管理实施规划 … 302
  任务单元 9.3　建筑施工组织设计 … 316
  任务单元 9.4　××奥体中心工程项目管理实施规划案例 … 318
  模块小结 … 338
  思考与练习 … 338

参考文献 … 342

模块 1 建设工程项目管理概述

能力目标

通过本模块的学习，学生要对建设工程项目管理有一个轮廓性的认识，能够根据建设工程项目管理主体的不同，划清建设工程项目管理的目标和任务，建立建设工程项目目标控制意识。在教学过程中，应培养学生全方位、全面认识事物的能力。

知识目标

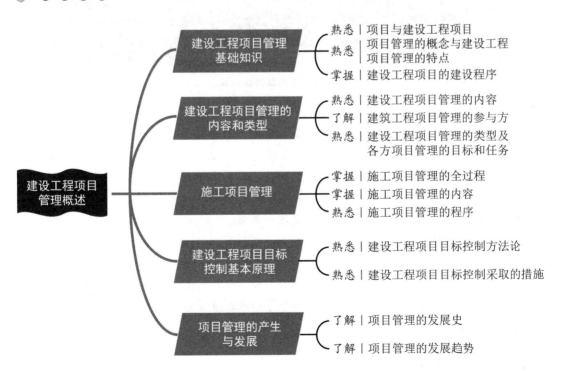

引 例

成都某万达广场商业楼项目管理

1. 项目概况

成都某万达广场（图1.1）是一座集商业、娱乐于一体的城市综合体，位于四川省成都市，由成都某万达广场置业有限公司投资建设，中建某公司施工总承包。该项目经过行政审批和营商环境建设局立项备案，于2019年9月21日开工，2020年11月24日竣工。该项目占地面积32548.73m^2，总建筑面积119729.81m^2，建筑高度24m，主体为钢筋混凝土框架结构，筏板基础（含下柱墩）。

图1.1 成都某万达广场

2. 工程设计创新

该项目外立面为游轮造型设计，契合青白江国家陆港物流枢纽的城市气质；L形规划设计节材节地；采用BIM技术优化设计，实现绿色、低碳建造；室内多曲线弧形装饰，突出游轮主题，铝板幕墙保证了外立面持久如新；步行街采用超长采光顶，节能降耗成效显著；"慧云智能化管理系统"的应用，实现了全年最低运行能耗目标。该项目荣获二星级绿色建筑设计标识证书、省级优秀勘察设计一等奖。

3. 施工管理创新

1）施工特点、难点及技术创新

（1）施工特点

大商业广场室内专业种类多，全专业工序穿插施工复杂，对施工总承包单位的统筹部署及协调管理能力要求高；室内曲线石膏板及装饰线条较多，灯具、烟感、喷淋头定位施工难度大，精度要求高，施工进度控制严格。

（2）施工难点及技术创新。

砂卵石地质层旋挖钻孔支护桩塌孔率高、成孔难度大。该项目研发了河槽淤泥夹层条件下的桩基防塌孔施工工法，通过注水压力平衡技术结合泥浆护壁技术等综合施工技术，有效地解决了旋挖塌孔的难题。该工法获河南省工程建设省级工法。

中庭超大采光顶封闭施工周期长、精度高，雨季对室内精装修质量及工期影响极大。室内中庭采光顶如果采用传统满堂架的搭设方案，对室内精装修影响极大。该项目研发了预应力索网与格构式支撑组合柔性旋转平台作为采光顶安装的操作平台，有效地缩短了精装修的施工工期。该项施工技术荣获中国施工企业管理协会工程建设科学技术进步奖二等奖。

大商业机电管线综合多且复杂，解决管线碰撞问题施工难度大。该项目研发了二维码传输轻量化模型在BIM项目中应用的施工工法，通过将BIM模型轻量化处理，实现了在手机终端传输，指导现场管线碰撞施工难题的目标。该工法已成功申报广东省住房和城乡建设厅工程建设省级工法。

2）新技术运用及成果

该项目应用了建筑业10项新技术中的9大项26小项新技术，荣获省级建筑业新技术应用示范工程、省级BIM技术应用大赛奖；此外，该项目还应用了二维码传输轻量化技术、加气混凝土砌块填充墙裂缝控制技术、机电消声减振综合施工技术等先进创新技术。

3）质量管理

该项目在施工图会审及审查阶段，建设单位组织五方责任主体单位共同参与，确定了"国家优质工程奖"的目标，力争在图纸会审中完成优化，提升项目品质。在施工阶段，施工单位制订了合理的创优计划，健全了质量管理体系，组建了工程创优小组；监理单位严格管控过程质量，执行国家优质工程的验收标准。该项目分部分项工程质量管理有序，验收一次通过，质量优秀，最终获得"中建杯"优质工程金质奖。

4）绿色施工管理

该项目施工采用废气排放环保措施，施工期严格执行"六必须""六不准"原则，并按照《成都市重污染天气应急预案（试行）》（成办发〔2013〕63号）中的相关要求执行；对于生活污水、施工废水、固体废弃物、噪声等都采取了环保措施进行处理；采取各种措施节约用能、用材、用地和用水，实现了"四节一环保"（节能、节材、节水、节地和环境保护）的目标。

4. 管理成效

该项目无任何质量、安全事故，无拖欠农民工工资现象，自交付投入运营以来，各分部分项工程质量优秀，使用功能达到设计要求。该项目运营以来，促进了地区经济发展，经济效益及社会效益达到同期国内先进水平。该项目荣获2022—2023年度第一批"国家优质工程奖"。

引言

党的二十大报告提出，坚持发扬斗争精神，知难而进、迎难而上，统筹发展和安全，全力战胜前进道路上各种困难和挑战。上述案例中，各方项目管理主体精诚合作，各司其职，尤其是施工方在管理过程中根据施工难点进行技术创新，严格管控质量，施行绿色施工，管理成效显著。实践证明，不畏艰难、科学管理是保证工程项目目标实现的"金钥匙"。

任务单元 1.1　建设工程项目管理基础知识

1.1.1　项目

1．项目的概念

项目是指在一定的约束条件下，具有特定目标的一次性任务。

许多制造业的生产活动往往是连续不断和周而复始的活动，这些活动被称为作业。而项目是一种非常规性、非重复性和一次性的任务，通常有确定的目标和确定的约束条件（质量、时间和费用等）。项目是指一个过程，而不是指过程终结后所形成的成果。例如，某个住宅小区的建设过程是一个项目，而建设完成后的住宅楼及其配套设施是这个项目完成后形成的成果。

项目包括许多内容，可以是建设一项工程，如建筑工程、公路工程等，也可以是完成某项科研课题或研制一套设备，还可以是开发一套计算机应用软件等。典型的项目有以下几种。

（1）新产品服务开发，如新型家电的开发。

（2）技术改造或技术革新，如现有设备或流水线的更新改造。

（3）科学技术研究或开发，如新材料、新工艺的开发。

（4）工程建设，如高速公路、住宅的建设。

（5）政府或社团组织推行的活动，如人口普查、申办奥运会工程。

（6）大型体育比赛或文艺演出，如奥运会比赛、春节文艺晚会。

2．项目的特征

项目通常具有如下基本特征。

1）项目的一次性或单件性

项目的一次性或单件性是项目最主要的特征。所谓一次性或单件性，是指就任务本身和最终成果而言，没有完全相同的另一项任务。例如建设一项工程或开发一项新产品，不同于其他工业产品的批量性，也不同于其他生产过程的重复性。项目的一次性意味着一旦项目管理工作出现较大失误，其损失不可挽回。因此，必须有针对性地根据项目的具体情况进行科学的管理，以保证项目一次成功。

2）项目的目标性和约束性

任何项目都具有预定的目标，目标是项目存在的前提。但是实现项目目标时总是具有一定的约束条件。一般情况下，项目的约束条件包括限定的质量、限定的时间和限定的费用，通常称这三个约束条件为项目的三大目标（质量目标、时间目标和费用目标）。如何在限定的约束投条件下实现具体的项目目标，是项目管理工作的主要任务。

3）项目具有生命周期

项目的一次性或单件性决定了每个项目都具有生命周期。任何项目都有产生、发展和结束的过程，在生命周期的不同阶段都有不同的任务和工作内容，因而管理的方法和内容也会有所不同。成功的项目管理是对项目全过程的管理和控制，是对整个项目生命周期的管理。

3. 项目的分类

项目按专业特征划分，分为科研项目、建设工程项目、航天项目、维修项目、咨询项目等。建设工程项目是项目中数量最多也是最为典型的一类。

1.1.2　建设工程项目

1. 建设工程项目的概念

建设工程项目是为完成依法立项的新建、扩建、改建的各类工程而进行的，有起止日期、达到规定要求的一组相互关联的受控活动，包括策划、勘察、设计、采购、施工、试运行、竣工验收和考核评价等阶段。建设工程项目是为人们的生产、生活提供场所或辅助工程设施，含有一定的建筑或建筑安装工程。例如，建设具有一定生产能力的流水线，建设具有一定生产能力的工厂或车间，建设一定长度和等级的公路，建设一定规模的医院，建设一定规模的住宅小区，等等。

2. 建设工程项目的组成

建设工程项目可分为单项工程、单位工程、分部工程和分项工程。

（1）单项工程是建设工程项目的组成部分。单项工程是指具有独立的设计文件，可以独立组织施工，建成后能够独立发挥生产能力或效益的工程。例如，工业项目的生产车间，民用项目的办公楼、影剧院、教学楼等。一个简单的建设工程项目也可能只由一个单项工程组成。

（2）单位工程是单项工程的组成部分。单位工程是指具有独立的设计文件，可以独立组织施工，但建成后不能单独进行生产或发挥效益的工程。例如，某车间是一个单项工程，该车间的建筑工程就是一个单位工程，该车间的设备安装工程也是一个单位工程。

（3）分部工程是单位工程的组成部分。例如，一般情况下，建筑工程可按其主要部位划分为基础工程、主体工程和屋面工程等分部工程；设备安装工程可按其设备种类和专业不同划分为建筑采暖工程、建筑电气安装工程、通风与空调工程、电梯安装工程等分部工程。

（4）分项工程是分部工程的组成部分。分项工程一般按主要工种、材料、施工工艺、设备类别等进行划分。例如，钢筋工程、模板工程、混凝土工程、砌筑工程、门窗工程等都是分项工程。分项工程既是建筑施工生产活动的基础，也是计量工程用工、用料和机械台班消耗的基本单元，还是工程质量形成的直接过程。

3. 建设工程项目的特点

建设工程项目除具有一般项目的特点外，还具有以下特点。

1）整体性强

一个建设工程项目是按照一个总体目标设计进行建设，由相互配套的若干个单项工程组合而成的，其中一个子项目的失败有可能影响整个项目功能的实现。项目建设包括多个阶段，各阶段之间有着紧密的联系，各阶段的工作都会对整个项目的完成产生影响。

2）投资风险大、管理复杂

建设工程项目投资巨大、建设的一次性及建设时间长等特点，导致其不确定因素多、投资风险大；建设工程项目在实施过程中参与单位众多，各单位之间的沟通、协调困难，导致管理过程复杂，管理难度大。例如，长江三峡水利枢纽工程从可行性研究到建成历时数十载，耗资数千亿元人民币。所以，如果建设工程项目决策失误或管理失误，有可能带来严重后果，甚至影响国民经济。

3）建设工程项目体积庞大且具有固定性

建设工程项目体积庞大且具有固定性就是建设工程项目具有地点固定、体积庞大的特点。不同地点的地质条件是不相同的，周边环境也千差万别。而且建设工程项目体积庞大，几乎不可搬运和挪动，所以建设工程项目只能单件设计、单件建设，而不能批量生产。

4. 建设工程项目的分类

1）按专业分类

建设工程项目按专业不同，可分为建筑工程项目、公路工程项目、水电工程项目、港口工程项目和铁路工程项目等。

2）按参与方不同分类

同一建设工程项目，参与建设的各方常因职责不同而赋予其不同的名称。例如，投资方或政府部门常称建设工程项目为建设项目，设计方称所设计的建设工程项目为设计项目，施工方称所施工的建设工程项目为施工项目，工程监理方称所监理的建设工程项目为监理项目，工程咨询方称所咨询的建设工程项目为咨询项目。

1.1.3 项目管理的概念

项目管理是指在一定的约束条件下，运用系统的理论和方法，对项目进行计划、组织、指挥、协调和控制等专业化活动。

项目管理的目的是保证项目目标的实行。项目管理的对象是项目，由于项目具有单件性和一次性的特点，因此项目管理应具有针对性、系统性、程序性和科学性。只有应用系统的观点、方法和理论进行项目管理，才能保证项目目标的顺利实现。

1.1.4 建设工程项目管理的特点

建设工程项目管理是项目管理中的一大类，其管理对象是建设工程项目。建设工程项目管理的特点如下。

1. 建设工程项目管理的一次性

北京大兴国际机场建设实录

建设工程项目的单件性和一次性特征，决定了建设工程项目管理的一次性特征。没有完全相同的建设工程项目管理经验可以借鉴、重复，管理过程中一旦出现失误，将会导致严重损失。因此，建设工程项目管理应严密组织、严格管理。

2. 建设工程项目管理的全过程性和综合性

建设工程项目的各阶段既有明显界限，又相互有机衔接、不可间断，这就决定了建设工程项目管理是对项目生命周期全过程的综合管理，如对项目的可行性研究、勘察设计、招标投标、施工等各阶段全过程的管理，在每个阶段中又包含进度、质量、投资（成本）、安全的管理。因此，建设工程项目管理具有全过程性和综合性。

3. 建设工程项目管理的强约束性

任何建设工程项目都有明确的目标，即限定的进度、质量、投资（成本）、安全等要求，各种要求之间相互影响和制约，一旦某些方面的约束被突破，就可能对其他方面造成不利的影响，进而影响项目整体目标的实现，所以建设工程项目管理是一种强约束管理。建设工程项目管理的重点在于管理者如何在不超越限制条件的前提下，充分调动和利用各种资源，完成既定任务，达到预期目标。

1.1.5　建设工程项目的建设程序

建设工程项目的建设程序是指建设工程项目从设想、提出到决策，经过设计、施工直到投产使用的全过程的各个阶段及各项主要工作之间必须遵循的先后顺序。

按照建设工程项目发展的内在联系和发展过程，建设程序分成若干阶段，这些阶段有严格的先后顺序，不能任意颠倒和违反其发展规律，应坚持按建设工程项目建设的客观规律办事，正确处理建设工程项目建设过程中各个阶段、各个环节、各项工作之间的关系，提高工程建设的经济效益。

建设工程项目的全生命周期包括项目的决策、实施和使用三大阶段，又可详细地划分为以下七个阶段，如图1.2所示。

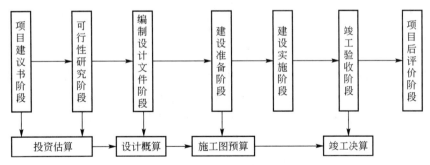

图1.2　建设工程项目建设程序图

1. 项目建议书阶段

项目建议书阶段，也称初步可行性研究阶段。项目建议书是由项目法人提出的，要求建设某一建设工程项目的建议性文件，是对拟建项目的轮廓设想。项目建议书的主要作用是对拟建项目进行初步说明，论述其建设的必要性、条件的可行性和获利的可能性，供基本建设管理部门选择并确定是否进行下一步工作。

2. 可行性研究阶段

项目建议书批准后，即可进行可行性研究。可行性研究是项目前期工作最重要的内容，是指在项目决策前，通过对有关的工程、技术、经济等各方面条件和情况进行调查、研究、分析，对各种可能的建设方案和技术方案进行比较论证，并对项目建成后的经济效益进行预测和评价，由此考察项目技术上的先进性和适用性、经济上的盈利性和合理性、建设的可能性和可行性，为项目最终决策提供直接的依据。

在可行性研究的基础上编写可行性研究报告，必须具有相当的深度和准确性。可行性研究报告经评估后，按项目审批权限由各级审批部门进行审批。批准后的可行性研究报告是初步设计的依据，不得随意修改或变更。

3. 编制设计文件阶段

可行性研究报告批准后，建设单位可委托设计单位，根据可行性研究报告的要求，编制设计文件。

一般建设工程项目（包括工业与民用建筑、城市基础设施、水利工程、道路工程等），设计过程划分为初步设计和施工图设计两个阶段。对技术复杂而又缺乏经验的项目，可根据不同行业的特点和需要，增加技术设计阶段。

1）初步设计

初步设计的内容依项目的类型不同而有所变化，一般来说，它是项目的宏观设计，即项目的总体设计、布局设计、主要的工艺流程、设备的选型和安装设计，土建工程量及费用的估算，等等。初步设计文件应当满足编制施工招标文件、主要设备材料订货和编制施工图设计文件的需要，是下一阶段设计的基础。

初步设计批准后，设计概算即为建设工程项目投资的最高限额，未经批准，不得随意突破。确因不可抗拒因素造成投资突破设计概算时，须上报原批准部门审批。

2）技术设计

技术设计可以进一步解决初步设计中的重大技术问题，如工艺流程、建筑结构、设备选型及数量确定等，同时对初步设计进行补充和修正，然后修正总概算。

3）施工图设计

施工图设计的主要内容是根据批准的初步设计，绘制出正确、完整和尽可能详细的建筑、结构、安装图纸。施工图设计完成后，必须委托施工图设计审查单位审查并在加盖审查专用章后使用。经审查的施工图设计，还必须经有权审批的部门进行审批。

4. 建设准备阶段

建设准备阶段的主要工作内容包括：征地、拆迁和场地平整；完成施工用水、电、路等工程；准备设备、材料订货；准备必要的施工图纸；组织施工招标，择优选定施工单位。

5. 建设实施阶段

建设工程项目经批准开工后，便进入了建设实施阶段。本阶段的主要任务是实现投资决策意图。在这一阶段，通过施工，在规定的工期、质量、成本范围内，按设计要求高效率地实现项目目标。建设实施是建设工程项目管理的重点阶段，在整个项目生命周期中工作量最大，投放的人力、物力和财力最多，管理的难度也最大。

在建设实施阶段还要进行生产准备或使用准备。生产准备是生产性建设项目投产前所要进行的一项重要工作，它是连接基本建设和生产的桥梁，是建设转入生产经营的必要条件。使用准备是非生产性建设项目正式投入运营使用所要进行的工作。

6. 竣工验收阶段

建设工程项目全部完成，符合设计要求，并具备竣工图表、竣工决算、工程总结等必要文件资料时，由项目主管部门或建设单位向负责验收的单位提出竣工验收申请报告。竣工验收合格后，方可交付使用；未经验收或者验收不合格的，不得交付使用。

竣工验收是投资成果转入生产或服务的标志，对促进建设工程项目及时投产、发挥投资效益及总结建设经验都有重要意义。

7. 项目后评价阶段

项目后评价是在建设工程项目竣工投产、生产运营一段时间后，对项目进行系统评价的一种技术经济活动。评价内容主要包括：影响评价——对项目投产后对各方面的影响进行评价；经济效益评价——对项目投资、国民经济效益、财务效益、技术进步和规模效益、可行性研究深度等进行评价；过程评价——对项目的立项决策、设计施工、竣工投产、生产运营等全过程进行评价。通过项目后评价可以达到肯定成绩、总结经验、研究问题、吸取教训、提出建议、改进工作，不断提高项目决策水平和增强投资效果的目的。

目前我国开展的项目后评价一般按三个层次组织实施，即项目法人的自我评价、项目所在行业的评价和各级发展计划部门（或主要投资方）的评价。

任务单元1.2 建设工程项目管理的内容和类型

1.2.1 建设工程项目管理的内容

《建设工程项目管理规范》（GB/T 50326—2017）指出，建设工程项目管理的内容主要包括：组建项目管理机构、项目管理策划、采购与投标管理、合同管理、设计与技术管理、进度管理、质量管理、成本管理、安全生产管理、绿色建造与环境管理、资源管理、信息与知识管理、沟通管理、风险管理、收尾管理、管理绩效评价等内容。

《建设工程项目管理规范》

1.2.2 建设工程项目管理的参与方

1. 建设工程项目的主要利害关系者

建设工程项目的利害关系者，是指那些积极参与该项目或其利益受到该项目影响的个人和组织。建设工程项目管理机构必须弄清楚谁是该项目的利害关系者，明确他们的要求和期望是什么，然后对这些要求和期望进行管理和施加影响，以确保项目获得成功。图 1.3 列出了建设工程项目的主要利害关系者。

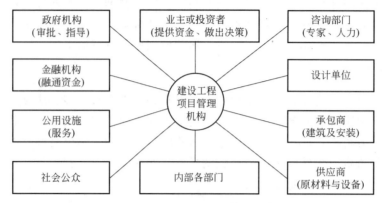

图 1.3　建设工程项目的主要利害关系者

2. 建设工程项目管理的主体

在图 1.3 所示的建设工程项目众多利害关系者中，把建设工程项目管理的参与者称为建设工程项目管理的主体，主要包括：

（1）业主（建设单位）。

（2）设计单位。

（3）承包商（施工方、建设项目总承包方）。

（4）监理咨询机构。

（5）供货单位。

与建设工程项目相关的其他主体还包括政府的计划管理部门、建设管理部门、环境管理部门、审计部门等，它们分别对项目立项、工程建设质量、工程建设对环境的影响和工程建设资金的使用等方面进行管理。此外，还有工程招标代理公司、工程设备租赁公司、保险公司、银行等，它们均与建设工程项目业主方签订合同，提供服务或产品等。

1.2.3　建设工程项目管理的类型及各方项目管理的目标和任务

1. 建设工程项目管理的类型

建设工程项目在实施过程中，各阶段的任务和实施的主体不同，项目管理在其中处于不同的地位，扮演着不同的角色，发挥着不同的作用。从项目管理的角度来看，不同管理主体的具体管理职责、范围、采用的管理技术都会有所区别，由此就形成了建设工程项目管理的不同类型。同时，随建设工程项目承包形式不同，建设工程项目管理的类型也不同。常见的建设工程项目管理的类型可归纳为以下几种。

（1）业主方的项目管理。

（2）设计方的项目管理。

（3）施工方的项目管理。

(4) 供货方的项目管理。

(5) 总承包方的项目管理。

其中，业主方包括投资方和开发方，以及代表业主方利益的工程管理咨询公司；施工方是承担施工任务的单位的总称谓，它可能是施工总承包方、施工总承包管理方、分包施工方、建设项目总承包的施工任务执行方或仅仅提供施工劳务的参与方；建设项目总承包有多种形式，如设计和施工任务综合的承包，设计、采购和施工任务综合的承包等，它们的项目管理都属于总承包方的项目管理。

2. 各方项目管理的目标和任务

业主方的项目管理，包括投资方和开发方的项目管理，以及由工程管理咨询公司提供的代表业主方利益的项目管理服务。由于业主方是建设工程项目实施过程的总集成者（人力资源、物质资源和知识的集成）和总组织者，因此对于一个建设工程项目而言，虽然有代表不同利益方的项目管理，但业主方的项目管理是项目管理的核心。

业主方的项目管理服务于业主的利益，其项目管理的目标是项目的投资目标、进度目标和质量目标。这三大目标之间存在着内在联系并相互制约，它们之间是对立统一的关系。在实际工作中，通常以质量目标为中心。在项目的不同阶段，对各目标的控制也会有所侧重，如在项目前期应以投资目标的控制为重点，在项目后期应以进度目标的控制为重点。总之，三大目标之间应相互协调，以达到综合平衡。

业主方的项目管理工作涉及项目实施阶段的全过程，其任务主要包括安全管理、投资管理、进度管理、质量管理、合同管理、信息管理、组织与协调。其中，安全管理是项目管理中最重要的任务，因为安全管理关系到人身健康与安全，而投资管理、进度管理、质量管理和合同管理等则主要涉及物质利益。

各方项目管理的目标和任务及其相互比较见表1-1。

表1-1 各方项目管理的目标和任务及其相互比较

管理类型	利益服务	管理目标	管理任务	管理阶段
业主方的项目管理	业主利益	项目的投资目标、进度目标、质量目标	项目的安全管理、投资管理、进度管理、质量管理、合同管理、信息管理、组织与协调	项目实施阶段全过程
设计方的项目管理	项目的整体利益和设计方本身的利益	设计的成本目标、进度目标、质量目标，以及项目的投资目标	设计的成本管理、进度管理、质量管理、合同管理、信息管理、组织与协调，以及与设计工作有关的安全管理、工程造价管理	主要在项目设计阶段，也涉及设计前的准备阶段、施工阶段、动用前的准备阶段和保修期
施工方的项目管理	项目的整体利益和施工方本身的利益	施工的安全目标、成本目标、进度目标、质量目标	施工的安全管理、成本管理、进度管理、质量管理、合同管理、信息管理、组织与协调	主要在项目施工阶段，也涉及设计准备阶段、设计阶段、动用前的准备阶段和保修期

续表

管理类型	利益服务	管理目标	管理任务	管理阶段
供货方的项目管理	项目的整体利益和供货方本身的利益	供货的成本目标、进度目标、质量目标	供货的安全管理、成本管理、进度管理、质量管理、合同管理、信息管理、组织与协调	主要在项目施工阶段，但也涉及设计准备阶段、设计阶段、动用前的准备阶段和保修期
总承包方的项目管理	项目的整体利益和总承包方本身的利益	项目的投资目标、进度目标、质量目标，以及总承包方的成本目标	项目的安全管理、投资管理、进度管理、质量管理、合同管理、信息管理、组织与协调，以及总承包方的成本管理	项目实施阶段全过程

任务单元 1.3 施工项目管理

施工方的项目管理也称施工项目管理，是指施工方从其自身的利益出发，通过投标取得工程承包任务，根据承包合同界定的工程范围，运用系统的观点、理论和科学技术对建设工程项目所进行的计划、组织、指挥、协调和控制等专业化活动。

1.3.1 施工项目管理的全过程

施工项目管理的起始时间是投标开始，终止时间是保修期满。施工项目管理可以划分为以下五个阶段，这五个阶段构成了施工项目管理的全过程。

1. 投标签约阶段

该阶段是施工项目管理的第一阶段，施工方根据招标公告或投标邀请书，做出投标决策，参与投标直至中标签约。该阶段的目标是签订工程承包合同。该阶段主要工作如下。

（1）施工方从经营战略的高度做出是否投标的决策。
（2）收集与项目相关的建筑市场、竞争对手、企业自身的信息。
（3）编制项目管理规划大纲，编制既能使企业盈利又有竞争力的投标书进行投标。
（4）如果中标，则与招标方谈判，按照平等互利、等价有偿的原则依法签订工程承包合同。

2. 施工准备阶段

施工方与业主签订施工合同后，应立即选定项目经理，组建项目经理部，并以项目经理为主，与企业管理层、业主单位相互配合，进行施工准备。该阶段主要工作如下。

（1）成立项目经理部，根据施工管理需要组建机构，配备相关人员。
（2）编制项目管理实施规划，用以指导施工项目实施阶段管理。
（3）进行施工现场准备，使现场具备开工条件。

(4) 编报开工报告，待批开工。

3. 施工阶段

该阶段的目标是完成合同规定的全部施工任务，达到验收、交工条件。该阶段主要工作如下。

(1) 根据项目管理实施规划安排施工，进行管理。

(2) 努力做好各项控制工作，保证质量目标、进度目标、成本目标、安全目标的实现。

(3) 做好施工现场管理，文明施工。

(4) 严格履行工程承包合同，做好组织与协调工作，做好合同变更与索赔工作。

4. 竣工验收与结算阶段

该阶段的目标是对项目成果进行总结、评价，清理各种债权债务，移交工程和相关资料，解体项目经理部。该阶段主要工作如下。

(1) 工程收尾。

(2) 试运转。

(3) 在预验收基础上正式验收。

(4) 整理、移交竣工文件，进行财务结算，总结工作，编制竣工报告。

(5) 办理工程交付手续。

(6) 解体项目经理部。

5. 用后服务阶段

在保修期内根据《工程质量保修书》的约定进行项目回访保修，保证使用单位正常使用，发挥效益。该阶段主要工作如下。

(1) 向用户进行必要的技术咨询服务。

(2) 工程回访，听取使用单位意见，总结经验教训，根据使用中出现的问题，进行必要的维护、维修和保修。

(3) 进行沉陷、抗震等观察。

1.3.2　施工项目管理的内容

在施工项目管理的过程中，为了实现各阶段目标和最终目标，在进行各项活动时，都要加强管理。施工项目管理的具体内容包括：建立施工项目管理组织，编制施工项目管理规划，进行施工项目的目标管理、资源管理、合同管理、采购管理、绿色建造与环境管理、信息与知识管理、风险管理、沟通管理、收尾管理，等等。

1. 建立施工项目管理组织

(1) 由企业采用适当的方式选聘称职的施工项目经理。

(2) 根据施工项目组织原则，选用适当的组织形式，组建施工项目管理机构，明确责任、权限和义务。

(3) 在遵守企业规章制度的前提下，根据施工项目管理的需要，制定施工项目管理制度。

2. 编制施工项目管理规划

施工项目管理必须利用规划的手段，编制科学、严密、有效的施工项目管理规划，通过实施该规划提高项目管理绩效。

施工项目管理规划，包括施工项目管理规划大纲和施工项目管理实施规划两大类。施工项目管理规划大纲是由企业管理层在投标之前编制的，是旨在作为投标依据、满足招标文件要求及签订合同要求的文件；施工项目管理实施规划是在开工之前由项目经理主持编制的，是旨在指导施工项目实施阶段管理的文件。

3. 进行施工项目的目标管理

施工项目的目标有阶段性目标和最终目标。施工项目的控制目标包括进度、质量、成本、安全生产等，实现各项目标是施工项目管理的目的所在。因此应当坚持以控制论原理为指导，进行全过程的进度管理、质量管理、成本管理、安全生产管理，以实现目标。

由于在施工项目目标的控制过程中，会不断受到各种客观因素的干扰，各种风险因素有随时发生的可能性，故应通过组织协调和风险管理，对施工项目目标进行动态管理。

4. 进行施工项目的资源管理

施工项目的资源是施工项目目标得以实现的保障。施工项目的资源包括人力资源、劳务、工程材料与设备、施工机具与设施、资金等。项目管理机构应根据项目目标管理的要求进行项目资源的计划、配置、控制，并根据授权进行考核和处置。施工项目的资源管理内容主要包括以下几个方面。

（1）按合同要求，编制资源配置计划，确定投入资源的数量与时间。
（2）根据资源配置计划，实施各种资源的供应工作。
（3）根据各种资源的特性，采取集成措施，进行有效组合，合理投入，动态调控。
（4）对资源投入和使用情况定期分析，找出问题，总结经验并持续改进。

5. 进行施工项目的合同管理

施工项目管理是在市场条件下进行的特殊交易活动的管理，因此必须依法签订合同，进行履约经营。施工项目的合同管理应是全过程管理，包括合同评审、订立、履行、变更、索赔、终止、争议解决以及控制和综合评价等内容，还应包括有关合同知识产权的合法使用。合同管理需遵守《中华人民共和国民法典》《中华人民共和国建筑法》及相关的行政法规、部门规章、行业规范等强制性规定，维护建筑市场秩序和合同当事人的合法权益，保证合同履行。

合同管理的水平直接影响项目管理及工程施工的技术经济效果和目标实现，因此要从招投标开始，加强工程承包合同的评审、签订、履行和管理。为了取得经济效益，还必须注意处理好索赔，在具体的索赔过程中要讲究方法和技巧，提供充分的证据。

6. 进行施工项目的采购管理

施工项目在实施过程中，需要采购大量的材料和设备等，施工方应设置采购部门，制定采购管理制度、工作程序和采购计划。施工项目采购工作应符合有关合同、设计文件所规定的数量、技术要求和质量标准，符合进度、安全、环境和成本管理等方面的要求。

产品供应和服务单位应通过合格评定。采购过程中应按规定对产品或服务进行检验或验收，对不合格品或不符合项应依据合同和法规要求进行处置。

采购资料应真实、有效、完整，具有可追溯性。

7. 进行施工项目的绿色建造与环境管理

绿色建造的内涵是指在建设工程项目的生命周期内，对勘察、设计、采购、施工、试运行过程的环境因素、环境影响进行统筹管理和集成控制的过程。在施工阶段，施工方可以根据情况把环境管理计划与绿色施工计划合二为一。

施工项目管理机构应对施工图进行深化设计或优化，采用绿色施工技术，制定绿色施工措施，提高绿色施工效果。施工过程中应采取环境保护措施，控制施工现场的环境影响，预防环境污染。

8. 进行施工项目的信息与知识管理

施工项目的信息与知识管理的对象包括项目管理机构内部和外部产生的信息、知识，施工项目的信息与知识管理的内容包括信息计划管理、信息过程管理、信息安全管理、文件与档案管理、信息技术应用管理、知识管理。

施工项目管理是一项复杂的现代化的管理活动，要依靠大量信息及对大量信息的管理。目前项目信息系统已比较成熟，提倡在项目信息管理中采用信息系统进行管理，同时结合知识管理，必将大大提高信息管理的可靠性。做好信息资源的收集与储存，使本项目的经验和教训得到记录和保留，可以为以后的施工项目管理服务，故建立档案及保管制度是非常重要的。

9. 进行施工项目的风险管理

施工项目在实施过程中，会不可避免地受到各种各样不确定性因素的干扰，并引发施工项目的控制目标不能实现的风险。因此，项目管理人员必须重视施工项目的风险管理，并将其纳入施工项目管理之中。

施工项目风险管理过程，应包括施工项目实施全过程的风险识别、风险评估、风险应对和风险监控。

10. 进行施工项目的沟通管理

沟通管理是指正确处理各种关系。沟通管理为目标控制服务，内容包括人际关系、组织关系、配合关系、供求关系及约束关系的沟通协调。这些关系发生在施工项目管理组织内部、施工项目管理组织与其外部相关单位之间。

11. 进行施工项目的收尾管理

施工项目收尾阶段是施工项目管理全过程的最后阶段，收尾管理包括竣工验收准备、竣工验收、竣工结算、档案移交、竣工决算、责任期管理、管理考核评价等方面的管理。在施工项目收尾阶段，施工项目管理机构应进行施工项目管理总结，编写施工项目总结报告，纳入施工项目管理档案。

1.3.3 施工项目管理的程序

施工项目管理的程序如下：编制项目管理规划大纲，编制投标书并进行投标，签订施工合同，选定项目经理，项目经理接受企业法定代表人的委托组建项目经理部，企业法定代表人与项目经理签订项目管理目标责任书，项目经理部编制施工项目管理实施规划，进行项目开工前的准备，施工期间按施工项目管理实施规划进行各项管理，在项目收尾阶段进行竣工结算、清理各种债权和债务、移交资料和工程，进行经济分析，编制施工项目管理总结报告并报送企业管理层有关职能部门，企业管理层组织考核委员会对施工项目管理工作进行考核评价并兑现项目管理目标责任书中的奖惩承诺，项目经理部解体，在保修期满前企业管理层根据《工程质量保修书》的约定进行项目回访保修。

任务单元1.4　建设工程项目目标控制基本原理

在建设工程项目实施过程中，主客观条件的变化是绝对的，不变是相对的；平衡是暂时的，不平衡是永恒的；有干扰是必然的，没有干扰是偶然的。因此，在项目实施过程中，必须对目标进行有效的规划和控制。只有目标明确的建设工程项目才有必要进行目标控制，也才有可能进行目标控制。

1.4.1 建设工程项目目标控制方法论

1. 控制的基本类型

控制有两种类型，即主动控制和被动控制。

1）主动控制

主动控制就是预先分析目标偏离的可能性，并拟订和采取各项预防性措施，以使计划目标得以实现。主动控制是一种面向未来的控制，它可以解决传统控制过程中存在的时滞影响，尽最大可能改变偏差成为事实的被动局面，从而使控制更为有效。主动控制是一种前馈控制，当控制者根据已掌握的可靠信息预测出系统的输出将要偏离计划目标时，就制定纠正措施并向系统输入，以便使系统的运行不发生偏离。主动控制又是一种事前控制，它是在偏差发生之前就采取控制措施。

2）被动控制

被动控制是指当系统按计划运行时，管理人员对计划的实施进行跟踪，对系统输出的信息进行加工和整理，再传递给控制部门，使控制人员从中发现问题，找出偏差，寻求并确定解决问题和纠正偏差的方案，然后再回送给计划实施系统付诸实施，使得计划目标一旦出现偏离就能得以纠正。被动控制是一种反馈控制。

2. 动态控制原理

在应用于项目目标控制的众多方法论中，动态控制原理是最基本的方法论之一，项目目标动态控制遵循控制循环理论，是一个动态循环过程。项目目标动态控制的工作程序如图 1.4 所示。

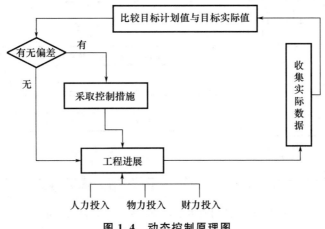

图 1.4 动态控制原理图

具体来说,建设工程项目目标动态控制的工作步骤如下。

第一步,项目目标动态控制的准备工作。将项目的目标(如成本目标、进度目标和质量目标)分解,以确定用于目标控制的计划值(如计划成本、计划进度和质量标准等)。

第二步,在项目实施过程中对项目目标进行动态跟踪和控制。收集项目目标的实际值,如实际成本、实际施工进度和施工的质量状况等,定期进行项目目标计划值和目标实际值的比较,如有偏差,则采取纠偏措施进行纠偏。

第三步,如有必要(原定的目标不合理或无法实现),则进行项目目标的调整,目标调整后控制过程再回复到上述的第一步。

项目目标动态控制中的三大要素是目标计划值、目标实际值和纠偏措施。目标计划值是目标控制的依据和目的,目标实际值是进行目标控制的基础,纠偏措施是实现目标的途径。目标控制过程中关键的一环,是通过目标计划值和实际值的比较分析,以发现偏差,即项目实施过程中项目目标的偏离趋势和大小。这种比较是动态的、多层次的。

由于在项目目标动态控制时要进行大量数据的处理,因此当项目的规模比较大时,数据处理的量就相当大。采用计算机辅助的手段可高效、及时而准确地生成许多项目目标动态控制所需要的报表,如计划成本与实际成本的比较报表、计划进度与实际进度的比较报表等,将有助于项目目标动态控制的数据处理。

项目目标动态控制的核心是,在项目实施过程中定期地进行项目目标计划值和实际值的比较,当发现项目目标偏离时采取纠偏措施。为避免项目目标偏离的发生,还应重视事前的主动控制,即事前分析可能导致项目目标偏离的各种影响因素,并针对这些影响因素采取有效的预防措施,如图 1.5 所示。是否采取主动控制要进行成本与效益分析,对于一些目标偏离可能性很小的情况,采取主动控制并不一定是经济的选择。在项目管理过程中,应根据管理目标的性质、特点和重要性,运用风险管理技术等进行分析评估,将主动控制和动态控制结合起来。

3. PDCA 循环原理

美国数理统计学家戴明博士最早提出的 PDCA 循环原理(又称"戴明环")也是被广

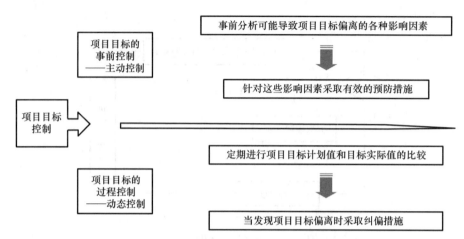

图1.5 动态控制与主动控制相结合的项目目标控制

泛采用的目标控制基本方法论之一。PDCA循环是能使任何一项活动都有效进行的一种合乎逻辑的工作程序,特别是在质量管理中得到了广泛的应用。PDCA循环包括计划、实施、检查和处置四个基本环节。

(1) P（Plan,计划）。计划可以理解为明确目标并制定实现目标的行动方案。

(2) D（Do,实施）。实施就是具体运作,实现计划中的内容。实施包含两个环节,即计划行动方案的交底和按计划规定的方法与要求展开活动。

(3) C（Check,检查）。检查是指对计划实施过程进行各类检查。各类检查包含两个方面：一是检查是否严格实施了计划的行动方案,实际条件是否发生了变化,没按计划实施的原因；二是检查计划实施的结果。

(4) A（Action,处置）。处置是指对于检查中发现的问题及时进行原因分析,采取必要的措施予以纠正,确保目标处于受控状态。处置分为纠偏处置和预防处置两个步骤,前者是采取应急措施,解决已发生的或当前的问题或缺陷；后者是反思问题症结或计划时的不周,为今后类似问题的预防提供借鉴。对于处置环节中没有解决的问题,应交给下一个PDCA循环去解决。

PDCA必须形成闭环管理,四个环节缺一不可。应当指出,PDCA循环中的处置是关键环节,如果没有此环节,已取得的成果将无法巩固（防止问题再发生）,也提不出上一个PDCA循环的遗留问题或新的问题。PDCA循环过程是循环前进、阶梯上升的,如图1.6所示。

1.4.2　建设工程项目目标控制采取的措施

建设工程项目目标动态控制的纠偏措施及PDCA循环中的处置措施主要包括组织措施、管理措施（包括合同措施）、经济措施和技术措施等。

(1) 组织措施。分析由于组织的原因而影响建设工程项目目标实现的问题,并采取相应的措施,如调整项目组织结构、任务分工、管理职能分工、工作流程组织和项目管理机构人员等。

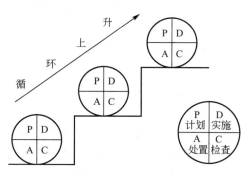

图 1.6　PDCA 循环示意图

（2）管理措施（包括合同措施）。分析由于管理的原因而影响建设工程项目目标实现的问题，并采取相应的措施，如调整进度管理的方法和手段、改变施工管理和强化合同管理等。

（3）经济措施。分析由于经济的原因而影响建设工程项目目标实现的问题，并采取相应的措施，如落实加快工程施工进度所需的资金等。

（4）技术措施。分析由于技术的原因而影响建设工程项目目标实现的问题，并采取相应的措施，如调整设计、改进施工方法和改变施工机具等。

当建设工程项目目标失控时，人们往往首先思考的是采取什么技术措施，而忽略可能或应当采取的组织措施和管理措施（包括合同措施）。组织论的一个重要结论是：组织是目标能否实现的决定性因素。因此，应充分重视组织措施对建设工程项目目标控制的作用。

目标不同，影响目标实现的因素不同，则采取的措施也不同。进度目标、质量目标、成本目标控制所采取的措施分别详见模块 4、模块 5、模块 6 中的相关内容。

任务单元 1.5　项目管理的产生与发展

1.5.1　项目管理的发展史

工程项目的存在历史久远，相应的工程项目管理也源远流长。现存的许多古代建筑，如中国的长城、京杭大运河、故宫，以及埃及的金字塔等，规模宏大、工艺精湛，至今还发挥着经济效益和社会效益。这些宏大的工程项目的成功建造，必然有高水平的项目管理活动与之相配套，否则很难获得成功。但是，由于当时科学技术水平和人们认知能力的局限，古代的项目管理是经验型的、非系统化的，不可能具有现代项目管理的意义。

现代项目管理是在 20 世纪 50 年代以后发展起来的。20 世纪 50 年代后期美国出现了关键路线法（CPM）和计划评审技术（PERT），这类方法在 1957 年的北极星导弹研制中和后来的"阿波罗"载人登月计划（该项目耗资 400 亿美元，42 万人参加）中得以应用，并取得了巨大成功。从那时起，项目管理便有了科学的系统方法，现代项目管理也逐渐走向成熟。

鲁布革工程

20世纪60年代,国际上利用计算机进行网络计划的分析计算已经成熟,开始使用计算机来进行工期的计划和控制。

20世纪70年代初,人们将信息系统方法引入项目管理中,提出了项目管理信息系统模型。

20世纪70年代末80年代初,微型计算机普及,项目管理的理论和方法的应用走向更加广阔的领域。

随着项目管理从美国最初的军事项目和宇航项目很快扩展到各种类型的民用项目,项目管理迅速传遍世界各国。此时项目管理的特点是面向市场和竞争,除计划和协调外,对采购、合同、进度、费用、质量、风险等也给予了相当多的重视,初步形成了现代项目管理的框架。

进入20世纪90年代以后,项目管理有了新的发展。为了能在全球化以及激烈的国际市场中保持优势,人们在实施项目管理的过程中更加注重人的因素,注重柔性管理,力求在变革中得以生存和发展。项目管理的理论和方法得到了快速发展,应用领域进一步扩大,极大地提高了企业的工作效率。

随着项目管理学科的不断发展,全球逐渐形成了两大项目管理的研究体系,即以欧洲为首的体系——国际项目管理协会(IPMA)和以美国为首的体系——美国项目管理协会(PMI)。全球最大的项目管理专业机构——美国项目管理协会(PMI)经过几十年的实践探索、总结提高和理论完善,发布了《项目管理知识体系指南》,从而形成了一套独特而完整的科学体系。该体系也被公认为全球项目管理标准体系。

目前,项目管理已普遍应用于国防、航天、建筑、通信、软件开发、制造业、金融保险业等行业。

1.5.2 项目管理的发展趋势

目前,项目管理的发展主要呈现以下四大趋势。

1. 国际化趋势

由于项目管理的普遍规律和许多项目的跨国性质,各国专家都在探讨项目管理的国际通用体系,包括通用术语。国际项目管理协会(IPMA)的各成员国之间每年都要举办很多行业性和学术性研讨会,交流和研究项目管理的发展问题。对于项目管理活动,目前国际上已形成了一套较完整的国际法规、标准,制定了严格的管理制度,形成了通用性较强的国际惯例,各国专家也正在探讨完整的通用体系。随着贸易活动的全球化发展趋势和跨国公司、跨国项目的增多,项目管理的国际化趋势也日益明显。

2. "关注客户化"趋势

与传统的项目管理相比,现代的项目管理越来越关注以客户为中心的管理。2000年版ISO9000质量标准中阐述的八项管理原则的第一条就是"以客户为关注焦点"。在当今时代,市场竞争激烈,任何经济组织的生存和繁荣的关键不仅仅是生产产品,还要赢得客户并保持这些客户。在项目的实施和管理过程中,应该充分贯彻"以客户满意为关注焦点"的质量标准,充分满足客户明确的需求,挖掘客户隐含的需求,实现并超越客户的期望。只有让客户满意,项目组织才有可能更快地结束项目,尽可能地减少项目实施过程中的修改和调整,真正节约成本、缩短工期,才能够增加与客户再次合作的可能性。

3. 新方法应用普及化趋势

纵观项目管理近年来的发展过程,显著变化之一就是项目管理包括的知识内容大大增加了,如增加了项目管理知识体系中的范围管理、质量管理、风险管理和沟通管理等内容;项目管理概念拓宽了,如提出了基于项目的管理、客户驱动型项目的管理等不同类别的项目管理;项目管理的应用层面已不再是传统的建筑和工程建设部门,而是拓宽普及到各行业的各个领域。目前,有两个方面的进展最为突出:第一,风险评估小组的出现,通过成立风险评估小组来减少项目估算方面的问题和进行风险管理得到日益普及;第二,设立项目办公室,越来越多的不同规模的企业或组织开始建立项目办公室,其作用包括行政支持、咨询、建立项目管理标准、开发和更新工作方法和工作程序、指导、培训项目管理人员,等等。

4. 网络化、信息化趋势

随着计算机技术、信息技术和网络技术的飞速发展,为了提高项目管理的效率、降低管理成本、加快项目进度,项目管理越来越依赖于计算机手段。目前,许多项目管理公司已经运用项目管理软件进行项目管理的运作,利用网络技术进行信息传递,实现了项目管理的自动化、网络化、虚拟化。21世纪的项目管理将更多地运用计算机技术、信息技术和网络技术,通过资源共享,运用集体的智慧来提高项目管理的应变能力和创新能力。伴随着网络技术的发展,项目管理的网络化、信息化将成为必然趋势。

模块小结

本模块内容为本书的基础知识,为后续内容的学习奠定基础。本模块从项目管理、建设工程项目管理到施工项目管理,内容层层深入展开,可以帮助学生建立建设工程项目管理的整体概念,熟悉建设工程项目目标控制的基本原理。

在学习完本模块之后,除了掌握项目管理的一些基本概念,更重要的是要认识到项目管理的重要性。作为一名建设工程项目管理人员,不仅要掌握项目管理的理论知识体系,而且要把知识转化为能力,用以解决工程实际问题,同时还需要不断更新项目管理的技术与理念。

思考与练习

一、单选题

1. 以下(　　)不是项目的特征。
A. 单件性或一次性　　　　　　　　B. 具有明确的目标
C. 不具有生命周期　　　　　　　　D. 具有约束条件

2. 以下(　　)任务不属于项目。
A. 新建筑材料开发　　　　　　　　B. 高速公路的建设

C. 春节文艺晚会 D. 服装成批生产

3. 以下（   ）是项目中数量最多，也是最为典型的一类项目。
A. 科研项目 B. 建设工程项目 C. 航天项目 D. 咨询项目

4. 以下（   ）是建设工程项目特有的。
A. 一次性或单件性 B. 目标性和约束性
C. 含有一定建筑或建筑安装工程 D. 具有生命周期

5. 建设工程项目可依次分解为（   ）。
A. 单位工程、单项工程、分部工程和分项工程
B. 单项工程、单位工程、分部工程和分项工程
C. 分部工程、单项工程、单位工程和分项工程
D. 分项工程、单项工程、单位工程和分部工程

6. 建设工程项目的总进度目标管理是（   ）的任务。
A. 施工方 B. 业主方 C. 设计方 D. 供货方

7. 在业主方项目管理的内容中，（   ）是最重要的任务。
A. 投资管理 B. 安全管理 C. 进度管理 D. 质量管理

8. 设计方作为项目建设的一个参与方，其项目管理主要服务于（   ）和设计方本身的利益。
A. 业主方 B. 施工方 C. 项目的整体利益 D. 供货方

9. 建设工程项目目标动态控制的纠偏措施中，应充分重视（   ）对目标控制的作用。
A. 组织措施 B. 管理措施 C. 经济措施 D. 技术措施

10. 建设工程项目目标动态控制的核心是在项目实施过程中定期地进行目标（   ）的比较。
A. 偏差值和调整值 B. 偏差值和实际值
C. 计划值和实际值 D. 计划值和调整值

二、多选题

1. 按照专业特征分类，项目可以分为（   ）。
A. 科研项目 B. 建设工程项目 C. 建筑工程项目
D. 公路工程项目 E. 航天项目

2. 建设工程项目的全生命周期包括项目的（   ）。
A. 决策阶段 B. 设计阶段 C. 实施阶段
D. 使用阶段 E. 施工阶段

3. 建设工程项目的实施阶段包括（   ）。
A. 设计阶段 B. 招投标阶段 C. 施工阶段
D. 动用前准备阶段 E. 保修期

4. 可行性研究的内容包括（   ）。
A. 对各种可能的建设方案和技术方案进行比较论证
B. 对项目建成后的经济效益进行预测和评价
C. 编制设计文件

D. 考察项目技术上的先进性和适用性，经济上的盈利性和合理性，建设的可能性和可行性

E. 征地、拆迁和场地平整

5. 建设工程项目管理的主体，主要包括（　　）。

A. 业主（建设单位）　　B. 社会公众　　　　C. 承包商

D. 设计单位　　　　　　E. 监理咨询机构

6. 施工方项目管理的目标包括（　　）。

A. 施工的安全目标　　B. 施工的成本目标　　C. 施工的进度目标

D. 项目的投资目标　　E. 施工的质量目标

7. 以下（　　）属于施工方在施工阶段需要做的工作。

A. 做好施工现场管理，实行文明施工

B. 根据项目管理实施规划安排施工

C. 收集与项目相关的建筑市场、竞争对手等信息

D. 做好各项控制工作，保证目标的实现

E. 严格履行工程承包合同，做好组织与协调工作

8. 施工项目的资源包括（　　）。

A. 人力资源　　　　B. 劳务　　　　　　C. 工程材料与设备

D. 施工机具与设施　E. 技术

9. PDCA 循环包括的四个基本环节是（　　）。

A. 计划　　　　　　B. 实施　　　　　　C. 检查

D. 循环　　　　　　E. 处置

10. 下列项目目标动态控制的纠偏措施中，属于组织措施的有（　　）。

A. 调整管理职能分工　B. 调整或修改设计　　C. 调整组织结构

D. 调整进度管理手段　E. 改变施工管理

三、简答题

1. 什么是项目？什么是建设工程项目？

2. 什么是项目管理？简述建设工程项目管理的特点。

3. 简述建设工程项目的建设程序。

4. 施工项目管理的全过程包括哪几个阶段？施工项目管理的内容包括哪些？简述施工项目管理的程序。

5. 什么是主动控制？什么是被动控制？各有什么特点？

6. 简述建设工程项目目标控制采取的措施。

模块1
在线答题

模块1
拓展习题

模块 2
建设工程项目管理组织

能力目标

通过本模块的学习，学生要能够使用各种组织工具表达组织内容；能够理解施工方项目经理部的地位和作用，识别施工方各种项目经理部组织形式的特征及适用范围；能够理解项目经理的地位及其责、权、利。

知识目标

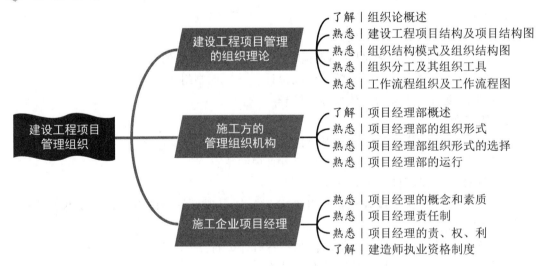

碧水清风酒店工程项目管理团队建设

绿城千岛湖碧水清风项目位于国家5A级景区——美丽的千岛湖畔，为五星级酒店，总建筑面积98746m²，地下2层，地上18层，工程结构形式为框架-剪力墙结构。该工程由中建三局建设工程股份有限公司承建。

在项目管理中，除将工期、成本、质量和安全作为管理重点外，项目还特别把团队管理作为项目管理的另外一个重点。优秀团队建设是优秀项目管理和建设精品工程的基础，而以人为本则是优秀团队建设的基础。项目通过增强团队成员的认同感和归属感、提高项目团队的凝聚力、建立和谐的人际关系、提高协作精神等一系列以人为本的措施激发团队的活力。

(1) 通过广开言路，提高团队管理效率和效果。为了提高项目管理效率和效果，项目广开言路，并设立合理化建议奖（"金点子奖"）与优秀管理奖（"先进个人奖"），以奖励每年为管理做出突出贡献的员工。通过采用和引进先进合理、适应本项目特点的创新管理方式，项目不断改进和提高管理团队的能力和积极性。

(2) 进行宣传引导，培养团队社会责任感。项目成立党支部，开设宣传橱窗，将项目目标、项目文化、项目精神、工作作风、工作纪律等主体理念融入项目管理中，形成共同的价值观，以鼓舞士气、凝聚人心，激励项目团队成员。通过宣传，让团队成员关注社会热点，心系祖国。通过组织观看教育专题片，培养团队成员的爱国精神和社会责任感。

(3) 开展"三号联创"活动，激发团队能动性与创造性。以"党员先锋号""工人先锋号"和"青年文明号"三号联创活动为载体，以"八比八赛八看"为契机，不断加强党群组织建设，大力发挥党员、青年团员、骨干员工的先锋模范和主力军作用。"八比八赛八看"劳动竞赛活动为：比安全生产，赛无工伤事故，看安全措施落实；比质量管理，赛过程控制，看质量合格率；比施工进度，赛节点控制，看合同履约；比文明施工，赛综合管理，看工完场清；比精细管理，赛降本增效，看增收节支；比团结协作，赛精神风貌，看和谐氛围；比廉洁从业，赛工作作风，看政治素质；比服务指导，赛管理水平，看责任意识。

(4) 丰富团队业余生活，增加团队成员的认同感和归属感。项目团队在党的带领下，各项行动有了方向，有了依据。党支部和团支部组织与开展各项活动（户外爬山拓展、看电影、书法比赛、摄影比赛、文艺晚会、篮球联赛等），丰富团队成员的业余生活，并通过邀请医院免费为团队成员体检、送清凉和送温暖等活动关爱团队成员的身心健康，真正做到为人民做好事、办实事、解难事，得到团队成员的一致认可，增加了他们的归属感，提高了他们工作和生活的积极性。

通过项目管理团队的共同努力，工程以优秀的质量和成绩得到了一致好评，同时获得业主方的高度评价，为公司后续工程的承接打下了坚实的基础。通过"以人为本，构建优秀团队进行管理"的模式，项目实现了精品工程的质量目标，形成了"团队树优、管理争优、品牌创优"的"三优"文化，也为公司及同行提供了一种值得借鉴的管理方法。

引言

上述案例中，施工方项目经理部特别把团队管理作为项目管理的一个重点，在制度管理的基础上，采取了一系列以人为本的措施，激发了团队的活力，提高了团队管理效率和效果，实现了精品工程的质量目标，形成了优秀的企业文化。

任务单元 2.1　建设工程项目管理的组织理论

2.1.1　组织论概述

系统目标决定了系统的组织，而系统的组织是系统目标能否实现的决定性因素，这是组织论的一个重要结论。如果把一个建设工程项目的项目管理视为一个系统，其目标决定了项目管理的组织，而项目管理的组织是项目管理的目标能否实现的决定性因素，由此可见项目管理组织的重要性。

1. 不同系统的组织

系统取决于人们对客观事物的观察方式。人们可以把一个工程项目作为一个系统，也可以把多个相互有关联的工程项目，把一个城市将要建设的许多工程项目，把一个行业、一个国家等视作一个系统。系统可大可小，最大的系统是宇宙，最小的系统是粒子。

一个企业、一个学校、一个科研项目或一个工程项目都可以被视作一个系统，不同系统的目标不同，从而形成的组织观念、组织方法和组织手段也就各不相同，各种系统的运行方式也不同。建设工程项目作为一个系统，与一般的系统相比，有如下明显的特征。

(1) 建设工程项目都是一次性的，没有两个完全相同的项目。

(2) 建设工程项目全生命周期的延续时间长，一般由决策阶段、实施阶段和运营阶段组成，各阶段的工作任务和工作目标不同，其参与或涉及的单位也不相同。

(3) 一个建设工程项目的任务往往由多个单位共同完成，各单位多数不是固定的合作关系，各参与单位的利益不尽相同，甚至相互对立。

因此，在考虑一个建设工程项目的组织问题，或进行项目管理的组织设计时，应充分考虑以上特征。

2. 系统的组织与系统目标的关系

影响一个系统目标实现的主要因素除组织以外，还有人的因素、方法与工具，如图 2.1 所示。人的因素包括管理人员、生产人员的数量和质量；方法与工具包括管理方法与工具、生产方法与工具。

结合建设工程项目的特点，人的因素包括建设单位管理人员的数量和质量，该项目所有参与单位（设计、工程监理、施工、供货单位等）的管理人员、生产人员的数量和质量；方法与工具包括建设单位的管理方法与工具，所有参与单位的管理方法与工具、生产方法与工具。

控制建设工程项目目标的主要措施包括组织措施、管理措施、经济措施和技术措施，

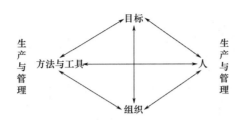

图 2.1　影响系统目标实现的主要因素

其中组织措施是最重要的措施。如果对一个建设工程的项目管理进行诊断，首先应分析其组织方面存在的问题。

3. 组织论的研究内容及其组织工具

组织论主要研究系统的组织结构模式、组织分工和工作流程组织。组织论的基本内容如图 2.2 所示。

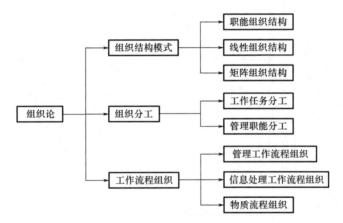

图 2.2　组织论的基本内容

组织工具是组织论的应用手段，用图或表等形式表示各种组织关系，包括：
（1）建设工程项目结构采用项目结构图表示；
（2）组织结构模式采用组织结构图表示；
（3）组织分工采用工作任务分工表和管理职能分工表表示；
（4）工作流程组织采用工作流程图表示。

2.1.2　建设工程项目结构及项目结构图

为了反映一个建设工程项目的结构，也就是其全部工作任务，可将其进行分解，并采用项目结构图表示。

项目结构图是一个组织工具，它通过树状图的方式对一个项目的结构进行逐层分解，以反映组成该项目的所有工作任务。项目结构图中，矩形表示工作任务（或第一层、第二层子项目等），矩形框之间的连接用连线表示。

图 2.3 所示为某软件园项目的项目结构图，这是一个群体项目，可按照功能区进行第一层次的分解，具体分解如下：

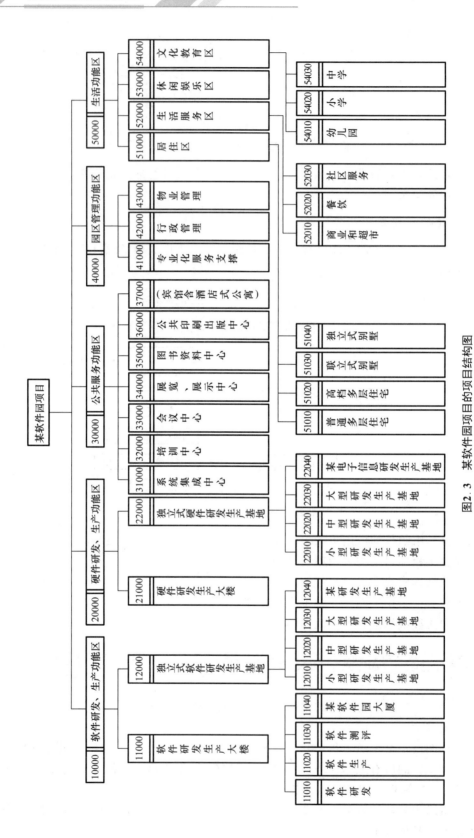

图2.3 某软件园项目的项目结构图

(1) 软件研发、生产功能区。
(2) 硬件研发、生产功能区。
(3) 公共服务功能区。
(4) 园区管理功能区。
(5) 生活功能区。

也可对其再进行第二层次的分解，其中软件研发、生产功能区包括软件研发生产大楼和独立式软件研发生产基地。其他功能区也可再分解。某些第二层次的项目组成部分还可进一步分解，如独立式软件研发生产基地包括小型研发生产基地、中型研发生产基地、大型研发生产基地、某电子信息研发生产基地等。

同一个建设工程项目可有不同的项目结构的分解方法，项目结构的分解应与整个工程实施的部署相结合，并与将采用的合同结构相结合，应结合项目的特点和参考以下原则进行。

(1) 考虑项目进展的总体部署。
(2) 考虑项目的组成。
(3) 有利于项目实施任务（设计、施工和物资采购）的发包和有利于项目实施任务的进行，并结合考虑合同结构。
(4) 有利于项目目标的控制。
(5) 结合考虑项目管理的组织结构等。

2.1.3 组织结构模式与组织结构图

组织结构模式反映了一个组织系统中各子系统之间或各元素（各工作部门或各管理人员）之间的指令关系。指令关系指的是哪一个工作部门或哪一位管理人员可以对哪一个工作部门或哪一位管理人员下达工作指令。

组织结构模式可用组织结构图来描述，如图 2.4 所示。组织结构图是一个重要的组织工具，反映一个组织系统中各组成部门（组成元素）之间的组织关系（指令关系）。在组织结构图中，矩形框表示工作部门，上级工作部门对其直接下属工作部门的指令关系用单向箭线表示。

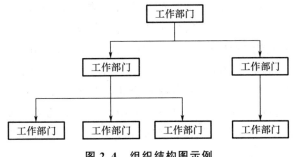

图 2.4 组织结构图示例

基本的组织结构模式包括职能组织结构（图 2.5）、线性组织结构（图 2.6）和矩阵组织结构（图 2.7）等。这几种常用的组织结构模式既可以在建设工程项目管理中运用，也可以在企业管理中运用。

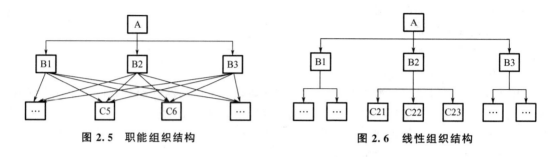

图 2.5　职能组织结构　　　　　图 2.6　线性组织结构

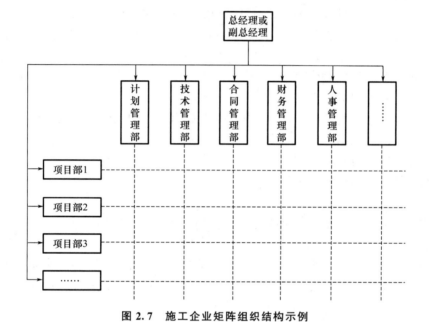

图 2.7　施工企业矩阵组织结构示例

1. 职能组织结构的特点及其应用

职能组织结构是一种传统的组织结构模式。在职能组织结构中，每一个职能部门可根据管理职能对其直接和非直接的下属工作部门下达工作指令。因此，每一个工作部门可能得到其直接和非直接的上级工作部门下达的不同工作指令，可能存在多个矛盾的指令源。一个工作部门多个矛盾的指令源会影响企业管理机制的运行。

在图 2.5 所示的职能组织结构中，A、B1、B2、B3、C5 和 C6 都是工作部门，B1、B2、B3 都可以在其管理的职能范围内对 C5 和 C6 下达指令，因此 C5 和 C6 有多个指令源，其中有些指令可能是矛盾的。我国多数的企业、学校、事业单位目前还在沿用这种传统的组织结构模式。许多建设工程项目也还在采用这种传统的组织结构模式，在工作中常出现交叉和矛盾的工作指令关系，严重影响项目管理机制的运行和项目目标的实现。

2. 线性组织结构的特点及其应用

在军事组织系统中，组织纪律非常严谨，上下级组织关系按指令逐级下达，一级指挥一级和一级对一级负责。线性组织结构就是来自这种十分严谨的军事组织系统。在线性组织结构中,每一个工作部门只能对其直接的下属工作部门下达工作指令,每一个工作部门也只有一个直接的上级部门。因此,每一个工作部门只有唯一的指令源,避免了由于矛盾的指令而影响组织系统的运行。

在国际上,线性组织结构模式是建设工程项目管理组织系统一种常用的模式,因为一个建设工程项目的参与单位很多,在项目实施过程中矛盾的指令会给项目目标的实现造成很大的影响,而线性组织结构模式可以确保工作指令的唯一性。但在一个特大的组织系统中,由于线性组织结构模式的指令路径过长,有可能会造成组织系统在一定程度上运行的困难。

3. 矩阵组织结构的特点及其应用

矩阵组织结构是一种较新型的组织结构模式。在矩阵组织结构最高指挥者(部门)下设纵向和横向两种不同类型的工作部门。纵向工作部门如人、财、物、产、供、销等职能管理部门,横向工作部门如生产车间等。一个施工企业,如采用矩阵组织结构模式,则纵向工作部门可以是计划管理部、技术管理部、合同管理部、财务管理部和人事管理部等部门,而横向工作部门可以是项目部,如图 2.7 所示。

在矩阵组织结构中,每一项纵向和横向交汇的工作,其指令都来自纵向和横向两个工作部门,因此其指令源为两个。当纵向和横向工作部门的指令发生矛盾时,由该组织系统的最高指挥者(部门),如图 2.7 中的总经理或副总经理进行协调或决策。

在矩阵组织结构中为避免纵向和横向工作部门指令矛盾对工作的影响,可以采用纵向工作部门指令为主[图 2.8(a)],或以横向工作部门指令为主[图 2.8(b)]的矩阵组织结构模式,这样也可减轻该组织系统的最高指挥者(部门),即如图中 A 的协调工作量。

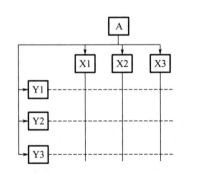
(a) 以纵向工作部门指令为主的矩阵组织结构

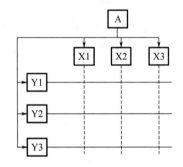
(b) 以横向工作部门指令为主的矩阵组织结构

图 2.8 矩阵组织结构

2.1.4 组织分工及其组织工具

组织分工反映了一个组织系统中各子系统或各元素的工作任务分工和管理职能分工。组织结构模式和组织分工都是一种相对静态的组织关系。

1. 工作任务分工及工作任务分工表

业主方和项目各参与方都有各自的项目管理任务,各方都应该编制各自的项目管理任务分工表。

1)工作任务分工

为了编制项目管理任务分工表,首先应对项目实施各阶段的管理任务进行详细分解,在项目管理任务分解的基础上定义项目经理和费用(投资或成本)控制、进度控制、质量控制、合同管理、信息管理和组织与协调等主管工作部门或主管人员的工作任务。某项目业主方在设计阶段的部分项目管理任务分解示例见表2-1。

表2-1　某项目业主方在设计阶段的部分项目管理任务分解示例

2. 设计阶段项目管理的任务		备注
2.1 设计阶段的投资控制		
2101	在可行性研究的基础上,进行项目总投资目标的分析、论证	
2102	根据方案设计,审核项目总估算,供业主方确定投资目标参考,并基于优化方案协助业主对估算做出调整	
2103	编制项目总投资切块、分解规划,并在设计过程中控制其执行;在设计过程中若有必要,及时提出调整总投资切块、分解规划的建议	
2104	审核项目总概算,在深化设计过程中将项目总概算严格控制在所确定的投资计划值以内,对项目总概算做出评价报告和建议	
2105	根据工程概算和工程进度表,编制设计阶段资金使用计划,并控制其执行,必要时,对上述计划提出调整建议	
2106	从设计、施工、材料和设备等多方面做必要的市场调查分析和技术经济比较论证,并提出咨询报告,如发现设计可能突破投资目标,则协助设计人员提出解决办法,供业主参考	
2107	审核施工图预算,调整总投资计划	
2108	采用价值工程方法,在充分满足项目功能的条件下考虑进一步挖掘节约投资的潜力	
2109	进行投资计划值和实际值的动态跟踪比较,并提交各种投资控制报表和报告	
2110	控制设计变更,注意检查变更设计的结构性、经济性、建筑造型和使用功能是否满足业主的要求	
2.2 设计阶段的进度控制		
2201	参与编制项目总进度计划,有关施工进度与施工监理单位协商讨论	
2202	审核设计单位提出的详细的设计进度计划和出图计划,并控制其执行,避免发生因设计单位推迟进度而造成施工单位要求索赔	
2203	协助起草主要甲供材料和设备的采购计划,审核甲供材料设备清单	
2204	协助业主确定施工分包合同结构及招标投标方式	

续表

2205	督促业主对设计文件尽快做出决策和审定	
2206	在项目实施过程中进行进度计划值和实际值的比较,并提交各种进度控制报表和报告(月报、季报、年报)	
2207	协调室内外装修设计、专业设备设计与主设计的关系,使专业设计进度能满足施工进度的要求	
2.3 设计阶段的质量控制		
2301	协助业主确定项目质量的要求和标准,满足设计质监部门的质量评定标准要求,并作为质量控制目标值,参与分析和评估建筑物使用功能、面积分配、建筑设计标准等,根据业主的要求,编制详细的设计要求文件,作为方案设计优化任务书的一部分	
2302	研究图纸、技术说明和计算书等设计文件,发现问题,及时向设计单位提出;对设计变更进行技术经济合理性分析,并按照规定的程序办理设计变更手续,凡对投资及进度带来影响的变更,需会同业主核签	
2303	审核各设计阶段的图纸、技术说明和计算书等设计文件是否符合国家有关设计规范、有关设计质量要求和标准,并根据需要提出修改意见,确保设计质量获得有关部门审查通过	
……		
2.4 设计阶段的合同管理		
……		
2.5 设计阶段的信息管理		
……		

2)工作任务分工表

在项目管理任务分解的基础上,明确项目经理和费用(投资或成本)控制、进度控制、质量控制、合同管理、信息管理、组织与协调等主管工作部门或主管人员的工作任务,从而编制工作任务分工表。在工作任务分工表中应明确各项工作任务由哪个工作部门(或个人)负责,由哪些工作部门(或个人)配合或参与。在项目的进展过程中,根据需要及时对工作任务分工表进行调整。表2-2所示为某大型公共建筑的管理任务分工表。

表2-2 某大型公共建筑的管理任务分工表

序号	工作项目	经理室、指挥部室	技术委员会	专家顾问组	办公室	总工程师室	综合部	财务部	计划部	工程部	设备部	运营部	物业开发部
1	人事	☆					△						
2	重大技术审查决策	☆	△	○	○	△	○	○	○	○	○	○	○

续表

序号	工作项目	经理室、指挥部室	技术委员会	专家顾问组	办公室	总工程师室	综合部	财务部	计划部	工程部	设备部	运营部	物业开发部
3	设计管理			○		☆			○	△	△	○	
4	技术管理			○		☆				△	△	○	
5	科研管理			○		☆			○				
6	行政管理				☆	○	○	○	○	○	○	○	○
7	外事工作			○	☆	○							
8	档案管理			○	☆	○	○	○	○	○	○	○	○
9	资金保险						○	☆					
10	财务管理						○	☆	○				
11	审计						☆	○	○				
12	计划管理						○	○	☆	△	△		
13	合同管理						○	○	☆	△	△		
14	招投标管理			○		○	○		☆	△	△		
15	工程筹划			○		○				☆	○		
16	土建评定项目管理			○		○				☆	○		
17	工程前期工作			○			○	○		☆	○		○
18	质量管理			○		△				☆	△		
19	安全管理			○			○	○		☆	△		
20	设备选型			△		○					☆	○	
21	设备材料采购						○	○		△	△		☆
22	安装工程项目管理			○					○	△	☆	○	
23	运营准备			○		○				△	△	☆	
24	开通、调试、验收			○		△				△	△	△	
25	系统交接			○	○	○	○	○	○	☆	☆	☆	
26	物业开发						○	○	○	○	○	○	☆

注：☆表示主办，△表示协办，○表示配合。

2. 管理职能分工及管理职能分工表

每一个工程项目都应根据需要编制管理职能分工表，这是项目组织设计文件的一部分。

管理是由多个环节组成的有限循环过程,这些组成管理的环节就是管理的职能,如图 2.9 所示。

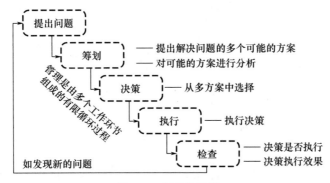

图 2.9 管理的职能

(1) 提出问题。
(2) 筹划——提出解决问题的多个可能的方案,并对可能的方案进行分析。
(3) 决策——从多方案中选择。
(4) 执行——执行决策。
(5) 检查——检查决策是否执行以及决策执行效果。

管理的职能在一些文献中也有不同的表述,但其内涵是类似的。

业主方和项目各参与方都有各自的项目管理任务及其管理职能分工,各方都应该编制自己的项目管理职能分工表。管理职能分工表是用表的形式反映项目管理机构内部项目经理、各工作部门和各工作岗位对各项工作任务的管理职能分工。如使用管理职能分工表不足以明确每个工作部门的管理职能,则可辅以使用管理职能分工描述书。表 2-3 为某项目管理职能分工表示例。

管理职能示例

表 2-3 某项目管理职能分工表示例

序号	任务		业主方	项目管理方	工程监理方
		设计阶段			
1	审批	获得政府有关部门的各项审批	E		
2		确定投资、进度、质量目标	DC	PC	PE
3	发包与合同管理	确定设计发包模式	D	PE	
4		选择总包设计单位	DE	P	
5		选择分包设计单位	DC	PEC	PC
6		确定施工发包模式	D	PE	PE
7	进度	设计进度目标规划	DC	PE	
8		设计进度目标控制	DC	PEC	
9	投资	投资目标分解	DC	PE	
10		设计阶段投资控制	DC	PE	

续表

序号		任务	业主方	项目管理方	工程监理方
11	质量	设计质量控制	DC	PE	
12		设计认可与批准	DE	PC	
投标阶段					
13	发包	招标、评标	DC	PE	PE
14		选择施工总包单位	DE	PE	PEC
15		选择施工分包单位	D	PE	PEC
16		合同签订	DE	P	P
17	进度	施工进度目标规划	DC	PC	PE
18		项目采购进度规划	DC	PC	PE
19		项目采购进度控制	DC	PEC	PEC
20	投资	招标阶段投资控制	DC	PEC	
21	质量	制定材料设备质量标准	D	PC	PEC

注：P表示筹划，D表示决策，E表示执行，C表示检查。

2.1.5 工作流程组织及工作流程图

工作流程组织可反映一个组织系统中各项工作之间的逻辑关系，是一种动态关系。如图2.2所示，工作流程组织包括以下内容。

（1）管理工作流程组织，如投资控制、进度控制、合同管理、付款和设计变更等流程。

（2）信息处理工作流程组织，如与生成月度进度报告有关的数据处理流程。

（3）物质流程组织，如设计工作流程、钢结构深化设计工作流程、弱电工程物资采购工作流程等。

物质流程组织对于建设工程项目而言，指的是项目实施任务的工作流程，如设计工作流程可以是方案设计、初步设计、技术设计、施工图设计，也可以是方案设计、初步设计（扩大初步设计）、施工图设计。

1. 工作流程组织的任务

每一个建设工程项目都应根据其特点，从多个可能的工作流程方案中确定以下几个主要的工作流程组织。

（1）设计准备工作流程。

（2）设计工作流程。

（3）施工招标工作流程。

（4）物资采购工作流程。

（5）施工作业流程。

（6）各项管理工作（投资控制、进度控制、质量控制、合同管理和信息管理等）流程。

（7）与工程管理有关的信息处理流程。

这就是工作流程组织的任务，即定义各个工作的流程。

工作流程图应视需要逐层细化，如投资控制工作流程可细化为初步设计阶段投资控制工作流程图、施工图阶段投资控制工作流程图和施工阶段投资控制工作流程图等。

业主方和项目各参与方都有各自的工作流程组织的任务。

2．工作流程图

工作流程图是用图的形式反映一个组织系统中各项工作之间的逻辑关系，它可用以描述工作流程组织。工作流程图是一个重要的组织工具，如图2.10所示。工作流程图用矩形框表示工作，用箭线表示工作之间的逻辑关系，用菱形框表示判别条件，如图2.10（a）所示，也可用图2.10（b）所示的方式表示工作和工作的执行者。

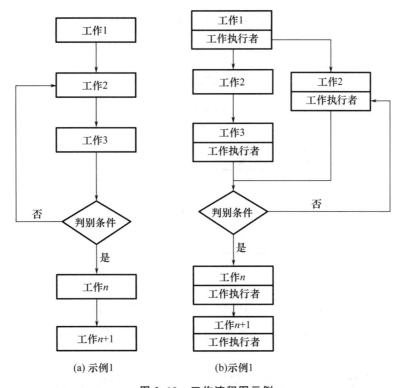

图2.10 工作流程图示例

下面用一个工作流程图的案例进一步解释工作流程图的含义及其表达方式。

设计变更在工程实施过程中时有发生，设计变更可能由业主方提出，也可能由施工方或设计方提出。一般设计变更的处理涉及监理工程师、总监理工程师、设计单位、施工单位和业主方。图2.11所示为某工程设计变更的工作流程图，该图反映了上述工作顺序关系。

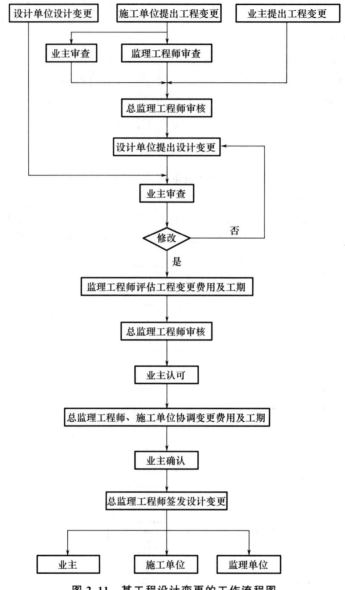

图 2.11 某工程设计变更的工作流程图

任务单元 2.2　施工方的管理组织机构

不论是业主方的项目管理、设计方的项目管理,还是施工方的项目管理,均需建立一个科学的管理组织机构,这是实施项目管理的基础。项目组织规划设计的目的是在一定的要求和条件下,组建一个能实现项目目标的理想的管理组织机构,并根据项目管理的要求,确定各部门职责及各职位间的关系。这里着重介绍施工方的管理组织机构——项目经理部。

2.2.1 项目经理部概述

施工现场设置项目经理部,有利于各项管理工作的顺利进行。因此,对于大中型施工项目,施工方必须在施工现场设立项目经理部,并根据目标控制和管理的需要设立专业职能部门;对于小型施工项目,施工方一般也应设立项目经理部,但可简化。

1. 项目经理部的概念

项目经理部是企业在某一工程项目上的一次性管理组织机构,代表企业履行工程承包合同。项目经理部由项目经理在企业的支持下组建并领导,接受企业职能部门的指导、监督、检查、服务和考核,并负责对项目资源进行合理使用和动态管理。

项目经理部是从事施工现场管理的一次性具有弹性的施工生产经营管理组织机构,随项目的开始而产生,随项目的完成而解体。

项目经理部由项目经理及各种专业技术人员和相关管理人员组成。项目经理部成员的选聘,应根据各企业的规定,在企业的领导、监督下,由项目经理在企业内部或面向社会,根据一定的劳动人事管理程序进行择优聘用,并报企业领导批准。

2. 项目经理部的作用

项目经理部是施工项目管理的工作班子,在项目经理的领导下开展工作,在施工项目管理中,项目经理部主要发挥如下作用。

(1) 负责施工项目从开工到竣工的全过程施工生产经营的管理,是企业在某一工程项目上的管理层,同时对作业层负有管理与服务的双重职能。

(2) 为项目经理决策提供信息依据,当好参谋,同时又要执行项目经理的决策意图,对项目经理全面负责。

(3) 项目经理部作为组织主体,应完成企业所赋予的基本任务——项目管理任务;凝聚管理人员的力量,调动管理人员的积极性,促进管理人员的合作;协调部门之间、管理人员之间的关系,发挥每个人的岗位作用;影响和改变管理人员的观念和行为,使管理人员的思想、行为变为组织文化的积极因素;实行目标责任制,搞好管理;协调项目经理部与企业部门、建设单位、分包单位等之间的关系。

(4) 项目经理部是代表企业履行工程承包合同的主体,对项目产品和建设单位全面、全过程负责。

2.2.2 项目经理部的组织形式

项目经理部的组织形式是指施工项目管理组织中处理管理层次、管理跨度、部门设置和上下级关系的组织结构的类型。项目经理部的组织形式多种多样,随着社会生产力水平的提高和科学技术的发展,还将产生新的组织形式。本任务单元不具体讨论组织结构的四种基本形式,即直线式、职能式、直线职能式和矩阵式,而是从承包企业组织与项目管理组织之间的关系来阐明项目经理部的组织形式。

1. 工作队式

图 2.12 为工作队式组织形式示意图。

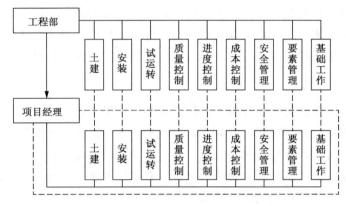

图 2.12　工作队式组织形式示意图

注：虚线框内为项目经理部。

1) 特征

(1) 项目经理一般由企业任命或选拔，由项目经理在企业内招聘或抽调职能部门的人员组成项目经理部。

(2) 项目经理部成员在项目工作过程中，由项目经理领导，原单位领导只负责业务指导，不能干预其工作或调回人员。

(3) 项目结束后项目经理部撤销，所有人员仍回原所在部门。

2) 优点

(1) 项目经理部成员来自企业各职能部门，熟悉业务，各有专长，协同工作，能充分发挥其作用。

(2) 各种人才都在现场，解决问题迅速，减少了扯皮和等待时间，办事效率高。

(3) 项目经理权力集中，受干扰少，决策及时，指挥灵便。

(4) 不打乱企业的原建制。

3) 缺点

(1) 各类人员来自不同部门，彼此不够熟悉，工作需要一段磨合期。

(2) 各类人员在同一时期内所担负的管理工作任务可能有很大差别，容易产生忙闲不均，可能导致人力资源浪费。

(3) 由于项目施工一次性的特点，有些人员容易产生临时（对付）观念。

(4) 由于同一专业人员分配在不同项目上，相互交流困难，专业职能部门的优势难以发挥。

4) 适用范围

适用于大型施工项目，工期要求紧的施工项目，以及要求多工种、多部门密切配合的施工项目。

2. 部门控制式

图 2.13 为部门控制式组织形式示意图。

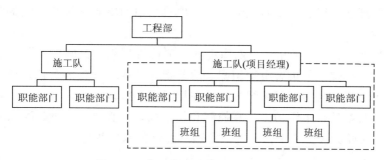

图 2.13　部门控制式组织形式示意图

注：虚线框内为项目经理部。

1）特征

按职能原则建立施工项目经理部，在不打乱企业现行建制的条件下，企业将施工项目委托给某一专业部门或施工队，由专业部门或施工队领导在本单位组织人员组成项目经理部，并负责实施施工项目管理。

2）优点

(1) 项目经理部从接受任务到组织运转，机构启动快。

(2) 人员熟悉，业务熟悉，职责明确，关系容易协调，工作效率高。

3）缺点

(1) 人员固定，不利于精简机构。

(2) 不能适应大型复杂项目或者涉及各个部门的项目，局限性较大。

4）适用范围

适用于小型、专业性较强、不需涉及众多部门的项目，如煤气管道施工、电缆铺设等项目。

3. 矩阵式

矩阵式组织形式是现代大型项目管理中应用最广泛的新型组织形式。图 2.14 为矩阵式组织形式示意图。

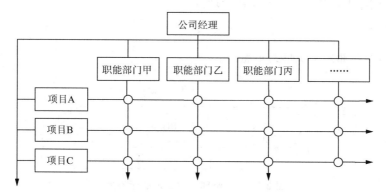

图 2.14　矩阵式组织形式示意图

1）特征

(1) 按照职能原则和项目原则结合起来建立的项目管理组织，既能发挥职能部门的纵向优势,又能发挥项目组织的横向优势,多个项目组织的横向系统与职能部门的纵向系统形成了矩阵结构。

(2)企业专业职能部门是相对长期稳定的,项目管理组织是临时性的。职能部门负责人对项目组织中本单位人员负有组织调配、业务指导、业绩考察等责任。项目经理在各职能部门的支持下,将参与本项目组织的人员在横向上有效地组织在一起,为实现项目目标协同工作,对参与本项目组织的人员有控制和使用权,在必要时可将其辞退或要求调换。

(3)矩阵中的成员接受原单位负责人和项目经理的双重领导。

2)优点

(1)兼有部门控制式和工作队式两种组织形式的优点,将职能原则和项目原则融为一体,实现了企业长期例行性管理和项目一次性管理的统一。

(2)以尽可能少的人力实现多个项目的高效管理。通过职能部门的协调,可根据项目的需求配置人才,防止人才短缺或人力资源浪费,项目组织因此具有较好的弹性和应变能力。

(3)打破了一个职工只接受一个部门领导的原则,大大加强了部门间的协调,便于集中各种专业知识、技能和人才,迅速完成某个工程项目,提高了管理组织的灵活性。

3)缺点

(1)项目组织的结合部多,组织内部的人际关系、业务关系、沟通渠道等都较复杂,容易造成信息量膨胀,引起信息流不畅或失真,需要依靠有力的组织措施和规章制度来规范管理。

(2)由于人员来自职能部门,且仍受职能部门控制,难免影响他们在项目上积极性的发挥,项目的组织作用大为削弱。

(3)双重领导造成的矛盾使当事人无所适从,影响工作。

(4)在项目施工高峰期,一些人员身兼多职,容易造成管理上顾此失彼。

4)适用范围

(1)适用于需要多部门、多技术、多工种配合施工,在不同施工阶段对不同人员有不同的数量和搭配需求的大型、复杂的施工项目。

(2)适用于同时承担多个施工项目管理的企业。

4. 事业部式

图 2.15 为事业部式组织形式示意图。

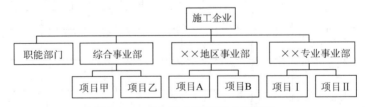

图 2.15 事业部式组织形式示意图

1)特征

(1)在企业内部按地区、工程类型或经营内容设立事业部,事业部对内是一个职能部门,对外则享有相对独立的经营权,可以是一个独立单位。如图 2.4 中的××地区事业部,可以是公司的驻外办事处,也可以是公司在外地设立的具有独立法人资格的分公司;××专业事业部,一般是公司根据其经营范围成立的事业部,如桩基础公司、装饰公司、钢结构公司等。

(2)事业部中的工程部或开发部下设项目经理部。项目经理由事业部委派,一般对事业部负责,经特殊授权时,也可直接对业主负责。

2)优点

(1)事业部式项目经理部能充分调动发挥事业部的积极性和独立经营作用,便于延伸企业的经营职能,有利于开拓企业的经营业务领域。

(2)事业部式项目经理部能迅速适应环境变化,提高公司的应变能力,既可以加强公司的经营战略管理,又可以加强项目管理。

3)缺点

(1)企业对项目经理部的约束力减弱,协调指导机会减少,以致有时造成企业结构松散。

(2)事业部的独立性强,企业的综合协调难度大,必须加强制度约束和规范化管理。

4)适用范围

适用于大型经营型企业承包施工项目时采用,特别适用于远离企业本部的施工项目、海外工程项目。

需要注意的是,一个地区只有一个项目而没有后续工程时,不宜设立地区事业部,也即它适用于在一个地区有长期市场或有多种专业化施工力量的企业采用。在这种情况下,事业部与地区市场同寿命,地区没有项目时,该事业部应予撤销。

2.2.3 项目经理部组织形式的选择

施工企业在选择项目经理部的组织形式时,应考虑项目的规模、业务范围、复杂性等因素,分析业主对项目的要求、标准规范、合同条件等情况,结合企业的类型、员工素质、管理水平、环境条件、工作基础等,选择适宜的组织形式。一般来讲,项目经理部的组织形式可按照下列思路选择。

(1)人员素质高、管理基础强、可以承担复杂项目的大型综合企业,宜采用矩阵式、工作队式、事业部式组织形式。

(2)简单项目、小型项目、承包内容单一的项目,宜采用部门控制式组织形式。

(3)在同一企业内部,可以根据具体情况将几种组织形式结合使用,如矩阵式与事业部式、工作队式与事业部式结合使用,但不能同时采用矩阵式与工作队式,以免造成混乱。

2.2.4 项目经理部的运行

1. 项目经理部的设置

1)项目经理部的设置原则

项目经理部的设置应遵循以下几个基本原则。

（1）要根据所设计的项目组织形式设置项目经理部。不同的组织形式决定了企业对施工项目的不同管理方式、所提供的不同管理环境，以及对项目经理部授予权限的大小；同时，不同的组织形式对项目经理部的管理力量和管理职责也有不同的要求。

（2）要根据施工项目的规模、复杂程度和专业特点设置项目经理部。例如，大型项目经理部可以设职能部、处，中型项目经理部可以设职能处、科，小型项目经理部一般只需设职能人员即可。

（3）项目经理部是为特定工程项目组建的，必须是一个具有弹性的一次性全过程的管理组织，随着工程项目的开工而组建，随着工程项目的竣工而解体，在其存在期间还应按工程管理需要的变化而调整。

（4）项目经理部的人员配置应面向施工项目现场，满足现场的计划与调度、技术与质量、成本与核算、劳务与物资、安全与文明施工的需要，而不应设置经营与咨询、研究与发展、政工与人事等与项目施工关系较少的非生产性管理部门。

2）项目经理部的设置程序

设置项目经理部时，一般应按以下程序进行。

（1）根据项目管理规划大纲确定项目经理部的管理任务和组织形式。

（2）根据项目管理目标责任书进行目标分解与责任划分。

（3）确定项目经理部的层次，设立职能部门与工作岗位。

（4）确定人员的职责、分工和权限。

（5）制定工作制度、考核制度与奖惩制度。

3）项目经理部的职能部门

项目经理部的职能部门及其人员配置，应当满足施工项目管理工作中采购管理、合同管理、设计与技术管理、进度管理、质量管理、成本管理、安全生产管理、绿色建造与环境管理、资源管理、信息与知识管理、沟通管理、风险管理、收尾管理等各项管理内容的需要。因此，项目经理部通常应设置以下几个部门。

（1）经营核算部门，主要负责预算、合同、索赔、资金收支、成本核算、劳动力的配置与分配等工作。

（2）工程技术部门，主要负责生产调度、文明施工、技术管理、施工组织设计、计划统计等工作。

（3）物资设备部门，主要负责材料的询价、采购、计划供应、管理、运输、工具管理、机械设备的租赁配套使用等工作。

（4）监控管理部门，主要负责工程质量、安全生产管理、环境保护等工作。

（5）测试计量部门，主要负责计量、测量、试验等工作。

项目经理部职能部门及管理岗位的设置，必须贯彻因事设岗、有岗有责和目标管理的原则，明确各岗位的责、权、利和考核指标，并对管理人员的责任目标进行检查、考核与奖惩。

2. 项目经理部的规章制度

项目经理部组建以后，应根据企业和项目的实际情况，制定项目经理部规章制度。项目经理部规章制度是建筑企业或项目经理部制定的针对施工项目实施所必需的工作规定和条例的总称，是项目经理部进行项目管理工作的标准和依据，是在企业管理制度的前提下，针对施工项目的具体要求而制定的，是规范项目管理行为、约束项目实施活动、保证项目目标实现的前提和基础。

项目经理部规章制度的内容包括：项目管理人员岗位责任制度，项目技术管理制度，项目质量管理制度，项目安全生产管理制度，项目计划、统计与进度管理制度，项目成本核算制度，项目材料、机械设备管理制度，项目环境管理制度，项目分配与奖励制度，项目例会及施工日志制度，项目分包及劳务管理制度，项目沟通管理制度，项目信息管理制度，等等。

3. 项目经理部的工作内容

项目经理部的工作内容包括以下几个方面。

（1）在项目经理领导下制定项目管理实施规划及项目管理的各项规章制度。

（2）对进入项目的资源进行优化配置和动态管理。

（3）有效控制项目进度、质量、成本和安全等目标。

（4）协调企业内部、项目内部以及项目与外部各系统之间的关系，增进项目有关各部门之间的沟通，提高工作效率。

（5）对施工项目目标和管理行为进行分析、考核和评价，并对各类责任制度执行结果实施奖罚。

4. 项目经理部的解体

项目经理部作为一次性的组织，在工程项目目标实现后应及时解体。项目经理部解体应具备下列条件。

（1）工程已经竣工验收。

（2）与各分包单位已经结算完毕。

（3）已协助企业管理层与发包人签订《工程质量保修书》。

（4）项目管理目标责任书已经履行完成，经企业管理层审计合格。

（5）已与企业管理层办理有关手续，主要是向相关职能部门交接清楚项目管理文件资料、核算账册、现场办公设备、公章保管、领借的工器具及劳防用品、项目管理人员的业绩考核评价材料等。

（6）现场清理完毕。

任务单元2.3　施工企业项目经理

党的二十大报告提出，深入实施人才强国战略，培养造就大批德才兼备的高素质人才，是国家和民族长远发展大计。项目经理是项目经理部的灵魂和最高决策者，项目经理的理念和经营管理水平直接影响着项目经理部的工作效率和业绩。只有由优秀睿智的项目经理领导的项目经理部，才是高效精干并具有创新开拓精神的施工项目管理责任主体。优秀的项目经理既是企业经济效益和社会信誉的直接责任人，又是业主对项目投资的最基本保证。

2.3.1 项目经理的概念和素质

1. 项目经理的概念

项目经理是指受企业法定代表人委托和授权,在工程项目施工中担任项目经理岗位职务,直接负责工程项目施工的组织实施者,是对工程项目实施全过程、全面负责的项目管理者,是工程项目的责任主体,是企业法人代表在工程项目上的委托代理人。

1992年,建设部颁发的《建筑施工企业项目经理资质管理办法》指出"建筑施工企业项目经理(以下简称项目经理),是指受企业法定代表人委托对工程项目施工过程全面负责的项目管理者,是建筑施工企业法定代表人在工程项目上的代表人"。这就决定了项目经理在项目中是最高的责任者、组织者,是项目决策的关键人物。项目经理在项目管理中处于中心地位。

为了确保工程项目的目标实现,项目经理不应同时承担两个或两个以上未完工程项目的领导岗位的工作。为了确保工程项目实施的可持续性和项目经理责任、权利与利益的连贯性及可追溯性,在项目运行正常的情况下,企业不应随意撤换项目经理。但在工程项目发生重大安全、质量事故或项目经理违法、违纪时,企业可撤换项目经理,而且必须进行绩效审计,并按合同规定报告有关合作单位。

2. 项目经理的素质

项目经理应具备下列素质。
(1) 符合项目管理要求的能力,善于进行领导、组织协调与沟通。
(2) 具备相应的项目管理经验和业绩。
(3) 具备项目管理需要的专业技术、管理、经济、法律和法规知识。
(4) 具备良好的职业道德和团结协作精神,遵纪守法、爱岗敬业、诚信尽责。
(5) 身体健康。

2.3.2 项目经理责任制

1. 项目经理责任制概述

项目经理责任制是我国施工管理体制上的一个重大改革,对加强工程项目管理、提高工程质量起到了很好的作用。

所谓项目经理责任制,是指以项目经理为责任主体的施工项目管理目标责任制度,它是以施工项目为对象,以项目经理全面负责为前提,以项目管理目标责任书为依据,以创优质工程为目标,以求得项目产品的最佳经济效益为目的,实行从施工项目开工到竣工验收的一次性全过程的管理。

项目经理责任制是项目管理目标实现的具体保障和基本条件。它有利于明确项目经理与企业、职工三者之间的责、权、利关系,有利于运用经济手段强化对施工项目的法制管理,有利于项目的规范化、科学化管理和工程质量的提高,有利于促进和提高企业项目管理的经济效益和社会效益。

项目经理责任制的主体是项目经理个人全面负责，项目经理部集体全面管理。其中个人全面负责是指在施工项目管理活动中，由项目经理代表项目经理部统一指挥，并承担主要的责任；集体全面管理是指项目经理部成员根据工作分工，承担相应的责任并享受相应的利益。

项目经理责任制的重点在于管理，即要遵循科学规律，注重现代化管理的内涵和运用，通过强化项目管理，全面实现项目管理目标责任书的内容与要求。

2. 项目管理目标责任书

项目经理责任制作为项目管理的基本制度，是评价项目经理绩效的依据，其核心是项目管理目标责任书确定的责任。

工程项目在实施之前，法定代表人或其授权人要与项目经理就工程项目全过程管理签订项目管理目标责任书，明确规定项目经理部应达到的成本、质量、进度和安全等管理目标。它是具有企业法规性的文件，也是项目经理的任职目标，具有很强的约束性。

项目管理目标责任书一般包括下列内容。

(1) 项目管理实施目标。
(2) 企业各部门与项目经理部之间的责任、权限和利益分配。
(3) 项目施工、试运行等管理的内容和要求。
(4) 项目需要资源的提供方式和核算办法。
(5) 法定代表人向项目经理委托的特殊事项。
(6) 项目经理部应承担的风险。
(7) 项目管理目标评价的原则、内容和方法。
(8) 对项目经理部进行奖惩的依据、标准和办法。
(9) 项目经理解职和项目经理部解体的条件与办法。

项目管理目标责任书的重点是明确项目经理的工作内容，其核心是完成项目管理目标，是组织考核项目经理和项目经理部成员业绩的标准和依据。

2.3.3　项目经理的责、权、利

1. 项目经理应履行的职责

项目经理应履行以下职责。

(1) 代表企业实施施工项目管理。贯彻执行国家法律、法规、方针、政策和强制性标准，执行企业的管理制度，维护企业的合法权益。
(2) 项目管理目标责任书规定的职责。
(3) 主持编制项目管理实施规划，并对项目目标进行系统管理。
(4) 对进入现场的资源进行优化配置和动态管理。
(5) 建立质量管理体系和安全生产管理体系并组织实施。
(6) 在授权范围内，负责与企业管理层、劳务作业层、各协作单位、发包人、分包人和监理工程师等的协调，解决项目中出现的问题。

(7) 在授权范围内，处理项目经理部与国家、企业、分包单位以及职工之间的利益分配。

(8) 收集工程资料，准备结算资料，参与工程竣工验收。

(9) 接受审计，处理项目经理部解体的善后工作。

(10) 协助企业进行项目的检查、鉴定和评奖申报。

2. 项目经理应具有的权限

项目经理应具有以下权限。

(1) 参与企业进行的施工项目投标和签订施工合同。

(2) 参与组建项目经理部，确定项目经理部的组织形式，选择、聘任管理人员，确定管理人员的职责，并定期进行考核、评价和奖惩。

(3) 主持项目经理部工作，组织制定施工项目的各项管理制度。

(4) 在企业财务制度规定的范围内，根据企业法定代表人授权和施工项目管理的需要，决定资金的投入和使用。

(5) 制定项目经理部的计酬办法。

(6) 参与选择并使用具有相应资质的分包人。

(7) 在授权范围内，按物资采购程序性文件的规定行使采购权。

(8) 在授权范围内，协调和处理与施工项目管理有关的内部及外部事项。

(9) 法定代表人授予的其他权力。

3. 项目经理应享有的利益

项目经理应享有以下利益。

(1) 获得工资和奖励。

(2) 项目完成后，按照项目管理目标责任书的规定，经审计后给予奖励或处罚。

(3) 除按项目管理目标责任书可获得物质奖励外，还可获得表彰、记功等奖励。

2.3.4 建造师执业资格制度

建造师执业资格制度于1834年起源于英国，迄今已有近190年的历史。目前，世界上许多国家都建立了这项制度。1997年在华盛顿正式召开了国际建造师协会成立大会。我国施工企业有10万多家，从业人员有3500多万人，在从事建设工程项目总承包和施工管理的广大专业技术人员中，特别是在施工项目经理队伍中，建立建造师执业资格制度非常必要。

《建造师执业资格制度暂行规定》

1. 我国建造师执业资格制度的建立

2002年12月5日，人事部（2008年改为人力资源和社会保障部，简称人社部）、建设部（2008年改为住房和城乡建设部，简称住建部）联合印发了《建造师执业资格制度暂行规定》（人发〔2002〕111号），这标志着我国建造师执业资格制度的正式建立。该规定明确指出，我国的建造师是指从事建设工程项目总承包和施工管理关键岗位的专业技术人员，分为一级建造师和二级建造师。这项制度的建立，必将促进我国工程项目管理人员素质和管理水平的提高，促进我们进一步开拓国际建筑市场。

2. 建造师执业资格证书

一级建造师执业资格实行全国统一大纲、统一命题、统一组织的考试制度，由人社部、住建部共同组织实施，原则上每年举行一次考试；二级建造师执业资格实行全国统一大纲，由各省、自治区、直辖市命题并组织的考试制度。考试内容分为综合知识与能力、专业知识与能力两部分。报考人员要符合有关文件规定的相应条件。一、二级建造师执业资格考试合格的人员，可分别获得《中华人民共和国一级建造师执业资格证书》和《中华人民共和国二级建造师执业资格证书》。取得建造师执业资格证书的人员，必须经过注册登记，方可以建造师名义执业。

《注册建造师管理规定》

《注册建造师执业管理办法（试行）》

《注册建造师执业管理办法（试行）》（建市〔2008〕48号）第五条规定：大中型工程施工项目负责人必须由本专业注册建造师担任。一级注册建造师可担任大、中、小型工程施工项目负责人，二级注册建造师可以承担中、小型工程施工项目负责人。

各专业大、中、小型工程分类标准，按《关于印发〈注册建造师执业工程规模标准〉（试行）的通知》（建市〔2007〕171号）执行。

《注册建造师执业工程规模标准（试行）》

3. 建造师与项目经理的关系

（1）建造师是一种专业人员的名称，而项目经理是一个工作岗位的名称。

（2）建造师与项目经理所从事的都是建设工程的管理，但执业范围不同。建造师执业的覆盖面较广，可涉及建设工程项目管理的许多方面；而担任项目经理只是建造师执业中的一项。除此之外，建造师还可以从事法律、行政法规或国务院建设行政主管部门规定的其他业务以及其他施工活动的管理工作；而项目经理则限于从事企业内某一特定工程的项目管理。建造师选择工作的权利相对自由，可在社会市场上有序流动，有较大的活动空间；而项目经理岗位则是企业设定的，项目经理是由企业法人代表授权或聘用的、一次性的工程项目施工管理者。

（3）我国在全面实施建造师执业资格制度后，仍然要坚持落实项目经理岗位责任制。项目经理岗位是保证建设工程项目质量、安全、工期的重要岗位，要充分发挥有关行业协会的作用，加强项目经理培训，不断提高项目经理队伍素质。要加强对建筑业企业项目经理市场行为的监督管理，对发生重大工程质量安全事故或市场违法违规行为的项目经理，必须依法予以严肃处理。《国务院关于取消第二批行政审批项目和改变一批行政审批项目管理方式的决定》（国发〔2003〕5号）的规定是取消项目经理资质的行政审批，而不是取消项目经理。有变化的是，大中型工程项目的项目经理必须由取得建造师执业资格的建造师担任。注册建造师资格是担任大中型工程项目经理的一个必要条件，是国家的强制性要求。小型工程项目的项目经理可以由不是建造师的人员担任。

模块小结

本模块需要学生在全面理解组织理论的基础上,重点掌握施工方的管理组织机构。学生在学习过程中应注意采用对比的方法学习四种项目经理部的组织形式,还应注意借助组织形式示意图理解有关内容。

学生在学习过程中,应该主动联系实际,如分析自己参与过的项目经理部的组织形式,以加深对理论知识的理解,提高实践能力。

思考与练习

一、单选题

1. 在项目结构图中,矩形框表示(   )。
   A. 工作任务　　　B. 工作部门　　　C. 参与单位　　　D. 指令关系
2. 在组织结构图中,矩形框表示(   )。
   A. 工作任务　　　B. 工作部门　　　C. 参与单位　　　D. 指令关系
3. 在组织结构图中,上级工作部门对其直接下属工作部门的指令关系用(   )表示。
   A. 直线　　　　　B. 单向箭线　　　C. 双向箭线　　　D. 点划线
4. 对于煤气管道施工等项目,适合采用(   )组织形式。
   A. 事业部式　　　B. 工作队式　　　C. 部门控制式　　　D. 矩阵式
5. 某一大型建设项目中,项目的每一名成员都接受项目经理和职能部门经理的双重领导,该项目的组织机构采用的是(   )组织形式。
   A. 直线式　　　　B. 工作队式　　　C. 矩阵式　　　　D. 部门控制式
6. (   )在项目中是最高的责任者、组织者,是项目决策的关键人物,在项目管理中处于中心地位。
   A. 项目经理　　　B. 公司管理层　　C. 技术员　　　　D. 预算员
7. 项目管理目标责任书应在(   ),由法定代表人或其授权人与项目经理协商制定。
   A. 项目投标前　　　　　　　　　　B. 项目实施前
   C. 项目实施后　　　　　　　　　　D. 项目结束后
8. 建造师是一种(   )的名称,而项目经理是一种工作岗位的名称。
   A. 工作岗位　　　B. 专业人员　　　C. 技术职称　　　D. 工作职务
9. 建筑施工企业项目经理是指受(   )委托,对工程项目施工过程全面负责的项目管理者。
   A. 董事会　　　　　　　　　　　　B. 股东大会
   C. 总经理　　　　　　　　　　　　D. 企业法定代表人
10. 注册建造师与项目经理的执业范围是(   )的。
    A. 相同　　　　　B. 不同

二、多选题

1. 组织工具是组织论的应用手段，用图或表等形式表示各种组织关系，它包括（　　）。
   A. 项目结构图　　B. 组织结构图　　C. 工作任务分工表
   D. 管理职能分工表　E. 工作流程图

2. 常用的组织结构模式包括（　　）等。这几种常用的组织结构模式既可以在建设工程项目管理中运用，也可在企业管理中运用。
   A. 职能组织结构　　B. 线性组织结构　　C. 矩阵组织结构
   D. 工作队式结构　　E. 部门控制式结构

3. 以下（　　）是工作队式组织形式的特征。
   A. 项目经理部成员来自企业各职能部门，熟悉业务，各有专长，协同工作，能充分发挥其作用
   B. 项目经理权力集中，受干扰少，决策及时，指挥灵便
   C. 不打乱企业的原建制
   D. 人员固定，不利于精简机构
   E. 各类人员来自不同部门，彼此不够熟悉，工作需要一段磨合期

4. 以下（　　）是部门控制式组织形式的特征。
   A. 在不打乱企业现行建制的条件下，企业将施工项目委托给某一专业部门或施工队
   B. 从接受任务到组织运转，机构启动快
   C. 不能适应大型复杂项目或者涉及各个部门的项目，局限性较大
   D. 人员固定，不利于精简机构
   E. 各类人员来自不同部门，彼此不够熟悉，工作需要一段磨合期

5. 以下（　　）是矩阵式组织形式的特征。
   A. 在不打乱企业现行建制的条件下，企业将施工项目委托给某一专业部门或施工队
   B. 成员接受原单位负责人和项目经理的双重领导
   C. 兼有部门控制式和工作队式两种项目组织形式的优点，将职能原则和项目原则融为一体，实现了企业长期例行性管理和项目一次性管理的统一
   D. 由于人员来自职能部门，且仍受职能部门控制，难免影响他们在项目上积极性的发挥，项目的组织作用大为削弱
   E. 在项目施工高峰期，一些人员身兼多职，造成管理上顾此失彼

6. 以下（　　）是事业部式组织形式的特征。
   A. 能充分调动发挥事业部的积极性和独立经营作用，便于延伸企业的经营职能，有利于开拓企业的经营业务领域
   B. 成员接受原单位负责人和项目经理的双重领导
   C. 能迅速适应环境变化，提高公司的应变能力，既可以加强公司的经营战略管理，又可以加强项目管理
   D. 企业对项目经理部的约束力减弱，协调指导机会减少，以致有时造成企业结构松散
   E. 企业的综合协调难度大，必须加强制度约束和规范化管理

7. 下列说法中,属于项目经理在承担工程项目施工管理过程中应履行的职责有（　　）。

A. 贯彻执行国家法律、法规、方针、政策和强制性标准

B. 主持编制项目管理实施规划,并对项目目标进行系统管理

C. 执行业主规定的各项管理制度

D. 建立质量管理体系和安全生产管理体系并组织实施

E. 在授权范围内处理项目经理部与国家、企业、分包单位以及职工之间的利益分配

8. 下列关于建造师的说法,正确的是（　　）。

A. 可以在业主方从事工程项目管理工作

B. 可以在政府部门从事与工程项目管理相关的工作

C. 只限于项目实施阶段的工程项目管理工作

D. 可以在设计方从事设计工作

E. 可以在监理方从事工程监理工作

三、简答题

1. 建设工程项目作为一个系统,与一般系统相比,具有哪些明显特征?
2. 简述项目结构图、组织结构图的区别。
3. 简述项目经理部的地位。
4. 常见的施工企业项目经理部的组织形式有哪些?适用范围是什么?
5. 施工企业在选择项目经理部的组织形式时,应考虑哪些因素?
6. 简述对项目经理责任制和项目管理目标责任书的认识。
7. 施工企业项目经理的责、权、利各是什么?
8. 简述注册建造师与项目经理的关系。

四、实训题

1. 根据在施工现场收集的资料,判断项目经理部在不同的施工项目中分别采用了哪种项目组织形式。绘制出你参与过的施工项目的项目经理部的组织形式。

2. 在你参与过的项目经理部中,项目经理在各项工作中发挥了什么作用?一个优秀的项目经理应具备哪些素质?

模块 3
建设工程合同管理

能力目标

通过本模块的学习，学生要能够按照科学的程序和方法进行建设工程合同管理，能够将合同管理的相关法律法规，运用到合同管理的每个环节。在学习过程中，培养学生的合同编制能力、合同履行的跟踪控制能力、索赔能力、分析合同和处理合同争议的能力。

知识目标

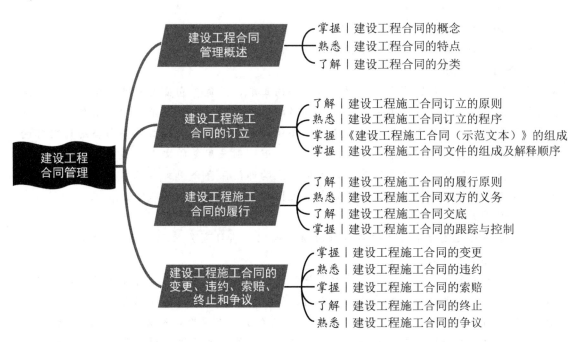

杭州奥体中心体育场及附属设施工程合同管理

2019 年，杭州奥体中心体育场竣工并投入使用，本工程位于钱塘江与七甲河交汇处南侧，占地面积 430 亩，总建筑面积 229000m^2，共有地上 6 层，地下 2 层，座位约 80800 个。该工程由中天建设集团有限公司总承包。

该工程在合同管理中，总承包方主要做了如下工作。

1. 合同草拟

公司市场部负责制定各类合同的标准合同文本，项目/采购部门在办理相关业务时尽可能使用公司合同标准文本，并视实际情况在已有的标准合同文本基础上进行修改使用。标准合同文本包含通用条款与专用条款两部分。通用条款由合约计财部拟订，合同草拟人不得增加、删减、更改；合同草拟人可根据实际情况对专用条款部分做相应的调整。公司未就相关业务发布标准分包、采购合同文本时，项目/采购部门的主办人应与合约计财部协商确定业务要点（必要时合约计财部参与谈判），由合约计财部根据实际情况草拟合同文本，保证文本的有效和适用。

2. 合同评审与会签审批

合同评审可以视评审合同的复杂性，采用传阅/书面评审方式和会议评审方式，并由参加评审的人员填写《合同评审表》。

3. 合同签订

所有合同必须经过项目经理审批后方能签订。

4. 合同文本传递

业主合同签订完毕，由合约计财部保存合同正本，并负责向公司财务资金部、项目总承包部及合同中相关各方传递合同副本，如遇副本不足情形，则采用复印文本传递。分包合同签订完毕，由项目合约商务经理负责向合约计财部传递合同正本，并由合约计财部向公司财务资金部传递合同副本，如遇副本不足情形，则采用复印文本传递。物资、设备采购、租赁合同以及临建设施合同等签订完毕，采购部门保存合同文本正本原件，并负责向公司财务资金部传递合同副本，如遇副本不足情形，则采用复印文本传递。

5. 合同交底

业主合同的交底由合约计财部组织向项目经理、项目商务经理、项目现场管理人员、项目财务人员等进行交底。

总承包方在合同签订后，合约计财部将对总承包项目相关部门进行合同交底，使之充分理解合同精神。无论对业主还是对分包商、供应商，在工程实施过程中遇到的问题基本上都能在合同中找到依据，从而在较大程度上避免了扯皮现象，有力地保证了工程高效、顺利实施。对于新出现的工程问题，总承包方将与有关各方具体协商，签订补充协议或备忘，规定各自的责任和义务。合同对各种事项均有严密、细致的规定。

6. 合同变更

当设计变更、工程变更、洽商的内容超出合同约定的工程范围和造价范围时，项目商务经理应组织项目相关人员，针对变更情况按会签制度进行评审会签，并完成合同修订（变更）评审记录。业主合同变更会签填写《合同变更会签单》，报公司总经理审批后方可变更。

由于该项目具有严格的合同管理规定，工程各方都按合同规定履行了自己的职责，保证了工程运作的井然有序，收效甚好。该工程获得中国建设工程鲁班奖（国家优质工程）、国家科学技术进步奖一等奖、中国钢结构工程最高荣誉——中国钢结构金奖等奖项。

 引言

在建设工程施工过程中，保障建设工程项目的质量、安全、进度、投资（成本）非常重要，而这些目标的实现离不开各相关方之间的合同管理，合同管理在促进工程项目合作与沟通等方面具有重要意义，必须制定严格的合同管理规定才能确保工程项目目标的实现。

任务单元3.1　建设工程合同管理概述

3.1.1　建设工程合同的概念

1. 合同

合同又称契约，是指具有平等民事主体资格的当事人（包括自然人和法人），为了达到一定目的，经过自愿、平等协商一致设立、变更或终止民事权利义务关系而达成的协议。合同双方当事人签订合同时，经协商一致达成协议内容的具体形式有：书面形式、口头形式和其他形式。合同采用何种形式，当事人享有自由选择权。法律、行政法规规定或当事人约定采用书面形式的，应当采用书面形式。

从合同的定义来看，合同具有下列法律特征。

（1）合同是一种法律行为。合同的订立必须是合同双方当事人意思的表示，只有双方的意思表示一致时，合同方能成立。任何一方不履行或者不完全履行合同，都要承担经济上或者法律上的责任。

（2）双方当事人在合同中具有平等的地位。双方当事人应当以平等的民事主体地位来协商制订合同，任何一方都不得把自己的意志强加于另一方，任何单位机构不得非法干预，这是当事人自由表达意志的前提，也是合同双方权利、义务相互对等的基础。

（3）合同关系是一种法律关系。这种法律关系区别于一般的道德关系，合同制度是一项重要的民事法律制度，它具有强制的性质，不履行合同要受到国家法律的制裁。

综上所述，合同是双方当事人依照法律的规定而达成的协议。合同一旦成立，即具有法律约束力，在合同双方当事人之间产生权利和义务的法律关系，也正是通过这种权利和义务的约束，促使签订合同的双方当事人认真全面地履行合同。

2. 建设工程合同

《中华人民共和国民法典》(以下简称为《民法典》)第七百八十八条规定:"建设工程合同是承包人进行工程建设,发包人支付价款的合同。"

在建设工程合同中,发包人委托承包人进行工程的勘察、设计、施工,承包人接受委托并完成建设工程的勘察、设计、施工任务,发包人为此按照合同向承包人支付价款。

建设工程合同是指项目发包人与承包人为完成建设工程项目建设任务而明确双方权利和义务的协议,合同订立生效后双方应当严格履行。建设工程合同也是一种双务、有偿合同,当事人双方在合同中都有各自的权利和义务,在享有权利的同时必须履行义务。

3. 建设工程合同管理

建设工程合同管理,是指对建设工程项目建设有关的各类合同,从合同条件的订立、履行、变更、违约、索赔、终止和争议处理等环节进行全方位的管理和监督,以期通过合同管理实现建设工程项目管理的目标,维护合同双方当事人的合法权益。合同管理需遵守《民法典》及其相关的国务院行政法规、部门规章、行业规范等的强制性规定,维护工程市场秩序和合同当事人的合法权益,保证合同履行。

3.1.2 建设工程合同的特点

1. 合同主体的严格性

建设工程合同主体一般只能是法人。发包人一般只能是通过批准进行工程项目建设的法人,必须有国家批准的文件,并且落实投资计划,应当具备相应的协调能力;承包人则必须具备法人资格,并且具备相应的勘察、设计、施工、监理等资质,无营业执照或无承包资质的单位不能作为建设工程合同的主体,资质等级低的单位不能越级承包建设工程项目。

2. 合同标的的特殊性

建设工程合同的标的是各类建设工程产品,建设工程产品是不动产,其基础部分与大地相连,不能移动。这就决定了每个建设工程合同的标的都是特殊的,相互间具有不可替代性。由于建设工程产品的类别庞杂,其外观、结构、使用目的、使用人都各不相同,这就要求每一个建设工程产品都需单独设计和施工,即单体性生产,这也决定了建设工程合同标的的特殊性。

3. 合同履行期限的长期性

建设工程由于结构复杂、体积大、工程材料类型多、工作量大,使得合同履行期限都较长,在合同的履行过程中,还可能因为不可抗力、工程变更、材料供应不及时等原因而导致合同期限顺延。所有这些情况,决定了建设工程合同的履行期限具有长期性。

4. 合同订立形式及程序

根据《民法典》第七百八十九条规定:"建设工程合同应当采用书面形式。"某些建设工程合同还须采取批准形式,如《民法典》第七百九十二条规定:"国家重大建设工程合同，应当按照国家规定的程序和国家批准的投资计划、可行性研究报告等文件订立。"订立建设工程合同必须以国家批准的投资计划为前提，即使是国家投资以外的，以其他方式筹集的投资也要受到当年的贷款规模和批准限额的限制，纳入当年投资规模的平衡，并经过严格的审批程序。建设工程合同的订立和履行还必须符合国家关于建设程序的规定。这是国家对基本建设进行监督管理的需要，也是由建设工程合同履行的特点所决定的。

3.1.3　建设工程合同的分类

建设工程项目是一个复杂的系统，参建各方由各种合同共同组合在建设工程项目上，按照合同约定的目标，行使权利，履行应尽的义务和责任，完成工程任务。因此，建设工程项目完成的过程也是一系列合同订立和履行的过程。这些合同的分类如下。

1. 按合同标的的类型分类

建设工程合同的签订是为了在建设工程项目建设各阶段完成特定的工程任务。所谓特定的工程任务，从合同的角度来说，即合同工程的标的。按合同标的的类型来分，合同有以下几种。

（1）建设工程施工合同，即发包人与工程承包人签订的工程施工合同，以完成建设工程项目的土建、设备安装等任务为合同标的，如施工合同、安装合同等。

（2）专业服务合同，以提供某种专业服务为合同标的，如建设工程勘察设计合同、建设工程监理合同、建设工程咨询合同和建设工程管理合同等。

（3）物资供应合同，是指出卖人转移建设工程物资所有权于买受人，买受人支付价款或明确双方权利义务关系的合同，如原材料、半成品、构配件和设备采购合同。

（4）建设工程保险合同和建设工程担保合同。

（5）其他合同，如土地使用权转让或出让合同、城市房屋拆迁合同。

2. 按承发包方式分类

按承发包方式来分，建设工程合同可分为施工总承包合同、施工承包合同、工程项目总承包合同、工程项目总承包管理合同、BOT 承包合同等。

3. 按承包合同计价方式分类

按承包合同计价方式来分，建设工程合同可分为总价合同、单价合同和成本补偿合同三大类，每种类型根据具体情况又可分为几种变化的形式。

1）总价合同

总价合同是指对于某个建设工程项目，承包人完成所有项目内容的价格在合同中是一种规定的总价。根据总价规定的方式和内容不同，具体又可分为固定总价合同、调值总价合同、固定工程量总价合同和管理费总价合同四种。

（1）固定总价合同。在固定总价合同中，固定的是合同总价，合同总价不随工程实施调整，只有当工程范围和设计图纸变更时，合同总价才相应地进行变更，这种合同适用于风险不大、技术不太复杂、工期较短（一般不超过 1 年）而且要求非常明确的建设工程项目。由于承包人在这种合同中承担一切风险责任，因此在投标中考虑不可预见因素而报价较高。

（2）调值总价合同。在调值总价合同中，其总价是一种相对固定的价格，在工程实施中若遇到通货膨胀引起工料成本变化，可按约定的调值条款进行总价调整。因此通货膨胀风险由发包人承担，承包人则承担施工中的有关时间和成本等因素的风险。工期在1年以上的项目可采用这种合同。

（3）固定工程量总价合同。在固定工程量总价合同中，固定的是给定的工程量清单和承包人通过投标报价确定的工程单价，在施工中，总价可以根据工程变更而有所调整。采用这种合同，投标人在统一基础上计价，发包人可据此对报价进行清楚的分析，但需要花费较多时间准备工程量清单，对设计深度要求较高，招标准备时间也较长。

（4）管理费总价合同。管理费总价合同是发包单位雇用承包公司（或咨询公司）的管理专家对发包工程项目进行项目管理的合同，合同价格是发包单位支付给承包公司的一笔总的管理费。

2）单价合同

单价合同指承包人在投标时按招标文件给定的分部分项工程量清单表确定报出单价，结算时按已定的单价乘以核定的工程量计算支付工程价款。在单价合同中，承包人承担单价变化的风险，发包人承担工程量增减的风险。使用工程单价合同，有利于缩短招标准备时间，能鼓励承包人节约成本，但发包人对施工中发生的、清单中未计入的工程量应给予计算，同时双方对工程量计算规则上的统一认识是减少分歧的前提。这种合同按项目清单中包含估算工程量与否，又可分为估价工程量单价合同和纯单价合同（无工程量）。

3）成本补偿合同

成本补偿合同又称成本加酬金合同。当工程内容及其技术经济指标尚未全面确定，而由于种种缘由工程又必须向前推进时，宜采用成本补偿合同。根据酬金计算方法的不同，成本补偿合同可分为成本加定比费用合同和成本加固定费用合同两种。这两种合同中，发包人对承包人支付的人工、材料和施工机械使用费、其他直接费、施工管理费等按实际直接成本全部据实补偿。不同的是，前者是发包人按实际直接成本的固定百分比支付给承包人一笔酬金，作为承包人的利润，而后者是发包人支付的酬金是一笔固定费用。

4. 按承发包不同内容分类

按承发包不同内容分类，建设工程合同可分为建设工程勘察合同、建设工程设计合同、建设工程施工合同。

任务单元3.2　建设工程施工合同的订立

建设工程施工合同的订立，是合同当事人权利义务关系得以实现的前提条件。合同管理的诸多环节始于合同的订立。因此，合同的订立有着重要的意义。

3.2.1　建设工程施工合同订立的原则

1. 合法原则

《民法典》第八条规定："民事主体从事民事活动，不得违反法律，不得违背公序良俗。"

2. 平等、自愿原则

《民法典》第四条规定:"民事主体在民事活动中的法律地位一律平等。"平等原则的基本含义是,当事人无论具有什么身份,在合同关系中相互之间的法律地位是平等的,都是独立的、平等的合同当事人,没有高低、从属之分,都必须遵守法律规定,必须尊重对方以及其他当事人的意志。法律地位平等是合同自愿原则的前提条件,如果当事人的地位都不平等,就做不到协商一致,更谈不上合同自愿了。

《民法典》第五条规定:"民事主体从事民事活动,应当遵循自愿原则,按照自己的意思设立、变更、终止民事法律关系。"合同当事人通过协商,自愿决定和调整相互之间的权利义务关系。合同自愿原则在法律中表现为:一是当事人之间订立合同法律地位平等,要协商一致,一方不得将自己的意志强加给另一方;二是当事人依法享有自愿订立合同的权利,任何单位和个人都不得非法干预;三是任何违背当事人意志的合同内容都是无效的或者是可撤销的。

3. 公平原则

《民法典》第六条规定:"民事主体从事民事活动,应当遵循公平原则,合理确定各方的权利和义务。"公平是法律最基本的价值取向,法律的基本目标就是在公平与正义的基础上建立社会的秩序。公平原则要求合同当事人根据公平、正义的观念确定各方的权利义务,各方当事人都应当在不侵害他人合法权益的基础上实现自己的利益,不得滥用自己的权利。

4. 诚实信用原则

《民法典》第七条规定:"民事主体从事民事活动,应当遵循诚信原则,秉持诚实,恪守承诺。"诚实信用原则的含义是,当事人在合同活动中应当讲诚实、守信用,以善意的方式履行自己的义务,不得规避法律和合同义务。诚实信用原则在合同活动中的具体运用表现在以下几个方面:一是当事人应当以善意的方式行使权利,不得以损害他人利益为目的滥用权利;二是当事人应当以诚实的、自觉的方式履行义务;三是当事人应当以实事求是的态度对自己的行为负责。

5. 绿色原则

《民法典》第九条规定:"民事主体从事民事活动,应当有利于节约资源、保护生态环境。"绿色原则贯彻宪法关于保护环境的要求,同时落实党中央关于建设生态文明、实现可持续发展理念的要求。

3.2.2 建设工程施工合同订立的程序

建设工程合同的订立方式有两种:直接发包和招标发包。这两种合同订立方式的订立程序在法律上都包括要约和承诺两个阶段。这两个阶段都属于法律行为,当事人双方一旦做出相应的表示,就要受到法律的约束。要约和承诺是订立合同的两个重要步骤。

1. 要约

所谓要约是希望与他人订立合同的意思表示,是指当事人一方向另一方提出订立合同的要求和合同的主要条款,并限定其做出答复期限的经济活动。

要约是一种法律行为。在要约规定的有效期限内,要约人受到要约的法律约束。对方如接受要约时,要约人负有与对方签订经济合同的义务。出售特定的要约,要约人不得再向第三人提出同样的要约或者与第三人订立同样的经济合同,否则,对由此造成对方损失的,负有赔偿责任。除有预先声明不受约束外,要约人把要约送达受要约人时生效,要约人受其约束;被撤回、被拒绝或者承诺期限届满的要约,则失去约束力。

要约在通常情况下都是由要约人向特定人发出的,并由该特定人做出承诺。但是,在特殊情况下,要约人也可以向非特定人发出要约,如公开招标等。应当指出的是,在现实社会经济生活中,当事人一方通过发布广告,向客户寄发产品说明书、产品样本或目录等宣传推销行为不构成要约,只能称为要约邀请。

2. 承诺

所谓承诺是受要约人接受要约的意思表示。承诺是指当事人一方对另一方发来的要约在要约有效期限内,做出完全同意要约条款表示的经济活动。

同要约一样,承诺也是一种法律行为,承诺必须由要约的相对人在要约有效期内向要约人做出。承诺必须是承诺人做出完全同意要约的条款,才能有效。如果要约的相对人要对要约中的某些条款要求修改、补充或者部分同意、附有条件、另行提出新的条件,以及迟到送达的承诺,都被视为拒绝要约人的要约,而称为新要约。如果由第三人做出承诺,属于无效承诺,也被视为新要约。

承诺作为一种法律行为还表现在承诺人一旦向对方表示承诺,当事人双方做出了共同一致的意思表示,经济合同即告成立,双方就负有履行经济合同的义务,否则必须承担相应的法律责任。

要约中有规定承诺期限的,受要约人在合理的时间内未承诺,要约即失效。如口头要约,受要约人不立即承诺,要约即失效,当事人另有约定的除外。所谓合理的时间,包括函、电往返所需的时间和受要约人考虑、决定是否承诺所需的时间。

书面要约、承诺应包括要约人、承诺人的签字和盖章。需法人签订的合同,应当由其法定代表人或者经办人签字或盖章,并加盖法人的公章或者合同专用章。

在订立经济合同过程中,通常须经当事人双方反复协商,最终才能达成协议。表现在订立经济合同的程序上,是"要约—新要约—再要约—再新要约—直至承诺"的过程,最终签订合同。

国家法律规定或当事人双方约定,合同必须经过签证、公证或主管部门登记批准的,则应按有关程序履行手续完毕后,经济合同方能具有法律效力。

3.2.3 《建设工程施工合同(示范文本)》的组成

为了指导建设工程施工合同当事人的签约行为,维护合同当事人的合法权益,住房和城乡建设部、国家工商行政管理总局对《建设工程施工合同(示范文本)》(GF—2013—

0201）进行了修订，制定了《建设工程施工合同（示范文本）》（GF—2017—0201）（以下简称《示范文本》）。

《示范文本》由合同协议书、通用合同条款、专用合同条款三部分组成。

1. 合同协议书

合同协议书是施工合同的总纲性文件。其文字量不大，但它根据工程项目特点规定了合同当事人双方最主要的权利义务，规定了组成合同的文件及合同当事人对履行合同义务的承诺，经双方当事人签字盖章后合同成立。合同协议书共计13条，主要包括：工程概况、合同工期、质量标准、签约合同价和合同价格形式、项目经理、合同文件构成、承诺以及合同生效条件等内容，集中约定了合同当事人基本的合同权利义务。

2. 通用合同条款

通用合同条款是根据有关法律法规的规定，就工程建设的实施及相关事项，对承发包双方的权利义务做出的原则性规定。通用合同条款共20条，具体条款分别为：一般约定、发包人、承包人、监理人、工程质量、安全文明施工与环境保护、工期和进度、材料与设备、试验与检验、变更、价格调整、合同价格、计量与支付、验收和工程试车、竣工结算、缺陷责任与保修、违约、不可抗力、保险、索赔和争议解决。前述条款安排既考虑了现行法律法规对工程建设的有关要求，也考虑了建设工程施工管理的特殊需要。

3. 专用合同条款

专用合同条款是对通用合同条款原则性约定的细化、完善、补充、修改或另行约定的条款。

合同当事人可以根据不同建设工程的特点及具体情况，通过双方的谈判、协商对相应的专用合同条款进行修改补充。在使用专用合同条款时，应注意以下事项。

（1）专用合同条款的编号应与相应的通用合同条款的编号一致。

（2）合同当事人可以通过对专用合同条款的修改，满足具体建设工程的特殊要求，避免直接修改通用合同条款。

（3）在专用合同条款中有横道线的地方，合同当事人可针对相应的通用合同条款进行细化、完善、补充、修改或另行约定；如无细化、完善、补充、修改或另行约定，则填写"无"或划"/"。

除了这三项内容，《示范文本》还应该包含附件。附件是对合同当事人的进一步明确，并且使得当事人的有关工作一目了然，便于执行和管理。附件主要包括"承包人承揽工程一览表""发包人供应材料设备一览表""房屋建筑工程质量保修书"三个标准化附件。如果具体项目为包工包料，则可不使用"发包人供应材料设备一览表"。

3.2.4 建设工程施工合同文件的组成及解释顺序

《示范文本》规定了施工合同文件的组成及解释顺序。

（1）合同协议书。协议书是契约的一种形式，通常比较简明，主要作为确定签约各方承担义务和拥有权利的文件。

(2)中标通知书。中标通知书是建设单位通知承包人中标的文件,是施工合同文件的重要组成部分。

(3)投标函及其附录。投标函是承包人按照招标文件要求的格式、内容编制提交的总价认可书,也是承包人按照其确定的价格和要求条件实施工程或服务的保证契约。

(4)专用合同条款及其附件。专用合同条款是施工合同中最关键的文件,它具体规定了待实施项目的实施条件。

(5)通用合同条款。

(6)技术标准和要求。

(7)图纸。

(8)已标价工程量清单或预算书。

(9)其他合同文件。

上述各项合同文件包括合同当事人就该项合同文件所做出的补充和修改,属于同一类内容的文件,应以最新签署的为准。

在合同订立及履行过程中形成的与合同有关的文件均构成合同文件的组成部分,并根据其性质确定优先解释顺序。

任务单元 3.3　建设工程施工合同的履行

建设工程施工合同签订后,承包人要针对承包项目设立项目经理部,项目经理部要设一名总负责人,即项目经理,项目经理是组织法定代表人在建设工程项目上的授权委托代理人。项目经理部和项目经理就是建设工程施工合同履行的主体。

3.3.1　建设工程施工合同的履行原则

合同的履行原则是指合同当事人在履行合同过程中所应遵循的基本准则。《民法典》第五百零九条规定了合同履行的原则。

1. 全面履行原则

全面履行原则,即要求当事人按照合同约定全面完成合同义务的原则,又称适当履行原则或者正确履行原则,是指合同当事人按照合同约定的主体、标的、数量和质量等,在适当的履行期限、履行地点,以适当的履行方式、履行价格,全面完成合同义务的履行原则。

全面履行原则是合同双方当事人是否全面履行了合同义务以及双方当事人是否存在违约事实以及是否承担违约责任的重要法律准则。

2. 诚实信用原则

诚实信用原则要求合同双方当事人在履行合同时,做到诚实守信,以善意的方式履行义务,不得滥用权力、规避法律和曲解合同条款。《民法典》规定,合同双方当事人应根据合同的性质、目的和交易习惯履行通知、协助、保密等义务。

3. 节约资源原则

节约资源原则即要求合同双方当事人在履行合同时，应当避免浪费资源、污染环境和破坏生态。

3.3.2 建设工程施工合同双方的义务

在建设工程施工合同的履行过程中，发包人和承包人分别享有支付价款和工程建设的权利。权利和义务是对等的。双方当事人应分别承担以下义务。

1. 发包人应承担的义务

（1）办理土地征用、拆迁补偿、平整施工场地等工作，使施工场地具备施工条件，在开工后继续负责解决以上事项的遗留问题。

（2）将施工所需水、电、通信线路从施工场地外部接至合同约定地点，保证施工期间的需要。

（3）开通施工场地与城乡公共道路的通道，以及合同约定的施工场地内的主要道路，满足施工运输的需要，保证施工期间的畅通。

（4）向承包人提供施工场地的工程地质和地下管线资料，对资料的真实准确性负责。

（5）办理施工许可证及其他施工所需证件、批件和临时用地、停水、停电、中断道路交通、爆破作业等的申请批准手续（证明承包人自身资质的证件除外）。

（6）确定水准点与坐标控制点，以书面形式交给承包人，进行现场交验。

（7）组织承包人与设计单位进行图纸会审和设计交底。

（8）协调处理施工场地周围地下管线和邻近建设工程、古树名木的保护工作，并承担有关费用。

（9）双方在专用条款内约定的发包人应做的其他工作。

发包人可以将上述部分工作委托承包方办理，具体内容由双方在合同中约定，费用由发包人承担。

发包人不按合同约定完成以上义务，导致工期延误或给承包人造成损失的，则发包人应赔偿承包人的相关损失，延误的工期相应顺延。

2. 承包人应承担的义务

（1）根据发包人的委托，在其设计资质允许的范围内，完成施工图设计或与工程配套的设计，经监理工程师确认后使用，发生的费用由发包人承担。

（2）向监理工程师提供年、季、月工程进度计划及相应进度统计报表。

（3）根据工程需要提供和维修非夜间施工使用的照明、围栏设施，并负责安全保卫。

（4）按专用条款约定的数量和要求，向发包人提供在施工现场办公和生活的房屋及设施，由此发生的费用由发包人承担。

（5）遵守有关部门对施工场地交通、施工噪声以及环境保护和安全生产等的管理规定，按规定办理有关手续，并以书面形式通知发包人。发包人承担由此发生的费用，因承包人责任造成的罚款除外。

（6）已竣工工程未交付发包人之前，承包人按专用条款约定负责已完工程的成品保护，保护期间发生损失，承包人自费予以修复。要求承包人采取特殊措施保护的工程部位和相应的追加合同价款，在专用条款内约定。

（7）按专用条款的约定做好施工现场地下管线和邻近建筑物、构筑物（包括文物保护建筑）、古树名木的保护工作。

（8）保护施工场地清洁符合环境卫生管理的有关规定，交工前清理现场达到专用条款约定的要求，承担因自身原因违反有关规定造成的损失和罚款。

（9）承包人应做的其他工作，双方在专用条款内约定。

承包人不履行上述各项义务，造成发包人损失的，应对发包人的损失给予赔偿。

3.3.3 建设工程施工合同交底

建设工程施工合同应向各层次管理者作"合同交底"，即由合同管理人员在对合同的主要内容进行分析、解释和说明的基础上，通过组织项目管理人员和各个工程小组学习合同条文和合同总体分析结果，使大家熟悉合同中的主要内容、规定、管理程序，了解合同双方的合同责任和工作范围，各种行为的法律后果等，使大家都树立全局观念，使各项工作协调一致，避免执行中的违约行为。

在传统的施工项目管理系统中，人们十分重视图纸交底工作，却不重视合同交底工作，导致各个项目组和各个工程小组对项目的合同体系、合同基本内容不甚了解，影响了合同的履行。

项目经理或合同管理人员应将各种任务或事件的责任分解，落实到具体的工作小组、人员或分包单位。合同交底的目的和任务如下。

（1）对合同的主要内容达成一致理解。

（2）将各种合同事件的责任分解落实到各工程小组或分包人。

（3）将工程项目和任务分解，明确其质量和技术要求以及实施的注意要点等。

（4）明确各项工作或各个工程的工期要求。

（5）明确成本目标和消耗标准。

（6）明确相关事件之间的逻辑关系。

（7）明确各工程小组或分包人之间的责任界限。

（8）明确完不成任务的影响和法律后果。

（9）明确合同有关各方（如发包人、监理工程师）的责任和义务。

落实合同交底是通过宣讲或组织学习，使各项目管理人员和相关的工程负责人熟悉合同中的主要内容和管理程序，使大家了解合同责任和工程范围，避免履行中的违约责任。

3.3.4 建设工程施工合同的跟踪与控制

在建设工程项目实施过程中，由于实际情况千变万化，导致合同的实施与预定目标偏离，需要及时采取措施。

1. 建设工程施工合同跟踪

对合同执行者而言,应该掌握合同跟踪的以下方面。

1) 合同跟踪的依据

首先,合同跟踪的重要依据是合同以及依据合同而编制的各种计划文件,即合同和合同分析的结果;其次,还要依据各种实际工程文件,如原始记录、各种工程报表、报告、验收结果等;最后,还要依据工程现场管理人员对现场情况的直观了解,如现场巡视、交谈、会议、质量检查等,这是最直观的感性认识,通常可以比通过报表、报告更快地发现问题,更能透彻地了解问题,有助于迅速采取措施减少损失。

2) 合同跟踪的对象

合同跟踪的对象,通常有如下几个层次。

(1) 对具体的合同实施工作进行跟踪。跟踪内容包括:工程项目施工的质量是否符合合同要求;工程进度是否与预定进度一致,工期有无延长;工程数量是否按合同要求全部完成;工程成本是增加还是减少。

(2) 对各工程小组或分包人的工程和工作进行跟踪。合同执行者可以将工程施工任务分解交由不同的工程小组或发包给专业分包人完成,必须对这些工程小组或分包人及其所负责的工程进行跟踪检查,协调关系,提出意见、建议或警告,以保证工程总体质量和进度。在实际工程中常常因为某一工程小组或分包人的工作质量不高或进度拖延而影响整个工程的施工,因此合同管理人员要及时在这方面提供帮助。

(3) 发包人和监理工程师是承包人的主要合同伙伴。要对发包人和其委托的监理工程师的工作进行跟踪。跟踪内容包括:发包人是否及时、完整地提供了工程施工的实施条件;发包人和监理工程师是否及时给予了指令、答复和确认等;发包人是否及时并足额地支付了应付的工程价款。

2. 合同实施的偏差分析

在合同跟踪的基础上可以进行合同诊断,可能会发现合同实施过程中存在着偏差,这时应该及时进行偏差分析。

(1) 产生偏差的原因分析。通过对合同执行实际情况与实施计划的对比分析,可以发现合同实施的偏差,而且还可以进一步分析偏差产生的原因。

(2) 合同实施偏差的责任分析。分析产生合同偏差的原因后,进而分析偏差到底是由谁引起的,应由谁承担责任。责任分析必须以合同为依据,按合同规定落实双方的责任。在实际工程中,责任的界定往往是索赔的依据。

(3) 合同实施趋势预测。针对合同实施的偏差情况,可以采取不同的措施,应分析在不同措施下合同执行的结果与趋势,包括最终的工程状况(如总工期的延误、总成本的超支等)、承包人将承担的后果(如被罚款、被清算,甚至被起诉等)、最终的工程经济效益水平。

3. 合同实施的偏差处理

广义上来说,对合同实施过程中出现的偏差,承包人可采取如下的调整措施。

(1) 组织和管理措施。如增加人员投入、调整人员安排、调整工作流程和工作计划等。

(2) 技术措施。如变更技术方案、采用新的高效率的施工方案等。
(3) 经济措施。如改变投资计划、增加投入、采取经济奖励等。
(4) 合同措施。如按合同进行奖罚、进行合同变更、签订附加协议、进行索赔等。

任务单元 3.4　建设工程施工合同的变更、违约、索赔、终止和争议

3.4.1　建设工程施工合同的变更

建设工程施工合同变更专指合同成立后，尚未履行或尚未履行完之前，在建设工程项目履行合同的过程中，针对实施条件或相关因素的变化，经合同双方当事人协商一致，依法对原合同内容进行的修改和补充。适当及时的合同变更可以弥补原合同条款的不足。

1. 合同变更的范围和内容

履行合同中发生以下情形之一，应进行变更。
(1) 取消合同中任何一项工作，但被取消的工作不能转由发包人或其他人实施。
(2) 改变合同中任何一项工作的质量或其他特性。
(3) 改变合同工程有关部位的标高、基线、位置或尺寸。
(4) 改变合同中任何一项工作的施工时间或改变已批准的施工工艺或顺序。
(5) 为完成工程需要追加的额外工作。

2. 变更的程序

1) 变更提出

根据合同实施的实际情况，承包人、发包人、监理方、设计方都可以提出工程变更。实际工程在合同履行过程中，监理人认为可能发生通用条款约定变更情形的，可向承包人发出变更意向书（对于已经发生通用条款约定变更情形的，监理人应按合同约定的程序向承包人发出变更指示）；承包人收到监理人按合同约定发出的图纸和文件，经检查认为其中存在合同约定情形的，在14天内向监理人提出书面变更建议。监理人收到承包人书面建议后，应与发包人共同研究，确认存在变更的，应在收到承包人书面建议后的14天内做出变更指示。经研究后不同意作为变更的，应由监理人书面答复承包人。

2) 变更指示

承包人提出的合同变更，应该由监理工程师审查并批准；发包人提出的合同变更，涉及设计修改的应该与设计单位协商。变更指示只能由监理工程师发出。变更指示应说明变更的目的、范围、变更内容以及变更的工程量及其进度和技术要求，并附有关图纸和文件。承包人收到变更指示后，应按变更指示进行变更工作。

3. 变更估价

(1) 已标价工程量清单中有适用于变更工作的子目的，采用该子目的单价。

(2) 已标价工程量清单中无适用于变更工作的子目，但有类似子目的，可在合理范围内参照类似子目的单价，由监理工程师按合同约定或确定变更工作的单价。

(3) 已标价工程量清单中无适用或类似子目的单价，可按照"成本加利润"的原则，由监理工程师按照合同约定商定或确定变更工作的单价。

(4) 发包人认为有必要时，由监理工程师通知承包人以计日工方式实施变更的零星工作。

3.4.2 建设工程施工合同的违约

违约是指合同当事人不履行合同义务或履行合同义务不符合合同约定条件的行为。当事人一方不履行合同义务或履行合同义务不符合合同约定的条件时，应当承担违约责任。违约责任的承担方式如下。

1. 继续履行

继续履行是指当事人一方违约时，另一方不愿意解除合同，而坚持要求违约方履行合同约定的给付。违约方应根据对方的要求，在自己能够履行的条件下，继续履行合同的未履行部分，而不允许其以金钱或其他方法代替履行。

2. 采取补救措施

采取补救措施是指违约方所采取的旨在消除违约后果的补救措施。这种责任形式，主要发生在质量不符合约定的情况下。对违约责任没有约定或者约定不明确的，受损害方根据标的性质以及损失的大小，可以合理选择要求对方承担修理、更换、重做、退货、减少价款或者报酬等违约责任。

3. 赔偿损失

赔偿损失是指违约方给对方造成损失时，依法或者根据合同约定赔偿对方所受损失的行为。赔偿损失又称损害赔偿，是违约人补偿、赔偿受害人因违约所遭受损失的承担方式，是一种最重要、最常见的违约补救方法。违约方在履行义务或者采取补救措施后，对方还有其他损失的，应当赔偿损失。损失赔偿额应相当于违约造成的损失。但是如果违约相对方不采取措施致使损失扩大的，不得就扩大的损失要求赔偿。

4. 支付违约金

违约金是指合同当事人在合同中约定的，一方违反合同时应当向对方支付的一定数量的金钱或财物。合同当事人可以约定一方违约时应当根据违约情况向对方支付一定数额的违约金，也可以约定因违约产生的损失赔偿额的计算方法。如未约定则不产生违约金责任，且违约金的约定不应过高或者过低。

5. 执行定金罚则

定金是指合同双方当事人为了确保合同的履行，根据双方约定，由一方按合同标的额的一定比例预先给付对方的金钱或其他替代物。定金可以由当事人约定，但最高不得超过主合同标的额的 20%。

当事人可以约定定金，定金应按《民法典》的规定执行，但如果同时约定定金和违约金，当事人可选择其一。

3.4.3 建设工程施工合同的索赔

1. 索赔的概念

索赔是指在合同的实施过程中，合同一方对于并非自己的过错，而是由于对方不履行或未能正确履行合同所规定的义务而受到损失，向对方提出经济补偿和（或）工期顺延要求。

广义上讲，索赔应当是双向的，既可以是承包人向发包人提出的索赔，也可以是发包人向承包人提出的索赔，一般称后者为反索赔。通常讲的施工索赔是狭义的索赔，是指前者，即承包人向发包人提出的索赔。

施工索赔是承包人由于非自身原因，发生合同规定之外的额外工作或损失时，向发包人提出费用或时间补偿要求的活动。

2. 索赔的种类

1) 按索赔要求分类

① 工期索赔。因工程量、设计改变、新增工程项目、发包人迟发指示、不利的自然灾害、发包人不应有的干扰等原因，承包人要求延长期限，拖后竣工日期。

② 费用索赔。由于施工客观条件改变而增加了承包人的开支或造成承包人亏损，向发包人要求补偿这些额外开支，弥补承包人的经济损失。

2) 按索赔的当事人分类

① 承包人同发包人之间的索赔。这类索赔大都是有关工程量计算、变更、工期、质量和价格方面的争议，也有有关其他违约行为、中断或终止合同的损害赔偿等。

② 总包方同分包方之间的索赔。其内容与前一种大致相似，但大多是分包方向总包方索要付款和赔偿，以及总包方向分包方罚款或扣留支付款等。

③ 承包人同供应商之间的索赔。其内容多为商贸方面的争议，如货品质量不符合技术要求、数量短缺、交货拖延、运输损失等。

④ 承包人向保险公司索赔。承包人受到灾害、事故或其他损害或损失，按保险单向其投保的保险公司进行的索赔。

3) 按索赔的依据分类

① 合同内的索赔。索赔涉及的内容可以在合同中找到依据，或者是在合同条文中明文规定的索赔项目，如工期延误、工程变更、监理工程师给出错误数据导致放线的差错、发包人不按合同规定支付进度款等。

② 合同外的索赔。索赔的内容和权利虽然难以在合同条款中找到依据，但可从合同含义和普通法律中找到索赔依据。这种合同外的索赔表现为属于违法造成的损害或可能是违反担保法造成的损害，有的可以在民事侵权行为中找到依据。

③ 额外支付（也称道义索赔）。承包人找不到合同依据和法律依据，但认为有要求索赔的道义基础，而对其损失寻求某些优惠性质的付款。

3. 索赔的程序

承包人向发包人索赔的一般程序如下。

1）意向通知

在引起索赔事件发生后 28 天内，承包人向监理工程师发出索赔意向通知。

2）资料准备

发出索赔意向通知后 28 天内，向监理工程师提出延长工期和（或）补偿经济损失的索赔报告及有关资料。施工索赔的成功很大程度上取决于承包人对索赔做出的解释和具有强有力的证明材料。

3）索赔报告的提交

索赔报告是承包人向监理工程师提交的一份要求发包人给予一定经济补偿和（或）工期顺延的正式报告。监理工程师在收到承包人送交的索赔报告及有关资料后，于 28 天内给予答复，或要求承包人进一步补充索赔理由和证据。

监理工程师在收到承包人送交的索赔报告及有关资料后 28 天内未予答复或未对承包人做进一步要求，视为该项索赔已经被认可。

4）监理工程师审核索赔报告

正式接到承包人的索赔报告后，监理工程师应该马上仔细阅读其报告，在不确认责任属谁的情况下，依据自己的同期记录资料客观地分析事件发生的原因，重温有关的合同条款，研究承包人提出的索赔依据。监理工程师通过对事件的充分分析，再进一步依据合同条款划清责任的归属，拟定出自己计算的合理索赔款额和工期顺延天数。

5）谈判解决

经过监理工程师对索赔报告的审核，并与承包人进行了较充分的沟通后，监理工程师应提出对索赔处理决定的意见，并参加发包人和承包人之间进行的索赔谈判，通过谈判，做出索赔的最后决定。

3.4.4 建设工程施工合同的终止

合同的终止即合同双方当事人的权利和义务的终止，指合同关系不再存在，合同的法律效力终止。《民法典》规定，债权债务终止有下面六种情形。

(1) 债务已经履行。
(2) 债务互相抵消。
(3) 债务人依法将标的物提存。
(4) 债权人免除债务。
(5) 债权债务归于一人。
(6) 法律规定或者当事人约定终止的其他情形。

合同解除

合同的债权债务终止后，当事人应当遵循诚信等原则，根据交易习惯履行通知、协助、保密、旧物回收等义务。

3.4.5 建设工程施工合同的争议

合同争议是指合同当事人在合同履行过程中所产生的争议。解决争议的方式有和解、调解、仲裁和诉讼等。

1. 和解

和解是指争议的合同当事人，依据有关法律规定或合同约定，以合法、自愿、平等为原则，在互谅互让的基础上，经过谈判和磋商，自愿对争议事项达成协议，从而解决分歧和矛盾的一种方式。和解方式无须第三者介入，简便易行，能及时解决争议，避免当事人经济损失扩大，有利于双方的协作和合同的继续履行。

2. 调解

调解是指争议的合同当事人，在第三方的主持下，通过其劝说引导，以合法、自愿、平等为原则，在分清是非的基础上，自愿达成协议，以解决合同争议的一种方式。

调解有民间调解、仲裁机构调解和法庭调解三种。

3. 仲裁

仲裁也称公断，是合同双方当事人在争议发生前或发生后通过协议自愿将争议提交第三者（仲裁机构）做出裁决，并负有自动履行义务的一种解决争议的方式。这种争议解决方式必须是自愿的，因此必须有仲裁协议。

当事人选择仲裁的，那么仲裁机构做出的裁决是终局的，具有法律效力，当事人必须执行。如果一方不执行，另一方可向有管辖权的人民法院申请强制执行。

4. 诉讼

诉讼是指合同当事人依法请求人民法院行使审判权，审理双方之间发生的合同争议，做出有国家强制保证实现其合法权益的裁判，从而解决合同争议的活动。合同当事人如果未约定仲裁协议，则只能以诉讼作为解决争议的最终方式。

模块小结

通过该模块的学习，让学生对建设工程合同管理的过程有一个全面的认识。首先利用合同管理的相关法律法规进行合同的订立，在正式开工之前进行合同的分析与交底，在合同履行过程中不断检查工程实际合同执行情况，并将实际状况与计划进行对比，从中得出合同偏离计划的信息。然后在分析偏差及其产生原因的基础上，优化合同管理；在合同履行过程中，进行合同的变更、索赔，遇到违约、争议要及时采取一定方式处理，直至合同终止。学生在学习过程中，应注意理论联系实际，通过解析案例，初步掌握合同管理理论知识，训练建设工程合同管理的技能，提高实践能力。

思考与练习

一、单选题

1. 下列（　　）不属于按承包合同计价方式划分的建设工程合同。
   A. 总价合同　　　　　　　　B. 单价合同
   C. 成本补偿合同　　　　　　D. 建设监理合同

2. 《民法典》规定"民事主体从事民事活动，应当遵循自愿原则，按照自己的意思设立、变更、终止民事法律关系"，体现了合同订立的（　　）原则。
   A. 合法　　　B. 平等　　　C. 自愿　　　D. 诚实信用

3. 公开招标属于下列（　　）合同程序。
   A. 要约　　　B. 承诺　　　C. 要约邀请　　　D. 谈判

4. 根据《建设工程施工合同（示范文本）》的规定，下列（　　）的优先解释权最高。
   A. 合同协议书　　B. 通用条款　　C. 专用条款　　D. 图纸

5. 《民法典》规定"当事人应当按照约定全面履行自己的义务"的原则属于（　　）原则。
   A. 诚实信用　　B. 全面履行　　C. 节约资源　　D. 利益至上

6. 合同书面形式是指（　　）。
   A. 合同书　　B. 信件　　C. 数据电文　　D. 口头承诺

7. 监理人收到承包人的书面建议后，应与发包人共同研究，确认存在变更的，应在收到承包人书面建议后的（　　）天内做出变更指示。
   A. 7　　　B. 14　　　C. 21　　　D. 28

二、多选题

1. 下列（　　）属于《建设工程施工合同（示范文本）》的组成内容。
   A. 合同协议书　　B. 通用合同条款　　C. 专用合同条款
   D. 竣工报告　　　E. 工程变更单

2. 按索赔要求分类，索赔可以分为（　　）。
   A. 工期索赔　　B. 费用索赔　　C. 工程量索赔
   D. 单价索赔　　E. 利润索赔

3. 违约责任的承担方式有（　　）等。
   A. 继续履行　　B. 采取补救措施　　C. 赔偿损失
   D. 支付违约金　　E. 执行定金罚则

4. 合同当事人在履行施工合同时发生争议，通常有（　　）解决办法。
   A. 和解　　B. 调解　　C. 仲裁
   D. 诉讼　　E. 协商

5. 合同在实施过程中出现偏差，承包人采取的调整措施包括（　　）。
   A. 组织与管理措施　　B. 技术措施　　C. 合同措施
   D. 法律措施　　　　　E. 经济措施

三、简答题

1. 简述《建设工程施工合同（示范文本）》中规定的施工合同文件的组成及解释顺序。

2. 建设工程施工合同双方分别有哪些义务？

3. 什么是建设工程施工合同交底？

4. 合同履行中哪些情形需要变更？变更的程序是什么？

5. 合同变更如何估价？

6. 合同的终止有哪些情形？

模块4
建设工程项目进度管理

 能力目标

通过本模块的学习，学生要熟悉建设工程项目进度管理的相关理论，能够将施工进度总目标分解，形成施工进度控制目标体系，并能够按照科学程序进行施工进度动态管理；能够根据工程实际选择合适的施工组织方式，运用横道图或双代号网络图编制工程进度计划，准确计算网络计划各项时间参数、找出关键线路和关键工作；能够掌握早时标网络计划的绘制及应用，建立网络计划优化思路；能够采用科学的方法对建设工程项目进度计划进行检查与调整，实现工程项目进度管理目标。

在学习过程中，应培养学生的执行能力、组织协调能力、运用专业知识分析问题和处理问题的能力。

 知识目标

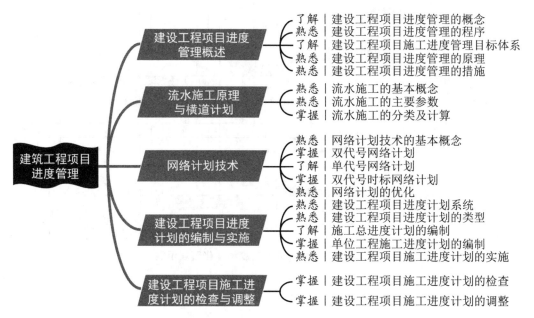

引 例

北京中信大厦进度精细化管理

北京中信大厦（CITIC Tower），形似古代礼器"尊"的超高建筑，被形象地称为"中国尊"。它是中国中信集团总部大楼，占地面积11478m², 总高528m，地上108层、地下7层，可容纳1.2万人办公，总建筑面积437000m², 内部有全球首创超500m的Jump Lift跃层电梯。

该工程从2011年9月动工到2019年11月通过竣工验收，各节点进度如下。

2011年9月15日至19日，北京中信大厦奠基动工；2012年9月起，开始打入地下桩；2014年12月10日，地下结构全面封顶；2015年9月，结构高度突破100m；2016年3月，结构高度突破200m；2016年8月18日，施工至第70层，结构高度达到333m，超过北京国贸三期，成为北京第一高楼，距离其528m的总高度还有38层的距离；2016年11月9日，第68节钢骨柱安装完成，项目高度突破400m大关，达到401.6m；2017年4月28日，施工至104层，建筑高度达到503m；2018年10月，全面竣工，同年12月28日，开始逐步交付使用；2019年11月22日，顺利通过竣工验收。

该工程长达8年的进度管理中，凝结了大量施工人员的智慧结晶，体现了大国工匠精神，做到了从总控制进度计划、年度进度计划、月度进度计划到周进度计划，层层分解，甚至精细到小时管理（图4.1）。在项目执行过程中，项目部对进度进行实时监控，及时发现和解决进度偏差和延误等问题，确保了项目进度按照计划进行。

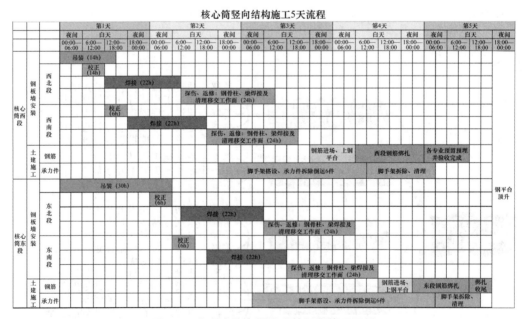

图4.1 北京中信大厦进度精细化管理示例

引言

几乎每个工程项目管理都会遇到一个共同的难点,就是"工期紧"。这就必须应用科学方法和管理工具去破解难题,于是科学进度管理的重要性就突显了出来,进度管理创新的空间也就有了。我国诸多工程项目实施过程中,火神山、雷神山医院建设速度震惊中外,是进度管理的典型案例。

火神山医院、雷神山医院快速建造技术

任务单元4.1　建设工程项目进度管理概述

4.1.1　建设工程项目进度管理的概念

建设工程项目进度管理是为实现项目的进度目标而进行的计划、组织、指挥、协调和控制等活动,是项目管理的主要内容。建设工程项目进度管理首先要采用科学的方法确定进度目标,编制经济合理的进度计划,据以检查项目进度计划的执行情况,若发现实际执行情况与计划进度不一致,应及时分析原因,并采取必要的措施对原工程进度计划进行调整或修正。

建设工程项目的前期、设计、施工和使用前准备等几个阶段均存在进度管理的内容。施工方是工程施工的一个重要参与方,许多建设工程项目,特别是大型重点建设工程项目,工期要求十分紧迫,施工方的进度管理压力非常大。数百天的连续施工,一天两班制施工,甚至24小时连续施工时有发生。而盲目赶工,难免会导致施工质量问题和施工安全问题的出现,并且会引起施工成本的增加。因此,进度管理不仅关系到施工进度目标能否实现,还关系到工程的质量、安全和成本。本书以施工方在建设工程项目施工阶段的进度管理为主进行介绍。

建设工程项目进度管理是一个动态、循环、复杂的过程,包括计划、实施、检查、调整四个过程。计划是指根据建设工程项目的具体情况,合理编制符合工期要求的最优计划;实施是指进度计划的落实与执行;检查是指在进度计划的执行过程中,跟踪检查实际进度,并与计划进度进行对比分析,确定两者之间的关系;调整是指根据对比分析的结果,分析实际进度与计划进度之间的偏差对工期的影响,并采取切合实际的调整措施,使计划进度符合新的实际情况,在新的起点上进行下一轮控制循环,如此循环进行下去,直到完成任务。

4.1.2　建设工程项目进度管理的程序

建设工程项目进度管理应按照以下程序进行。

(1) 根据施工合同的要求确定施工进度目标,明确计划开工日期、计划总工期和计划竣工日期,确定项目分期分批的开竣工日期。

(2) 编制进度计划,具体安排工作之间的工艺关系、组织关系、搭接关系、起止时间，并编制劳动力计划、材料计划、机械计划及其他保证性计划，以保证进度目标的实现。

（3）进行计划交底，落实责任，并向监理工程师提出开工申请报告，按监理工程师的开工令确定的日期开工。

（4）实施进度计划。项目经理应通过施工部署、组织协调、生产调度和指挥、改善施工程序和方法的决策等，应用技术、经济和管理手段实现有效的进度管理。项目经理部要建立进度实施、控制的科学组织系统和严密的工作制度，然后依据工程项目进度目标体系，对施工的全过程进行系统控制。正常情况下，进度实施组织系统应发挥监测、分析职能并循环运行，随着施工活动的进行，信息管理系统会不断地将施工实际进度信息按照信息流动程序反馈给进度管理者，经过统计整理和比较分析后，确认进度无偏差，则系统继续运行；一旦发现实际进度与计划进度有偏差，系统将发挥调控职能，分析偏差产生的原因，以及对后续施工和总工期的影响。必要时，可对原进度计划做出相应的调整，提出纠正偏差方案和实施技术、经济、合同保证措施，以及取得相关单位支持与配合的协调措施，确认切实可行后，将调整后的新进度计划输入进度实施组织系统，施工活动继续在新进度计划的控制下运行。当新的偏差出现后，再重复上述过程，直到建设工程项目全部完成。

（5）任务全部完成后，进行进度管理总结并编写进度管理报告。

建设工程项目进度管理的程序如图 4.2 所示。

4.1.3 建设工程项目施工进度管理目标体系

保证建设工程项目按期建成交付使用，是建设工程项目进度管理的最终目的。为了有效地控制施工进度，首先要将施工进度管理总目标从不同角度进行层层分解，形成施工进度管理目标体系，从而作为实施进度控制的依据。

施工进度管理总目标是从总的方面对项目建设提出的工期要求，但是在施工活动中，则是通过对最基础的分部分项工程的施工进度管理来保证各单项（位）工程或阶段工程进度管理目标的完成，进而实现施工进度管理总目标的。在施工活动中，需要将施工进度管理总目标进行一系列的从总体到细部、从高层次到基础层次的层层分解，一直分解到在施工现场可以直接控制的分部分项工程或作业过程的施工为止。在分解中，每一层次的施工进度管理目标都限定了下一级层次的施工进度管理目标，而较低层次的施工进度管理目标又是较高一级层次施工进度管理目标得以实现的保证。建设工程项目施工进度管理目标体系分解图如图 4.3 所示。

1. 按项目组成分解目标，确定各单位工程开工及交工动用日期

在施工阶段应进一步明确各单位工程的开工和交工动用日期，以确保施工进度管理总目标的实现。

2. 按承包单位分解目标，明确分工和承包责任

在一个单位工程中有多个承包单位参加施工时，应按承包单位将单位工程的进度管理目标进行分解，确定出各分包单位的进度管理目标，列入分包合同，以便落实分包责任，

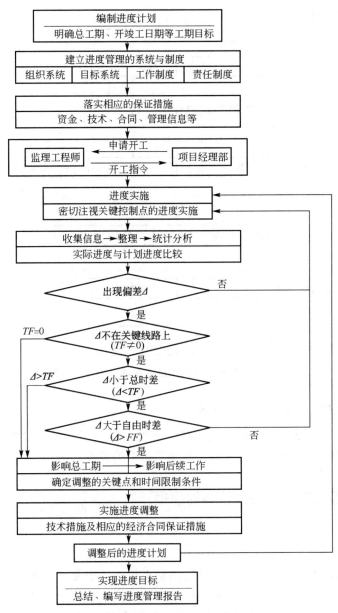

图 4.2 建设工程项目进度管理的程序

并根据各专业工程交叉施工方案和前后衔接条件,明确不同承包单位工作面交接的条件和时间。

3. 按施工阶段分解目标,划定进度控制分界点

根据工程项目的特点,应将其施工分成几个阶段,如土建工程可分为基础工程、结构工程和装修工程阶段。每个阶段的起止时间都要有明确的标志。特别是不同单位承包的不同施工段之间,更要明确划定时间分界点,以此作为形象进度的控制标志,从而使单位工程动用目标具体化。

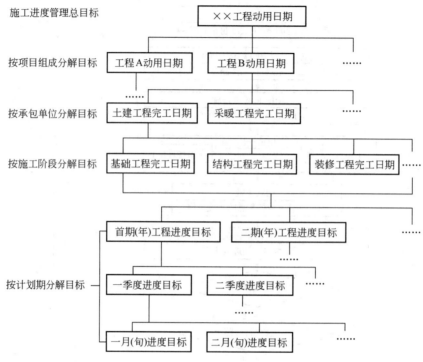

图 4.3　建设工程项目施工进度管理目标体系分解图

4. 按计划期分解目标，组织综合施工

将工程项目的施工进度控制目标按年度、季度、月（旬）进行分解，并用实物工程、货币工作量及形象进度表示，将更有利于对施工进度的控制。

4.1.4　建设工程项目进度管理的原理

1. 动态控制原理

建设工程项目进度管理是一个不断进行的动态控制，也是一个循环进行的过程。在进度计划执行过程中，由于各种干扰因素的影响，实际进度与计划进度可能会产生偏差。我们应分析偏差产生的原因，采取相应措施，调整原来的计划，继续按新计划进行施工活动，并且尽量发挥组织管理的作用，使实际工作按计划进行。但是在新的干扰因素作用下，实际进度与计划进度又会产生新的偏差，然后又需要进行调整控制。如此周而复始，进行动态循环控制。

2. 系统控制原理

系统控制原理认为，建设工程项目进度管理本身是一个系统工程，它包括进度计划系统和进度实施组织系统两部分内容。

1）进度计划系统

为了对建设工程项目实行进度计划控制，首先必须编制建设工程项目的各种进度计划。其中有施工总进度计划、单位工程施工进度计划、分部分项工程施工进度计划、季度和月（旬）作业计划，这些计划组成一个建设工程项目进度计划系统。计划的编制对象由大到小，计划的内容从粗到细。编制时从总体计划到局部计划，对控制目标逐层进行分解，以保证计划控制目标的落实。执行计划时，从月（旬）作业计划开始实施，逐级按目标控制，从而达到对建设工程项目整体进度目标的控制。

2）进度实施组织系统

施工组织各级负责人，包括项目经理、施工队长、班组长及其所属全体成员，组成了建设工程项目实施的完整组织系统，系统中的每个人都按照施工进度规定的要求进行严格管理、落实和完成各自的任务。为了保证建设工程项目按进度实施，自公司经理、项目经理到作业班组都设有专门的职能部门或人员，他们负责统计整理实际进度资料和汇报，并与计划进度进行比较分析和调整，形成一个纵横连接的建设工程项目进度实施组织系统。

3. 信息反馈原理

信息反馈是建设工程项目进度管理的主要环节。建设工程项目进度管理的过程实质上就是对有关施工活动和进度的信息不断收集、加工、汇总、反馈的过程。建设工程项目信息管理中心要对收集的施工进度和相关影响因素的资料进行加工分析，由领导做出决策后，向下发出指令，指导施工或对原计划做出新的调整、部署；基层作业组织根据计划和指令安排施工活动，并将实际进度和遇到的问题随时上报。每天都有大量的内外部信息、纵横向信息流进流出。若不应用信息反馈原理不断地进行信息反馈，则无法进行建设工程项目进度管理。

4. 弹性原理

建设工程项目由于工期长，影响进度的因素很多，其中有的因素已被人们掌握。人们根据统计经验估计出某些因素的影响程度和出现的可能性，并在确定进度目标时进行实现目标的风险分析。计划编制者具备了这些知识和实践经验之后，在编制建设工程项目进度计划时就会留有余地，以使进度计划具有弹性。在进行建设工程项目进度控制时，便可以利用这些弹性。如施工过程中出现了工期延误，通过缩短剩余计划工期的方法，或者改变它们之间的逻辑关系，仍然可以达到预期的计划目标，这就是建设工程项目进度管理中对弹性原理的应用。

5. 封闭循环原理

建设工程项目进度管理的全过程是计划、实施、检查、比较分析、确定调整措施、再计划。从编制进度计划开始，经过实施过程中的跟踪检查，收集有关实际进度的信息，比较和分析实际进度与计划进度之间的偏差，找出偏差产生的原因和解决办法，确定调整措施，再修改原进度计划，形成一个封闭的循环系统。

4.1.5 建设工程项目进度管理的措施

建设工程项目进度管理的措施，主要包括组织措施、技术措施、合同措施和经济措施等。

1. 组织措施

系统的目标决定了系统的组织，而组织是目标能否实现的决定性因素，这是组织论的一个重要结论。如果把一个建设工程项目的项目管理视为一个系统，其目标决定了项目管理组织，而项目管理组织是项目管理能否实现的决定性因素，由此可见项目管理组织的重要性。组织措施主要包括以下内容。

（1）健全项目管理的组织体系，在项目管理组织结构中应有专门的工作部门和专人负责进度管理。

（2）进度管理的主要工作应在组织设计的任务分工表和管理职能分工表中体现。

（3）编制项目进度控制的工作流程。

（4）设计好进度控制会议的组织，明确会议主持人、会议召开时间、会议类型、会议文件整理等。

（5）确定建设工程项目进度管理目标，建立进度管理目标体系。

2. 技术措施

（1）尽可能采用先进的施工技术、方法，以及新材料、新工艺、新技术，保证进度管理目标的实现。

（2）施工方案对施工进度有直接的影响，在选择施工方案时，不仅应该分析其技术先进性与经济合理性，还应考虑其对施工进度的影响。

3. 合同措施

（1）施工进度管理总目标应该与合同总工期相一致。

（2）分包合同的工期应该能够满足总包合同工期的要求。

（3）材料供应合同规定的供货时间应该与有关的进度管理目标相一致。

4. 经济措施

（1）编制资金需求计划，落实实现进度管理目标的保证资金。

（2）签订并实施关于工期和进度的经济承包责任制。

（3）建立并实施进度管理的奖惩制度。

任务单元 4.2 流水施工原理与横道计划

工作任务单

任务单元 4.2 工作任务单
工作任务描述	某住宅小区工程共有 12 幢高层剪力墙结构住宅楼，每幢有两个单元，各单元结构基本相同。每幢高层住宅楼的基础工程包括挖土方、铺垫层、钢筋混凝土基础、回填土四个施工过程，其工作持续时间分别是挖土方 8 天、铺垫层 4 天、钢筋混凝土基础 12 天、回填土 4 天。请选择合理的施工组织方式来组织施工。

续表

任务单元 4.2 工作任务单
工作任务要求	根据工程情况和以下要点，选择合理的施工组织方式。 （1）根据该工程的流水节拍的特点，在资源供应允许的条件下，为加快施工进度，可采用何种方式组织流水施工？如果每 4 幢住宅楼划分为一个施工段组织流水施工，请进行时间参数计算，并以横道图表示进度计划。 （2）若资源供应不充足，则可采用何种方式组织流水施工？如果每 4 幢住宅楼划分为一个施工段组织流水施工，请进行时间参数计算，并以横道图表示进度计划。 （3）试对以上流水施工方式进行比较。

注：本书在适合的任务单元设置了工作任务单，在教学过程中采用工学结合、任务驱动的教学模式，使"学习"和"工作"高度融合，形成一个有机整体。

工业生产的实践证明，流水作业是组织生产的有效方法。流水作业的原理是在分工大量出现之后的顺序作业和平行作业的基础上产生的，它是一种以分工为基础的协作，是成批地生产产品的一种较好的作业方法。

流水作业的原理同样也适用于建设工程的施工。不同的是，在工业生产的流水作业中，专业生产者是固定的，各产品或中间产品在流水线上流动，由前一个工序流向后一个工序；而在建设工程施工中，各施工段（相当于产品或中间产品）是固定不动的，而专业施工队则是流动的，他们由前一个施工段流向后一个施工段。

4.2.1 流水施工的基本概念

1. 建设工程施工的组织方式

建设工程施工的组织方式是受其内部施工顺序、施工场地、空间、时间等因素影响和制约的，根据具体情况不同，有三种组织方式：依次施工、平行施工和流水施工。现举例说明。

应用案例 4-1

有三幢同类型宿舍楼的基础工程，划分为四个施工过程：基槽开挖、垫层浇筑、基础砌筑、基槽回填，它们在每幢房屋上的持续时间分别为 2 天、1 天、3 天、1 天，每个班组工人数分别为 20 人、15 人、25 人、10 人。试分别用三种方式组织施工并绘制劳动力动态曲线（以时间为横坐标、劳动力数量为纵坐标绘制的劳动力需求曲线）。

【案例解析】

1）依次施工

依次施工也称顺序施工，是各施工段或施工过程依次开工、依次完成的一种施工组织方式。依次施工不考虑后续施工过程在时间和空间上的相互搭接，而是依照顺序进行施工。

（1）按施工段依次施工。这种施工组织方式是在完成一个施工段的各施工过程后，接着依次完成其他施工段的各施工过程,直至全部任务完成。其施工进度和劳动力动态曲线如图4.4所示。按施工段依次施工的工期计算如下。

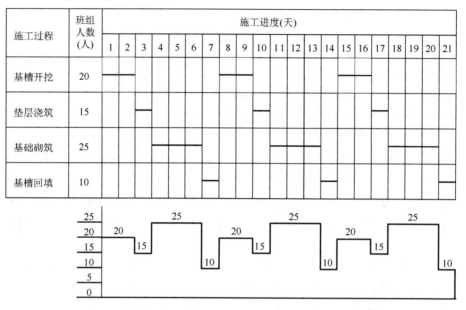

图4.4 按施工段依次施工的施工进度和劳动力动态曲线

$$T = M \sum t_i \tag{4-1}$$

式中 T——工期;

　　　M——施工段数;

　　　t_i——某施工过程在一个施工段上所需的时间。

(2) 按施工过程依次施工。这种施工组织方式是在依次完成每个施工段的第一个施工过程后,再开始第二个施工过程的施工,直至完成最后一个施工过程的施工。其施工进度和劳动力动态曲线如图4.5所示。按施工过程依次施工的工期计算与按施工段依次施工相同,但每天所需的劳动力消耗不同。

2) 平行施工

平行施工是指同一施工过程在各施工段上同时开工、同时完成的一种施工组织方式。其施工进度和劳动力动态曲线如图4.6所示。工期计算如下。

$$T = \sum t_i \tag{4-2}$$

式中 T——工期;

　　　t_i——某施工过程在一个施工段上所需的时间。

3) 流水施工

流水施工是指将建设工程项目划分为若干个施工段,所有的施工班组按一定的时间间隔依次投入施工,各个施工班组陆续开工、陆续竣工,使同一施工班组保持连续、均衡地施工,而让不同的施工班组尽可能平行搭接施工。

在应用案例4-1中,流水施工的施工进度和劳动力动态曲线如图4.7和图4.8所示,二者的区别在于垫层浇筑班组的施工是否连续。图4.7没有充分利用工作面,第一、二个

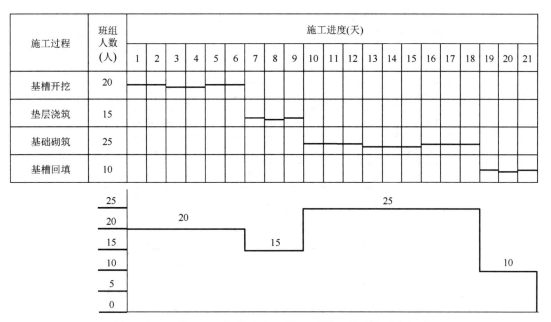

图 4.5 按施工过程依次施工的施工进度和劳动力动态曲线

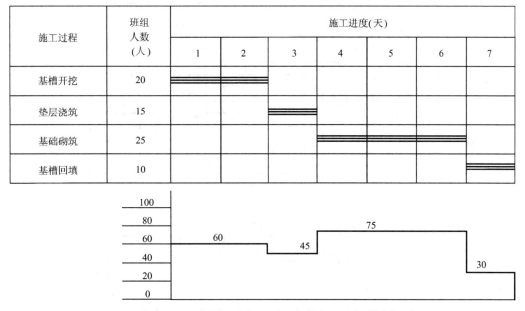

图 4.6 平行施工的施工进度和劳动力动态曲线

施工段基槽开挖后,垫层浇筑班组没有及时进入;而图 4.8 更加充分地利用了工作面,工期与图 4.7 相比缩短了 2 天。虽然垫层施工班组做了间断安排,但只要安排好主导施工过程连续、均衡地流水施工,次要施工过程在有利于缩短工期的情况下安排其间断施工,则这种组织方式仍被认为是流水施工的组织方式。

4)组织施工的三种方式的特点比较与适用情况

组织施工的三种方式的特点比较见表 4-1。

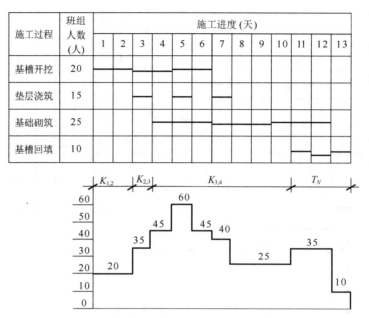

图 4.7 流水施工（部分间断）的施工进度和劳动力动态曲线

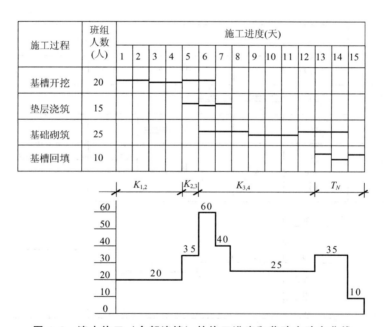

图 4.8 流水施工（全部连续）的施工进度和劳动力动态曲线

表 4-1 组织施工的三种方式的特点比较

比较内容	依次施工	平行施工	流水施工
工作面利用情况，工期	不能充分利用工作面，工期最长	最充分地利用了工作面，工期最短	合理、充分地利用了工作面，工期适中

续表

比较内容	依次施工	平行施工	流水施工
窝工情况	按施工段依次施工，有窝工现象	若不进行工程协调，则有窝工现象	减少或消除了窝工现象
资源供应与施工管理	日资源用量少，品种单一，施工管理简单	日资源用量大而集中，品种单一且不均匀，施工管理困难	日资源用量适中，且比较均匀，有利于提高施工管理水平
对劳动生产率和工程质量的影响	消除窝工则不能实行专业班组施工，对提高劳动生产率和工程质量不利	对合理利用资源，提高劳动生产率和工程质量不利	实行专业班组，有利于提高劳动生产率和工程质量

流水施工兼顾了依次施工和平行施工的优点，克服了两者的缺点，是三种组织方式中比较合理、先进、可行的组织方式，但是依次施工、平行施工也各有特点。在实际应用中，要结合实际情况进行具体分析，然后选择合理、适用的组织方式。

流水施工适用于大多数工程；平行施工一般适用于工期要求紧，大规模建筑群（如住宅小区）及分期、分批组织施工的工程；当工程规模较小，施工工作面有限时，依次施工是适用的，也是常见的。

2. 流水施工的组织要点（条件）

1）划分施工过程

将拟建工程根据工程特点、施工工艺要求、工程量大小、施工班组的组成情况，划分为若干施工过程。

2）划分施工段

根据组织流水施工的需要，将拟建工程在平面或空间上划分为工程量大致相等的若干施工段。

3）每个施工过程组织独立的施工班组

在一个流水组中，每个施工过程尽可能组织独立的施工班组，其形式可以是专业班组，也可以是混合班组，这样可以使每个施工班组按照施工顺序依次、连续、均衡地从一个施工段转到另一个施工段进行相同的操作。

4）主导施工过程必须连续、均衡地施工

对工程量较大、施工时间较长的施工过程，必须组织连续、均衡的施工；对次要施工过程，可考虑与相邻的施工过程合并，或在有利于缩短工期的前提下安排其间断施工。

5）不同的施工过程尽可能组织平行搭接施工

按照施工先后顺序要求，在有工作面的条件下，除必要的技术间歇时间和组织间歇时间外，应尽可能组织平行搭接施工。

3. 流水施工的表达方式

流水施工可以用横道图或网络图来表达。横道图的表达形式如前各图所绘，在左边列出各施工过程名称，右边用水平线段在时间坐标下画出施工进度；网络图的表达形式详见任务单元 4.3。

4.2.2 流水施工的主要参数

由流水施工的基本概念及组织流水施工的条件可知：施工过程的分解、施工段的划分、施工班组的组织、施工过程间的搭接、各施工段的持续时间是流水施工中需要解决的主要问题。只有解决好这几方面的问题，使空间和时间得到合理、充分的利用，方能提高工程施工技术的经济效果。为此，流水施工基本原理将上述问题归纳为工艺参数、空间参数和时间参数这三种参数的运用。

1. 工艺参数

通常，工艺参数指施工过程数。

施工过程数是指参与一组流水作业的施工过程的数目，用符号"N"表示。施工过程是施工进度计划的基本组成单元，应按照施工图纸和施工顺序将拟建工程的各个施工过程列出，并结合施工方法、施工条件、劳动组织等因素，加以适当调整。

2. 空间参数

空间参数是指拟建工程在组织流水施工中所划分的施工区段数，简称施工段数，用符号"M"表示。施工段数包括平面上划分的施工段数和垂直方向上划分的施工层数。

拟建工程在平面上划分的若干个劳动量大致相等的施工段数，用符号"m"表示；在垂直方向上划分的施工层数，用符号"r"表示。施工段数 M 与 m、r 的关系为 $M=mr$。

划分施工段的目的在于保证不同的施工班组在不同的施工段上同时进行施工，并使各施工班组按一定的时间间隔转移到另一个施工段进行连续施工。这样既消除了等待、停歇现象，又不会相互干扰。

施工层的划分视工程对象的具体情况而定，一般以建筑物的结构层作为施工层，也可按施工高度进行划分。在平面上划分施工段时，应考虑以下几点：

(1) 施工段的数目要合理。施工段过多，工作面减小，施工班组人数需要减少，加之工作面不能充分利用，会使工期延长；施工段过少，则会引起劳动力、机械和材料供应的过分集中，有时还会造成"断流"现象的产生。

(2) 各施工段上的劳动量（或工程量）应尽可能相等（相差宜在15%以内），以保证各个施工班组连续、均衡、有节奏地施工。

(3) 要有利于结构的整体性。施工段的划分与施工对象的结构界限（温度缝、沉降缝、施工缝、单元等）应尽可能一致；如果施工段必须放在墙体中间，则应尽量放在对结构整体性影响较小的部位。

(4) 要有足够的工作面。应使每一个施工段所能容纳的劳动力人数或机械台数都能满足合理劳动组织的要求。

(5) 当建筑物有层间关系，分段又分层时，为使各施工班组能够连续施工（各施工班组施工完第一段，能立即转入第二段；施工完第一层的最后一段，能立即转入第二层的第一段），每层的施工段数必须大于或等于施工过程数，即

$$m \geqslant N \tag{4-3}$$

当 $m=N$ 时，施工班组连续施工，工作面也能充分利用，无停歇现象，最理想。

当 $m>N$ 时，施工班组仍是连续施工，但工作面不能被充分利用，有轮流停歇的现象。

当 $m<N$ 时，施工班组因不能连续施工而窝工。

3. 时间参数

时间参数包括流水节拍、流水步距和工期。

1）流水节拍

流水节拍是指专业施工班组在某一个施工段上施工所需的时间，用 t_i 表示。

2）流水步距

流水步距是指两个相邻的施工班组先后投入施工的时间间隔，用符号 $K_{i,i+1}$ 表示（i 表示前一个施工班组，$i+1$ 表示后一个施工班组）。

流水步距的大小对工期影响较大。一般来说，在施工段不变的条件下，流水步距越大，工期越长；流水步距越小，工期越短。流水步距的大小与前后两个施工过程的流水节拍大小、施工工艺、组织条件、质量要求以及是否有技术和组织间歇时间有关。

3）工期

工期是指完成一项工程任务或一个流水组施工所需的时间，一般用下式表示。

$$T = \sum K_{i,i+1} + T_N \tag{4-4}$$

式中　T——流水施工工期；

$\sum K_{i,i+1}$——流水施工中各流水步距之和；

T_N——最后一个施工班组的持续时间。

4.2.3　流水施工的分类及计算

流水施工根据节奏特征的不同，可分为有节奏流水和无节奏流水两大类，如图 4.9 所示。

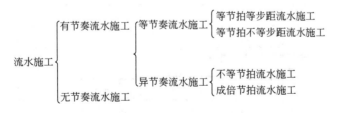

图 4.9　流水施工分类图

1. 有节奏流水施工

有节奏流水施工是指同一施工过程在各施工段上的流水节拍都相等的一种流水施工方式。当各施工段劳动量大致相等时，即可组织有节奏流水施工。

根据不同施工过程之间的流水节拍是否相等，有节奏流水施工又可分为等节奏流水施工和异节奏流水施工。

1) 等节奏流水施工

等节奏流水施工是指同一施工过程在各施工段上的流水节拍都相等,并且不同施工过程之间的流水节拍也相等的一种流水施工方式。即各施工过程的流水节拍均为常数,故也称为全等节拍流水。它根据流水步距的不同分为两种情况:等节拍等步距流水施工和等节拍不等步距流水施工。

(1) 等节拍等步距流水施工。等节拍等步距流水施工是指各施工过程的流水节拍均相等,各流水步距也均相等且等于流水节拍的一种流水施工方式。

等节拍等步距流水施工的特征表现为:各施工过程在各施工段上的流水节拍彼此相等,即 $t_i = t$(常数);各流水步距彼此相等,而且等于流水节拍,即 $K_{i,i+1} = K = t$(常数)。

根据流水施工一般工期计算公式(4-4),可以推导出等节拍等步距流水施工的工期计算公式为

$$T = (N+M-1)t \qquad (4-5)$$

公式推导过程如下:

因为 $K = t$,则 $\sum K_{i,i+1} = (N-1)K = (N-1)t$,所以

$$T = \sum K_{i,i+1} + T_N$$
$$= (N-1)t + Mt$$
$$= (N+M-1)t$$

应用案例 4-2

某分部工程划分为 A、B、C、D 四个施工过程,每个施工过程分为三个施工段,各施工过程的流水节拍均为 4 天,试组织等节拍等步距流水施工。

【案例解析】

确定流水步距:由等节拍等步距流水施工的特征可知 $K = t = 4$ 天,则工期为

$$T = (N+M-1)t = [(4+3-1)\times 4]\text{天} = 24 \text{ 天}$$

用横道图绘制施工进度计划,如图 4.10 所示。

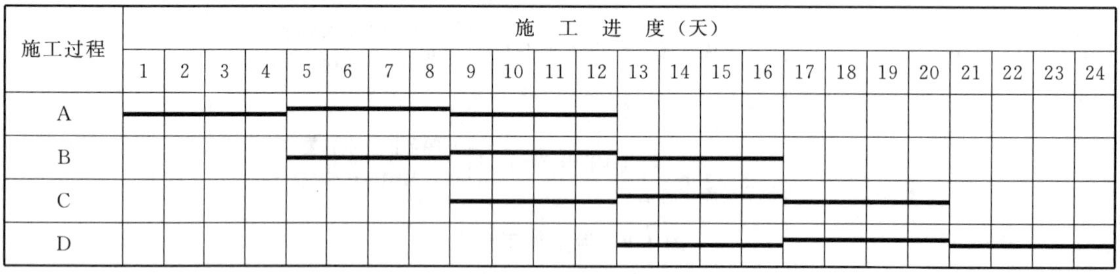

施工过程	施工进度(天)																							
	1	2	3	4	5	6	7	8	9	10	11	12	13	14	15	16	17	18	19	20	21	22	23	24
A																								
B																								
C																								
D																								

图 4.10 某分部工程等节拍等步距流水施工进度计划

(2) 等节拍不等步距流水施工。等节拍不等步距流水施工是指各施工过程的流水节拍均相等,但各流水步距不相等的一种流水施工方式。

等节拍不等步距流水施工的特征表现为:各施工过程在各施工段上的流水节拍彼此相等,即 $t_i = t$(常数);但各流水步距不相等。这是由于各施工过程之间,有的需要间歇时

间，有的需要搭接时间。

间歇时间是指在组织流水施工时，某些施工过程完成后，后续施工过程不能立即投入施工，而必须等待的时间，分为技术间歇时间和组织间歇时间。由建筑材料或现浇构件工艺性质决定的间歇时间称为技术间歇时间，如现浇混凝土构件的养护时间、抹灰层的干燥时间和油漆层的干燥时间等；由施工组织原因造成的间歇时间称为组织间歇时间，如回填土前地下管道的检查验收、施工机械转移和砌筑墙体前的墙身位置弹线，以及其他作业前的准备工作。间歇时间用 t_j 表示。搭接是指在组织流水施工时，为了缩短工期，在工作面允许的条件下，前一个施工班组完成部分施工任务后，提前为后一个施工班组提供工作面，使后者提前进入前一个施工段施工，两者在同一施工段上平行搭接施工的时间，称为搭接时间，用 t_d 表示。

根据流水施工一般工期计算公式（4-4），可以推导出等节拍不等步距流水施工的工期计算公式为

$$T = (N+M-1)t + \sum t_j - \sum t_d \quad (4-6)$$

公式推导过程如下：

因为 $t_i = t$，$K_{i,i+1} = t + t_j - t_d$，则 $\sum K_{i,i+1} = (N-1)t + \sum t_j - \sum t_d$，所以

$$T = \sum K_{i,i+1} + T_N$$
$$= (N-1)t + \sum t_j - \sum t_d + Mt$$
$$= (N+M-1)t + \sum t_j - \sum t_d$$

应用案例 4-3

某分部工程划分为 A、B、C、D 四个施工过程，每个施工过程分为四个施工段，各施工过程的流水节拍均为 4 天，其中 A 与 B 之间有 2 天的间歇时间，C 与 D 之间有 1 天的搭接时间。试组织等节拍不等步距流水施工。

【案例解析】

确定流水步距：$K_{A,B} = (4+2)$ 天 $= 6$ 天，$K_{B,C} = 4$ 天，$K_{C,D} = (4-1)$ 天 $= 3$ 天，则工期为

$$T = (N+M-1)t + \sum t_j - \sum t_d = [(4+4-1) \times 4 + 2 - 1] 天 = 29 天$$

用横道图绘制施工进度计划，如图 4.11 所示。

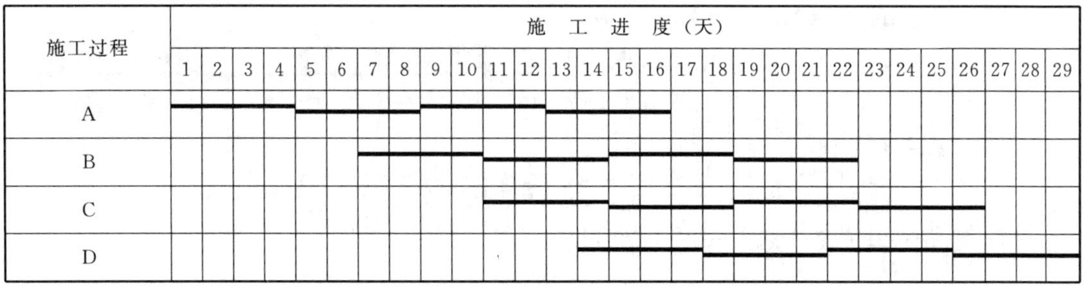

施工过程	施工进度（天）																												
	1	2	3	4	5	6	7	8	9	10	11	12	13	14	15	16	17	18	19	20	21	22	23	24	25	26	27	28	29
A																													
B																													
C																													
D																													

图 4.11　某分部工程等节拍不等步距流水施工进度计划

（3）等节奏流水施工的组织方法与适用范围。等节奏流水施工的组织方法是：首先划分施工过程，将劳动量小的施工过程合并到相邻施工过程中去，以使各流水节拍相等；其次确定主要施工过程的施工班组人数，计算其流水节拍；最后根据已定的流水节拍，确定其他施工过程的施工班组人数及其组成。

等节奏流水施工一般适用于工程规模较小、建筑结构比较简单、施工过程不多的建筑物，常用于组织分部工程的流水施工。

2）异节奏流水施工

异节奏流水施工是指同一施工过程在各施工段上的流水节拍都相等，不同施工过程之间的流水节拍不完全相等的流水施工方式。异节奏流水施工又可分为不等节拍流水施工和成倍节拍流水施工两种。

（1）不等节拍流水施工。不等节拍流水施工是指同一施工过程在各施工段上的流水节拍相等，不同施工过程之间的流水节拍既不相等也不成倍的流水施工方式。此时，只能组织不等节拍流水施工。

不等节拍流水施工的流水步距可按式（4-7）计算。

$$K_{i,i+1}=\begin{cases}t_i+(t_j-t_d) & (t_i\leqslant t_{i+1})\\ Mt_i-(M-1)t_{i+1}+(t_j-t_d) & (t_i>t_{i+1})\end{cases} \quad (4-7)$$

不等节拍流水施工的工期采用公式（4-4）计算，即 $T=\sum K_{i,i+1}+T_N$。

应用案例 4-4

某工程划分为 A、B、C、D 共四个施工过程，每个施工过程分为三个施工段组织施工，各施工过程的流水节拍分别为 3 天、4 天、2 天、3 天，施工过程 C 与 D 之间搭接 1 天。试组织不等节拍流水施工，求出各施工过程之间的流水步距及该工程的工期，并绘制施工进度计划。

【案例解析】

（1）确定流水步距。

$t_A<t_B$，故得

$$K_{A,B}=t_A=3 \text{ 天}$$

$t_B>t_C$，故得

$$K_{B,C}=Mt_B-(M-1)t_C=[3\times4-(3-1)\times2]\text{天}=8\text{ 天}$$

$t_C<t_D$，且施工过程 C 与 D 之间搭接 1 天，故得

$$K_{C,D}=t_C-t_D=(2-1)\text{ 天}=1\text{ 天}$$

（2）计算工期。

$$T=\sum K_{i,i+1}+T_N=[(3+8+1)+(3\times3)]\text{天}=21\text{ 天}$$

（3）绘制施工进度计划，如图 4.12 所示。

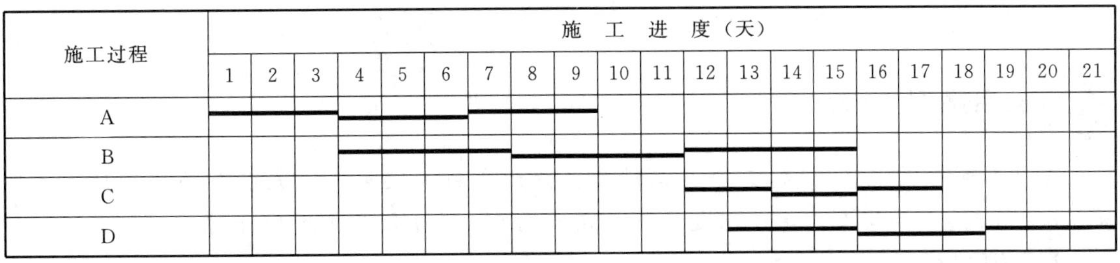

施工过程	施工进度（天）																				
	1	2	3	4	5	6	7	8	9	10	11	12	13	14	15	16	17	18	19	20	21
A	━	━	━	━	━	━	━	━	━												
B				━	━	━	━	━	━	━	━	━									
C												━	━	━	━	━	━				
D													━	━	━	━	━	━	━	━	━

图 4.12　某工程不等节拍流水施工进度计划

不等节拍流水施工适用于施工段大小相等的分部工程和单位工程的流水施工，其在进度安排上比等节奏流水施工灵活，实际应用范围广泛。

（2）成倍节拍流水施工。成倍节拍流水施工是指同一施工过程在各施工段上的流水节拍相等，不同施工过程之间的流水节拍不完全相等，但各施工过程的流水节拍之间存在整数倍（或最大公约数）关系的流水施工方式。为加快流水施工进度，按最大公约数的倍数组建每个施工过程的施工班组数，以形成类似于等节奏流水的等步距不等节拍的流水施工方式。

成倍节拍流水施工的特征表现为：同一施工过程在各施工段上的流水节拍相等，不同施工过程的流水节拍之间存在整数倍（或公约数）关系；当不存在间歇时间和搭接时间时，流水步距彼此相等，且等于流水节拍的最大公约数；各专业施工班组能够保证连续作业，施工段没有空闲；施工班组数 N' 大于施工过程数 N，即 $N' > N$。

成倍节拍流水施工的流水步距用下式确定：

$$K_{i,i+1} = K_b + t_j - t_d \tag{4-8}$$

式中　K_b——流水节拍的最大公约数。

其他符号含义同前。

每个施工过程所需的施工班组数和施工班组总数分别用式（4-9）和式（4-10）确定。

$$b_i = \frac{t_i}{K_b} \tag{4-9}$$

$$N' = \sum b_i \tag{4-10}$$

式中　b_i——每个施工过程所需施工班组数；

N'——施工班组总数。

其他符号含义同前。

根据流水施工一般工期计算公式（4-4），可以推导出成倍节拍流水施工的工期计算公式为

$$T = (N' + M - 1)K_b + \sum t_j - \sum t_d \tag{4-11}$$

公式推导过程如下：

因为 $K_{i,i+1} = K_b + t_j - t_d$，则 $\sum K_{i,i+1} = (N'-1)K_b + \sum t_j - \sum t_d$，所以

$$T = \sum K_{i,i+1} + T_N$$
$$= (N'-1)K_b + \sum t_j - \sum t_d + MK_b$$

$$= (N'+M-1)K_b + \sum t_j - \sum t_d$$

应用案例 4-5

某工程划分为 A、B、C 三个施工过程,分六个施工段施工,流水节拍分别为 $t_A=2$ 天、$t_B=6$ 天、$t_C=4$ 天,试组织成倍节拍流水施工,并绘制施工进度计划。

【案例解析】

(1) 确定流水步距。

$$K = K_b = 2 \text{ 天}$$

(2) 确定每个施工过程所需施工班组数。

$$b_A = \frac{t_A}{K_b} = \frac{2}{2} \text{个} = 1 \text{个},\ b_B = \frac{t_B}{K_b} = \frac{6}{2} \text{个} = 3 \text{个},\ b_C = \frac{t_C}{K_b} = \frac{4}{2} \text{个} = 2 \text{个}$$

施工班组总数为

$$N' = \sum b_i = (1+3+2) \text{个} = 6 \text{个}$$

(3) 计算工期。

$$T = (N'+M-1)K_b + \sum t_j - \sum t_d$$
$$= [(6+6-1) \times 2] \text{天}$$
$$= 22 \text{ 天}$$

(4) 绘制施工进度计划,如图 4.13 所示。

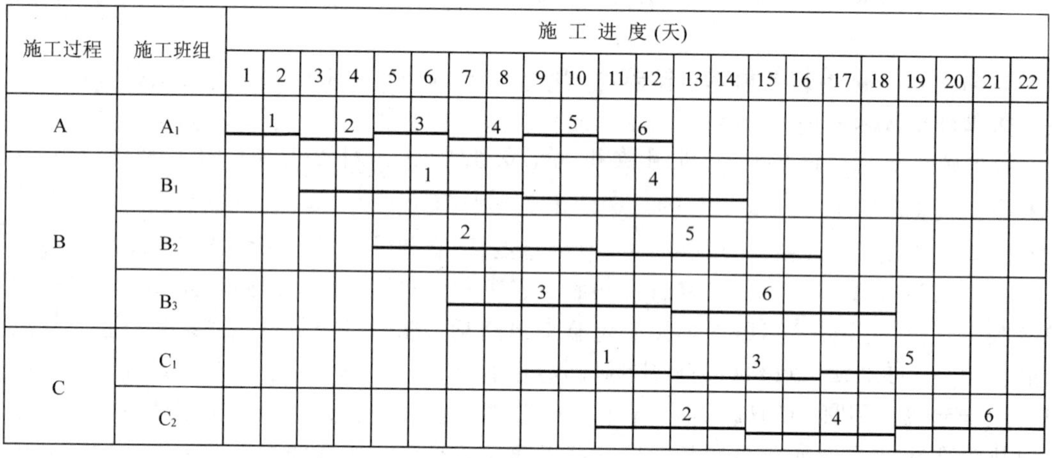

施工过程	施工班组	施工进度(天)																					
		1	2	3	4	5	6	7	8	9	10	11	12	13	14	15	16	17	18	19	20	21	22
A	A_1	1		2		3		4		5		6											
B	B_1							1						4									
	B_2									2						5							
	B_3											3						6					
C	C_1													1				3			5		
	C_2															2				4			6	

图 4.13 某工程成倍节拍流水施工进度计

应用案例 4-6

某构件预制工程,划分为绑扎钢筋、支模板和浇筑混凝土三个施工过程,分两层叠浇,流水节拍分别为 $t_{钢筋}=2$ 天、$t_{模板}=4$ 天、$t_{混凝土}=2$ 天。试组织成倍节拍流水施工,并绘制施工进度计划。

【案例解析】

(1) 确定流水步距。

$$K = K_b = 2 \text{ 天}$$

（2）确定每个施工过程的施工班组数。

$$b_{钢筋} = \frac{t_{钢筋}}{K_b} = \frac{2}{2} \text{ 个} = 1 \text{ 个}, \quad b_{模板} = \frac{t_{模板}}{K_b} = \frac{4}{2} \text{ 个} = 2 \text{ 个}, \quad b_{混凝土} = \frac{t_{混凝土}}{K_b} = \frac{2}{2} \text{ 个} = 1 \text{ 个}$$

施工班组总数为

$$N' = \sum b_i = (1+2+1) \text{ 个} = 4 \text{ 个}$$

（3）确定每层的施工段数。

多层结构施工时，为了保证各施工班组连续施工，其施工段数应按式（4-3）中 $m \geq N$（对于成倍节拍流水，N 以 N' 代替）考虑，取 $m = N' = 4$ 段。

（4）计算工期。

$$T = (N' + M - 1)K_b + \sum t_j - \sum t_d$$
$$= [(4 + 4 \times 2 - 1) \times 2] \text{ 天}$$
$$= 22 \text{ 天}$$

（5）绘制施工进度计划，如图 4.14 所示。

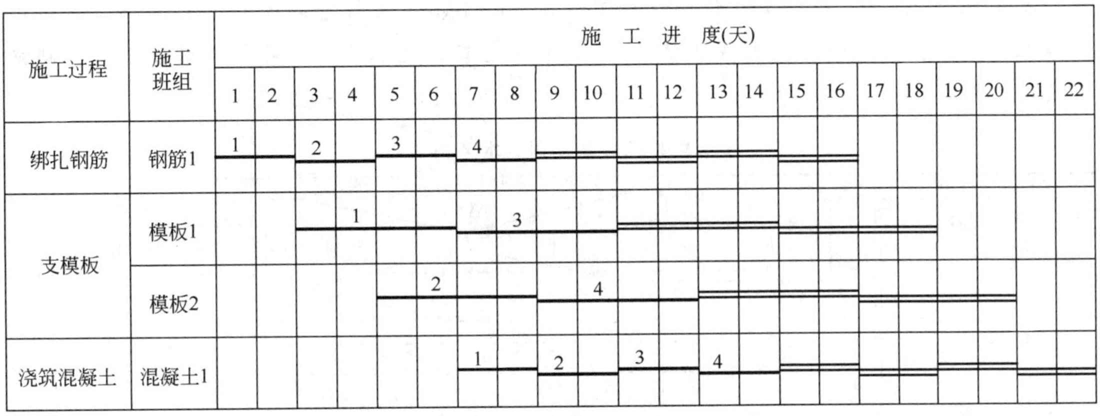

施工过程	施工班组	1	2	3	4	5	6	7	8	9	10	11	12	13	14	15	16	17	18	19	20	21	22
绑扎钢筋	钢筋1	1		2		3		4															
支模板	模板1				1			3															
	模板2						2			4													
浇筑混凝土	混凝土1							1		2		3		4									

图 4.14　某构件预制工程成倍节拍流水施工进度计划

成倍节拍流水施工的组织方法是：首先根据工程对象和施工要求，划分若干个施工过程；其次根据各施工过程的内容、要求及其工程量，计算每个施工工程在各施工段所需的劳动量；再次根据施工班组人数及组成，确定劳动量最少的施工过程的流水节拍；最后确定其他劳动量较大的施工过程的流水节拍，用调整施工班组人数或其他技术组织措施的方法，使它们为最小流水节拍的整数倍（或节拍之间存在公约数）。

成倍节拍流水施工的方式比较适用于线性工程（如道路、管道等）的施工，也适用于房屋建筑工程的施工。

2. 无节奏流水施工

无节奏流水施工，是指同一施工过程在各施工段上的流水节拍不完全相等的一种流水施工方式。

1）无节奏流水施工的特点

（1）同一施工过程在各施工段上的流水节拍不完全相等。

（2）各施工过程之间的流水步距不完全相等且差异较大。

(3) 各施工班组能够在各施工段上连续作业,但有的施工段可能有空闲时间。

(4) 施工班组数等于施工过程数。

2) 无节奏流水施工流水步距的确定

无节奏流水施工由于同一施工过程在各施工段上流水节拍不等,很容易造成工艺停歇或工艺超前现象,所以必须正确计算出流水步距。

无节奏流水施工的流水步距通常采用"累加斜减取大差法"确定,步骤如下。

(1) 将各个施工过程的流水节拍逐段累加。

(2) 错位相减。

(3) 取差数的较大者作为流水步距。

3) 无节奏流水施工工期的确定

无节奏流水施工工期的计算采用一般工期计算公式(4-4),即 $T=\sum K_{i,i+1}+T_N$。

应用案例 4-7

某工程由 A、B、C、D 四个施工过程组成,每个施工过程划分成四个施工段,各施工过程在各施工段上的流水节拍见表 4-2。试组织无节奏流水施工,确定流水步距,绘制施工进度计划。

表 4-2 某工程流水节拍值   单位:天

施工过程	施工段			
	Ⅰ	Ⅱ	Ⅲ	Ⅳ
A	4	2	3	2
B	2	2	3	2
C	2	2	3	3
D	2	2	1	2

【案例解析】

(1) 流水步距的计算。

求 $K_{A,B}$,算式为

$$\begin{array}{ccccc} 4 & 6 & 9 & 11 & \\ - & 2 & 4 & 7 & 9 \\ \hline 4 & 4 & 5 & 4 & -9 \end{array}$$

故得 $K_{A,B}=5$ 天。

求 $K_{B,C}$,算式为

$$\begin{array}{ccccc} 2 & 4 & 7 & 9 & \\ - & 2 & 4 & 7 & 10 \\ \hline 2 & 2 & 3 & 2 & -10 \end{array}$$

故得 $K_{B,C}=3$ 天。

求 $K_{C,D}$，算式为

```
    2   4   7   10
—       2   4   5   7
    2   2   3   5   —7
```

故得 $K_{C,D}=5$ 天。

（2）工期计算。

$$T = \sum K_{i,i+1} + T_N$$
$$= （5+3+5）天 + （2+2+1+2）天$$
$$= 20 \text{ 天}$$

（3）绘制施工进度计划，如图 4.15 所示。

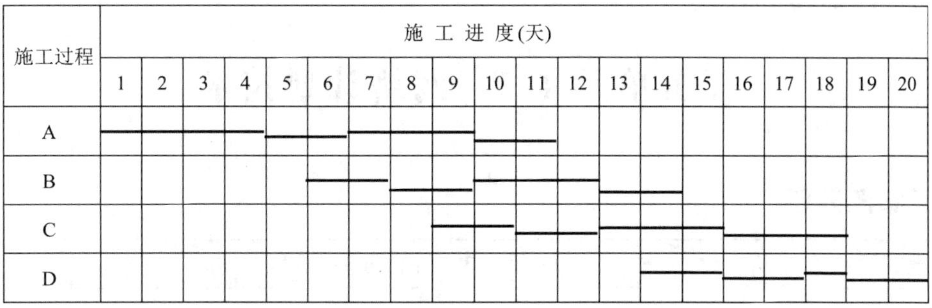

施工过程	施工进度(天)																			
	1	2	3	4	5	6	7	8	9	10	11	12	13	14	15	16	17	18	19	20
A	————————																			
B					————				————											
C							————			————					————					
D													————————				————			

图 4.15 某工程无节奏流水施工进度计划

4) 无节奏流水施工适用范围

在无节奏流水施工中，各施工过程在各施工段上的流水节拍不完全相等，不像有节奏流水施工那样有一定的时间约束，在进度安排上比较自由、灵活，适用于各种不同结构和规模的工程组织施工，在实际工程中应用最多。

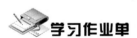

学习作业单

	任务单元 4.2 学习作业单
工作任务完成	根据任务单元 4.2 工作任务单的工作任务描述和要求，完成任务如下。
任务单元学习总结	（1）组织施工的三种方式的特点及适用范围比较。 （2）参考思考与练习中表 4-16，对各种流水施工组织方式进行比较。

续表

任务单元 4.2 学习作业单	
任务单元学习体会	

注：1. "学习作业单"对应于该任务单元开始部分的"工作任务单"，有三个作用：第一，让学生在学习该任务单元后，完成工作任务单提出的工作任务，解决实际问题；第二，让学生进行本单元学习内容的总结，达到融会贯通、解决工程中同类型问题的目的；第三，引导学生发散思维，从不同的角度谈一谈本单元的学习体会。
2. 教材上的学习作业单只是提供了一个表格样式，并没有留足够的空间供学生完成，授课教师可根据具体内容自行调整表格大小并印制。

任务单元 4.3　网络计划技术

 工作任务单

任务单元 4.3 工作任务单	
工作任务描述	某四层学生宿舍楼，室内装修工程包括顶棚墙面抹灰、地面贴瓷砖、安装门窗、油漆涂料五个施工过程，以一层为一个施工段，组织全等节拍流水，流水节拍为 5 天。各过程班组人数分别为 50 人、33 人、13 人、17 人。
工作任务要求	(1) 该分部工程有几个施工段？绘制流水施工的横道计划。 (2) 绘制该分部工程双代号网络计划，计算各工序时间参数。 (3) 绘制早时标网络计划，找出关键线路，绘制劳动力动态曲线。

4.3.1　网络计划技术的基本概念

华罗庚与优选法、统筹法的推广应用

1. 网络计划技术的产生和发展

网络计划技术是 20 世纪 50 年代国外陆续出现的一些计划管理的新方法。由于这些方法均将计划的工作关系建立在网络模型上，把计划的编制、协调、优化和控制有机地结合起来，因此称为网络计划技术。

第二次世界大战以后，特别是进入 20 世纪 50 年代，世界经济迅猛发展，生产的现代化、社会化达到了一个新的水平，组织管理工作越来越复杂，以往的横道计划已无法对大型、复杂的计划进行准确的判定和管理，于是网络计划技术应运而生，当时最具有代表性的是关键线路法和计划评审技术。

关键线路法是1955年由美国杜邦公司首创的。1957年，此法应用于新工厂建设工作后，通过与传统横道图法对比，结果使工期缩短了4个月。后来此法又被用于设备维修，使原来因设备大修需停产125小时的工程缩短为78小时，仅1年就节约资金近100万美元。计划评审技术的出现较关键线路法稍迟，该技术于1958年由美国海军特种计划局在研制北极星导弹时首次使用并获得极大成功。当时有10000多家单位参加该项目，协调工作十分复杂，采用计划评审技术后，效果显著，比原计划进度提前了两年，并且节约了大量资金。为此，1962年美国国防部规定，以后承包有关工程的单位都应采用计划评审技术来安排计划并进行管理。

网络计划技术的成功应用，引起了世界各国的高度重视，被称为计划管理中最有效、先进和科学的管理方法。

我国对网络计划技术的应用归功于著名数学家华罗庚教授。1956年，华罗庚教授将此技术引进中国，并称它为"统筹法"。之后我国的一些高科技项目开始应用网络计划技术，并获得成功。目前，网络计划技术在我国已广泛应用于国民经济各个领域的计划管理之中，而应用最多的还是工程项目的施工组织与管理，并取得了巨大的经济效益。国内统计资料显示，工程项目的计划与管理应用网络计划技术，可平均缩短工期20%、节约费用10%左右。随着计算机的普及，网络计划技术在组织管理中的优越性也日益显著。

为了使网络计划在管理中遵循统一的技术标准，做到概念一致、计算原则与表达方式统一，以保证计划管理的科学性，提高企业管理水平和经济效益，建设部于1999年颁发了《工程网络计划技术规程》(JGJ/T 121—1999)，于2000年2月1日起正式实施，并于2015年更新为JGJ/T 121—2015。

2. 网络计划技术的基本原理和特点

网络计划技术的基本原理可以表述为：用网络图的形式和数学运算来表达一项计划中各项工作的先后顺序和相互关系，通过时间参数的计算，找出关键工作、关键线路及工期，在满足既定约束的条件下，按照规定的目标，不断改善网络计划，选择最优方案并付诸实施。在计划实施过程中，不断进行跟踪、检查、调整，保证计划自始至终有计划、有组织地顺利进行，从而达到工期短、费用低、质量好的目的。

网络计划技术与横道图计划方法在性质上有一致的地方，都可用于表达工程生产进度计划。但网络计划技术克服了横道图的许多不足之处，具有下列特点。

(1) 能全面且明确地反映出各工作之间的逻辑关系，使各工作组成一个有机整体。

(2) 能进行各种时间参数的计算，明确对全局有影响的关键工作和关键线路，便于管理者抓住主要矛盾，确保工程按计划工期完成。

(3) 可以对网络计划进行调整和优化，更好地调配人力、物力和财力，根据选定的目标寻求最优方案。

(4) 在计划实施过程中，可通过时间参数计算预先知道各工作提前或推迟完成对整个计划的影响程度，并能根据变化的情况迅速进行调整，保证计划始终受到控制和监督。

(5) 能利用计算机编制程序，使网络计划的绘图、调整和优化均由计算机来完成。这是横道图所不能达到的。

但是网络计划技术也存在一些缺点,具体表现为:绘图较麻烦,表达不直观,不能反映流水施工的特点,不易显示资源需要量等。采用时标网络计划有助于克服这些缺点。

综上所述,网络计划技术的最大特点是能够提供施工管理所需的多种信息,有利于加强工程管理。所以,网络计划技术已不仅仅是一种编制计划的方法,而且还是一种科学的工程管理方法。它有助于管理人员合理地组织生产,做到心中有数,知道管理的重点应放在何处,怎样缩短工期,在哪里挖掘潜力,如何降低成本。在工程管理中提高应用网络计划技术的水平,必然能够进一步提高工程管理的水平。

3. 工程网络计划的类型

网络计划技术的类型很多,国内外有几十种。我国《工程网络计划技术规程》(JGJ/T 121—2015)推荐的常用工程网络计划包括以下类型。

(1)双代号网络计划。

(2)单代号网络计划。

(3)双代号时标网络计划。

(4)单代号搭接网络计划。

4. 网络计划的基本表达方式

网络计划的基本表达方式是网络图。所谓网络图,是指由箭线和节点按一定的次序排列而成的网状图形。在网络图中,按节点和箭线所代表的含义不同,分为双代号网络图和单代号网络图两大类。

1)双代号网络图

用双代号表示方法,将计划中的全部工作根据它们的逻辑关系从左到右绘制而成的网状图形,叫作双代号网络图,如图 4.16(a)所示。

如图 4.16(b)所示,双代号表示方法是指用两个节点(圆圈)和一根箭线表示一项工作,工作名称标注在箭线的上方,持续时间标注在箭线的下方,箭尾表示工作开始的瞬间,箭头表示工作结束的瞬间。由于各工作均可用箭尾和箭头两个节点内的代号表示,因此,该表示方法称为双代号表示方法。

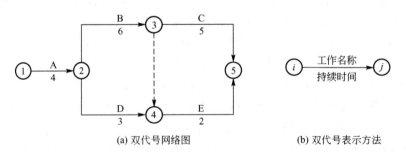

(a) 双代号网络图　　　　　　(b) 双代号表示方法

图 4.16　双代号网络图及其表示方法

2)单代号网络图

用单代号表示方法,将计划中的全部工作根据它们的逻辑关系从左到右绘制而成的网状图形,叫作单代号网络图,如图 4.17(a)所示。

如图 4.17(b)所示,单代号表示方法是指用一个节点(圆圈或方形)表示一项工作，箭线表示工作之间的逻辑关系，工作代号、工作名称、持续时间都在节点中体现。由于各工作均可用节点内的一个代号来表示，因此将这种表示方法称为单代号表示方法。

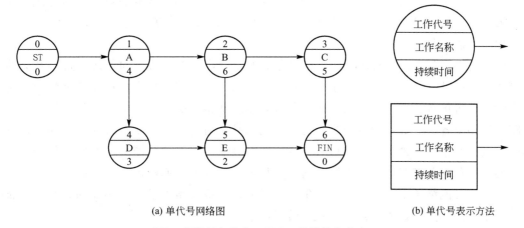

(a) 单代号网络图　　　　　　　　　　　(b) 单代号表示方法

ST—虚拟起点节点；FIN—虚拟终点节点。

图 4.17　单代号网络图及其表示方法

5. 网络图的构成要素

1) 双代号网络图的构成要素

双代号网络图由箭线、节点、线路三个基本要素组成，现将其含义和特性叙述如下。

(1) 箭线。在双代号网络图中，箭线分为实箭线和虚箭线，两者表示的含义不同。

① 实箭线。一根实箭线表示一个施工过程或一项工作。根据网络计划的性质和作用的不同，箭线表示的施工过程可大可小，既可以表示一个单位工程（如土建、装饰、设备安装等），又可表示一个分部工程（如基础、主体、屋面等），还可表示分项工程（如抹灰、砌墙等）。一般情况下，每根实箭线表示的施工过程都要消耗一定的时间和资源，如砌墙、浇筑混凝土等。但也存在只消耗时间而不消耗资源的施工过程，如混凝土养护、砂浆找平层干燥等技术间歇时间，若单独考虑，也应作为一个施工过程来对待，也用实箭线表示。

② 虚箭线。在双代号网络图中，为了正确表达施工过程之间的逻辑关系，有时必须使用虚箭线，如图 4.16（a）中的③---→④。虚箭线表示虚工作，既不消耗时间也不消耗资源，它在双代号网络图中起逻辑连接、逻辑断路或逻辑区分的作用。

③ 箭线的长短一般与工作的持续时间无关（时标网络计划例外）。箭线的方向表示工作进行的方向，箭尾表示该工作开始的瞬间，箭头表示该工作结束的瞬间。

(2) 节点（圆圈）。节点表示前面工作结束或后面工作开始的瞬间。因此，节点既不消耗时间也不消耗资源。

节点根据其位置和含义不同，可分为下列三种类型。

① 起点节点。双代号网络图的第一个节点为起点节点，代表一项计划的开始。在单目标网络计划中，应只有一个起点节点。

② 终点节点。双代号网络图的最后一个节点为终点节点，代表一项计划的结束。在不分期完成任务的网络计划中，应只有一个终点节点。

③ 中间节点。位于起点节点和终点节点之间的所有节点都称为中间节点，中间节点既表示前面工作结束的瞬间，又表示后面工作开始的瞬间。

为了方便叙述和检查，应对节点进行编号，节点编号的要求和原则为：从左到右，由小到大，始终做到箭尾编号小于箭头编号，即 $i<j$；节点在编号过程中，编码可以不连续，但不可以重复。

(3) 线路。在双代号网络图中，从起点节点开始，沿着箭线方向依次通过一系列节点和箭线，最后到达终点节点的若干条通路，称为线路。线路可依次用该线路上的节点编号来表示，也可依次用该线路上的工作名称来表示。通常情况下，一个双代号网络图有多条线路，线路上各工作的持续时间之和为线路的总持续时间。各条线路总持续时间往往各不相等，其中所花时间最长的线路称为关键线路，其余的线路称为非关键线路。位于关键线路上的工作称为关键工作。关键线路通常用粗箭线、双箭线或彩色箭线表示。

在双代号网络图中，至少存在一条关键线路。关键线路不是一成不变的，在一定条件下，关键线路和非关键线路是可以互相转换的。

在图 4.16（a）所示的双代号网络图中，共有三条线路，各条线路的持续时间计算如下。

第一条线路：①→②→③→⑤＝（4＋6＋5）天＝15 天。

第二条线路：①→②→③--→④→⑤＝（4＋6＋2）天＝12 天。

第三条线路：①→②→④→⑤＝（4＋3＋2）天＝9 天。

由上述分析计算可知，第一条线路所花时间最长，即为关键线路。它决定该双代号网络计划的计算工期为 15 天。

2) 单代号网络图的构成要素

单代号网络图也由箭线、节点、线路三个基本要素组成。

(1) 箭线。在单代号网络图中，只有实箭线，没有虚箭线。箭线仅用来表示工作之间的逻辑关系，既不消耗时间，也不消耗资源，其含义与双代号网络图中虚箭线的含义相同。

(2) 节点（圆圈）。一个节点表示一项工作，一般情况下既消耗时间，又消耗资源，含义与双代号网络图中的实箭线含义相同。

单代号网络图中的节点也可划分为以下三类。

① 起点节点。单代号网络图的第一个节点为起点节点，代表一项计划的开始。需要注意的是，在单目标网络计划中，起点节点只有一个。如果有多项工作同时开始，则虚拟一个起点节点，持续时间为 0，如图 4.17（a）中的①节点。

② 终点节点。单代号网络图的最后一个节点为终点节点，代表一项计划的结束。需要注意的是，在不分期完成任务的网络计划中，终点节点也只有一个。如果有多项工作同时结束，则虚拟一个终点节点，持续时间为 0，如图 4.17（a）中的⑥节点。

③ 中间节点。位于起点节点和终点节点之间的所有节点都称为中间节点，中间节点有多个。

单代号网络图的节点编号原则同双代号网络图。

(3) 线路。单代号网络图线路、关键线路的含义以及确定方法同双代号网络图。

6. 网络计划的相关概念和术语

1) 紧前工作、紧后工作、平行工作

（1）紧前工作。紧排在本工作之前的工作称为本工作的紧前工作，本工作与其紧前工作之间有时通过虚箭线来联系。

（2）紧后工作。紧排在本工作之后的工作称为本工作的紧后工作，本工作与其紧后工作之间有时通过虚箭线来联系。

（3）平行工作。可与本工作同时进行的工作称为本工作的平行工作。

在图4.16（a）中，B、D可称为平行工作，各工作的紧前工作与紧后工作见表4-3。

表4-3 各工作的紧前工作与紧后工作

工 作	A	B	C	D	E
紧前工作	—	A	B	A	B、D
紧后工作	B、D	C、E	—	E	—

2) 内向箭线和外向箭线

（1）内向箭线。指向某个节点的箭线称为该节点的内向箭线，如图4.18（a）所示。

（2）外向箭线。从某节点引出的箭线称为该节点的外向箭线，如图4.18（b）所示。

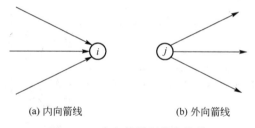

(a) 内向箭线　　　　(b) 外向箭线

图 4.18　内向箭线和外向箭线

3) 逻辑关系

逻辑关系是指工作间相互制约或相互依赖的关系，也就是先后顺序关系。工作之间的逻辑关系包括工艺关系和组织关系。

（1）工艺关系。工艺关系是指生产上客观存在的先后顺序关系，或者是非生产性工作之间由工作程序决定的先后顺序关系。例如，建筑工程在施工时，先做基础，后做主体；先做结构，后做装修。工艺关系是不能随意改变的。

（2）组织关系。组织关系是指在不违反工艺关系的前提下，人为安排工作的先后顺序关系。例如，建筑群中各个建筑物开工顺序的先后，施工对象的分段流水作业等。组织关系可以根据具体情况，按安全、经济、高效的原则统筹安排。

4.3.2　双代号网络计划

1. 双代号网络图的绘制

正确绘制工程网络图是网络计划技术应用的关键，因此，在绘制双代号网络图时应做到两点：首先要正确表达工作之间的逻辑关系；其次必须遵守双代号网络图的绘制规则。

1）双代号网络图逻辑关系的表示

在网络图中，各工作之间的逻辑关系变化多端。常见逻辑关系及其双代号表示方法见表4-4。

表4-4 常见逻辑关系及其双代号表示方法

序 号	逻辑关系	双代号表示方法	备 注
1	A、B两项工作依次进行	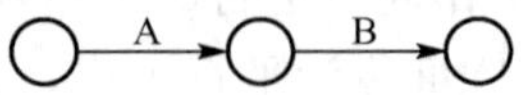	A工作的结束节点是B工作的开始节点
2	A、B、C三项工作同时开始	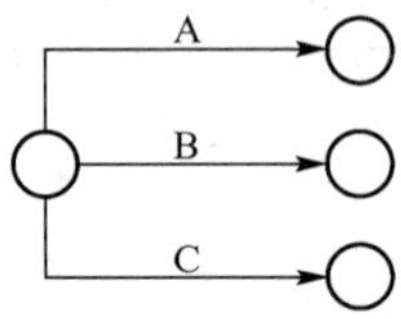	三项工作具有共同的起点节点
3	A、B、C三项工作同时结束	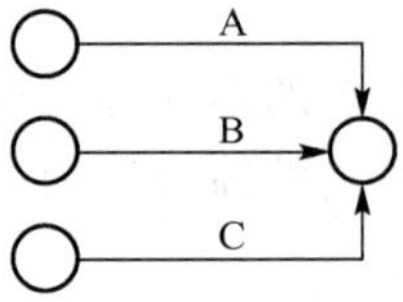	三项工作具有共同的结束节点
4	A、B、C三项工作，A工作完成后进行B、C工作	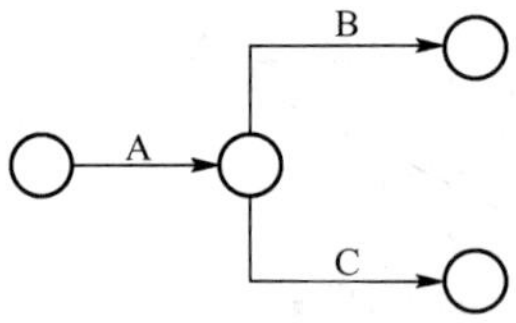	A工作的结束节点是B、C工作的开始节点
5	A、B、C三项工作，A、B工作完成后进行C工作	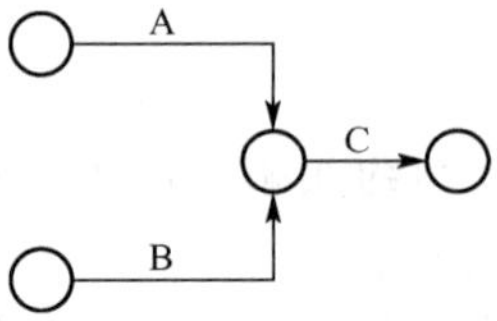	A、B工作的结束节点是C工作的开始节点
6	A、B、C、D四项工作，A、B工作完成后进行C、D工作	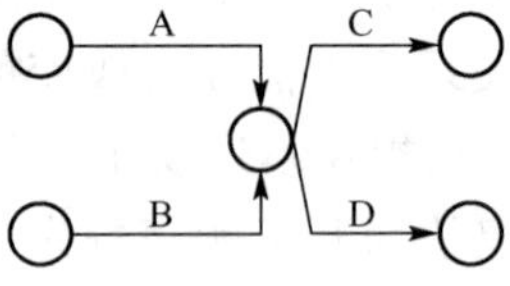	A、B工作的结束节点是C、D工作的开始节点
7	A、B、C、D四项工作，A工作完成后进行C工作，A、B工作完成后进行D工作	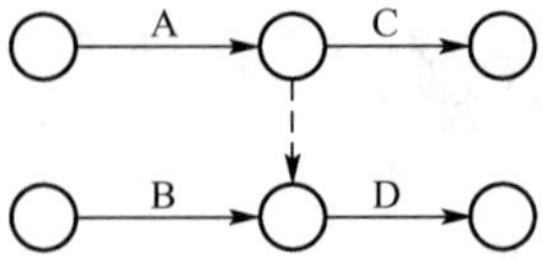	引入虚箭线，使A工作成为D工作的紧前工作

序号	逻辑关系	双代号表示方法	备注
8	A、B、C、D、E 五项工作,A、B 工作完成后进行 D 工作,B、C 工作完成后进行 E 工作		加入两条虚箭线,使 B 工作成为 D、E 工作共同的紧前工作
9	A、B、C、D、E 五项工作,A、B、C 工作完成后进行 D 工作,B、C 工作完成后进行 E 工作		引入虚箭线,使 B、C 工作成为 D 工作的紧前工作
10	A、B 两个施工过程,按三个施工段流水施工		引入虚箭线,B_2 工作的开始受到 A_2 和 B_1 两项工作的制约

2) 双代号网络图的绘制规则

根据住建部颁发的《工程网络计划技术规程》(JGJ/T 121—2015),双代号网络图的绘制应遵守下列规则。

(1) 在双代号网络图中,严禁出现循环回路。如图 4.19 (a) 所示,①→②→④→① 和②→④→⑤→②就是循环回路,它表示的逻辑关系是错误的,在工艺顺序上是相互矛盾的。正确的表达如图 4.19 (b) 所示。

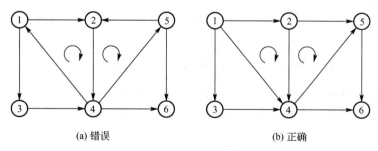

(a) 错误　　　　　　　　　　　(b) 正确

图 4.19　不允许出现循环回路

(2) 在双代号网络图中,不允许出现一个代号表示一项工作。如图 4.20 (a) 所示的表达是错误的,正确的表达如图 4.20 (b) 所示。

(3) 在双代号网络图中,在节点之间严禁出现带双向箭头或没有箭头的箭线,如图 4.21 所示。

(4) 在双代号网络图中,严禁出现没有箭头节点或没有箭尾节点的箭线,如图 4.22 所示。

(5) 在双代号网络图中,不允许出现编号相同的节点或工作。如图 4.23 (a) 所示,

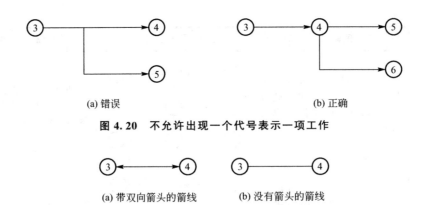

(a) 错误　　　　　　　　　　　　　(b) 正确

图 4.20　不允许出现一个代号表示一项工作

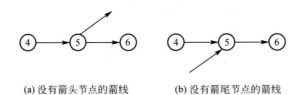

(a) 带双向箭头的箭线　　　　　(b) 没有箭头的箭线

图 4.21　不允许出现带双向箭头或没有箭头的箭线

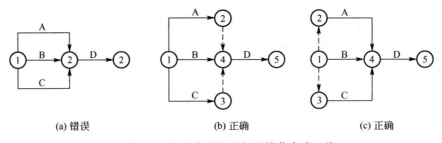

(a) 没有箭头节点的箭线　　　　(b) 没有箭尾节点的箭线

图 4.22　不允许出现没有箭头节点或没有箭尾节点的箭线

有两个节点的编号相同，均为 2；A、B、C 三项工作均用代号①→②表示，这是错误的。正确的表达如图 4.23（b）或（c）所示，采用虚箭线将其区分。

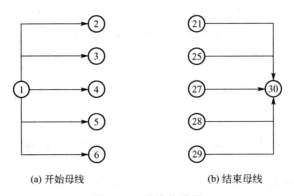

(a) 错误　　　　　　　(b) 正确　　　　　　　(c) 正确

图 4.23　不允许出现编号相同的节点或工作

（6）当双代号网络图的某些节点有多条外向箭线或多条内向箭线时，可采用母线法绘制。当箭线线型不同时，可在母线引出的支线上标出，如图 4.24 所示。

(7) 绘制双代号网络图时，箭线不宜交叉，当交叉不可避免时，可用过桥法或指向法，如图 4.25 所示。

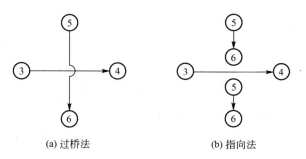

图 4.25　箭线交叉的表示方法

(8) 双代号网络图中应只有一个起点节点；在不分期完成任务的双代号网络图中，应只有一个终点节点；而其他所有节点均应是中间节点。如图 4.26 所示，出现两个起点节点①、③和两个终点节点⑤、⑥是错误的。

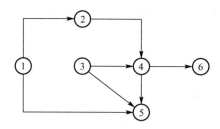

图 4.26　多个起点节点和多个终点节点

3) 双代号网络图绘制的步骤、要求、方法和技巧

(1) 绘制步骤。

① 绘制双代号网络图之前，首先应收集整理有关该双代号网络图的资料。

② 根据工作之间的逻辑关系和绘制规则，从起点节点开始，从左到右依次绘制双代号网络图的草图。

③ 检查各工作之间的逻辑关系是否正确，双代号网络图的绘制是否符合规则。

④ 整理、完善双代号网络图，使双代号网络图条理清楚、层次分明。

⑤ 对双代号网络图各节点进行编号。

(2) 绘制要求。

① 双代号网络图的箭线应以水平箭线为主，竖线和斜线为辅，不应画成曲线。

② 在双代号网络图中，箭线应保持自左向右的方向，不应出现反向箭线，如图 4.27 (a) 所示，④→⑤即为反向箭线。箭线应注意合理布局，如图 4.27 (b) 所示。

③ 在双代号网络图中应正确应用虚箭线，力求减少不必要的虚箭线。虚箭线在双代号网络图中有着重要意义，其所起的作用可归纳为连接、断路和区分，我们应从双代号网络图的绘制过程中，仔细体会虚箭线的应用技巧。

(3) 绘制方法和技巧。

① 绘制没有紧前工作的工作，使它们具有相同的开始节点，即起点节点。

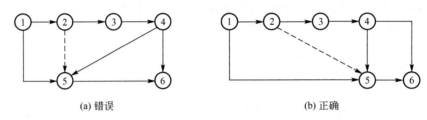

(a) 错误　　　　　　　　　(b) 正确

图 4.27　不应出现反向箭线

② 绘制没有紧后工作的工作，使它们具有相同的结束节点，即终点节点。

③ 当所绘制的工作只有一项紧前工作时，将该工作直接画在其紧前工作的结束节点之后。

④ 当所绘制的工作有多个紧前工作时，应按以下四种情况分别考虑。

第一种情况：如果在其紧前工作中存在一项工作只作为本工作的紧前工作，则将本工作直接画在该紧前工作的结束节点之后，然后用虚箭线分别将其他紧前工作与本工作相连。

第二种情况：如果在其紧前工作中存在多项工作只作为本工作的紧前工作，先将这些紧前工作的结束节点合并，从合并后的节点画出本工作，然后再用虚箭线分别将其他紧前工作与本工作相连。

第三种情况：如果其所有紧前工作都同时作为其他工作的紧前工作，先将它们的结束节点合并，再从合并后的节点画出本工作。

第四种情况：如果不存在以上三种情况，则应将本工作的开始节点单独画在其紧前工作箭线之后的中部，然后用虚箭线分别将紧前工作与本工作相连。

4）双代号网络图绘制示例

 应用案例 4-8

试根据表 4-5 所示某工程各工作之间的逻辑关系，绘制双代号网络图。

表 4-5　某工程各工作之间的逻辑关系

工作名称	A	B	C	D	E	F	G	H	I
紧前工作	—	A	A	B	B、C	C	D、E	E、F	H、G

【案例解析】

绘制给定逻辑关系的双代号网络图，首先分析各工作紧前工作的特征，然后根据绘制方法和技巧绘制草图。具体分析如下。

(1) A 工作没有紧前工作，首先绘制 A 工作，如图 4.28（a）所示。

(2) B、C 工作均只有一项紧前工作 A，分别将 B、C 工作直接画在 A 工作的结束节点之后，如图 4.28（b）所示。

(3) D 工作只有一项紧前工作 B，将 D 工作直接画在 B 工作的结束节点之后，如图 4.28（c）所示。

(4) E 工作有两项紧前工作 B、C，因其属于所绘制的工作有多项紧前工作的第四种情况,故将E工作的开始节点单独画在其紧前工作B、C箭线之后的中部,然后用虚箭线分别将B、C工作与E工作相连,如图4.28(d)所示。

(5) F工作只有一项紧前工作C,将F工作直接画在C工作的结束节点之后,如图4.28(e)所示。

(6) G工作有两项紧前工作D、E,因D工作只作为G工作的紧前工作,故将G工作直接画在D工作的结束节点之后,然后用虚箭线将E工作与G工作相连;同理,将H工作直接画在F工作的结束节点之后,然后用虚箭线将E工作与H工作相连,如图4.28(f)所示。

(7) I工作有两项紧前工作H、G,因H、G工作只作为I工作的紧前工作,故将H、G工作的结束节点合并,再从合并后的节点画出I工作,如图4.28(g)所示。

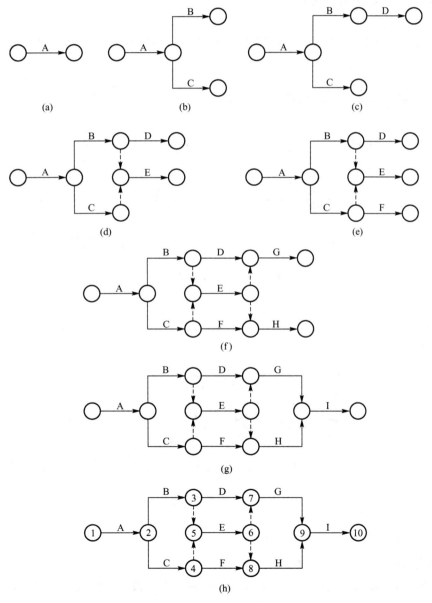

图 4.28 某工程双代号网络图绘制过程

草图绘制完成后,检查该双代号网络图表达的逻辑关系是否正确,是否符合双代号网络图绘制规则。检查无误后,按双代号网络图绘制要求整理、完善,使该双代号网络图条理清楚、层次分明。最后按照节点编号的要求和原则对各节点进行编号,如图 4.28(h)所示。

需要指出的是,当给定了工作之间的逻辑关系之后,在绘制双代号网络图时,既可以根据紧前工作关系绘制,也可以根据紧后工作关系绘制。一般来讲,单代号网络图根据紧后工作关系绘制较为简单,而双代号网络图则根据紧前工作关系绘制更为方便。

5) 双代号网络图的排列方法

在绘制实际工程的双代号网络图时,由于施工过程数目较多且逻辑关系复杂,因此除符合绘制规则外,还应选择一定的排列方法,使双代号网络图条理清楚、层次分明。双代号网络图的排列方法主要有两种。

(1) 按施工过程排列。

按施工过程排列是把双代号网络图中各施工过程按垂直方向排列,各施工段按水平方向排列,如图 4.29 所示。

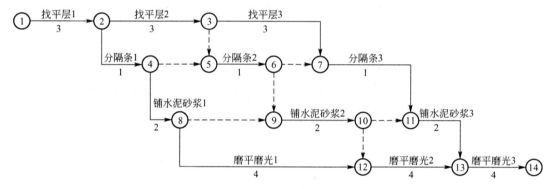

图 4.29 按施工过程排列

(2) 按施工段排列。

按施工段排列是把同一施工过程的各个施工段按垂直方向排列,各施工过程按水平方向排列,如图 4.30 所示。

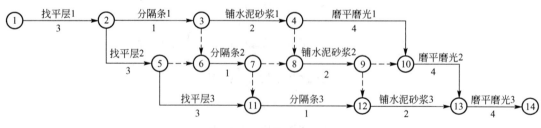

图 4.30 按施工段排列

2. 双代号网络计划时间参数的计算

1) 双代号网络计划时间参数的定义及表达符号

双代号网络计划的时间参数是指双代号网络图、工作及节点所具有的各种时间值。双代号网络计划时间参数的定义及表达符号见表 4-6。

表 4-6 双代号网络计划时间参数的定义及表达符号

参数种类	参数名称	表达符号	定 义
工期	计算工期	T_c	根据时间参数计算所得到的工期
	要求工期	T_r	任务委托人所提出的指令性工期
	计划工期	T_p	根据要求工期和计算工期所确定的作为实施目标的工期
工作的时间参数	持续时间	D_{i-j}	一项工作从开始到完成的时间
	最早开始时间	ES_{i-j}	各紧前工作全部完成后，本工作有可能开始的最早时刻
	最早完成时间	EF_{i-j}	各紧前工作全部完成后，本工作有可能完成的最早时刻
	最迟开始时间	LS_{i-j}	在不影响整个任务按期完成（计划工期）的前提下，本工作必须开始的最迟时刻
	最迟完成时间	LF_{i-j}	在不影响整个任务按期完成（计划工期）的前提下，本工作必须完成的最迟时刻
	总时差	TF_{i-j}	在不影响整个任务按期完成（计划工期）的前提下，本工作可以利用的机动时间
	自由时差	FF_{i-j}	在不影响其紧后工作最早开始时间的前提下，本工作可以利用的机动时间
节点的时间参数	最早时间	ET_i	以该节点为开始节点的各项工作的最早开始时间
	最迟时间	LT_i	以该节点为完成节点的各项工作的最迟完成时间

2) 工作计算法计算时间参数

工作计算法是指直接计算各项工作的时间参数的方法。按工作计算法计算时间参数，其结果应标注在箭线之上，如图 4.31 所示。虚工作必须视同工作进行计算，其持续时间为 0。

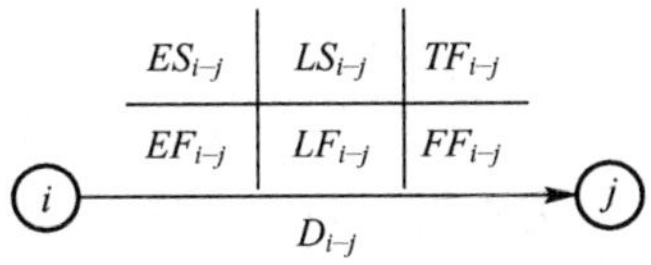

图 4.31 工作计算法的标注内容

下面以图 4.32 所示某工程双代号网络计划为例，说明按工作计算法计算时间参数的过程。其计算结果如图 4.33 所示。

（1）计算工作的最早开始时间 ES_{i-j}。

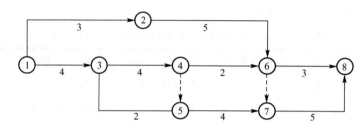

图 4.32 某工程双代号网络计划

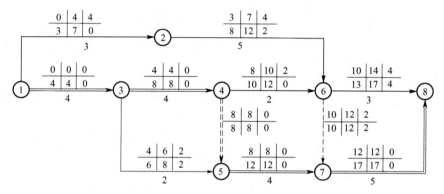

图 4.33 工作计算法计算时间参数

工作最早开始时间的计算应从网络计划的起点节点开始，顺着箭线方向依次进行。

① 以起点节点为开始节点的工作，当未规定其最早开始时间时，其值应为零。

② 其他工作的最早开始时间，按下式计算。

$$ES_{i-j} = \max\{ES_{h-i} + D_{h-i}\} \tag{4-12}$$

式中 ES_{i-j}——工作 $i-j$ 的最早开始时间；

ES_{h-i}——工作 $i-j$ 的紧前工作 $h-i$ 的最早开始时间；

D_{h-i}——工作 $i-j$ 的紧前工作 $h-i$ 的持续时间。

本例中，各工作的最早开始时间计算如下。

$ES_{1-2} = ES_{1-3} = 0$ $\qquad ES_{2-6} = ES_{1-2} + D_{1-2} = 0 + 3 = 3$

$ES_{3-4} = ES_{3-5} = ES_{1-3} + D_{1-3} = 0 + 4 = 4$ $\quad ES_{4-5} = ES_{4-6} = ES_{3-4} + D_{3-4} = 4 + 4 = 8$

$$ES_{5-7} = \max\begin{Bmatrix} ES_{3-5} + D_{3-5} = 4 + 2 = 6 \\ ES_{4-5} + D_{4-5} = 8 + 0 = 8 \end{Bmatrix} = 8$$

$$ES_{6-7} = ES_{6-8} = \max\begin{Bmatrix} ES_{2-6} + D_{2-6} = 3 + 5 = 8 \\ ES_{4-6} + D_{4-6} = 8 + 2 = 10 \end{Bmatrix} = 10$$

$$ES_{7-8} = \max\begin{Bmatrix} ES_{5-7} + D_{5-7} = 8 + 4 = 12 \\ ES_{6-7} + D_{6-7} = 10 + 0 = 10 \end{Bmatrix} = 12$$

（2）计算工作的最早完成时间 EF_{i-j}。

工作的最早完成时间等于其最早开始时间加本工作的持续时间，即

$$EF_{i-j} = ES_{i-j} + D_{i-j} \tag{4-13}$$

本例中，各工作的最早完成时间计算如下。

$EF_{1-2}=ES_{1-2}+D_{1-2}=0+3=3$ $\qquad EF_{1-3}=ES_{1-3}+D_{1-3}=0+4=4$

$EF_{2-6}=ES_{2-6}+D_{2-6}=3+5=8$ $\qquad EF_{3-4}=ES_{3-4}+D_{3-4}=4+4=8$

$EF_{3-5}=ES_{3-5}+D_{3-5}=4+2=6$ $\qquad EF_{4-5}=ES_{4-5}+D_{4-5}=8+0=8$

$EF_{4-6}=ES_{4-6}+D_{4-6}=8+2=10$ $\qquad EF_{5-7}=ES_{5-7}+D_{5-7}=8+4=12$

$EF_{6-7}=ES_{6-7}+D_{6-7}=10+0=10$ $\qquad EF_{6-8}=ES_{6-8}+D_{6-8}=10+3=13$

$EF_{7-8}=ES_{7-8}+D_{7-8}=12+5=17$

双代号网络计划的计算工期等于以终点节点为结束节点的工作的最早完成时间的最大值，即

$$T_c=\max\{EF_{i-n}\} \qquad (4-14)$$

式中　T_c——双代号网络计划的计算工期；

EF_{i-n}——以终点节点 n 为结束节点的工作的最早完成时间。

本例中，双代号网络计划的计算工期为

$$T_c=\max\{EF_{6-8},EF_{7-8}\}=\max\{13,17\}=17$$

双代号网络计划的计划工期应按下列情况分别确定。

① 当已规定了要求工期 T_r 时，计划工期 T_p 不应超过要求工期 T_r，即 $T_p \leqslant T_r$。

② 当未规定要求工期 T_r 时，取计划工期 T_p 等于计算工期 T_c，即 $T_p=T_c$。

本例中，没有规定要求工期，故 $T_p=T_c=17$。

(3) 计算工作的最迟完成时间 LF_{i-j}。

工作最迟完成时间的计算应从双代号网络计划的终点节点开始，逆着箭线方向依次进行。

① 以终点节点为完成节点的工作，其最迟完成时间应等于双代号网络计划的计划工期 T_p。

② 其他工作的最迟完成时间，按下式计算。

$$LF_{i-j}=\min\{LF_{j-k}-D_{j-k}\} \qquad (4-15)$$

式中　LF_{i-j}——工作 $i-j$ 的最迟完成时间；

LF_{j-k}——工作 $i-j$ 的紧后工作 $j-k$ 的最迟完成时间；

D_{j-k}——工作 $i-j$ 的紧后工作 $j-k$ 的持续时间。

本例中，各工作的最迟完成时间计算如下。

$LF_{7-8}=LF_{6-8}=T_p=17$ $\qquad LF_{6-7}=LF_{5-7}=LF_{7-8}-D_{7-8}=17-5=12$

$LF_{4-6}=LF_{2-6}=\min\begin{Bmatrix}LF_{6-7}-D_{6-7}=12-0=12\\LF_{6-8}-D_{6-8}=17-3=14\end{Bmatrix}=12$

$LF_{4-5}=LF_{3-5}=LF_{5-7}-D_{5-7}=12-4=8$

$LF_{3-4}=\min\begin{Bmatrix}LF_{4-6}-D_{4-6}=12-2=10\\LF_{4-5}-D_{4-5}=8-0=8\end{Bmatrix}=8$

$LF_{1-3}=\min\begin{Bmatrix}LF_{3-4}-D_{3-4}=8-4=4\\LF_{3-5}-D_{3-5}=8-2=6\end{Bmatrix}=4$

$LF_{1-2}=LF_{2-6}-D_{2-6}=12-5=7$

(4) 计算工作的最迟开始时间 LS_{i-j}。

工作的最迟开始时间等于其最迟完成时间减去本工作的持续时间，即

$$LS_{i-j}=LF_{i-j}-D_{i-j} \tag{4-16}$$

本例中,各工作的最迟开始时间计算如下。

$LS_{1-2}=LF_{1-2}-D_{1-2}=7-3=4$ $\quad LS_{1-3}=LF_{1-3}-D_{1-3}=4-4=0$

$LS_{2-6}=LF_{2-6}-D_{2-6}=12-5=7$ $\quad LS_{3-4}=LF_{3-4}-D_{3-4}=8-4=4$

$LS_{3-5}=LF_{3-5}-D_{3-5}=8-2=6$ $\quad LS_{4-5}=LF_{4-5}-D_{4-5}=8-0=8$

$LS_{4-6}=LF_{4-6}-D_{4-6}=12-2=10$ $\quad LS_{5-7}=LF_{5-7}-D_{5-7}=12-4=8$

$LS_{6-7}=LF_{6-7}-D_{6-7}=12-0=12$ $\quad LS_{6-8}=LF_{6-8}-D_{6-8}=17-3=14$

$LS_{7-8}=LF_{7-8}-D_{7-8}=17-5=12$

(5) 计算工作的总时差 TF_{i-j}。

工作的总时差等于该工作最迟开始时间与最早开始时间之差,或等于该工作最迟完成时间与最早完成时间之差,即

$$TF_{i-j}=LS_{i-j}-ES_{i-j}=LF_{i-j}-EF_{i-j} \tag{4-17}$$

式中　TF_{i-j}——工作 $i-j$ 的总时差。

其余符号含义同前。

本例中,各工作的总时差计算如下。

$TF_{1-2}=LS_{1-2}-ES_{1-2}=4-0=4$ $\quad TF_{1-3}=LS_{1-3}-ES_{1-3}=0-0=0$

$TF_{2-6}=LS_{2-6}-ES_{2-6}=7-3=4$ $\quad TF_{3-4}=LS_{3-4}-ES_{3-4}=4-4=0$

$TF_{3-5}=LS_{3-5}-ES_{3-5}=6-4=2$ $\quad TF_{4-5}=LS_{4-5}-ES_{4-5}=8-8=0$

$TF_{4-6}=LS_{4-6}-ES_{4-6}=10-8=2$ $\quad TF_{5-7}=LS_{5-7}-ES_{5-7}=8-8=0$

$TF_{6-7}=LS_{6-7}-ES_{6-7}=12-10=2$ $\quad TF_{6-8}=LS_{6-8}-ES_{6-8}=14-10=4$

$TF_{7-8}=LS_{7-8}-ES_{7-8}=12-12=0$

(6) 计算工作的自由时差 FF_{i-j}。

工作的自由时差的计算应按以下两种情况分别考虑。

① 对于有紧后工作的工作,其自由时差等于紧后工作的最早开始时间减去本工作的最早完成时间,即

$$FF_{i-j}=ES_{j-k}-EF_{i-j} \tag{4-18}$$

式中　FF_{i-j}——工作 $i-j$ 的自由时差;

　　　ES_{j-k}——工作 $i-j$ 的紧后工作 $j-k$ 的最早开始时间;

　　　EF_{i-j}——工作 $i-j$ 的最早完成时间。

② 对于无紧后工作的工作,也就是以终点节点为结束节点的工作,其自由时差等于计算工期与本工作最早完成时间之差,即

$$FF_{i-n}=T_c-EF_{i-n} \tag{4-19}$$

式中　FF_{i-n}——以终点节点 n 为结束节点的工作 $i-n$ 的自由时差;

　　　T_c——双代号网络计划的计算工期;

　　　EF_{i-n}——以终点节点 n 为结束节点的工作 $i-n$ 的最早完成时间。

本例中,各工作的自由时差计算如下。

$FF_{1-2}=ES_{2-6}-EF_{1-2}=3-3=0$ $\quad FF_{1-3}=ES_{3-4}-EF_{1-3}=4-4=0$

$FF_{2-6}=ES_{6-8}-EF_{2-6}=10-8=2$ $\quad FF_{3-4}=ES_{4-6}-EF_{3-4}=8-8=0$

$FF_{3-5}=ES_{5-7}-EF_{3-5}=8-6=2$ $\quad FF_{4-5}=ES_{5-7}-EF_{4-5}=8-8=0$

$FF_{4-6}=ES_{6-8}-EF_{4-6}=10-10=0$ $FF_{5-7}=ES_{7-8}-EF_{5-7}=12-12=0$
$FF_{6-7}=ES_{7-8}-EF_{6-7}=12-10=2$ $FF_{6-8}=T_c-EF_{6-8}=17-13=4$
$FF_{7-8}=T_c-EF_{7-8}=17-17=0$

在双代号网络计划中，总时差最小的工作为关键工作。当双代号网络计划的计划工期等于计算工期时，总时差最小为零，此时，总时差为零的工作为关键工作。例如，在本例中，工作①→③、③→④、⑤→⑦和⑦→⑧的总时差均为零，故它们都是关键工作，其构成的线路就是关键线路，在图中用双箭线表示。

自由时差为某非关键工作独立使用的机动时间，利用自由时差，不会影响其紧后工作的最早开始时间。工作的总时差与自由时差的关系为：$TF_{i-j} \geqslant FF_{i-j}$。

3）节点计算法计算时间参数

节点计算法就是先计算双代号网络计划中各节点的最早时间和最迟时间，然后再据以计算各项工作的时间参数。按节点计算法计算时间参数，其结果应标注在节点之上，如图4.34所示。

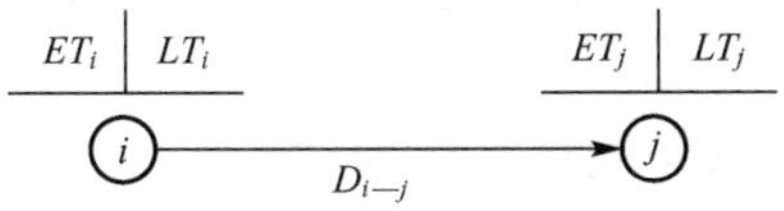

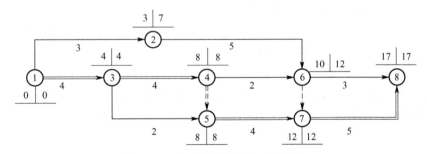

图4.34 节点计算法的标注内容

下面仍以图4.32所示某工程双代号网络计划为例，说明按节点计算法计算时间参数的过程。其计算结果如图4.35所示。

图4.35 节点计算法计算时间参数

（1）计算节点的最早时间 ET_i。

节点的最早时间的计算应从网络计划的起点节点开始，顺着箭线方向依次进行。

① 双代号网络计划的起点节点，如未规定最早时间，其值等于零。

② 其他节点的最早时间应按下式进行计算。

$$ET_j = \max\{ET_i + D_{i-j}\} \qquad (4-20)$$

式中 ET_j——工作 $i-j$ 的结束节点 j 的最早时间；

ET_i——工作 $i-j$ 的开始节点 i 的最早时间；

D_{i-j}——工作 $i-j$ 的持续时间。

本例中，各节点的最早时间确定如下。

$ET_1 = 0$ $ET_2 = ET_1 + D_{1-2} = 0 + 3 = 3$

$ET_3 = ET_1 + D_{1-3} = 0 + 4 = 4$ $\qquad$ $ET_4 = ET_3 + D_{3-4} = 4 + 4 = 8$
$ET_5 = \max\{ET_3 + D_{3-5}, ET_4 + D_{4-5}\} = \max\{4+2, 8+0\} = 8$

其余节点的最早时间如图 4.35 所示。

节点的最早时间计算完成后，即可确定双代号网络计划的计算工期。计算工期等于终点节点的最早时间，即

$$T_c = ET_n \tag{4-21}$$

式中　T_c——双代号网络计划的计算工期；

ET_n——终点节点 n 的最早时间。

本例中，双代号网络计划的计算工期为 $T_c = ET_8 = 17$。

双代号网络计划的计划工期的确定与工作计算法相同。

本例中，没有规定要求工期，故 $T_p = T_c = 17$。

（2）计算节点的最迟时间 LT_i。

节点的最迟时间的计算从双代号网络计划的终点节点开始，逆着箭线方向依次进行。

① 双代号网络计划终点节点的最迟时间等于双代号网络计划的计划工期，即 $LT_n = T_p$。

② 其他节点的最迟时间应按下式进行计算。

$$LT_i = \min\{LT_j - D_{i-j}\} \tag{4-22}$$

式中　LT_i——工作 $i-j$ 的开始节点 i 的最迟时间；

LT_j——工作 $i-j$ 的结束节点 j 的最迟时间；

D_{i-j}——工作 $i-j$ 的持续时间。

本例中，各节点的最迟时间确定如下。

$LT_8 = T_p = 17$ $\qquad\qquad$ $LT_7 = LT_8 - D_{7-8} = 17 - 5 = 12$

$LT_6 = \min\{LT_7 - D_{6-7}, LT_8 - D_{6-8}\} = \min\{12-0, 17-3\} = 12$

其余节点的最迟时间如图 4.35 所示。

（3）根据节点的最早时间和最迟时间计算工作的时间参数。

① 工作的最早开始时间等于该工作开始节点的最早时间，即

$$ES_{i-j} = ET_i \tag{4-23}$$

② 工作的最早完成时间等于该工作开始节点的最早时间与其持续时间之和，即

$$EF_{i-j} = ET_i + D_{i-j} \tag{4-24}$$

③ 工作的最迟完成时间等于该工作结束节点的最迟时间，即

$$LF_{i-j} = LT_j \tag{4-25}$$

④ 工作的最迟开始时间等于该工作结束节点的最迟时间与其持续时间之差，即

$$LS_{i-j} = LT_j - D_{i-j} \tag{4-26}$$

⑤ 工作的总时差可按下式计算。

$$\begin{aligned} TF_{i-j} &= LF_{i-j} - EF_{i-j} \\ &= LT_j - (ET_i + D_{i-j}) \\ &= LT_j - ET_i - D_{i-j} \end{aligned} \tag{4-27}$$

由式（4-27）可知，工作的总时差等于该工作结束节点的最迟时间减去该工作开始节点的最早时间所得差值再减去其持续时间。

⑥ 工作的自由时差可按下式计算。

$$FF_{i-j}=ES_{j-k}-ES_{i-j}-D_{i-j}$$
$$=ET_j-ET_i-D_{i-j} \quad (4-28)$$

由式（4-28）可知，工作的自由时差等于该工作结束节点的最早时间减去该工作开始节点的最早时间所得差值再减去其持续时间。

在双代号网络计划中，关键线路上的节点称为关键节点。关键节点的最迟时间与最早时间的差值最小，当双代号网络计划的计划工期等于计算工期时，关键节点的最早时间与最迟时间必然相等。本例中，节点①、③、④、⑤、⑦、⑧为关键节点，线路①→③→④→⑤→⑦→⑧为关键线路。关键工作两端的节点必为关键节点，但两端为关键节点的工作不一定是关键工作，如工作③→⑤就不是关键工作；或者说，关键线路上的节点一定为关键节点，但由关键节点组成的线路不一定是关键线路，如由关键节点①、③、⑤、⑦、⑧组成的线路①→③→⑤→⑦→⑧就不是关键线路。

当利用关键节点判断线路和关键工作时，还要满足下列条件。

$$ET_i+D_{i-j}=ET_j \quad (4-29)$$

或

$$LT_i+D_{i-j}=LT_j \quad (4-30)$$

4.3.3 单代号网络计划

1. 单代号网络图的绘制

正确绘制单代号网络图应做到两点：正确表达工作之间的逻辑关系；遵守单代号网络图的绘制规则。

1）单代号网络图逻辑关系的表示

常见逻辑关系及其单代号表示方法见表 4-7。

表 4-7 常见逻辑关系及其单代号表示方法

序号	逻辑关系	单代号表示方法	序号	逻辑关系	单代号表示方法
1	A、B 两项工作依次进行施工	A→B	4	A、B、C 三项工作，A 工作完成之后，B、C 工作开始	A→B, A→C
2	A、B、C 三项工作同时开始施工	S→A, S→B, S→C	5	A、B、C 三项工作，C 工作在 A、B 工作完成之后开始	A→C, B→C
3	A、B、C 三项工作同时结束施工	A→F, B→F, C→F	6	A、B、C、D 四项工作，A、B 工作完成之后，C、D 工作开始	A→C, A→D, B→C, B→D

2) 单代号网络图的绘制规则

由于单代号网络图和双代号网络图所表达的计划内容是一致的，两者的区别仅在于绘图符号的不同或者说是工作的表示方法不同而已。因此，绘制双代号网络图所遵循的绘图规则，对绘制单代号网络图同样适用。比如，不允许出现循环回路；不允许出现编号相同的工作；不允许出现带双向箭头或没有箭头的箭杆；只允许有一个起点节点和一个终点节点；等等。所不同的是，当有多项工作同时开始和多项工作同时结束时，应在单代号网络图的两端分别设置一项虚工作，作为网络图的起点节点和终点节点，其他再无任何虚工作。

3) 单代号网络图绘制示例

应用案例 4-9

已知某工程网络计划的基础资料见表 4-8，试绘制单代号网络图。

表 4-8 某工程网络计划的基础资料

工作名称	A	B	C	D	E	F
紧前工作	—	A	A	B、C	C	D
持续时间/天	4	5	6	6	2	5

【案例解析】

根据给定的基础资料和单代号网络图的绘制规则，该单代号网络图的绘制如图 4.36 所示。

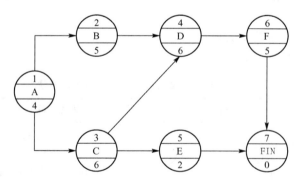

图 4.36 某工程单代号网络图

2. 单代号网络计划时间参数的计算

下面以图 4.37 所示某单代号网络计划为例，说明其时间参数的计算过程。

1) 计算工作的最早开始时间 ES_i

工作最早开始时间的计算应从单代号网络计划的起点节点开始，顺着箭线方向按节点编号从小到大的顺序依次进行。

(1) 起点节点所代表的工作的最早开始时间未规定时，其值应为 0。

(2) 其他工作的最早开始时间应按下式计算。

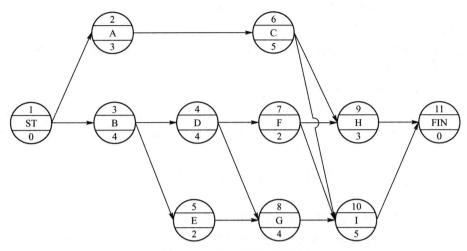

图 4.37 某单代号网络计划

$$ES_i = \max\{ES_h + D_h\} \qquad (4-31)$$

式中 ES_i——工作 i 的最早开始时间;

ES_h——工作 i 的各紧前工作 h 的最早开始时间;

D_h——工作 i 的各紧前工作 h 的持续时间。

本例中,起点节点所代表的虚拟工作的最早开始时间为 0,即 $ES_1=0$,其余各工作的最早开始时间如图 4.38 所示。

2) 计算工作的最早完成时间 EF_i

工作的最早完成时间应等于本工作的最早开始时间与其持续时间之和,即

$$EF_i = ES_i + D_i \qquad (4-32)$$

式中 EF_i——工作 i 的最早完成时间;

ES_i——工作 i 的最早开始时间;

D_i——工作 i 的持续时间。

本例中,$EF_1 = ES_1 + D_1 = 0 + 0 = 0$,其余各工作的最早完成时间如图 4.38 所示。

单代号网络计划的计算工期的规定与双代号网络计划相同,即等于终点节点的最早完成时间。本例中,计算工期为 $T_c = EF_{11} = 17$。

单代号网络计划的计划工期的确定与双代号网络计划相同。本例中,由于没有规定要求工期,故 $T_p = T_c = 17$。

3) 计算相邻两项工作之间的时间间隔 $LAG_{i,j}$

相邻两项工作之间存在着时间间隔,工作 i 与 j 的时间间隔记为 $LAG_{i,j}$。时间间隔是指相邻两项工作之间,后项工作的最早开始时间与前项工作的最早完成时间之差,即

$$LAG_{i,j} = ES_j - EF_i \qquad (4-33)$$

式中 $LAG_{i,j}$——工作 i 与其紧后工作 j 之间的时间间隔;

ES_j——工作 i 的紧后工作 j 的最早开始时间;

EF_i——工作 i 的最早完成时间。

本例中,$LAG_{1,2} = ES_2 - EF_1 = 0 - 0 = 0$,其余相邻两项工作之间的时间间隔如

图 4.38 所示，计算结果标注在两节点之间的箭线之上。

4）计算工作的总时差

工作总时差的计算应从单代号网络计划的终点节点开始，逆着箭线方向按节点编号从大到小的顺序依次进行。

（1）终点节点 n 所代表的工作的总时差应为

$$TF_n = T_p - EF_n \quad (4-34)$$

（2）其他工作的总时差应等于本工作与其紧后工作之间的时间间隔加该紧后工作的总时差所得之和的最小值，即

$$TF_i = \min\{TF_j + LAG_{i,j}\} \quad (4-35)$$

式中　TF_i——工作 i 的总时差；

TF_j——工作 i 的紧后工作 j 的总时差；

$LAG_{i,j}$——工作 i 与其紧后工作 j 之间的时间间隔。

本例中，终点节点⑪所代表的虚拟工作的总时差为 $TF_{11} = T_p - EF_{11} = 17 - 17 = 0$，其余各工作的总时差如图 4.38 所示。

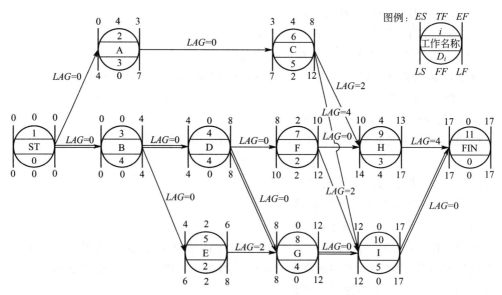

图 4.38　单代号网络计划时间参数的计算

5）计算工作的自由时差

（1）终点节点 n 所代表的工作的自由时差应为

$$FF_n = T_p - EF_n \quad (4-36)$$

（2）其他工作的自由时差应为

$$FF_i = \min\{LAG_{i,j}\} \quad (4-37)$$

本例中，终点节点⑪所代表的虚拟工作的自由时差为 $FF_{11} = T_p - EF_{11} = 17 - 17 = 0$，其余各工作的自由时差如图 4.38 所示。

6）计算工作的最迟完成时间 LF_i

工作的最迟完成时间的计算应从单代号网络计划的终点节点开始，逆着箭线方向按节

点编号从大到小的顺序依次进行。

(1) 终点节点 n 所代表的工作的最迟完成时间等于该单代号网络计划的计划工期，即

$$LF_n = T_p \tag{4-38}$$

(2) 其他工作的最迟完成时间等于本工作的最早完成时间与其总时差之和，即

$$LF_i = EF_i + TF_i \tag{4-39}$$

本例中，终点节点⑪所代表的虚拟工作的最迟完成时间为 $LF_{11} = T_p = 17$，其余各工作的最迟完成时间如图 4.38 所示。

7) 计算工作的最迟开始时间 LS_i

工作的最迟开始时间应按下式计算。

$$LS_i = ES_i + TF_i \tag{4-40}$$

或

$$LS_i = LF_i - D_i \tag{4-41}$$

本例中，终点节点⑪所代表的虚拟工作的最迟开始时间为 $LS_{11} = LF_{11} - D_i = 17 - 0 = 17$，其余各工作的最迟完成时间如图 4.38 所示。

8) 单代号网络计划关键工作和关键线路的确定

在单代号网络计划中，关键工作的确定方法与双代号网络计划相同，即总时差最小的工作为关键工作。本例中，节点①、③、④、⑧、⑩、⑪所代表的工作的总时差均为 0，故它们为关键工作。

从起点节点到终点节点均为关键工作，且所有相邻两项工作之间的时间间隔为 0 的线路为关键线路。本例中，线路①→③→④→⑧→⑩→⑪为关键线路。关键线路应用粗箭线、双箭线或彩色箭线标出。

4.3.4 双代号时标网络计划

双代号时标网络计划综合应用了横道图的时间坐标和网络计划的原理，既具有网络计划的优点，又具有横道计划直观易懂的优点。

1. 双代号时标网络计划的一般规定

(1) 双代号时标网络计划必须以水平时间坐标为尺度表示工作时间。时间坐标的单位应根据需要在编制网络计划之前确定，可以是小时、天、周、月或季度等。时间坐标的刻度线宜为细线，为使图面清晰简洁，此线也可不画或少画。

(2) 在双代号时标网络计划中，以实箭线表示工作，以虚箭线表示虚工作，以波形线表示工作的自由时差。

(3) 双代号时标网络计划中所有符号在时间坐标上的水平投影位置，都必须与其时间参数相对应。节点中心必须对准相应的时标位置。虚工作必须以垂直方向的虚箭线表示，有自由时差则加波形线表示。

2. 双代号时标网络图的绘制方法

双代号时标网络图宜按工作的最早开始时间来绘制。

在绘制双代号时标网络图之前，应先绘制双代号无时标网络计划草图，并按已经确定

的时间单位绘制时间坐标,然后按间接绘制法或直接绘制法绘制双代号时标网络图。

1)间接绘制法

间接绘制法是先计算时间参数,再根据时间参数在时间坐标上进行绘制的方法。其绘制步骤和方法如下。

(1)计算各节点的时间参数。

(2)将所有节点按其最早时间定位在时间坐标的相应位置上。

(3)依次在各节点之间用规定线型绘出工作和自由时差。

2)直接绘制法

直接绘制法是不计算时间参数而直接按无时标网络计划草图绘制双代号时标网络图的方法。现以图4.39所示无时标网络计划为例,说明用直接绘制法绘制双代号时标网络计划的过程。

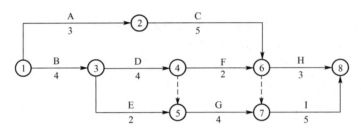

图 4.39 无时标网络计划

(1)将起点节点定位在时间坐标的起始刻度线上。

(2)按工作的持续时间绘制起点节点的外向箭线。

本例中,将节点①定位在时间坐标的起始刻度线"0"的位置上,从节点①分别绘出工作A和工作B,如图4.40所示。

图 4.40 直接绘制法第一步

(3)除起点节点外,其他节点必须在其所有内向箭线绘出后,定位在这些箭线中最迟的箭线末端。其他内向箭线的长度不足以到达该节点时,须用波形线补足,箭头画在与该节点的连接处。

(4)用上述方法从左至右依次确定其他各节点的位置,直至绘出终点节点。

本例中由于节点②只有一条内向箭线,所以节点②直接定位在箭线A的末端;同理,节点③直接定位在箭线B的末端,如图4.41所示。

绘制工作D,并将节点④定位在箭线D的末端;节点⑤的位置需要在绘出虚工作④→⑤和工作E之后,定位在工作E和虚工作④→⑤中最迟的箭线末端,即时刻"8"的位置上。此时,箭线E的长度不足以到达节点⑤,须用波形线补足,如图4.42所示。

用同样的方法依次确定节点⑥、⑦、⑧的位置,完成时标网络图的绘制,如图4.43

和图 4.44 所示。

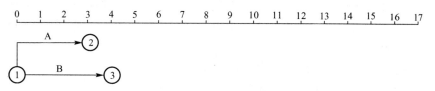

图 4.41　直接绘制法第二步

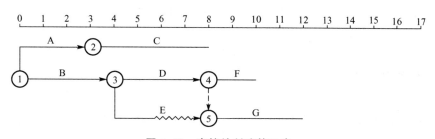

图 4.42　直接绘制法第三步

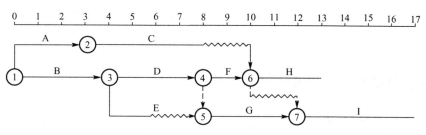

图 4.43　直接绘制法第四步

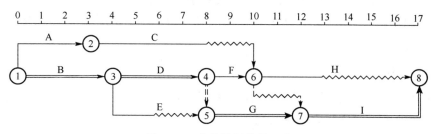

图 4.44　直接绘制法第五步

3. 关键线路的确定和时间参数的确定

1）关键线路的确定

在双代号时标网络计划中，自终点节点逆箭线方向朝起点节点观察，自始至终不出现波形线的线路为关键线路。例如在图 4.44 中，线路①→③→④→⑤→⑦→⑧即为关键线路。

2）计算工期的确定

双代号时标网络计划的计算工期，应等于终点节点与起点节点所对应的时标值之差。例如图 4.44 所示双代号时标网络计划的计算工期为 $T_c=17-0=17$。

3）工作的时间参数的确定

（1）工作的最早开始时间和最早完成时间。按最早时间绘制的双代号时标网络计划，每条实（虚）箭线的箭尾和实（虚）箭线末端所对应的时标值，应为该工作的最早开始时间和最早完成时间。

（2）工作的自由时差。波形线的水平投影长度即为该工作的自由时差。

（3）工作的总时差。工作总时差的判定应从双代号时标网络计划的终点节点开始，逆着箭线方向依次进行。

以终点节点为完成节点的工作，其总时差应等于计划工期与本工作最早完成时间之差，即

$$TF_{i-n}=T_p-EF_{i-n} \qquad (4-42)$$

其他工作的总时差应为

$$TF_{i-j}=\min\{TF_{j-k}+FF_{i-j}\} \qquad (4-43)$$

（4）工作的最迟开始时间和最迟完成时间。工作的最迟开始时间等于本工作的最早开始时间与其总时差之和，即

$$LS_{i-j}=ES_{i-j}+TF_{i-j} \qquad (4-44)$$

工作的最迟完成时间等于本工作的最早完成时间与其总时差之和，即

$$LF_{i-j}=EF_{i-j}+TF_{i-j} \qquad (4-45)$$

4.3.5　网络计划的优化

网络计划的优化是指在一定约束条件下，按既定目标对网络计划进行不断改进，以寻求满意方案的过程。

网络计划的优化目标应按计划任务的需要和条件选定，包括工期目标、费用目标和资源目标。根据优化目标的不同，网络计划的优化可分为工期优化、费用优化和资源优化三种。

1. 工期优化

所谓工期优化，是指网络计划的计算工期不满足要求工期时，通过压缩关键工作的持续时间以满足要求工期目标的过程。

1）工期优化的方法和步骤

网络计划工期优化的基本方法是在不改变网络计划中各项工作之间逻辑关系的前提下，通过压缩关键工作的持续时间来达到优化目标。其优化步骤如下。

（1）确定初始网络计划的计算工期和关键线路。

（2）按要求工期计算应缩短的时间 $\Delta T=T_c-T_r$。

（3）确定各关键工作能够缩短的持续时间。

（4）选择关键工作，压缩其持续时间，并重新计算网络计划的计算工期。

（5）当计算工期仍超过要求工期时，则重复上述步骤（4），直至满足要求或计算工期不能再压缩为止。

（6）当所有关键工作的持续时间都已达到其所能缩短的极限而工期仍不能满足要求

时，应对网络计划的原技术方案、组织方案进行调整或对要求工期重新审定。

上述步骤（4）中，在选择适宜压缩的关键工作时应考虑以下因素：缩短持续时间对质量和安全影响不大的工作，有充足备用资源的工作，缩短持续时间所需增加的费用最少的工作。

在工期压缩过程中应注意：不能将关键工作压缩成非关键工作；当出现多条关键线路时，各条关键线路须同时压缩。

2）工期优化示例

 应用案例 4－10

已知某工程初始双代号网络计划如图 4.45 所示，图中箭线下方括号外数字为工作的正常持续时间，括号内数字为最短持续时间；箭线上方括号内数字为工作优选系数，该系数综合考虑了压缩时间对工作质量、安全的影响和费用的增加，优选系数小的工作适宜压缩。假设要求工期为 19 天，试对其进行工期优化。

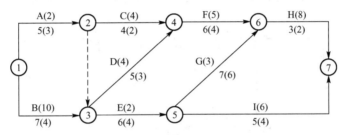

图 4.45　某工程初始双代号网络计划

【案例解析】

该双代号网络计划的工期优化可按以下步骤进行。

（1）根据各项工作的正常持续时间，确定双代号网络计划的计算工期和关键线路。如图 4.46 所示，此时关键线路为①→③→⑤→⑥→⑦，计算工期为 23 天。

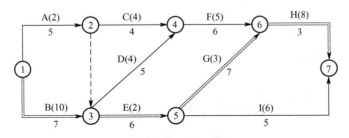

图 4.46　初始双代号网络计划中的关键线路

（2）计算应缩短的时间。

$$\Delta T = T_c - T_r = (23-19) \text{ 天} = 4 \text{ 天}$$

（3）第一次压缩。由于关键工作中③→⑤工作的优选系数最小，故首先应压缩工作③→⑤的持续时间，将其压缩至最短持续时间 4 天（其持续时间不能再压缩，优选系数用无穷大表示），并重新计算双代号网络计划的计算工期，确定关键线路，如图 4.47 所示。

此时计算工期为21天，双代号网络计划中出现两条关键线路，即①→③→⑤→⑥→⑦和①→③→④→⑥→⑦。

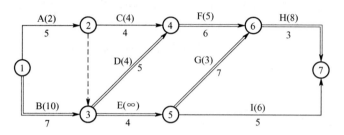

图 4.47 第一次压缩后的双代号网络计划

（4）第二次压缩。此时双代号网络计划中有两条关键线路，需同时压缩。工作③→⑤的持续时间已达最短，不能再压缩。选择优选系数组合最小的关键工作③→④和⑤→⑥同时压缩1天（工作G压缩至最短），再重新计算双代号网络计划的计算工期，确定关键线路，如图4.48所示。此时计算工期为20天，关键线路没有发生变化。

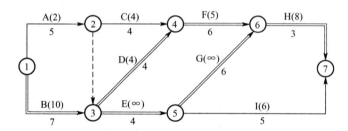

图 4.48 第二次压缩后的双代号网络计划

（5）第三次压缩。工作⑤→⑥的持续时间也达到最短，不能再压缩。选择优选系数最小的关键工作⑥→⑦压缩1天（工作H压缩至最短），再重新计算双代号网络计划的计算工期，确定关键线路，如图4.49所示。

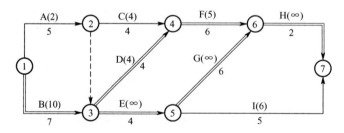

图 4.49 满意方案

此时计算工期为19天，等于要求工期，故图4.49所示双代号网络计划即为满意方案。

2. 费用优化

费用优化又称工期成本优化，是指寻求工程总成本最低时的工期安排或按要求工期寻求最低成本的计划安排的过程。这里研究第一种情况。

1) 费用和时间的关系

(1) 工程费用与工期的关系。工程费用由直接费和间接费组成。直接费由人工费、材料费、机械使用费、措施费等组成。施工方案不同,直接费就不同;如果施工方案一定,工期不同,直接费也不同。直接费会随着工期的缩短而增加。间接费包括企业经营管理的全部费用,它一般会随着工期的缩短而减少。在考虑工程总费用时,还应考虑工期变化带来的其他损益,包括效益增量和资金的时间价值等。工程费用-工期曲线如图 4.50 所示。

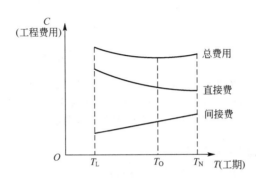

T_L—最短工期;T_O—最优工期;T_N—正常工期。

图 4.50　工程费用-工期曲线

(2) 工作的直接费与持续时间的关系。由于网络计划的工期取决于关键工作的持续时间,为了进行工期成本优化,必须分析网络计划中各项工作的直接费与持续时间之间的关系,它是网络计划工期成本优化的基础。

工作的直接费与持续时间之间的关系类似于工程直接费与工期之间的关系,如图 4.51 所示。为简化计算,将工作的直接费与持续时间之间的关系近似地认为是一条直线。工作的持续时间每缩短单位时间而增加的直接费称为直接费用率。直接费用率可按下式计算。

$$\Delta C_{i-j} = \frac{CC_{i-j} - CN_{i-j}}{DN_{i-j} - DC_{i-j}} \tag{4-46}$$

式中　ΔC_{i-j}——工作 $i-j$ 的直接费用率;

　　　CC_{i-j}——按最短持续时间完成工作 $i-j$ 时所需的直接费;

　　　CN_{i-j}——按正常持续时间完成工作 $i-j$ 时所需的直接费;

　　　DN_{i-j}——工作 $i-j$ 的正常持续时间;

　　　DC_{i-j}——工作 $i-j$ 的最短持续时间。

2) 费用优化的方法和步骤

费用优化的基本思路是:不断地在网络计划中找出直接费用率(或组合直接费用率)最低的关键工作,缩短其持续时间,同时考虑间接费随工期缩短而减少的数值,最后求得工程总成本最低时的最优工期安排。

按照上述基本思路,费用优化可按以下步骤进行。

(1) 按工作的正常持续时间确定网络计划的计算工期、关键线路和总费用。

(2) 计算各项工作的直接费用率。

(3) 在网络计划中,找出直接费用率(或组合直接费用率)最低的一项关键工作(或一组关键工作),通过压缩其持续时间压缩工期。

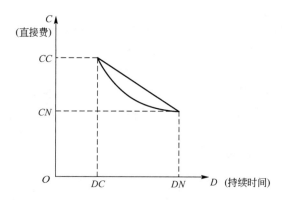

DN—工作的正常持续时间;CN—按正常持续时间完成工作时所需的直接费;
DC—工作的最短持续时间;CC—按最短持续时间完成工作时所需的直接费。

图 4.51 直接费-持续时间曲线

(4)计算压缩工期后相应的总费用。

(5)重复步骤(3)、(4),直至工程总费用最低为止。

在压缩工期过程中应注意:不能将关键工作压缩成非关键工作;当出现多条关键线路时,各条关键线路须同时压缩。

3)费用优化示例

 应用案例 4-11

已知某工程初始双代号网络计划如图 4.52 所示,图中箭线下方括号外数字为工作的正常时间,括号内数字为最短持续时间;箭线上方括号外数字为工作按正常持续时间完成时所需的直接费,括号内数字为工作按最短持续时间完成时所需的直接费。该工程的间接费用率为 0.7 万元/天,正常工期时的间接费为 26.4 万元。试对其进行费用优化。

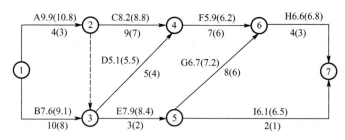

图 4.52 某工程初始双代号网络计划

【案例解析】

该双代号网络计划的费用优化可按以下步骤进行。

(1)根据各项工作的正常持续时间,确定双代号网络计划的计算工期和关键线路。如图 4.53 所示,关键线路为①→③→④→⑥→⑦,计算工期为 26 天。

此时,工程总费用=直接费+间接费

=[(9.9+7.6+8.2+5.1+7.9+5.9+6.7+6.6+6.1)+26.4]万元

=(64+26.4)万元=90.4 万元

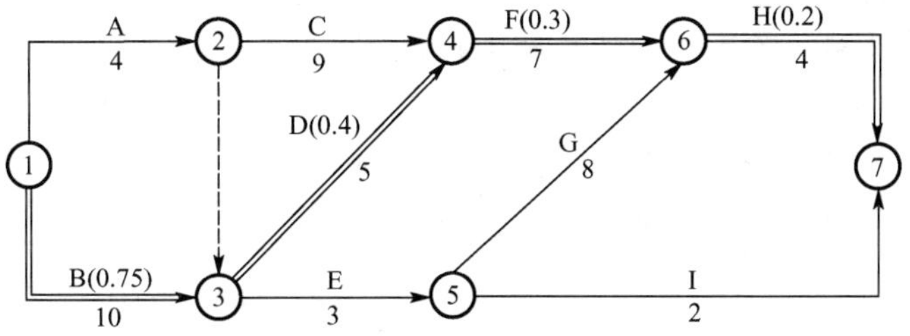

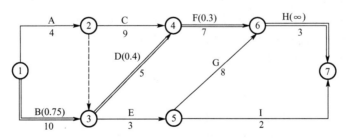

图 4.53 初始双代号网络计划中的关键线路

(2) 计算各项工作的直接费用率，见表 4-9 和图 4.53。

表 4-9 直接费用率计算表

工作代号	正常持续时间/天	最短持续时间/天	正常持续时间直接费/万元	最短持续时间直接费/万元	直接费用率/（万元/天）
①→②	4	3	9.9	10.8	0.9
①→③	10	8	7.6	9.1	0.75
②→④	9	7	8.2	8.8	0.3
③→④	5	4	5.1	5.5	0.4
③→⑤	3	2	7.9	8.4	0.5
④→⑥	7	6	5.9	6.2	0.3
⑤→⑥	8	6	6.7	7.2	0.25
⑤→⑦	2	1	6.1	6.5	0.4
⑥→⑦	4	3	6.6	6.8	0.2

(3) 压缩关键工作的持续时间。

① 第一次压缩。从图 4.53 可知，该双代号网络计划中有一条关键线路，直接费用率最低的关键工作⑥→⑦的直接费用率为 0.2 万元/天，小于间接费用率 0.7 万元/天，压缩其持续时间可使总费用降低，故将其压缩至最短持续时间 3 天。第一次压缩后的双代号网络计划如图 4.54 所示，关键线路没有发生变化，工期缩短为 25 天。

图 4.54 第一次压缩后的双代号网络计划

压缩后的工程总费用 =（90.4+0.2×1−0.7×1）万元 = 89.9 万元

② 第二次压缩。从图 4.54 可知，该双代号网络计划中关键线路仍为 ①→③→④→

⑥→⑦。此时，关键工作⑥→⑦的持续时间已达最短，不能再压缩，故其直接费用率变为无穷大。在剩余的关键工作中，直接费用率最低的关键工作④→⑥的直接费用率为0.3万元/天，小于间接费用率0.7万元/天，压缩其持续时间可使总费用降低，故将其压缩至最短持续时间6天。第二次压缩后的双代号网络计划如图4.55所示，关键线路变为①→③→④→⑥→⑦和①→③→⑤→⑥→⑦两条，工期缩短为24天。

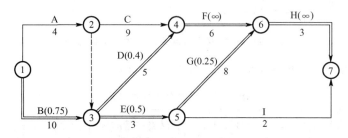

图4.55 第二次压缩后的双代号网络计划

压缩后的工程总费用=（89.9+0.3×1-0.7×1）万元=89.5万元

③ 第三次压缩。从图4.55可知，工作④→⑥和工作⑥→⑦不能再压缩。选择组合直接费用率最小的工作组合③→④和⑤→⑥同时压缩1天，其组合直接费用率为（0.4+0.25）万元/天=0.65万元/天，小于间接费用率0.7万元/天，压缩其持续时间可使总费用降低。第三次压缩后的双代号网络计划如图4.56所示，关键线路没有发生变化，工期缩短为23天。

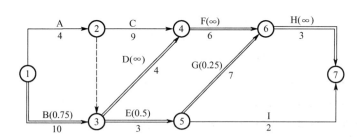

图4.56 第三次压缩后的双代号网络计划

压缩后的工程总费用=（89.5+0.65×1-0.7×1）万元=89.45万元

④ 第四次压缩。从图4.56可知，由于工作③→④、④→⑥和⑥→⑦不能再压缩，为了同时压缩两条关键线路的总持续时间，只能够压缩工作①→③，但因其直接费用率为0.75万元/天，大于间接费用率0.7万元/天，再次压缩会使总费用增加，因此，图4.56所示的双代号网络计划即为最优方案，最优工期为23天，相对应的总费用为89.45万元。

3. 资源优化

资源是指为完成一项计划任务所需投入的人力、材料、机械设备和资金等。完成一项工程任务所需要的资源量基本上是不变的，不可能通过资源优化将其减少。资源优化的目的是通过改变工作的开始时间和完成时间，使资源按照时间的分布符合优化目标。

在通常情况下，网络计划的资源优化分为两种："资源有限，工期最短"的优化和"工期固定，资源均衡"的优化。前者是通过调整计划安排，在满足资源限制的条件下，使工期延长最少的过程；后者是通过调整计划安排，在工期保持不变的条件下，使资源需用量尽可能均衡的过程。这里只研究"资源有限，工期最短"的优化。

进行资源优化时的前提条件如下。

(1) 在优化过程中，不改变网络计划中各项工作之间的逻辑关系。

(2) 在优化过程中，不改变网络计划中各项工作的持续时间。

(3) 网络计划中各项工作的资源强度（单位时间所需资源数量）为常数，而且是合理的。

(4) 除规定可中断的工作外，一般不允许中断工作，应保持其连续性。

1) "资源有限，工期最短"的优化方法和步骤

(1) 绘制早时标网络计划（早时标网络计划就是所有工作均按照最早开始时间来安排），并计算网络计划每个时间单位的资源需用量。

(2) 从计划开始日期起，逐个检查每个时段的资源需用量是否超过资源限量。如果在整个工期范围内每个时段的资源需用量均能满足资源限量的要求，则可行性优化方案编制完成；否则，还必须进行调整。

(3) 分析超过资源限量的时段。如果在该时段内有几项工作平行作业，则将一项工作安排在与之平行的另一项工作之后进行，以降低该时段的资源需用量。调整的标准是使工期延长最短。

(4) 绘制调整后的网络计划，重新计算每个时间单位的资源需用量。

(5) 重复上述步骤 (2) ～ (4)，直至满足要求为止。

2) 资源优化示例

应用案例 4-12

已知某工程初始双代号时标网络计划如图 4.57 所示，图中箭线上方数字为工作的资源强度，箭线下方数字为工作的持续时间。假定资源限量 $R_a = 12$，试对其进行"资源有限，工期最短"的优化。

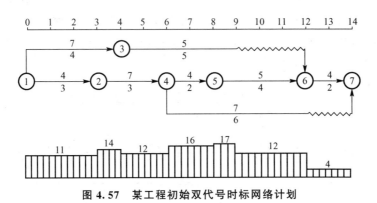

图 4.57　某工程初始双代号时标网络计划

【案例解析】

该双代号时标网络计划"资源有限，工期最短"的优化可按以下步骤进行。

(1) 计算双代号时标网络计划每个时间单位的资源需用量，绘出资源需用量动态曲

线,如图4.57下方曲线(折线)所示。

(2)从计划开始日期起,经检查发现在时段[3,4]存在资源冲突,即资源需用量超过资源限量,故应首先调整该时段。

(3)在时段[3,4]有工作①→③和工作②→④两项工作平行作业。经过分析发现,若把工作①→③安排在工作②→④之后进行,由于工作①→③有3天的总时差,将会延长工期3天;若把工作②→④安排在工作①→③之后进行,由于工作②→④为关键工作,没有总时差,将会延长工期1天。按照调整的标准是使工期延长最短,所以应该将工作②→④安排在工作①→③之后进行。第一次调整后的双代号时标网络计划如图4.58所示。

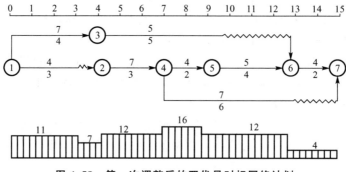

图4.58 第一次调整后的双代号时标网络计划

(4)重新计算调整后的双代号时标网络计划每个时间单位的资源需要量,绘出资源需用量动态曲线,如图4.58下方曲线所示。从图中可知,在时段[7,9]存在资源冲突,故应调整该时段。

(5)在时段[7,9]有③→⑥、④→⑤和④→⑦共三项工作平行作业。经过分析发现,若把工作③→⑥安排在工作④→⑤之后进行,将会延长工期1天,若把工作③→⑥安排在工作④→⑦之后进行,将会延长工期5天;若把工作④→⑤安排在工作③→⑥之后进行,将会延长工期2天,若把工作④→⑤安排在工作④→⑦之后进行,将会延长工期6天;若把工作④→⑦安排在工作③→⑥之后进行,将不会延长工期,若把工作④→⑦安排在工作④→⑤之后进行,与前者相同,不会延长工期。按照调整的标准是使工期延长最短,所以应该将工作④→⑦安排在工作③→⑥(也是工作④→⑤)之后进行。调整后的双代号时标网络计划如图4.59所示。

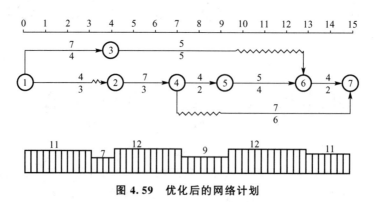

图4.59 优化后的网络计划

（6）重新计算调整后的双代号时标网络计划每个时间单位的资源需用量，绘出资源需用量动态曲线，如图4.59下方曲线所示。此时整个工期范围内的资源需用量均未超出资源限量，故图4.59所示方案即为最优方案，其最短工期为15天。

 学习作业单

任务单元4.3学习作业单	
工作任务完成	根据任务单元4.3工作任务单的工作任务描述和要求，完成任务如下。
任务单元学习总结	（1）双代号网络图的绘制规则、绘制方法和技巧、绘制步骤。 （2）双代号网络计划时间参数计算的方法和步骤。 （3）理解各时间参数的工程意义。 （4）双代号时标网络图的绘制方法及双代号时标网络计划时间参数的确定。 （5）网络计划优化的分类及思路。
任务单元学习体会	

任务单元4.4　建设工程项目进度计划的编制与实施

 工作任务单

任务单元4.4工作任务单					
工作任务描述	某住宅共有四个单元，其基础工程的施工过程分为：①土方开挖；②铺设垫层；③绑扎钢筋；④浇捣混凝土；⑤砌筑砖基础；⑥回填土。各施工过程的工程量、产量定额、专业工作队人数（或机械台数）见下表。由于铺设垫层施工过程和回填土施工过程的工程量较少，为简化流水施工的组织，将铺设垫层与回填土这两个施工过程所需要的时间作为间歇时间来处理，各自预留1天时间。浇捣混凝土与砌筑砖基础之间的工艺间歇时间为2天。				
	施工过程	工程量	单位	产量定额	人数（台数）
	土方开挖	780	m³	65m³/台班	1台
	铺设垫层	42	m³	—	—
	绑扎钢筋	10800	kg	450kg/工日	2人
	浇捣混凝土	216	m³	4.5m³/工日	12人
	砌筑砖基础	330	m³	1.25m³/工日	22人
	回填土	350	m³	—	—

续表

工作任务要求	任务单元 4.4 工作任务单
	（1）该分部工程应如何划分施工段？计算该基础工程各施工过程在各施工段上的流水节拍以及该基础工程的工期，绘制流水施工的横道图。 （2）如果该分部工程的合同工期为 18 天，按照等节奏流水施工方式组织施工，则流水节拍应为多少？请绘制横道图。 （3）针对该住宅工程编制单位工程施工进度计划的依据一般有哪些？ （4）针对该住宅工程编制的单位工程施工进度计划有哪些作用？

4.4.1 建设工程项目进度计划系统

建设工程项目进度计划系统是由多个相互关联的进度计划组成的系统，它是建设工程项目进度实施与控制的依据。由于各种进度计划编制所需要的必要资料是在建设工程项目进展过程中逐步形成的，因此建设工程项目进度计划系统的建立和完善也是逐步形成的。图 4.60 所示为一个建设工程项目进度计划系统的示例，这个计划系统有 4 个计划层次，包括总进度纲要、项目实施各阶段进度计划、主体工程和总体工程施工进度计划，以及主体工程和总体工程包含的各部分的进度计划。

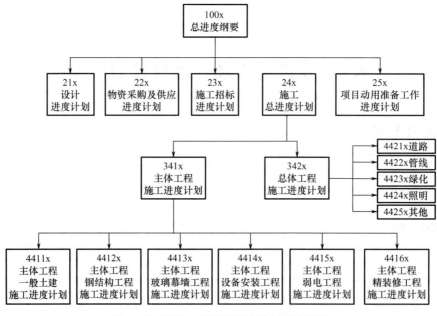

图 4.60　建设工程项目进度计划系统示例

本书以建设工程项目施工进度计划的编制与实施为主进行介绍。

建设工程项目施工进度计划是规定各项工程的施工顺序和开竣工时间及相互衔接关系的计划，是在确定工程项目目标工期基础上，根据相应完成的工程量，对各项施工过程的施工顺序、起止时间和相互衔接关系所做的统筹安排。

4.4.2 建设工程项目进度计划的类型

1. 按计划时间划分

按计划时间划分,建设工程项目进度计划可分为总进度计划和阶段性计划。总进度计划是控制项目施工全过程的;阶段性计划包括项目年度、季度、月(旬)进度计划等。月(旬)进度计划是根据年度、季度进度计划,结合现场施工条件编制的具体执行计划。

2. 按计划表达形式划分

按计划表达形式划分,建设工程项目进度计划可分为文字说明计划与图表形式计划。文字说明计划是用文字来说明各阶段的施工任务及要达到的形象进度要求;图表形式计划是用图表形式表达施工的进度安排,可用横道图或网络图表示进度计划。

3. 按计划对象划分

按计划对象划分,建设工程项目进度计划可分为施工总进度计划、单位工程施工进度计划和分部分项工程进度计划。施工总进度计划是以整个建设工程项目为对象编制的,它确定各单项工程施工顺序和开竣工时间以及相互衔接关系,是全局性的施工战略部署;单位工程施工进度计划是对单位工程中的各分部、分项工程的计划安排;分部分项工程进度计划是针对项目中某一部分(子项目)或某一专业工种的计划安排。

4. 按计划作用划分

按计划作用划分,建设工程项目进度计划可分为控制性进度计划、指导性进度计划和实施性进度计划。控制性进度计划按分部工程来划分施工过程,控制各分部工程的施工时间及其相互搭接配合关系,主要适用于规模较大、结构较复杂、工期较长而需跨年度施工的工程,还适用于虽然规模不大或结构不复杂但各种资源(劳动力、机械、材料等)未落实的工程,以及建筑结构设计等可能变化的工程;指导性进度计划按分项工程或施工工序来划分施工过程,具体确定各施工过程的施工时间及其相互搭接、配合关系,它适用于任务具体而明确、施工条件基本落实、各项资源供应正常及施工工期不太长的工程;实施性进度计划是确定一个月(旬)具体的材料需求、人工需求、机械需求、资金需求。

4.4.3 施工总进度计划的编制

施工总进度计划是确定建设工程项目中所包含的各单位工程的施工顺序、施工时间及相互衔接关系的计划。施工总进度计划的主要编制依据有施工总方案、资源供应条件、各类定额资料、合同文件、工程项目建设总进度计划、工程动用时间、建设地区自然条件及有关技术经济资料等。施工总进度计划的编制步骤和方法如下。

1. 计算工程量

根据批准的工程项目一览表,按单位工程分别计算其主要实物工程量。工程量的计算可按初步设计(或扩大初步设计)图纸和有关定额手册或资料进行。常用的定额、资料有：每万元或每 10 万元的投资工程量、劳动量及材料消耗扩大指标，概算指标和扩大结构定额，已建成的类似建筑物、构筑物的资料。

2．确定各单位工程的施工期限

各单位工程的施工期限应根据合同工期确定，同时还要考虑建筑类型、结构特征、施工方法、施工管理水平、施工机械化程度及施工现场条件等因素。如果在编制施工总进度计划时没有合同工期，则应保证计划工期不超过工期定额。

3．确定各单位工程的开竣工时间和相互搭接关系

确定各单位工程的开竣工时间和相互搭接关系主要应考虑以下几点。

（1）同一时期施工的项目不宜过多，以避免人力、物力过于分散。

（2）尽量做到均衡施工，以使劳动力、施工机械和主要材料的供应在整个工期范围内达到均衡。

（3）尽量提前建设可供工程施工使用的永久性工程，以节省临时工程费用。

（4）急需和关键的工程先施工，以保证工程项目如期交工。对于某些技术复杂、施工周期较长、施工困难较多的工程，也应安排提前施工，以利于整个工程项目按期交付使用。

（5）施工顺序必须与主要生产系统投入生产的先后次序相吻合。同时还要安排好配套工程的施工时间，以保证建成的工程能迅速投入生产或交付使用。

（6）应注意季节对施工顺序的影响，合理安排施工顺序，避免季节因素，对工期的影响。

（7）安排一部分附属工程或零星项目作为后备项目，用以调整主要项目的施工进度。

（8）注意主要工种和主要施工机械能连续施工。

4．编制初步施工总进度计划

施工总进度计划应安排全工地性的流水作业。全工地性的流水作业安排应以工程量大、工期长的单位工程为主导，组织若干条流水线，并以此带动其他工程。施工总进度计划既可以用横道图表示，也可以用网络图表示。如果用横道图表示，则其常用格式见表 4-10。

表 4-10 施工总进度计划表

序号	单位工程名称	建筑面积	结构类型	工程造价	施工时间	施工进度计划											
						第一年				第二年				第三年			
						Ⅰ	Ⅱ	Ⅲ	Ⅳ	Ⅰ	Ⅱ	Ⅲ	Ⅳ	Ⅰ	Ⅱ	Ⅲ	Ⅳ

5．编制正式施工总进度计划

初步施工总进度计划编制完成后，应对其进行检查。检查的重点是总工期是否符合要求，资源是否均衡且能保证供应。如果不满足要求，则需对计划进行调整，如改变某些工

程的起止时间或调整主导工期，进行工期优化、费用优化、资源优化等。当初步施工总进度计划经过调整符合要求后，即可编制正式的施工总进度计划。

4.4.4 单位工程施工进度计划的编制

单位工程施工进度计划是在既定施工方案的基础上，根据规定的工期和各种资源供应条件，对单位工程中的各分部分项工程的施工顺序、施工起止时间及衔接关系进行合理安排的计划。单位工程施工进度计划的编制程序如图 4.61 所示。

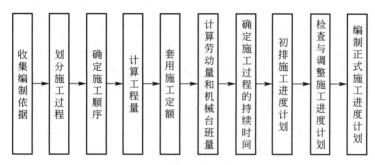

图 4.61 单位工程施工进度计划的编制程序

单位工程施工进度计划的编制步骤及方法如下。

1. 收集编制依据

略。

2. 划分施工过程

施工过程是施工进度计划的基本组成单元。编制单位工程施工进度计划时，应按照施工图纸和施工顺序将拟建工程的各个施工过程列出，并结合施工方法、施工条件、劳动组织等因素加以适当调整。施工过程划分应考虑以下因素。

1) 施工进度计划的性质和作用

一般来说，对长期计划及建筑群体、规模大、工程复杂、工期长的建筑工程，一般编制控制性进度计划，其施工过程划分可粗些，综合性可大些，一般可按分部工程划分施工过程，如开工前准备、打桩工程、基础工程、主体结构工程等。对中小型建筑工程及工期不长的工程，一般编制实施性进度计划，其施工过程划分可细些、具体些，要求每个分部工程所包括的主要分项工程均一一列出，起到指导施工的作用。

2) 施工方案及工程结构

如厂房基础采用敞开式施工方案时，柱基础和设备基础可合并为一个施工过程；而采用封闭式施工方案时，则必须列出柱基础、设备基础这两个施工过程。又如结构吊装工程，采用分件吊装法时，应列出柱吊装、梁吊装、屋架扶直就位、屋盖吊装等施工过程；而采用综合吊装法时，只要列出结构吊装一项即可。

砌体结构、大墙板结构、装配式框架与现浇钢筋混凝土框架等不同的结构体系，其施工过程划分及其内容也各不相同。

3) 结构性质及劳动组织

现浇钢筋混凝土施工，一般可分为支模板、绑扎钢筋、浇筑混凝土等施工过程。一般对于现浇钢筋混凝土框架结构的施工应分别列项，而且可分得细一些，如分为绑扎柱钢筋，支柱模板，浇筑柱混凝土，支梁、板模板，绑扎梁、板钢筋，浇筑梁、板混凝土，养护，拆模等施工过程。在砌体结构工程中，现浇工程量不大的钢筋混凝土工程一般不再细分，可合并为一项，由施工班组的各工种互相配合施工。

施工过程的划分还与施工班组的组织形式有关。如玻璃与油漆的施工，如果是单一工种组成的施工班组，可以划分为玻璃、油漆两个施工过程；同时为了组织流水施工的方便或需要，也可合并成一个施工过程，这时施工班组则是由多工种混合的混合班组。

4) 对施工过程进行适当合并，做到简明清晰

施工过程划分太细，则过程太多，施工进度图表就会显得越繁杂，重点不突出，反而失去指导施工的意义，并且增加了编制施工进度计划的难度。因此，可考虑将一些次要的、穿插性的施工过程合并到主要施工过程中去，如基础防潮层可合并到基础施工过程中，门窗框安装可并入砌筑工程中；有些虽然重要但工程量不大的施工过程也可与相邻的施工过程合并，如挖土方可与铺垫层施工合并为一项，组织混合班组施工；同一时期由同一工种施工的项目也可合并在一起，如墙体砌筑不分内墙、外墙、隔墙等，而合并为墙体砌筑一项；有些关系比较密切、不容易分出先后的施工过程也可合并，如散水、勒脚和明沟可合并为一项。

5) 设备安装应单独列项

民用建筑的水、暖、煤、卫、电等房屋设备安装是建筑工程的重要组成部分，应单独列项；工业厂房的各种机电等设备安装也要单独列项。土建施工进度计划中列出设备安装的施工过程，只是表明其与土建施工的配合关系，一般不必细分，可由专业工作队或设备安装单位单独编制其施工进度计划。

6) 明确施工过程对施工进度的影响程度

有些施工过程直接在拟建工程上进行作业，占用时间等资源，对工程的完成与否起着决定性的作用，它在条件允许的情况下，可以缩短或延长工期。这类施工过程必须列入施工进度计划，如砌筑、安装、混凝土的养护等。另外有些施工过程不占用拟建工程的工作面，虽需要一定的时间和消耗一定的资源，但不占用工期，故不列入施工进度计划，如构件制作和运输等。

3. 确定施工顺序

确定施工顺序受施工工艺和施工组织两方面的制约。当施工方案确定之后，施工过程之间的工艺关系随之确定，是客观确定的先后顺序；施工过程之间的组织关系是由劳动力、施工机械、材料和构配件的组织和安排形成的，是一种主观安排的顺序，不同的组织关系会产生不同的经济效果。不同的工程，其施工顺序不同，即使是同一类工程项目，其施工顺序也受多种因素影响，不可能完全相同。因此，在确定施工顺序时，须根据工程的特点、技术组织要求及施工方案等来确定。

4. 计算工程量

当确定了施工过程之后，应计算每个施工过程的工程量。每个施工过程的工程量应根

据施工图纸、工程量计算规则及相应的施工方法进行计算。计算时注意工程量的计量单位应与采用的施工定额的计量单位相一致。

如果编制单位工程施工进度计划时，已编制出预算文件（施工图预算或施工预算），则工程量可从预算文件中抄出并汇总。但是，当单位工程施工进度计划中某些施工过程与预算文件的内容（如计量单位、计算规则、采用的定额等）不同或有出入时，应根据施工实际情况加以修改、调整或重新计算。

5. 套用施工定额

确定了施工过程及其工程量之后，即可套用施工定额（当地实际采用的劳动定额及机械台班定额），以确定劳动量和机械台班量。

在套用国家或当地颁布的定额时，必须注意结合本单位工人的技术等级、实际操作水平、施工机械情况和施工现场条件等因素，确定完成定额的实际水平，使计算出来的劳动量、机械台班量符合实际需要。

有些采用新技术、新材料、新工艺或特殊施工方法的施工过程，定额中尚未编入，这时可参考类似施工过程的定额、经验资料，按实际情况确定。

6. 计算劳动量和机械台班量

根据计算的工程量和实际采用的施工定额水平，即可进行劳动量及机械台班量的计算。

1）劳动量的计算

劳动量也称劳动工日数。凡是以手工操作为主的施工过程，其劳动量均可按下式计算。

$$P_i = \frac{Q_i}{S_i} \quad 或 \quad P_i = Q_i H_i \tag{4-47}$$

式中　P_i——某施工过程所需的劳动量，工日；

　　　Q_i——该施工过程的工程量，m^3、m^2、m、t 等；

　　　S_i——该施工过程采用的产量定额，m^3/工日、m^2/工日、m/工日、t/工日等；

　　　H_i——该施工过程采用的时间定额，工日/m^3、工日/m^2、工日/m、工日/t 等。

 应用案例 4-13

某单层工业厂房的柱基坑土方量为 3240m^3，采用人工挖土方，查劳动定额得产量定额为 3.9m^3/工日，试计算完成基坑挖土方所需的劳动量。

【案例解析】

$$P = \frac{Q}{S} = \frac{3240}{3.9} 工日 \approx 830.8 \ 工日，取 \ 831 \ 工日$$

当某一施工过程是由两个或两个以上不同分项工程合并而成时，其总劳动量应按下式计算。

$$P_总 = \sum_{i=1}^{n} P_i = P_1 + P_2 + \cdots + P_n \tag{4-48}$$

应用案例 4-14

某钢筋混凝土基础工程,其支模板、绑扎钢筋、浇筑混凝土三个施工过程的工程量分别为 719.6m²、6.284t、287.3m³,查劳动定额得时间定额分别为 0.253 工日/m²、5.28 工日/t、0.833 工日/m³,试计算完成钢筋混凝土基础所需的劳动量。

【案例解析】

$$P_{模}=(719.6\times0.253)\text{工日}\approx182.1\text{ 工日}$$
$$P_{筋}=(6.284\times5.28)\text{工日}\approx33.2\text{ 工日}$$
$$P_{混凝土}=(287.3\times0.833)\text{工日}\approx239.3\text{ 工日}$$
$$P_{基}=P_{模}+P_{筋}+P_{混凝土}=(182.1+33.2+239.3)\text{工日}=454.6\text{ 工日},取455\text{ 工日}$$

当某一施工过程是由同一工种但涉及不同做法、不同材料的若干个分项工程合并组成时,可以先按以下公式计算其综合产量定额及综合时间定额。

$$\overline{S}=\frac{\sum_{i=1}^{n}Q_i}{\sum_{i=1}^{n}P_i}=\frac{Q_1+Q_2+\cdots+Q_n}{P_1+P_2+\cdots+P_n}=\frac{Q_1+Q_2+\cdots+Q_n}{\dfrac{Q_1}{S_1}+\dfrac{Q_2}{S_2}+\cdots+\dfrac{Q_n}{S_n}} \quad (4-49)$$

$$\overline{H}=\frac{1}{\overline{S}} \quad (4-50)$$

式中 $\overline{S}$——某施工过程的综合产量定额,m³/工日、m²/工日、m/工日、t/工日等;

$\overline{H}$——某施工过程的综合时间定额,工日/m³、工日/m²、工日/m、工日/t等;

$\sum_{i=1}^{n}Q_i$——总工程量,m³、m²、m、t 等;

$\sum_{i=1}^{n}P_i$——总劳动量,工日;

$Q_1,Q_2,\cdots,Q_n$——同一施工过程的各分项工程的工程量;

$S_1,S_2,\cdots,S_n$——同一施工过程的各分项工程的产量定额。

应用案例 4-15

某工程外墙面装饰有外墙涂料、面砖、剁假石三种做法,其工程量分别为 930.5m²、490.3m²、185.3m²,采用的产量定额分别为 7.56m²/工日、4.05m²/工日、3.05m²/工日。试计算它们的综合产量定额。

【案例解析】

$$\overline{S}=\frac{Q_1+Q_2+Q_3}{\dfrac{Q_1}{S_1}+\dfrac{Q_2}{S_2}+\dfrac{Q_3}{S_3}}=\frac{930.5+490.3+185.3}{\dfrac{930.5}{7.56}+\dfrac{490.3}{4.05}+\dfrac{185.3}{3.05}}\text{m}^2/\text{工日}\approx\frac{1606.1}{304.9}\text{m}^2/\text{工日}\approx5.27\text{m}^2/\text{工日}$$

2) 机械台班量的计算

凡是采用机械为主的施工过程,可采用下式计算其所需的机械台班量。

$$P_{机械}=\frac{Q_{机械}}{S_{机械}} \quad 或 \quad P_{机械}=Q_{机械}H_{机械} \quad (4-51)$$

式中 $P_{机械}$——某施工过程需要的机械台班量,台班;

$Q_{机械}$——机械完成的工程量,m^3、t 等;

$S_{机械}$——机械的产量定额,m^3/台班、t/台班等;

$H_{机械}$——机械的时间定额,台班/m^3、台班/t 等。

在实际计算中,$S_{机械}$ 或 $H_{机械}$ 的采用应根据机械的实际情况、施工条件等因素考虑确定,以便准确地计算需要的机械台班量。

  应用案例 4-16

某工程基础挖土方采用 W-100 型反铲挖土机,挖方量为 $3010m^3$,经计算采用的机械台班产量定额为 $120m^3$/台班。试计算挖土机所需的台班量。

【案例解析】

$$P_{机械}=\frac{Q_{机械}}{S_{机械}}=\frac{3010}{120}台班 \approx 25.08 台班,取 25 台班$$

7. 确定施工过程的持续时间

施工过程的持续时间的确定方法有三种:定额计算法、经验估算法和倒排计划法。

1) 定额计算法

这种方法是根据施工过程需要的劳动量或机械台班量,以及配备的施工班组人数或机械台数,确定施工过程的持续时间。其计算公式如下。

$$D=\frac{P}{NR} \quad (4-52)$$

式中 D——某施工过程的持续时间,天;

P——该施工过程所需的劳动量或机械台班量,工日或台班;

R——该施工过程所配备的施工班组人数或机械台数,人或台;

N——每天采用的工作班制,班。

从式(4-52)可知,要计算确定某施工过程的持续时间,除已确定的 P 外,还必须确定 R 及 N 的数值。

要确定施工班组人数或机械台数 R,必须综合考虑以下因素。

(1) 最小劳动组合。即某一施工过程正常施工所必需的最低限度的班组人数及其合理组合。最小劳动组合决定了最低限度应安排多少工人,如砌墙就要按技工和普工的最少人数及合理比例组成施工班组,人数过少或比例不当都将引起劳动生产率的下降。

(2) 最小工作面。即为保证安全生产和发挥效率,施工班组中的每个工人或每台机械所必需的工作面。最小工作面决定了最高限度可安排多少工人或机械。不能为了缩短工期而无限制地增加施工班组人数或机械台数,否则将造成工作面的不足而产生窝工。表 4-11 所列为主要工种工作面参考数据。

表 4-11 主要工种工作面参考数据

工 作 项 目	每个技工的工作面	说 明
砖基础	7.6m/人	以 $1\frac{1}{2}$ 砖计,2 砖乘以 0.8,3 砖乘以 0.55

续表

工 作 项 目	每个技工的工作面	说　　明
砌砖墙	8.5m/人	以1砖计，3/2砖乘以0.71，2砖乘以0.57
毛石墙基	3m/人	以60cm计
毛石墙	3.3m/人	以40cm计
混凝土柱、墙基础	8m³/人	机拌、机捣
混凝土设备基础	7m³/人	机拌、机捣
现浇钢筋混凝土柱	2.45m³/人	机拌、机捣
现浇钢筋混凝土梁	3.2m³/人	机拌、机捣
现浇钢筋混凝土墙	5m³/人	机拌、机捣
现浇钢筋混凝土楼板	5.3m³/人	机拌、机捣
预制钢筋混凝土柱	3.6m³/人	机拌、机捣
预制钢筋混凝土梁	3.6m³/人	机拌、机捣
预制钢筋混凝土屋架	2.7m³/人	机拌、机捣
预制钢筋混凝土平板、空心板	1.91m³/人	机拌、机捣
预制钢筋混凝土大型屋面板	2.62m³/人	机拌、机捣
混凝土地坪及面层	40m²/人	—
外墙抹灰	16m²/人	—
内墙抹灰	18.5m²/人	—
卷材屋面	18.5m²/人	—
防水水泥砂浆屋面	16m²/人	—
门窗安装	11m²/人	—

（3）可能安排的施工班组人数或机械台数。即施工单位所能配备的施工班组人数或机械台数。一般只要在上述最低和最高限度之间，根据实际情况确定即可。

每天工作班制 N 的确定：当工期允许、劳动力和施工机械周转使用不紧迫、施工工艺上无连续施工要求时，通常采用一班制施工，在建筑业中往往采用1.25班制（即10小时）；当工期较紧或为了提高施工机械的使用率及加快机械的周转使用，或工艺上要求连续施工时，某些施工过程可考虑两班制甚至三班制施工。但采用多班制施工时，必然会增加有关设施及费用，因此须慎重研究确定。

应用案例 4-17

某工程砌墙需要劳动量为740工日，每天采用两班制、每班安排20人施工，如果划分三个施工段，试求完成砌墙任务的持续时间和流水节拍。

【案例解析】

$$D = \frac{P}{NR} = \frac{740}{2 \times 20} 天 = 18.5 天，取 18 天$$

$$t_{砌墙} = \frac{18}{3} 天 = 6 天$$

上例流水节拍为 6 天，总工期为（3×6）天＝18 天，则计划安排劳动量为（18×20×2）工日＝720 工日，比计划定额需要的劳动量减少 20 工日。能否少用 20 工日完成任务，即能否提高工效 3%（20/740≈3%），这要根据实际情况分析研究后确定。一般应当尽量使定额劳动量和计划劳动量相接近。

2）经验估算法

经验估算法是根据过去的经验进行估计，适用于新结构、新技术、新工艺、新材料等无定额可循的施工过程。为了提高准确程度，可采用三时估算法，即先估计出完成该施工过程的最乐观时间 A、最悲观时间 C 和最可能时间 B 三种施工时间，然后按式（4-53）计算出该施工过程的持续时间 D。

$$D = \frac{A + 4B + C}{6} \qquad (4-53)$$

3）倒排计划法

这种方法是根据施工的工期要求，先确定施工过程的持续时间及工作班制，再确定施工班组人数 R 或机械台数 $R_{机械}$。计算公式如下。

$$R = \frac{P}{ND} \quad 或 \quad R_{机械} = \frac{P_{机械}}{ND_{机械}} \qquad (4-54)$$

如果按式（4-54）计算出来的结果超过了本部门现有的施工班组人数或机械台数，则要求有关部门进行平衡、调度及支持，或从技术上、组织上采取措施，如组织平行立体交叉流水施工、提高混凝土早期强度、某些施工过程采用多班制施工等。

应用案例 4-18

某工程挖土方所需劳动量为 600 工日，要求在 20 天内完成，采用一班制施工。试求每班工人数。

【案例解析】

$$R = \frac{P}{ND} = \frac{600}{1 \times 20} 人 = 30 人$$

上例所需施工班组人数为 30 人，是否有这么多劳动人数，是否有足够的工作面，这些都需经分析研究才能确定。

8. 初排施工进度计划（以横道图为例）

上述各项计算内容确定之后，即可编制施工进度计划的初步方案。一般的编制方法如下。

1）根据施工经验直接安排的方法

这种方法是根据经验资料及有关计算，直接在进度表上画出进度线。其一般步骤是：先安排主导施工过程的施工进度，再安排其余施工过程，它们应尽可能配合主导施工过程并最大限度地搭接，以形成施工进度计划的初步方案。

2) 按工艺组合组织流水的施工方法

这种方法是将某些在工艺上有关系的施工过程归并为一个工艺组合，组织各工艺组合内部的流水施工，然后将各工艺组合最大限度地搭接起来。

横道图的表格形式见表 4-12。施工进度计划由两部分组成：一部分反映拟建工程所划分施工过程的工程量、劳动量或机械台班量、施工班组人数或机械台数、工作班制及工作持续时间等计算内容；另一部分则用图表形式表示各施工过程的起止时间、持续时间及其搭接关系。

表 4-12 单位工程施工进度计划

序号	施工过程	工程量		定额	劳动量		机械		每天工作班数	每班工作人数	施工时间	施工进度 月														
		单位	数量		定额工日	计划工日	机械名称	台班量				2	4	6	8	10	12	14	16	18	20	22	24	26	28	30

9. 检查与调整施工进度计划

编制施工进度计划初步方案后，应根据建设单位和有关部门的要求、合同规定及施工条件等，先检查各施工过程之间的施工顺序是否合理、工期是否满足要求、劳动力等资源需要量是否均衡，然后再进行调整，直至满足要求，正式形成施工进度计划。

1) 施工顺序的检查与调整

施工顺序应符合建筑施工的客观规律，应从技术上、工艺上、组织上检查各施工过程的安排是否正确合理。

2) 施工工期的检查与调整

施工进度计划安排的计划工期首先应满足上级规定或施工合同的要求，其次应具有较好的经济效益，即安排工期要合理，但并不是越短越好。当工期不符合要求时，应进行必要的调整。检查时主要看各施工过程的持续时间、起止时间是否合理，特别应注意对工期起控制作用的施工过程，即首先要缩短这些施工过程的持续时间，并注意施工班组人数、机械台数的重新确定。

3) 资源消耗均衡性的检查与调整

施工进度计划的劳动力、材料、机械等供应与使用，应避免过分集中，尽量做到均衡。

应当指出，施工进度计划并不是一成不变的，在执行过程中，往往会由于人力、物资供应等情况的变化而打破原来的计划。因此，在执行中应随时掌握施工动态，并经常不断地检查与调整施工进度计划。

10. 编制正式施工进度计划

略。

4.4.5 建设工程项目施工进度计划的实施

施工进度计划的实施就是用施工进度计划指导施工活动、落实和完成进度计划。施工进度计划逐步实施的过程，就是建设工程项目建造逐步完成的过程。为了保证施工进度计划的实施，保证各进度目标的实现，应做好如下方面的工作。

1. 施工进度计划的贯彻

1）检查各层次的计划，形成严密的计划保证系统

建设工程项目的所有施工进度计划包括施工总进度计划、单位工程施工进度计划、分部分项工程施工进度计划，都是围绕一个总任务而编制的，它们之间的关系是：高层次的计划是低层次计划的依据，低层次计划是高层次计划的具体化。在其贯彻执行时应当首先检查是否协调一致，计划目标是否层层分解、互相衔接，组成一个计划实施的保证体系，并以施工任务书的方式下达施工队，以保证计划的实施。

2）层层明确责任

项目经理、施工队和作业班组之间分别签订承包合同，按计划目标明确规定合同工期、相互承担的经济责任、权限和利益，或者采用下达施工任务书的方式，将作业计划下达到施工班组，明确具体施工任务、技术措施、质量要求等内容，使施工班组按作业计划时间完成规定的任务。

3）进行计划交底，促进计划全面、彻底实施

施工进度计划的实施需要全体员工的共同行动，要使有关人员都明确各项计划的目标、任务、实施方案和措施，使管理层和作业层协调一致，将计划变成全体员工的自觉行动。在计划实施前要根据计划的范围进行交底工作，使计划得到全面、彻底的实施。

2. 施工进度计划的实施

1）编制施工作业计划

由于施工活动的复杂性，在编制施工进度计划时，不可能考虑到施工过程中的一切变化情况，因而不可能一次性安排好未来施工活动中的全部细节，所以施工进度计划很难作为直接下达施工任务的依据。因此，还必须有更符合当时情况、更细致具体的短时间的计划，这就是施工作业计划。

施工作业计划一般可分为月作业计划和旬作业计划。月（旬）作业计划应保证年度、季度计划指标的完成，其格式见表4-13。

表4-13 月（旬）作业计划

编号	工程地点及名称	计量单位	月计划			上旬		中旬		下旬		形象进度要求					
			数量	单价	定额	天数	数量	天数	数量	天数	数量	天数	1	2	3	…	29	30

2）签发施工任务书

编制好月（句）作业计划以后，应将每项具体任务通过签发施工任务书的方式使其进一步落实。施工任务书是向班组下达任务，实行责任承包、全面管理和原始记录的综合性文件，是计划和实施的纽带。

施工任务书应由工长编制并下达，包括施工任务单、限额领料单和考勤表。施工任务单包括分项工程施工任务、工程量、劳动量、开工日期、完工日期、工艺、质量、安全等要求；限额领料单是根据施工任务书编制的控制班组领用材料的依据，应具体规定材料名称、规格、型号、单位、数量，以及领用记录、退料记录等；考勤表可附在施工任务单背面，按班组人名排列，供考勤时填写。

3）做好施工进度记录，填好施工进度统计表

在计划任务完成的过程中，各级施工进度计划的执行者都要跟踪做好施工记录，记载计划中每项工作的开始日期、工作进度和完成日期，为建设工程项目进度检查分析提供信息，并填好有关图表。

4）做好施工中的调度工作

施工中的调度是组织施工中各阶段、环节、专业和工种互相配合、进度协调的指挥核心。调度工作是使施工进度计划实施顺利进行的重要手段，其主要任务是掌握计划实施情况，协调各方面关系，采取措施排除各种矛盾、加强各薄弱环节、实现动态平衡，保证完成施工作业计划和实现进度目标。

调度工作内容主要包括：监督施工作业计划的实施，调整协调各方面的进度关系；监督检查施工准备工作；督促资源供应单位按计划供应劳动力、施工机具、运输车辆、材料构配件等，并对临时出现的问题采取调配措施；当由于工程变更引起资源需求的数量变更和品种变化时，应及时调整供应计划；按施工平面图管理施工现场，结合实际情况进行必要调整，保证文明施工；了解气候、水、电、气的情况，采取相应的防范和保障措施；及时发现和处理施工中的各种事故和意外事件；定期、及时召开现场调度会议，贯彻建设工程项目主管人员的决策，发布调度令。

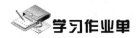

	任务单元 4.4 学习作业单
工作任务完成	根据任务单元4.4工作任务单的工作任务描述和要求，完成任务如下。
任务单元学习总结	（1）单位工程施工进度计划编制的依据。 （2）单位工程施工进度计划编制的步骤和方法。 （3）施工进度计划在实施过程中需做好哪些工作？

任务单元 4.4 学习作业单
任务单元学习体会

任务单元 4.5　建设工程项目施工进度计划的检查与调整

工作任务单

任务单元 4.5 工作任务单								
工作任务描述	某建筑施工企业承接了某工程项目，绘制了该工程项目的双代号网络计划，如下图所示，其持续时间和预算费用见下表。工程施工进行到第 12 周周末时，G 工作完成了 1 周，H 工作完成了 3 周，F 工作已经完成。 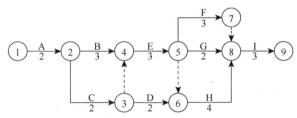							
^	工作名称	A	B	C	D	E	F	G	H	I
^	持续时间/周	2	3	2	2	3	3	2	4	3
^	预算费用/万元	8	12	8	8	12	15	10	16	12
工作任务要求	（1）请绘制实际进度前锋线，计算累计完成的投资额。 （2）如果后续工作按计划进行，分析上述 G、H、F 三项工作对该计划产生了什么影响。 （3）在不考虑工作延误的情况下，确定该网络计划的关键线路。 （4）在不考虑工作延误的情况下，重新绘制第 12 周至完工的时标网络计划。 （5）如果要保持工期不变，第 12 周后需压缩哪项工作？请绘制调整后的进度计划。							

4.5.1　建设工程项目施工进度计划的检查

1. 建设工程项目施工进度计划检查的工作内容

在建设工程项目的施工进程中，为了进行进度控制，进度控制人员应经常地、定期地跟踪检查施工实际进度情况，主要检查工作量的完成情况、工作时间的执行情况、资源使用及与进度的相互配合情况等。进行进度统计整理和对比分析，确定实际进度与计划进度之间的关系，其主要工作包括以下方面。

1）跟踪检查施工实际进度

跟踪检查施工实际进度是建设工程项目施工进度控制的关键措施，其目的是收集实际进度的有关数据。跟踪检查的时间和收集数据的质量，直接影响进度控制工作的质量和效果。

一般检查的时间间隔与建设工程项目的类型、规模、施工条件和对进度执行要求的程度有关，通常可以每月、半月、旬或周进行一次。若在施工中遇到恶劣天气、资源供应不及时等不利因素的严重影响，检查的时间间隔可临时缩短，次数可相应增加，甚至可以每日进行检查，或派人员驻现场督阵。检查和收集资料的方式，一般采用进度报表方式或定期召开进度工作汇报会。为了保证汇报资料的准确性，进度控制的工作人员要经常到现场察看建设工程项目的实际进度情况，从而保证经常地、定期地准确掌握建设工程项目的实际进度。

根据不同需要，进行日检查或定期检查的内容包括以下几方面。

（1）检查期内实际完成和累计完成的工程量。

（2）实际参加施工的人数、机械台班数和生产效率。

（3）窝工人数、窝工机械台班数及其原因分析。

（4）进度偏差情况。

（5）进度管理情况。

（6）影响进度的特殊原因及分析。

2）整理统计检查数据

将收集到的建设工程项目实际进度数据按计划控制的工作项目进行统计，形成与计划进度具有可比性的数据、相同的量纲和形象进度。一般可以按实物工程量、工作量和劳动消耗量以及累计百分比整理和统计实际检查的数据，以便与相应的计划完成量进行对比。

3）对比实际进度与计划进度

将收集的资料整理和统计成具有与计划进度可比性的数据后，用实际进度与计划进度的比较方法来进行比较。通常用的比较方法有横道图比较法、S形曲线比较法、前锋线比较法等。

4）进度检查结果的处理

建设工程项目施工进度计划检查的结果，按照检查报告制度的规定，应形成进度报告向有关主管人员和部门汇报。进度报告是把检查比较的结果、有关施工进度现状和发展趋势，提供给项目经理及各级业务职能负责人的最简单的书面形式报告。

根据进度报告的用途和送达对象可分为三个级别：一是项目概要级，是报给项目经理、企业经理或业务部门以及建设单位或业主的，它是以整个建设工程项目为对象说明进度计划执行情况的报告；二是项目管理级，是报给项目经理及企业的业务部门的，它是以单位工程或项目分区为对象说明进度计划执行情况的报告；三是业务管理级，是就某个重点部位或重点问题为对象编写的报告，供项目管理者及各业务部门为其采取应急措施而使用的。

进度报告的内容主要包括：项目实施概况、管理概况、进度概要的总说明，项目施工进度、形象进度及简要说明，施工图纸提供进度，材料、物资、构配件供应进度，劳务记录及预测，日历计划，对建设单位、业主和施工者的变更指令等，进度偏差的状况和导致偏差的原因分析，解决进度偏差的措施，计划调整意见，等等。

2. 建设工程项目施工进度计划检查对比的方法

1）横道图比较法

横道图比较法是指将项目实施过程中检查实际进度收集到的数据，经加工整理后直接用横道线平行绘于原计划的横道线处，进行实际进度与计划进度的比较方法。采用横道图比较法可以形象、直观地反映实际进度与计划进度的对比情况。

（1）匀速进展横道图比较法。

匀速进展是指在工程项目中，每项工作在单位时间内完成的任务量都是相等的，即工作的进展速度是均匀的。此时，每项工作累计完成任务量与时间呈线性关系，如图4.62所示。

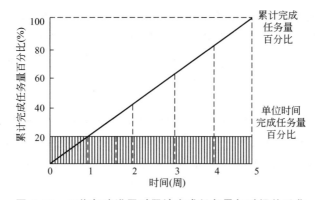

图 4.62 工作匀速进展时累计完成任务量与时间关系曲

完成的任务量可以用实物工程量、劳动消耗量或费用支出表示。为了便于比较，通常用上述物理量的百分比表示。

采用匀速进展横道图比较法时，其步骤如下。

① 编制横道图进度计划。

② 在进度计划上标出检查日期。

③ 将检查收集到的实际进度数据经加工整理后按比例用涂黑的粗线标于计划进度的下方，如图4.63所示。

④ 对比分析实际进度与计划进度：如果涂黑的粗线右端落在检查日期左侧，表明实际进度拖后；如果涂黑的粗线右端落在检查日期右侧，表明实际进度超前；如果涂黑的粗线右端与检查日期重合，表明实际进度与计划进度一致。

必须指出，该方法仅适用于工作从开始到结束的整个过程中，其进展速度均为固定不变的情况。如果工作的进展速度是变化的，则不能采用这种方法进行实际进度与计划进度的比较，否则会得出错误的结论。

（2）非匀速进展横道图比较法。

匀速进展横道图比较法只适用于施工进展速度是匀速情况下的实际进度与计划进度之

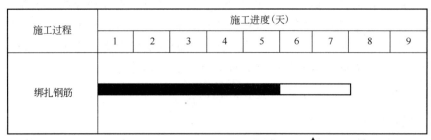

图 4.63　匀速进展横道图比较图

间的比较。当工作在不同的单位时间里的进展速度不同时，累计完成任务量与时间的关系不是呈直线变化的。按匀速进展横道图比较法绘制的实际进度涂黑粗线，并不能反映实际进度与计划进度完成任务量的比较情况。这种情况下的进度比较可以采用非匀速进展横道图比较法。

非匀速进展横道图比较法适用于工作的进度按变速进展的情况下，工作实际进度与计划进度的比较。它是在表示工作实际进度的涂黑粗线的同时，在表上标出某对应时刻完成任务的累计百分比，将该百分比与其同时刻计划完成任务累计百分比相比较，以判断工作的实际进度与计划进度之间的关系的一种方法。该方法的步骤如下。

① 编制横道图进度计划。
② 在横道线上方标出各工作主要时间的计划完成任务累计百分比。
③ 在计划横道线的下方标出工作的相应日期实际完成任务累计百分比。
④ 用涂黑粗线标出实际进度线，并从开工日起，同时反映出施工过程中工作的连续与间断情况。
⑤ 对照横道线上方计划完成任务累计百分比与同时间的下方实际完成任务累计百分比，比较出实际进度与计划进度之间的偏差，可能有三种情况。

a. 当同一时刻上下两个累计百分比相等时，表明实际进度与计划进度一致。
b. 当同一时刻上面的累计百分比大于下面的累计百分比时，表明该时刻实际进度拖后，拖后的量为二者之差。
c. 当同一时刻上面的累计百分比小于下面的累计百分比时，表明该时刻实际进度超前，超前的量为二者之差。

这种比较法不仅适合于施工速度是变化的情况下的进度比较，同样地，除找出检查日期进度比较情况外，还能提供某一指定时间二者比较情况的信息。当然，这要求实施部门按规定的时间记录当时的完成情况。

需要指出的是，由于工作的施工速度是变化的，因此横道图中的进度横线，不管是计划的还是实际的，都只表示工作的开始时间、持续时间和完成时间，并不表示计划完成量和实际完成量，这两个量分别通过标注在横道线上方及下方的累计百分比数量表示。实际进度的涂黑粗线是从实际工程的开始日期标起，若工作实际施工间断，也可在图中将涂黑粗线作相应的空白。

应用案例 4－19

某工程的土方开挖工程按施工计划安排需要 8 天完成，每天计划完成任务量百分比、每天工作的实际进度和检查日完成任务累计百分比如图 4.64 所示，试论述该图的编制方法和含义。

【案例解析】

（1）编制横道图进度计划，如图 4.64 中的横道线所示。

（2）在横道线上方标出土方开挖工程每天计划完成任务的累计百分比，分别为 10％、20％、30％、45％、60％、80％、90％、100％。

（3）在横道线下方标出工作 1 天、2 天、3 天末和检查日期的实际完成任务累计百分比，分别为 8％、16％、25％、40％。

（4）用涂黑粗线表示实际施工时间。从图中可以看出第一天末实际进度比计划进度落后 2％，以后各天末分别落后 4％、5％和 5％。

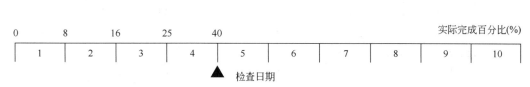

图 4.64 某工程横道图比较图

综上所述，横道图比较法具有下列优点：方法简单、形象直观、容易掌握、应用方便，因而被广泛地应用于简单的进度监测工作中。但是，由于它以横道图进度计划为基础，因此也带有不可克服的局限性，如各工作之间的逻辑关系不明显，关键工作和关键线路无法确定，一旦某些工作进度产生偏差，则难以预测其对后续工作和整个工期的影响及相应确定调整方法。因此，横道图比较法主要用于工程项目中某些工作实际进度与计划进度的局部比较。

2）S 曲线比较法

S 曲线比较法是以横坐标表示时间，纵坐标表示累计完成任务量，绘制一条按计划时间累计完成任务量的 S 曲线；然后将工程项目实施过程中各检查时间实际累计完成任务量的 S 曲线也绘制在同一坐标系中，进行实际进度与计划进度的比较的一种方法。

从整个工程项目实际进展全过程来看，若施工过程是匀速的，则时间与累计完成任务量之间呈正比例直线关系；若施工过程是变速的，则时间与累计完成任务量之间呈曲线关系。具体而言，若施工速度是先快后慢，则该曲线呈抛物线形态；若施工速度是先慢后快，则该曲线呈指数曲线形态；若施工速度是中期快首尾慢（工程中多是这种情况），则随工程进展累计完成任务量呈 S 形变化。由于其形似英文字母"S",S 曲线因此得名。在实际施工过程中,由于单位时间投入的资源量一般是开始和结束时较少,中间阶段较多,因此累计完成任务量曲线多呈 S 曲线形态。施工速度与累计完成任务量的具体关系见表 4-14。

表 4-14 施工速度与累计完成任务量的关系

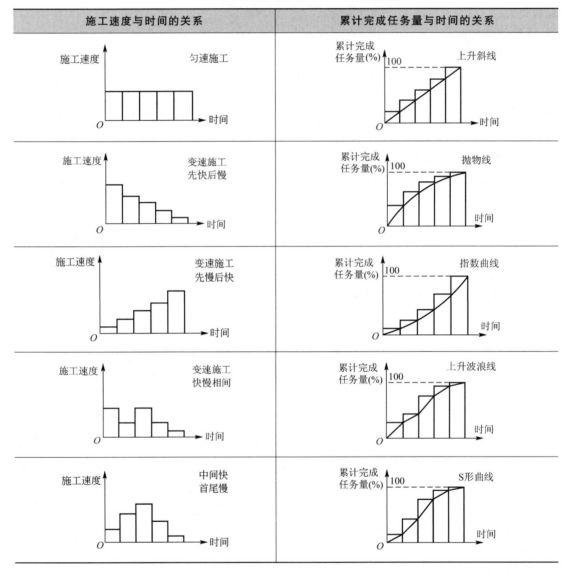

(1) S 曲线的绘制方法。

① 确定单位时间计划完成任务量 q_j。在实际工程中,可以根据每单位时间内计划完成的实物工程量或投入的劳动力与费用,计算出单位时间的计划完成任务量 q_j。

② 计算不同时间累计完成任务量 Q_j。累计完成任务量可按下式确定。

$$Q_j = \sum_{j=1}^{j} q_j \qquad (4-55)$$

式中 Q_j——某时间 j 的计划累计完成任务量;

q_j——单位时间 j 的计划完成任务量；

j——某规定计划时间。

③ 根据累计完成任务量绘制 S 曲线。

下面通过案例说明 S 曲线的绘制方法。

 应用案例 4-20

某分项工程计划 10 天完成，每天计划完成任务量如图 4.65 所示，试绘制该分项工程的计划 S 曲线。

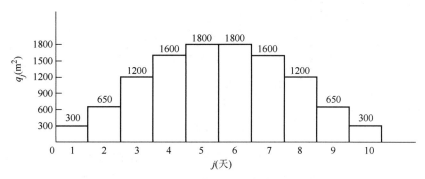

图 4.65 每天计划完成任务量

【案例解析】

(1) 确定单位时间计划完成任务量。本例中，每天计划完成任务量列于表 4-15 中。

(2) 计算不同时间累计完成任务量。计算结果也见表 4-15。

表 4-15 计算过程表

时间 j/天	1	2	3	4	5	6	7	8	9	10
每天计划完成任务量 q_j/m^2	300	650	1200	1600	1800	1800	1600	1200	650	300
累计完成任务量 Q_j/m^2	300	950	2150	3750	5550	7350	8950	10150	10800	11100
累计完成百分比 μ_j/(%)	2.7	8.6	19.4	33.8	50.0	66.2	80.6	91.4	97.3	100

(3) 根据累计完成任务量绘制 S 曲线，如图 4.66 所示。

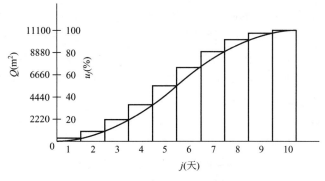

图 4.66 某工程 S 曲线图

(2) 实际进度与计划进度的比较。

同横道图比较法一样，S 曲线比较法也是在图上进行工程项目实际进度与计划进度的比较。在工程项目实施过程中，按照规定时间将检查收集到的实际累计完成任务量绘制在原计划 S 曲线图上，即可得到实际进度 S 曲线，如图 4.67 所示。通过比较实际进度 S 曲线与计划进度 S 曲线，可获得以下信息。

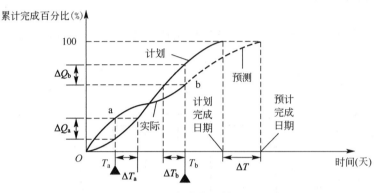

图 4.67 S 曲线比较图

① 工程项目实际进展状况。如果工程实际进展点落在计划进度 S 曲线左侧，则表明此时实际进度比计划进度超前，如图 4.67 中的 a 点；如果工程实际进展点落在计划进度 S 曲线右侧，则表明此时实际进度拖后，如图 4.67 中的 b 点；如果工程实际进展点正好落在计划进度 S 曲线上，则表示此时实际进度与计划进度一致。

② 工程项目实际进度超前或拖后的时间。

在 S 曲线比较图中可以直接读出实际进度比计划进度超前或拖后的时间。如图 4.67 所示，ΔT_a 表示 T_a 时刻实际进度超前的时间，ΔT_b 表示 T_b 时刻实际进度拖后的时间。

③ 工程项目实际超额或拖欠的任务量。

在 S 曲线比较图中也可直接读出实际进度比计划进度超额或拖欠的任务量。如图 4.67 所示，ΔQ_a 表示 T_a 时刻超额完成的任务量，ΔQ_b 表示 T_b 时刻拖欠的任务量。

④ 后期工程进度预测。

如果后期工程按原计划速度进行，则可作出后期工程计划 S 曲线，如图 4.67 中虚线所示，从而可以确定工期拖延预测值 ΔT。

3）前锋线比较法

前锋线比较法也是一种简单地进行工程实际进度与计划进度比较的方法，它主要适用于时标网络计划。前锋线是指在原时标网络计划上，从检查时刻的时标点出发，用点画线依次将各项工作实际进展点连接而成的折线。前锋线比较法就是通过实际进度的前锋线与原进度计划中各工作箭线交点的位置来判断工作实际进度与计划进度的偏差，进而判定该偏差对后续工作及总工期影响程度的一种方法。

采用前锋线比较法进行实际进度与原进度计划的比较，其步骤如下。

(1) 绘制时标网络计划图。

工程项目实际进度的前锋线是在时标网络计划图上标示，为清楚起见，可在时标网络计划图的上方和下方各设一时间坐标。

(2) 绘制实际进度前锋线。

一般从时标网络计划图上方时间坐标的检查日期开始绘制，依次连接相邻工作的实际进展位置点，最后与时标网络计划图下方坐标的检查日期相连接。工作实际进展位置点的标定方法有两种。

① 按该工作已完成任务量比例进行标定。假设工程项目中各项工作均为匀速进展，根据实际进度检查时刻该工作已完成任务量占其计划完成总任务量的比例，在工作箭线上从左至右按相同的比例标定其实际进展位置点。

② 按尚需作业时间进行标定。当某些工作的持续时间难以按实物工程量来计算而只能凭经验估算时，可以先估算出检查时刻到该工作全部完成尚需作业的时间，然后在该工作箭线上从右向左逆向标定其实际进展位置点。

(3) 进行实际进度与计划进度的比较。

前锋线可以直观地反映出检查日期有关工作实际进度与计划进度之间的关系。对某项工作来说，其实际进度与计划进度之间的关系可能存在以下三种情况。

① 工作实际进展位置点落在检查日期的左侧，表明该工作实际进度拖后，拖后的时间为二者之差。

② 工作实际进展位置点与检查日期重合，表明该工作实际进度与计划进度一致。

③ 工作实际进展位置点落在检查日期的右侧，表明该工作实际进度超前，超前的时间为二者之差。

(4) 预测进度偏差对后续工作及总工期的影响。

通过实际进度与计划进度的比较确定进度偏差后，还可根据工作的自由时差和总时差预测该进度偏差对后续工作及项目总工期的影响。由此可见，前锋线比较法既适用于工作实际进度与计划进度之间的局部比较，又可用来分析和预测工程项目的整体进度状况。

应用案例 4-21

某工程项目的时标网络计划如图 4.68 所示。该计划执行到第 40 天末检查施工进度完

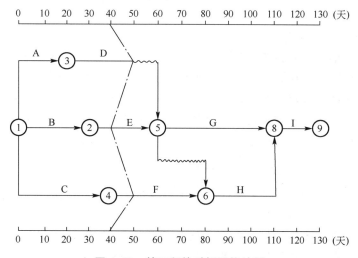

图 4.68　某工程的时标网络计划

成情况，发现工作A、B、C、D已完成，工作E已进行10天，工作F已进行10天，工作G、H、I尚未开始。试用前锋线比较法进行实际进度与计划进度的比较。

【案例解析】

根据第40天末实际进度检查结果绘制前锋线，如图4.68中点画线所示。通过比较可以看出：

(1) 工作D实际进度提前10天，由于其为非关键工作，所以总工期不变。

(2) 工作E与计划一致。

(3) 工作F提前10天，虽然其在关键线路①→④→⑥→⑧→⑨上，但由于关键线路还有①→②→⑤→⑧→⑨，所以总工期不会提前。

4.5.2 建设工程项目施工进度计划的调整

建设工程项目施工进度计划在执行过程中呈现出波动性、多变性和不均衡性的特点，因此在建设工程项目施工进度计划执行过程中，要经常检查进度计划的执行尾部，及时发现问题，当实际进度与计划进度存在差异时，必须对进度计划进行调整，以实现进度目标。

1. 分析偏差对后续工作及总工期的影响

1) 分析出现进度偏差的工作是否为关键工作

若出现偏差的工作为关键工作，则无论偏差大小，都会对后续工作及总工期产生影响，因此必须采取相应的调整措施；若出现偏差的工作不为关键工作，则需要根据偏差值与总时差和自由时差的大小关系，确定对后续工作和总工期的影响程度。

2) 分析进度偏差是否超过总时差

若工作的进度偏差大于该工作的总时差，则说明此偏差必将影响后续工作和总工期，因此必须采取相应的调整措施；若工作的进度偏差小于或等于该工作的总时差，则说明此偏差对总工期无影响，但它对后续工作的影响程度，需要根据比较偏差与自由时差的情况来确定。

3) 分析进度偏差是否超过自由时差

若工作的进度偏差大于该工作的自由时差，则说明此偏差将对后续工作产生影响，该如何调整，应根据后续工作允许影响的程度而定；若工作的进度偏差小于或等于该工作的自由时差，则说明此偏差对后续工作无影响，因此，原进度计划可以不做调整。

经过如此分析，进度控制人员可以确认是否调整产生进度偏差的工作及调整偏差值的大小，以便确定调整措施，从而获得新的符合实际进度情况和计划目标的进度计划。

2. 建设工程项目施工进度计划的调整方法

在对实施的进度计划分析的基础上，应确定调整原计划的方法，主要有以下两种。

1) 改变某些工作间的逻辑关系

若检查的实际进度产生的偏差影响了总工期，在工作之间的逻辑关系允许改变的条件下，可改变关键线路和超过计划工期的非关键线路上的有关工作之间的逻辑关系，以达到缩短工期的目的。用这种方法调整的效果是很显著的，例如可以把依次施工改为平行施工或互相搭接，以及分成几个施工段进行流水施工等，都可以达到缩短工期的目的。

应用案例 4-22

某工程项目基础工程包括挖基槽、做垫层、砌基础、回填土四个施工过程，各施工过程的持续时间分别为 21 天、15 天、18 天和 9 天，如果采取依次施工的方式进行施工，则其总工期为 63 天。为缩短该基础工程总工期，在工作面及资源供应允许的条件下，将基础工程划分为工程量大致相等的三个施工段组织流水作业。试绘制该基础工程流水作业网络计划，并确定其计算工期。

【案例解析】

该基础工程流水施工网络计划如图 4.69 所示。通过组织流水施工，使得该基础工程的计算工期由 63 天缩短为 35 天。

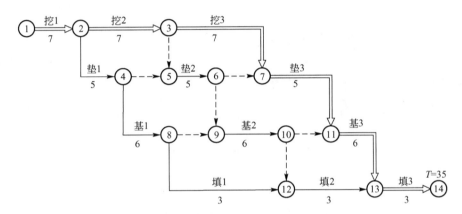

图 4.69　该基础工程流水施工网络计划

2）缩短某些工作的持续时间

这种方法是不改变工程项目中各项工作之间的逻辑关系，而通过采取增加资源投入、提高劳动效率等措施来缩短某些工作的持续时间，使工程进度加快，以保证按计划工期完成该工程项目。具体调整方法视限制条件及对其后续工作的影响程度的不同而有所区别，一般可分为以下三种情况。

（1）计划中某项工作进度拖延的时间未超过其总时差。

此时该工作的实际进度不会影响总工期，而只对其后续工作产生影响。因此，在进行调整前，需要确定其后续工作允许拖延的时间限制，并以此作为进度调整的限制条件。

应用案例 4-23

某工程项目双代号时标网络计划如图 4.70 所示，该计划执行到第 6 天下班时刻检查时，其实际进度如图中前锋线所示。试分析目前实际进度对后续工作和总工期的影响，并提出相应的进度调整措施。

【案例解析】

从图 4.70 中可以看出，工作 B、D 的实际进度拖后 1 天，其他工作的实际进度均正常。由于工作 B 的总时差为 1 天，工作 D 的总时差为 2 天，故此时工作的实际进度不影响

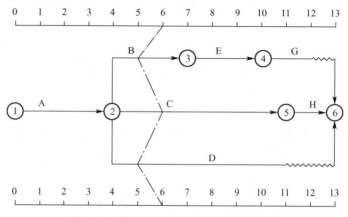

图 4.70 某工程项目双代号时标网络计划

总工期。

进度计划是否需要调整,取决于后续工作的限制条件。

(1) 后续工作拖延的时间无限制。当后续工作拖延的时间完全被允许时,可将拖延后的时间参数带入原计划,并简化网络图,即去掉已执行部分,以进度检查日期为起点,将实际数据带入,绘制出未实施部分的进度计划,即可得到调整方案,如图 4.71 所示。

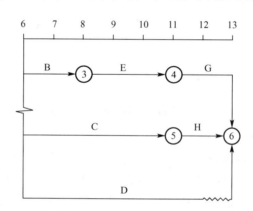

图 4.71 后续工作拖延时间无限制的网络计划

(2) 后续工作拖延的时间有限制。当后续工作不允许拖延或拖延的时间有限制时,需要根据限制条件对网络计划进行调整,寻求最优方案。例如本例中,如果工作 E 的开始时间不允许超过 7 天,则只能将其紧前工作 B 的持续时间由还需要 2 天压缩为 1 天,可保证工作 E 按原计划执行。

(2) 网络计划中某项工作进度拖延的时间超过其总时差。

如果网络计划中某项工作进度拖延的时间超过其总时差,则无论该工作是否为关键工作,其实际进度都将对后续工作和总工期产生影响。此时,进度计划的调整方法又可分为以下三种情况。

① 项目总工期不允许拖延。如果工程项目必须按照原计划工期完成,则只能采取缩短关键线路上后续工作持续时间的方法来达到调整计划的目的。

应用案例 4-24

以图 4.70 所示工程为例，如果在计划执行到第 6 天下班时刻检查时，其实际进度如图 4.72 所示，试分析目前实际进度对后续工作和总工期的影响。

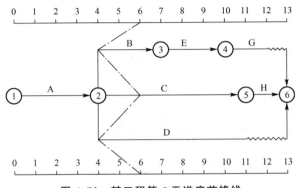

图 4.72　某工程第 6 天进度前锋线

【案例解析】

从图 4.72 中可看出：工作 B 实际进度拖后 2 天，由于其只有 1 天总时差，故影响总工期 1 天；工作 C 按计划进行，进度正常，既不影响其后续工作，也不影响总工期；工作 D 实际进度拖后 2 天，由于有 2 天总时差，因此不影响总工期。综上所述，由于工作 B 的拖延导致工期拖延 1 天。

如果该项目总工期不允许拖延，则为了保证其按原计划工期 13 天完成，必须缩短关键线路上后续工作的持续时间。现假设缩短工作 B 所需费用最低，则可将工作 B 的持续时间缩短 1 天，调整后的工期不拖延网络计划，如图 4.73 所示。

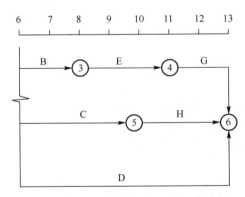

图 4.73　调整后工期不拖延的网络计划

② 项目总工期允许拖延。如果项目总工期允许拖延，则此时只需以实际数据取代原计划数据，并重新绘制实际进度检查日期之后的简化网络计划即可。

  应用案例 4-25

以图 4.72 所示前锋线为例，如果项目总工期允许拖延，此时只需以检查日期第 6 天

为起点，用其后各工作尚需作业时间取代相应的原计划数据，绘制出网络计划，如图4.74所示。方案调整后，项目总工期为14天。

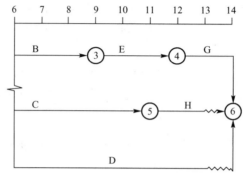

图4.74 调整后拖延工期的网络计划

③ 项目总工期允许拖延的时间有限。如果项目总工期允许拖延，但时间有限，则当实际进度拖延的时间超过此限制时，也需要对网络计划进行调整，以便满足要求。

具体的调整方法是以总工期的限制时间作为规定工期，对检查日期之后尚未实施的网络计划进行工期优化，即通过缩短关键线路上后续工作持续时间的方法来使总工期满足规定工期的要求。

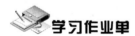学习作业单

任务单元4.5学习作业单	
工作任务完成	根据任务单元4.5工作任务单的工作任务描述和要求，完成任务如下。
任务单元学习总结	（1）建设工程项目施工进度计划检查的主要工作内容。 （2）实际进度与计划进度对比的方法。 （3）建设工程项目施工进度计划调整的方法。
任务单元学习体会	

模块小结

本模块内容较多,可以分为两大部分:第一部分为进度计划的编制方法,包括横道计划与网络计划两种方法。横道计划编制过程要注意施工组织方式的不同,尤其流水施工又分为有节奏流水和无节奏流水,均应掌握其对应横道图的绘制方法。网络计划部分从以下五个方面学习:一是熟悉双代号网络计划技术的基本概念;二是在熟悉双代号网络计划绘图规则的基础上能够正确绘制双代号网络图;三是熟练掌握双代号网络计划时间参数的计算,而且为后续网络计划的优化打下扎实的基础;四是双代号早时标网络计划的绘制和应用;五是网络计划的优化。这五方面的内容环环相扣,层层递进。

第二部分为进度计划的管理部分,首先根据进度目标制定工程项目进度计划,在计划实施过程中检查工程实际进展状况,并将实际进度与计划进度进行对比,从中得出偏离计划的信息;在分析偏差及其产生原因的基础上,通过采取各类措施,维持原计划,使之能正常实施;如果采取措施后仍不能维持原计划,则需对原进度计划进行调整,再按新的进度计划实施。这样在进度计划的执行过程中不断地进行检查和调整,以保证建设工程项目进度得到有效的控制。

学生在学习过程中,应注意理论联系实际,通过解析案例,初步掌握理论知识,熟悉建设工程项目进度管理的技能,提高实践能力。

建筑业从业人员职业道德规范

思考与练习

一、单选题

1. 进度管理的一个循环过程中包括( )四个过程。
 A. 策划、计划、实施、检查 B. 计划、实施、检查、调整
 C. 计划、实施、检查、改进 D. 计划、实施、调整、检查

2. 建设工程项目进度管理的( )涉及对实现进度目标有利的施工技术方案的选用。
 A. 组织措施 B. 管理措施
 C. 经济措施 D. 技术措施

3. 有四幢同类型宿舍楼的基础工程,每一幢宿舍楼作为一个施工段,划分为基槽开挖、垫层浇筑、基础砌筑、基槽回填四个施工过程,它们在每幢房屋上的持续时间分别为2天、1天、3天、1天。分别采用依次施工、平行施工两种方式组织施工,则工期分别为( )。
 A. 28天, 7天 B. 7天, 28天 C. 28天, 19天 D. 28天, 16天

4. 当同一施工过程在各施工段上的流水节拍相等,而且不同施工过程的流水节拍也相等时,属于( )。
 A. 等节奏流水 B. 有节奏流水
 C. 异节奏流水 D. 无节奏流水

5. 某工程划分为A、B、C三个施工过程,分六个施工段施工,流水节拍分别为$t_A=$

6天，$t_B=4$ 天，$t_C=2$ 天，当组织成倍节拍流水施工时，A、B、C 三个施工过程的班组数依次为（　　）。

  A. 6，4，2   B. 3，2，1   C. 12，12，12   D. 1，2，3

6. 以下流水施工方式，在进度安排上比较灵活、应用最多的是（　　）。

  A. 等节奏流水   B. 不等节拍流水

  C. 成倍节拍流水   D. 无节奏流水

7. 双代号网络图中，虚工作（虚箭线）表示工作之间的（　　）。

  A. 时间间歇   B. 搭接关系   C. 逻辑关系   D. 自由时差

8. 在单目标双代号网络计划和不分期完成的双代号网络计划中，应该有（　　）。

  A. 一个起点节点和一个终点节点   B. 一个起点节点和多个终点节点

  C. 多个起点节点和一个终点节点   D. 多个起点节点和多个终点节点

9. 在不影响其紧后工作最早开始时间的前提下，本工作可利用的机动时间为（　　）。

  A. 总时差   B. 最迟开始时间

  C. 自由时差   D. 最迟完成时间

10. 当网络计划的计划工期等于计算工期时，关键工作的总时差（　　）。

  A. 大于零   B. 等于零   C. 小于零   D. 小于等于零

11. 在工程网络计划执行过程中，当某项工作的最早完成时间推迟天数超过自由时差时，将会影响（　　）。

  A. 紧后工作的最早开始时间   B. 平行工作的最早开始时间

  C. 本工作的最迟完成时间   D. 紧后工作的最迟完成时间

12. 某工程双代号网络计划中 A 工作的持续时间为 5 天，总时差为 8 天，自由时差为 4 天，如果 A 工作实际进度拖延 13 天，则会影响工程计划工期（　　）天。

  A. 13   B. 8   C. 9   D. 5

13. 某工程双代号时标网络计划如图 4.75 所示，该网络计划的关键线路是（　　）。

  A. ①→②→⑥→⑧   B. ①→③→④→⑥→⑧

  C. ①→③→④→⑤→⑦→⑧   D. ①→③→⑤→⑦→⑧

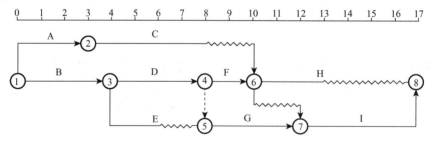

图 4.75　某工程双代号时标网络计划

14. 当工程网络计划的计算工期大于要求工期时，为满足要求工期，进行工期优化的基本方法是（　）。

  A. 减少相邻工作之间的时间间隔   B. 压缩关键工作的持续时间

  C. 减少相邻工作之间的时距   D. 压缩非关键工作的持续时间

15. 在进行网络计划费用优化时，应首先将（　　）作为压缩持续时间的对象。
   A. 费用率最低的关键工作　　　　　　B. 费用率最低的非关键工作
   C. 费用率最高的非关键工作　　　　　D. 费用率最高的关键工作

16. 工程网络计划资源优化的目的之一是为了寻求（　　）。
   A. 工程总费用最低时的资源利用方案
   B. 资源均衡利用条件下的最短工期安排
   C. 工期最短条件下的资源均衡利用方案
   D. 资源有限条件下的最短工期安排

17. 以下关于单位工程施工进度计划的编制步骤，正确的是（　　）。其中各数字含义如下：①套用施工定额；②计算工程量；③划分施工过程；④计算劳动量及机械台班量；⑤初排施工进度计划；⑥检查与调整施工进度计划；⑦计算确定施工过程的持续时间；⑧确定施工顺序。
   A. ①②③④⑤⑥⑦⑧　　　　　　　　B. ③⑧②①④⑦⑤⑥
   C. ④①⑥③②⑤⑧⑦　　　　　　　　D. ③②①⑦④⑤⑥⑧

18. 建设工程项目施工进度计划检查的工作顺序为（　　）。其中各数字含义如下：①整理统计检查数据　②对比实际进度与计划进度　③进度检查结果的处理　④跟踪检查施工实际进度
   A. ①②③④　　B. ②①④③　　C. ④①②③　　D. ③②①④

19. 采用S曲线比较法进行进度检查时，如果工程实际进展点落在计划S曲线左侧，表明此时实际进度比计划进度（　　）。
   A. 拖后　　　　B. 超前　　　　C. 计划进度一致　　D. 无法确定

20. 采用前锋线比较法进行进度检查时，如果工作实际进展位置点落在检查日期的左侧，则表明该工作实际进度比计划进度（　　）。
   A. 拖后　　　　B. 超前　　　　C. 一致　　　　D. 无法确定

二、多选题

1. 项目进度管理是一个（　　）的过程。
   A. 动态　　　　B. 静态　　　　C. 循环
   D. 复杂　　　　E. 非循环

2. 建设工程项目进度管理的组织措施包括（　　）等。
   A. 建立进度管理的组织系统
   B. 选择先进合理的施工方案
   C. 资金需求分析
   D. 订立进度管理工作制度
   E. 建立进度管理目标体系

3. 以下（　　）属于流水施工的组织要点。
   A. 划分施工过程　　　　　　　　　　B. 划分施工段
   C. 所有施工过程必须连续、均衡地施工
   D. 主导施工过程必须连续、均衡地施工
   E. 每个施工过程组织独立的施工班组

4. 流水施工的组织方式有（　　）。
   A. 流水施工　　　　B. 异节奏流水施工　　C. 无节奏流水施工
   D. 平行施工　　　　E. 等节奏流水施工
5. 与网络计划相比，横道计划具有（　　）的特点。
   A. 编制简单　　　　　　　　　　　　　B. 工作之间的逻辑关系表达清楚
   C. 能够确定计划的关键工作和关键线路　　D. 表达直观、通俗易懂
   E. 适应大型项目的进度计划表
6. 以下（　　）属于网络计划的优点。
   A. 能全面反映各工作之间的逻辑关系　　B. 简单、使用方便
   C. 可以进行调整和优化　　　　　　　　D. 直观、易懂
   E. 能够找出关键施工过程和关键线路，便于管理者抓住主要矛盾
7. 某双代号网络图如图4.76所示，（　　）为非关键工作。
   A. 工作B　　　　B. 工作C　　　　C. 工作D
   D. 工作E　　　　E. 工作F

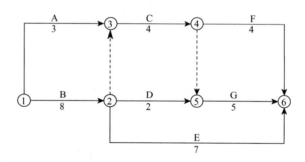

图4.76　某双代号网络图

8. 某分部工程双代号网络计划如图4.77所示，其作图错误包括（　　）。
   A. 有多余虚工作　　B. 有多个终点节点
   C. 出现无箭头的箭线　D. 节点编号有误　　E. 有多个起点节点

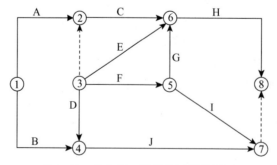

图4.77　某分部工程双代号网络计划

9. 双代号网络计划的总时差等于（　　）。
   A. 该工作的最迟开始时间与该工作的最早开始时间之差
   B. 该工作的最迟完成时间与该工作的最早完成时间之差

C. 该工作紧后工作的最早开始时间与该工作的最早完成时间之差

D. 该工作紧后工作的最早开始时间与该工作的最早开始时间之差

E. 该工作紧后工作的最迟开始时间与该工作的最早完成时间之差

10. 在双代号网络计划中，关键工作（　　）。

A. 总时差最小　　　B. 在关键线路上　　　C. 持续时间最长

D. 自由时差为零　　E. 在网络计划的执行过程中，可以转变为非关键工作

11. 以下说法正确的有（　　）。

A. 关键节点之间的工作一定是关键工作

B. 关键工作两端的节点一定是关键节点

C. 当一个节点的最早时间等于最迟时间时，该节点为关键节点

D. 关键节点的最迟时间与最早时间的差值最小

E. 关键线路上的节点为关键节点，但由关键节点组成的线路不一定是关键线路

12. 根据优化目标的不同，网络计划的优化一般包括（　　）。

A. 工期优化　　　　B. 费用优化　　　　C. 质量优化

D. 资源优化　　　　E. 安全优化

13. 建设工程项目进度计划按照计划的作用可以划分为（　　）。

A. 总进度计划　　　B. 实施性进度计划　　C. 年度进度计划

D. 指导性进度计划　E. 控制性进度计划

14. 施工进度检查时，可以采用以下（　　）等方法。

A. 排列图法　　　　B. 横道图比较法　　　C. S 曲线比较法

D. 因果分析图法　　E. 实际进度前锋线比较法

15. 某工作采用 S 曲线进行实际进度与计划进度的比较，如图 4.78 所示，下列说法正确的有（　　）。

A. 在检查日期，实际进度比计划进度拖后，拖后时间为 ΔT_b

B. 在检查日期，实际进度比计划进度超前，超前时间为 ΔT_b

C. 在检查日期，实际进度比计划进度拖后，拖后完成的任务量为 ΔQ_b

D. 在检查日期，实际进度比计划进度超前，超前完成的任务量为 ΔQ_b

E. 在检查日期，实际进度与计划进度一致

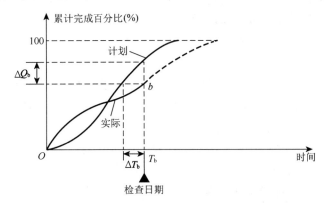

图 4.78　某工作计划进度与实际进度 S 曲线比较图

三、简答题

1. 试述组织施工的三种方式及特点。
2. 流水施工主要有哪些参数？试分别叙述它们的含义。
3. 施工段划分的基本要求是什么？如何正确划分施工段？
4. 流水施工的时间参数有哪些？如何确定？
5. 请填写表 4-16，对流水施工组织方式进行比较。

表 4-16 流水施工组织方式比较表

组织方式			节拍特征	$K_{i,i+1}$ 的确定	施工班组数 b_i 的确定	工期 T 的确定
有节奏流水	等节奏流水	等节拍等步距流水			—	
		等节拍不等步距流水			—	
	异节奏流水	不等节拍流水			—	
		成倍节拍流水			—	
无节奏流水					—	

6. 双代号网络图与单代号网络图在绘制时有什么不同？各有何特点？
7. 简述双代号网络计划构成三要素的含义。
8. 什么是关键线路？其作用是什么？怎样确定关键线路？
9. 试述单位工程施工进度计划的编制方法与步骤。
10. 在划分单位工程的施工过程时应考虑哪些因素？
11. 施工进度计划的检查常采用哪些方法？
12. 匀速进展与非匀速进度横道图比较法的区别是什么？
13. 怎样运用前锋线进行作业进度的观察、分析与预测？

四、实训题

1. 某工程有 A、B、C 三个施工过程，每个施工过程划分为四个施工段组织流水施工，设 $t_A=2$ 天、$t_B=4$ 天、$t_C=3$ 天。试分别组织依次施工、平行施工及流水施工。试计算其工期，并绘出施工进度横道计划。

2. 已知某工程任务划分为 A、B、C、D 四个施工过程，每个施工过程分四个施工段组织流水施工，流水节拍均为 3 天，B 完成后，它的相应施工段至少有 1 天技术间歇时间。请问该工程可以组织哪种流水施工方式？试计算其工期，并绘制施工进度横道计划。

3. 某工程划分为 A、B、C、D 四个施工过程，每个施工过程分四个施工段组织流水施工，各施工过程的流水节拍分别为 $t_A=3$ 天、$t_B=2$ 天、$t_C=5$ 天、$t_D=3$ 天，施工过程 B 完成后需有 1 天的组织间歇时间。请问该工程可以组织哪种流水施工方式？试求出各施工过程之间的流水步距及该工程的工期，并绘制施工进度横道计划。

4. 某现浇钢筋混凝土工程由支模板、绑扎钢筋、浇筑混凝土、拆模板和回填土五个分项工程组成，划分为六个施工段，各分项工程在各施工段上的持续时间见表 4-17。在混凝土浇筑后至拆模板至少要有 2 天养护时间。

（1）根据该项目流水节拍的特点，可以按照何种流水施工方式组织施工？

（2）"累加斜减取大差法"确定流水步距的要点是什么？试确定该工程流水施工的流水步距。

（3）确定该工程的工期，并绘制施工进度横道计划。

表 4-17　某工程流水节拍值

施工过程	持续时间/天					
	①	②	③	④	⑤	⑥
支模板	2	3	2	3	2	3
绑扎钢筋	3	3	4	4	3	3
浇筑混凝土	2	1	2	2	1	2
拆模板	1	2	1	1	2	1
回填土	2	3	2	3	3	2

5. 根据表 4-18 的逻辑关系，绘制双代号网络图，用工作计算法计算时间参数，并确定关键线路。

表 4-18　工作的逻辑关系

工作名称	A	B	C	D	E	F	G
紧前工作	—	A	B	A	B、D	E、C	F
持续时间/天	5	4	3	3	5	4	2

实训题第5题讲解视频

6. 根据表 4-19 所给的已知条件，绘制双代号网络图，计算节点的时间参数，并确定关键线路。

表 4-19　工作的逻辑关系

紧前工作	—	—	A	A	B	C	C	D、E	D、E	G、H	I
本工作	A	B	C	D	E	F	G	H	I	J	K
紧后工作	C、D	E	F、G	H、I	H、I	—	J	J	K	—	—
持续时间/天	3	2	5	4	8	4	1	2	7	9	5

实训题第6题讲解视频

7. 根据表 4-20 所给的已知条件，绘制单代号网络图，计算时间参数，并确定关键线路。

表 4-20 工作的逻辑关系

紧前工作	—	—	B	A	A、C	E	F	D
本工作	A	B	C	D	E	F	G	H
紧后工作	D、E	C	E	H	F	G	—	—
持续时间/天	4	3	2	5	6	4	5	6

8. 已知某工程网络计划如图 4.79 所示，箭线下方括号外数字为工作正常持续时间，括号内数字为工作最短持续时间，假定要求工期为 12 天，试对其进行工期优化。根据实际情况综合考虑，缩短顺序为工作 F、E、I、A、C、H、B、D、G。

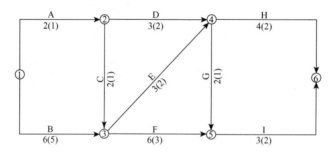

图 4.79 某工程网络计划

9. 已知某工程网络计划如图 4.80 所示，图中箭线上方括号外为正常持续时间直接费，括号内为最短持续时间直接费，箭线下方括号外为正常持续时间，括号内为最短持续时间，费用单位为万元，时间单位为天。若间接费率为 0.8 万元/天，试对其进行费用优化。

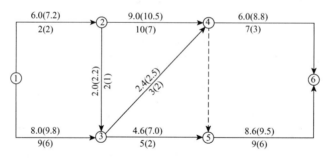

图 4.80 某工程网络计划

10. 根据表 4-21 的有关数据，绘制双代号网络图，进行"资源有限、工期最短"的优化。设资源每天最多能供应 20 个单位。

表 4-21 工作的持续时间和资源需要量

工作代号	持续时间/天	每天资源需要量	工作代号	持续时间/天	每天资源需要量
0—1	2	10	2—3	8	8
0—2	6	8	2—4	7	9
1—2	3	12	3—5	10	6
1—3	5	12	4—5	6	10

11. 某工作计划进度与实际进度如图 4.81 所示，从中可以得到什么样的信息？

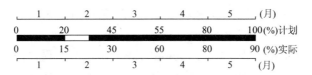

图 4.81　某工作计划进度与实际进度图

12. 某工程双代号时标网络计划执行到第 6 天结束时，检查其实际进度如图 4.82 所示，试比较 B、C、D 三项工作实际进度与计划进度之间的偏差，并说明各自对工期的影响。

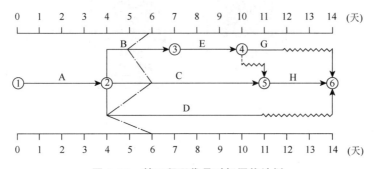

图 4.82　某工程双代号时标网络计划

13. 某工程的时标网络计划如图 4.83 所示。该计划执行到第 50 天末检查施工进度完成情况，发现 A、B、C 工作已完成，D 工作还需 10 天能够完成，E 工作已进行 20 天，F 工作已进行 10 天，G、H、I 工作尚未开始。

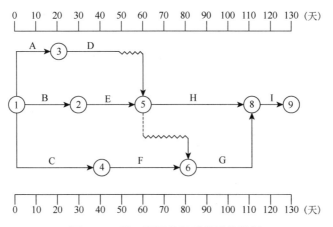

图 4.83　某工程双代号时标网络计划

（1）根据施工进度完成情况，绘制正确的实际进度前锋线。
（2）试比较检查时各项工作实际进度与计划进度之间的偏差，并说明各自对工期的影响。

14. 某建筑公司中标某体育学院教学楼工程，该工程结构形式为框架-剪力墙结构，于

2022 年 4 月 3 日开工建设，合同工期为 200 天。该公司根据项目特点组建了项目经理部，工地不设混凝土搅拌站，全部采用商品混凝土。

（1）如果预拌混凝土的供应能够保证满足施工顺利进行，则该工程预拌混凝土的运输过程是否应列入进度计划？为什么？

（2）如果在进度控制时，混凝土的浇筑是关键工作，由于预拌混凝土的运输原因，使该项工作拖后两天，这会对工期造成什么影响？为什么？为了保证按合同工期完成施工任务，施工单位进行了进度计划调整，其依据是什么？

模块4
在线答题

模块4
拓展习题

模块5 建设工程项目质量管理

通过本模块的学习,学生要对建设工程项目质量管理的全过程有一个清晰、完整的认识,能够按照科学的程序展开建设工程项目质量的策划、计划、实施控制和改进等环节;能够采用合理的数理统计分析方法对施工过程中出现的质量问题进行分析,为决策提供依据。在教学过程中,应培养学生对事务全过程管理的能力、运用专业知识分析和解决问题的能力,以及判断是非的能力;应培养学生良好的职业素养,严格执行国家标准、精益求精的工匠精神。

知识目标

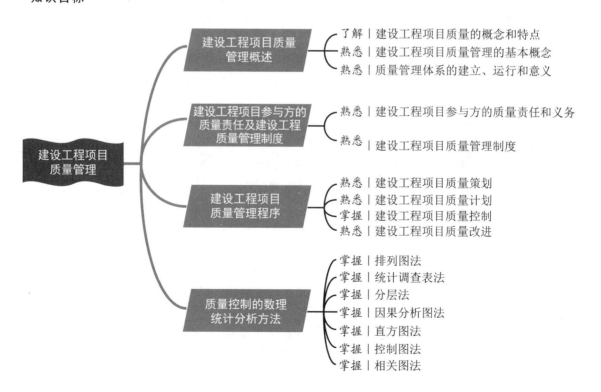

山西建筑产业现代化(晋中)园区一期项目质量管理

1. 项目概况

山西建筑产业现代化(晋中)园区一期项目,位于山西转型综合改革示范区晋中开发区潇河产业园区,建筑面积为120332.75m²,包括4号综合楼、8号生产车间、9号生产车间、10号生产车间及配套室外景观工程、地下车库。本项目的建设单位为山西建投建筑产业有限公司,总承包单位为山西省安装集团股份有限公司,其于2019年7月1日开工建设,2021年9月9日竣工完成。

2. 项目施工的特点、难点

1) 项目施工的特点

项目采用两种装配式建筑结构体系,4号综合楼的A栋采用钢筋混凝土装配整体式框架-钢支撑结构体系,B栋、C栋采用钢框架-支撑结构体系;8号、9号、10号生产车间采用钢结构。钢框架-支撑结构体系,采用的预应力混凝土钢管桁架叠合板,是一种新型叠合板,结合了钢筋桁架叠合板与预应力混凝土叠合板各自的特点,扬长避短,预应力的施加解决了前者底板开裂的问题,钢管桁架则解决了后者反拱的问题。

2) 项目施工的难点

A栋的框架结构体系复杂,每层施工内容包括预制柱、现浇混凝土柱、现浇型钢混凝土柱、预制叠合梁、现浇梁、预制PK板、普通现浇混凝土板、预制楼梯、现浇楼梯,各种施工方式连接节点不同,施工方式种类较多,各工种配合施工受工序影响大,部分工种闲置时间较多。预制柱采用灌浆套筒新型体系,施工时吊装难度和安装难度均较大。

B栋、C栋均采用钢结构进行主体框架施工,楼板采用PK板、压型钢板混凝土楼板和普通现浇混凝土楼板三种,PK板与钢结构的结合采用栓钉与钢梁进行连接,栓钉焊接量大。

3. 项目质量管理目标

符合现行施工质量验收规范的合格标准,争创中国建设工程鲁班奖(国家优质工程)。

创优目标分解:晋中市优质结构工程奖→山西省优质结构工程奖→山西省建设工程汾水杯质量奖→中国建设工程鲁班奖(国家优质工程)。

4. 项目质量管理主要措施

(1) 明确创优组织机构,明确项目经理、项目技术负责人、施工员、质量员、资料员、安全员等岗位职责目标及工作标准。

(2) 制定质量管理制度。主要质量管理制度包括技术交底制度、样板引路制度、举牌验收制度、质量例会制度、质量检查制度、"三检"制度、材料检验制度、项目部质量评比及奖罚制度等。

(3) 分解质量目标。分别制定地基与基础、主体结构、装饰装修、屋面等十个分部工程的质量目标,确保各分部工程实现质量目标。

(4) 明确工程质量控制标准。工程质量控制标准包括施工项目管理工作质量标准、混凝土结构工程质量控制标准、砌体结构工程质量控制标准、装饰装修工程质量控制标准、建筑设备安装工程质量控制标准等。

(5) 确定影响质量的关键工序和重点部位。关键工序和重点部位在施工前应编制作业指导书，做好技术交底工作，确保投入工序施工的人员、设备、材料和施工环境满足质量控制要求。

(6) 进行全过程质量管理。加强质量的事前、事中、事后控制。

5. 项目质量管理主要活动

(1) 做好图纸会审，将设计遗留问题尽可能于施工前解决。

(2) 优化施工组织设计，建立三级技术交底制度。总工程师在开工前向参建人员进行交底，项目工程技术部对参建人员进行分部、分项工程技术交底，工长对操作人员进行操作工艺交底。

(3) 做好土建、装修、安装配合，科学合理安排工作，杜绝事后打凿现象。

(4) 严格把好原材料进场质量关，材料进场必须有出厂合格证或材质证明，并应按要求做好原材料的送检试验工作。做好成品、半成品的保护工作，所有原材料、成品、半成品都须经检验合格后方能使用。

(5) 加强标识管理。对进场的原材料，半成品要挂牌标明材料产地、规格、型号、生产日期、检验和试验状态，确保不合格材料不被误用，加工半成品不被错用。保护好测量标识，做好数据工作，确保数据真实完整。确保标识的可追溯要求。

(6) 现场设专职质检员，严格质量检查制度，落实"三查四定"，实行质量一票否决权，质检员对整个工程质量有严格把关的责任，对关键部位、隐蔽工程应重点检查，并随时检查各道工序，发现问题及时限期整改或停工处理。

(7) 组织高素质的专业施工队伍，对参加施工的人员必须进行进场教育和技术交底，特殊工作人员，必须持证上岗。

6. 项目管理成效

该工程在2023年11月获中国工程建设鲁班奖（国家优质工程）。

 引言

党的二十大报告提出，高质量发展是全面建设社会主义现代化国家的首要任务，要加快建设质量强国。高质量的工程项目离不开高水平的质量管理。建设工程项目质量管理是一个系统过程，包括质量策划、质量计划、质量控制、质量改进等环节，依照一定的原则、程序和方法，对项目实施全过程中影响工程质量的要素（人力、机具、材料、施工方法、检测手段、环境等）加以计划、组织、指挥、协调和控制，以达到项目质量目标。上述案例中的工程就是按照这样的管理程序进行的质量管理，取得了很好的成效。

任务单元 5.1　建设工程项目质量管理概述

5.1.1　建设工程项目质量的概念和特点

1. 质量的概念

根据国家标准《质量管理体系 基础和术语》（GB/T 19000—2016）的定义，质量是指客体的一组固有特性满足要求的程度。对该定义可以从以下几个方面理解。

（1）客体是指可感知或可想象到的任何事物，可能是物质的、非物质的或想象的，包括产品、服务、过程、人员、组织、体系、资源等。

（2）固有特性是指在某事或某物中本来就有的，尤其是那种永久的特性。对于产品来说，例如：水泥的化学成分、强度、凝结时间就是固有特性，而价格和交货期则是赋予特性；对于质量管理体系来说，固有特性就是实现质量方针和质量目标的能力；对于过程来说，固有特性就是过程将输入转化为输出的能力。

（3）满足要求应满足明示的（如合同、规范、标准、技术、文件、图纸中明确规定的）、通常隐含的（如组织的惯例、一般习惯）或必须履行的（如法律、法规、行业规则）的需要和期望。对质量的要求除考虑满足顾客的需要外，还应考虑其他相关方即组织自身的利益、提供原材料和零部件等的供货方的利益和社会的利益等多种需求。例如，需考虑安全性、环境保护、节约能源等外部的强制要求。

（4）顾客和其他相关方对产品、过程或体系的质量要求是动态的、发展的和相对的。质量要求随着时间、地点、环境的变化而变化。如随着技术的发展、生活水平的提高，人们对产品、过程或体系会提出新的质量要求。因此应定期评定质量要求、修订规范标准，不断开发新产品、改进老产品，以满足已变化的质量要求。

2. 建设工程项目质量的概念

建设工程项目质量是国家现行的有关法律、法规、技术标准和设计文件及建设工程合同中对建设工程项目的安全、适用、经济、美观等特性的综合要求，其质量特性主要体现在安全性、适用性、可靠性、经济性、耐久性及环境协调等方面。建设工程项目的基本质量特性可以概括如下。

1）有关使用功能的质量特性

建设工程项目的功能性质量，主要表现为反映项目使用功能需求的一系列特性指标，如房屋建筑工程的平面空间布局、通风采光性能；工业建筑工程的生产能力和工艺流程；道路交通工程的路面等级、通行能力；等等。按照现代质量管理理念，功能性质量必须以顾客关注为焦点，满足顾客的需求或期望。

2）有关安全可靠的质量特性

建筑产品不仅要满足使用功能和用途的要求，而且在正常的使用条件下应能达到安全可靠的标准，如建筑结构自身安全可靠，使用过程防腐蚀、防坠、防火、防盗、防辐射，以及设备系统运行与使用安全等。可靠性质量必须在满足功能性质量需求的基础上，结合技术标准、规范（特别是强制性条文）的要求进行确定与实施。

3）有关文化艺术的质量特性

建筑产品具有深刻的社会文化背景，历来人们都把具有某种特定历史文化内涵的建筑产品视同艺术品。其个性的艺术效果，包括建筑造型、立面外观、文化内涵、时代表征，以及装修装饰、色彩视觉等，不仅使用者关注，而且社会也关注；不仅现在的人们关注，而且未来的人们也会关注和评价。工程项目文化艺术的质量特性来自于设计者的设计理念、创意和创新，以及施工者对设计意图的领会与精益施工。

4）有关工程环境的质量特性

建设工程环境质量主要是指在项目建设与使用过程中对周边环境的影响，包括项目的规划布局、交通组织、绿化景观、节能环保，以及其与周边环境的协调性或适宜性。

3. 建设工程项目质量的特点

1）影响质量的因素多

建设工程项目质量受到多种因素的影响，如决策、设计、材料、机具设备、施工方法、施工工艺、技术措施、人员素质、工期、工程造价等，这些因素会直接或间接影响建设工程项目质量。

2）质量波动大

由于建设工程项目生产的单件性、流动性，不像一般工业产品的生产有固定的生产流水线、规范化的生产工艺和完善的检测技术，以及成套的生产设备和稳定的生产环境，所以建设工程项目质量容易产生波动且波动大。

3）质量的隐蔽性

建设工程项目在建造过程中，分项工程交接多、中间产品多、隐蔽工程多，因此质量存在隐蔽性。若在建造中不及时进行质量检查，事后则只能从表面上检查，就很难发现内在的质量问题，这样很容易产生判断错误。

4）终检的局限性

建设工程项目建成后不可能像一般工业产品那样依靠终检来判断产品质量，或将产品拆卸、解体来检查其内在质量，或对不合格零部件进行更换。建设工程项目的终检无法进行工程内在质量的检验，也就无法发现隐蔽的质量缺陷。因此，建设工程项目的终检存在一定的局限性，这就要求建设工程项目质量控制应以预防为主，防患于未然。

5）评价方法的特殊性

建设工程项目质量的检查评定及验收是按检验批、分项工程、单位工程进行的。检验批的质量是分项工程乃至整个工程质量检验的基础，检验批合格质量主要取决于主控项目和一般项目经抽样检验的结果。隐蔽工程在隐蔽前要检查合格后验收，涉及结构安全的试块、试件及有关材料，应按规定进行见证取样检测，涉及结构安全和使用功能的重要分部工程要进行抽样检测。

5.1.2 建设工程项目质量管理的基本概念

1. 质量管理

质量管理是指确定质量方针、目标和职责并在质量体系中通过诸如质量策划、质量控制、质量保证和质量改进,使其实施全部管理职能的所有活动。质量管理是下述管理职能中的所有活动。

(1) 确定质量方针和目标。

(2) 确定岗位职责和权限。

(3) 建立质量体系并使其有效运行。

2. 质量方针

质量方针是由组织的最高管理者正式颁布的、该组织总的质量宗旨和方向。

质量方针是组织总方针的一个组成部分,由最高管理者批准。它是组织的质量政策,是组织全体职工必须遵守的准则和行动纲领,是企业长期或较长时期内质量活动的指导原则,反映了企业领导的质量意识和决策。

3. 质量目标

质量目标是与质量有关的、所追求或作为目的的事物。

质量目标应覆盖那些为了使产品满足要求而确定的各种需求。它反映了企业对产品要求的具体目标,既要满足企业内部所追求的质量品质目标,也要不断满足市场、顾客的要求,是建立在质量方针基础上的。

质量方针是总的质量宗旨、总的指导思想,而质量目标是比较具体的、定量的要求。因此,质量目标是可测量的,并且应与质量方针和持续改进的承诺相一致。

4. 质量体系

质量体系是指为实施质量管理所需的组织结构、程序、过程和资源。

组织结构是一个组织为行使其职能按某种方式建立的职责、权限及其相互关系,通常以组织结构图予以规定。一个组织的组织结构图应能显示其机构设置、岗位设置以及它们之间的相互关系。资源可包括人员、设备设施、资金、技术和方法,质量体系应提供适宜的各项资源以确保过程和产品的质量。

一个组织所建立的质量体系应既满足本组织管理的需要,又满足顾客对本组织的质量体系要求,但主要目的应是满足本组织管理的需要。顾客仅仅评价组织质量体系中与顾客订购产品有关的部分,而不是组织质量体系的全部。

质量体系和质量管理的关系是:质量管理需通过质量体系运行来运作,即建立质量体系并使之有效运行是质量管理的主要任务。

5. 质量策划

质量策划是指质量管理中致力于设定质量目标并规定必要的运行过程和相关资源,以实现其质量目标的部分。

最高管理者应对实现质量方针、目标和要求所需的各项活动和资源进行质量策划,并且该策划的输出应文件化。质量策划是质量管理中的筹划活动,是组织领导和管理部门的质量职责之一。

6. 质量控制

质量控制是指为达到质量要求所采取的作业技术和活动。

质量控制的对象是过程，质量控制的结果应能使被控制对象达到规定的质量要求。为使控制对象达到规定的质量要求，就必须采取适宜的、有效的措施，具体包括作业技术和活动。

7. 质量保证

质量保证是指为了提供足够的信任表明实体能够满足质量要求，而在质量体系中实施并根据需要进行证实的全部有计划和有系统的活动。

质量保证定义的关键是信任，对达到预期质量要求的能力提供足够的信任，而不是买到不合格产品以后的保修、保换、保退。信任的依据是质量体系的建立和运行，因为质量体系对所有影响质量的因素，包括技术、管理和人员方面的，都采取了有效的方法进行控制，因而具有减少、消除特别是预防不合格的机制。供方规定的质量要求，包括产品的、过程的和质量体系的要求，必须完全反映顾客的需求，才能让顾客给予足够的信任。

质量保证总是在有两方的情况下才存在，由一方向另一方提供信任。由于两方的具体情况不同，质量保证分为内部和外部两种。内部质量保证是企业向自己的管理者提供信任，外部质量保证是供方向顾客或第三方认证机构提供信任。

8. 质量改进

质量改进是指质量管理中致力于提高有效性和效率的部分。

质量改进的目的是向组织自身和顾客提供更多的利益，如更低的消耗、更低的成本、更多的收益以及更新的产品和服务等。质量改进是通过整个组织范围内的活动和过程的效果以及效率的提高来实现的。组织内的任何一个活动和过程的效果以及效率的提高都会导致一定程度的质量改进。质量改进是质量管理的一项重要组成部分或者说支柱之一，它通常在质量控制的基础上进行。

9. 质量管理的 PDCA 循环

PDCA 循环是在长期的生产实践过程和理论研究中形成的，是确立质量管理和建立质量体系的基本原理。其循环如图 1.5 所示。每一个循环都围绕着实现预期的目标，进行计划、实施、检查和处置活动，随着对存在问题的克服、解决和改进，来不断增强质量管理能力，提高质量水平。一个循环的四大职能活动相互联系，共同构成了质量管理的系统过程。

1）计划 P（Plan）

质量管理的计划职能，包括确定或明确质量目标和制定实现质量目标的行动方案两方面。实践表明质量计划的严谨周密、经济合理和切实可行，是保证工作质量、产品质量和服务质量的前提条件。

建设工程项目的质量计划，是由项目干系人根据其在项目实施中所承担的任务、责任范围和质量目标，分别进行质量计划而形成的质量计划体系；其中，建设单位的项目质量计划，包括确定和论证项目总体的质量目标，提出项目质量管理的组织、制度、工作程序、方法和要求。项目其他各方干系人，则根据工程合同规定的质量标准和责任，在明确各自质量目标的基础上，制定实施相应范围质量管理的行动方案，包括技术方法、业务流程、资源配置、检验试验要求、质量记录方式、不合格处理和管理措施等具体内容和做法的质量管理文件，同时也须对其实现预期目标的可行性、有效性、经济合理性进行分析论证，并按照规定的程序与权限，经过审批后执行。

2）实施 D（Do）

实施职能在于将质量的目标值，通过生产要素的投入、作业技术活动和产出过程，转换为质量的实际值。为保证工程质量的产出或形成过程能够达到预期的结果，在各项质量活动实施前，要根据质量管理计划进行行动方案的部署和交底，交底的目的在于使具体的作业者和管理者明确计划的意图和要求，掌握质量标准及其实现的程序与方法。在质量活动的实施过程中，要求严格执行计划的行动方案，规范行为，把质量管理计划的各项规定和安排落实到具体的资源配置和作业技术活动中去。

3）检查 C（Check）

应对计划实施过程进行各种检查，包括作业者自检、互检和专职管理者专检。各类检查也都包含两大方面：一是检查是否严格执行了计划的行动方案，实际条件是否发生了变化，不执行的原因；二是检查计划执行的结果，即产出的质量是否达到了标准的要求，并对此进行确认和评价。

4）处置 A（Action）

对于质量检查所发现的问题或质量不合格现象，应及时进行原因分析，采取必要的措施予以纠正，保持工程质量形成过程的受控状态。处置分纠偏和预防改进两个方面。前者是采取应急措施，解决当前的质量偏差、问题或事故；后者是提出目前质量状况信息，并反馈给管理部门，反思问题症结或计划时的不周，确定改进目标和措施，为今后类似问题的质量预防提供借鉴。

5.1.3 质量管理体系的建立、运行和意义

1. 质量管理体系的建立

企业质量管理体系的建立，是在确定市场及顾客需求的前提下，制定企业的质量方针、质量目标、质量手册、程序文件、质量记录等体系文件，并将质量目标分解落实到相关层次、相关岗位的职能、职责中，形成企业质量管理体系的执行系统。

企业质量管理体系的建立要求组织对不同层次的员工进行培训，使体系的运行要求、工作内容为员工所理解，从而为全员参与的质量管理体系运行创造条件。

企业质量管理体系的建立，需识别并提供实现质量目标和持续改进所需的资源，包括人员、基础设施、环境、信息等。

2. 质量管理体系的运行

保持质量管理体系的正常运行和持续实用有效，是企业质量管理的一项重要任务，是质量管理体系发挥实际效能、实现质量目标的主要阶段。质量管理体系的有效运行，是依靠体系的组织机构进行组织协调、实施质量监督、开展质量信息反馈、进行质量管理体系审核与评审来实现的。

（1）组织协调。质量管理体系的运行涉及企业众多部门的活动，组织和协调工作是维护质量管理体系运行的动力。

(2) 质量监督。质量管理体系在运行过程中，各项活动及其结果不可避免地会有偏离标准的可能，为此必须实施质量监督。企业质量监督有内部质量监督和外部质量监督两种，需方或第三方对企业进行的监督是外部质量监督，外部质量监督应与内部质量监督考核工作相结合，以杜绝重大质量问题的发生。

(3) 质量信息管理。在质量管理体系的运行过程中，应通过质量信息反馈系统对异常信息做反馈和处理，进行动态控制，以使各项质量活动和工程实体质量保持受控状态。质量信息反馈和组织协调、质量监督工作是密切联系在一起的，异常信息一般来自质量监督，异常信息的处理要依靠组织协调工作，三者的有机结合是使质量管理体系有效运行的保证。

(4) 质量管理体系审核与评审。企业定期进行质量管理体系审核与评审，作用有三：一是对体系要素进行审核与评价，确定其有效性；二是对运行中出现的问题采取纠正措施，对体系的运行进行管理，保持体系的有效性；三是评价质量管理体系对环境的适应性，对体系结构中不适用的内容采取改进措施。

3. 建立和有效运行质量管理体系的意义

ISO 9000 族标准是一套精心设计、结构严谨、定义明确、内容具体、适用性很强的管理标准。它不受具体行业和企业性质等的制约，为质量管理提供了指南，为质量保证提供通用的质量要求，具有广泛的应用空间。经过许多企业的应用，证明其作用表现为以下几点。

ISO 9000族标准介绍

(1) 提高供方企业的质量信誉。
(2) 促进企业完善质量管理体系。
(3) 增强企业的国际市场竞争能力。
(4) 有利于保护消费者利益。

任务单元 5.2　建设工程项目参与方的质量责任及建设工程质量管理制度

5.2.1　建设工程项目参与方的质量责任和义务

1. 建设单位的质量责任和义务

建设单位的质量责任和义务包括以下内容。

(1) 建设单位应当将工程发包给具有相应资质等级的单位，同时不得将建设工程肢解发包。

(2) 建设单位应当依法对项目的勘察、设计、施工、监理以及与工程建设有关的重要设备、材料等的采购进行招标。

(3) 建设单位必须向有关的勘察、设计、施工、监理等单位提供与建设工程有关的原始资料。原始资料必须真实、准确、齐全。

(4) 建设工程发包单位不得迫使承包方以低于成本的价格竞标，不得任意压缩合理工期。不得明示或者暗示设计单位或施工单位违反工程建设强制性标准,降低建设工程质量。

(5) 建设单位应当将施工图设计文件报县级以上人民政府建设行政主管部门或者其他有关部门审查。施工图设计文件审查的具体办法,由国务院建设行政主管部门会同国务院其他有关部门制定。施工图设计文件未经审查批准的,不得使用。

(6) 实行监理的建设工程,建设单位应当委托具有相应资质等级的工程监理单位进行监理,也可以委托具有工程监理相应资质等级并与被监理工程的施工承包单位没有隶属关系或者其他利害关系的该工程的设计单位进行监理。

(7) 建设单位在领取施工许可证或者开工报告前,应当按照国家有关规定办理工程质量监督手续。

(8) 按照合同约定,由建设单位采购建筑材料、构配件和设备的,建设单位应当保证建筑材料、构配件和设备符合设计文件和合同要求。不得明示或者暗示施工单位使用不合格的建筑材料、构配件和设备。

(9) 涉及建筑主体和承重结构变动的装修工程,建设单位应当在施工前委托原设计单位或者具有相应资质等级的设计单位提出设计方案。没有设计方案的,不得施工。房屋建筑使用者在装修过程中,不得擅自变动房屋建筑主体和承重结构。

(10) 建设单位收到建设工程竣工报告后,应当组织设计、施工、工程监理等有关单位进行竣工验收。建设工程经验收合格的,方可交付使用。

(11) 建设单位应当严格按照国家有关档案管理的规定,及时收集、整理建设工程项目各环节的文件资料,建立、健全工程项目档案,并在建设工程项目竣工验收后,及时向建设行政主管部门或者其他有关部门移交工程项目档案。

2. 勘察、设计单位的质量责任和义务

勘察、设计单位的质量责任和义务包括以下内容。

(1) 勘察、设计单位应当依法取得相应等级的资质证书,在其资质等级许可的范围内承揽工程,不得转包或者违法分包所承揽的工程。禁止超越其资质等级许可的范围或者以其他勘察、设计单位的名义承揽工程。禁止允许其他单位或者个人以本单位的名义承揽工程。

(2) 勘察、设计单位必须按照工程建设强制性标准进行勘察、设计,并对其勘察、设计的质量负责。注册建筑师、注册结构工程师等注册执业人员应当在设计文件上签字,对设计文件负责。

(3) 勘察单位提供的地质、测量、水文等勘察成果必须真实、准确。

(4) 设计单位应当根据勘察成果文件进行建设工程设计。设计文件应当符合国家规定的设计深度要求,注明工程合理使用年限。

(5) 设计单位在设计文件中选用的建筑材料、构配件和设备,应当注明规格、型号、性能等技术指标,其质量要求必须符合国家规定的标准。除有特殊要求的建筑材料、专用设备、工艺生产线等外,设计单位不得指定生产厂、供应商。

(6) 设计单位应当就审查合格的施工图设计文件向施工单位做出详细说明。

(7) 设计单位应当参与建设工程质量事故分析,并对因设计造成的质量事故,提出相应的技术处理方案。

3. 施工单位的质量责任和义务

施工单位的质量责任和义务包括以下内容。

（1）施工单位应当依法取得相应等级的资质证书，在其资质等级许可的范围内承揽工程，不得转包或者违法分包工程。禁止超越本单位资质等级许可的业务范围或者以其他施工单位的名义承揽工程。禁止允许其他单位或者个人以本单位的名义承揽工程。

（2）施工单位对建设工程的施工质量负责。应当建立质量责任制，确定建设工程项目的项目经理、技术负责人和施工管理负责人。建设工程实行总承包的，总承包单位应当对全部建设工程质量负责，建设工程勘察、设计、施工、设备采购的一项或者多项实行总承包的，总承包单位应当对其承包的建设工程或者采购的设备的质量负责。

（3）总承包单位依法将建设工程分包给其他单位的，分包单位应当按照分包合同的约定对其分包工程的质量向总承包单位负责，总承包单位与分包单位对分包工程的质量承担连带责任。

（4）施工单位必须按照工程设计图纸和施工技术标准施工，不得擅自修改工程设计，不得偷工减料。在施工过程中发现设计文件和图纸有差错的，应当及时提出意见和建议。

（5）施工单位必须按照工程设计要求、施工技术标准和合同约定，对建筑材料、构配件、设备和预拌混凝土进行检验，检验应当有书面记录和专人签字，未经检验或者检验不合格的，不得使用。

（6）施工单位必须建立、健全施工质量的检验制度，严格工序管理，做好隐蔽工程的质量检查和记录。隐蔽工程在隐蔽前，施工单位应当通知建设单位和建设工程质量监督机构。

（7）施工人员对涉及结构安全的试块、试件以及有关材料，应当在建设单位或者工程监理单位监督下现场取样，并送具有相应资质等级的质量检测单位进行检测。

（8）施工单位对施工中出现质量问题的建设工程或者竣工验收不合格的建设工程，应当负责返修。

（9）施工单位应当建立、健全教育培训制度，加强对职工的教育培训；未经教育培训或者考核不合格的人员，不得上岗作业。

4. 工程监理单位的质量责任和义务

工程监理单位的质量责任和义务包括以下内容。

（1）工程监理单位应当依法取得相应等级的资质证书，在其资质等级许可的范围内承担工程监理业务，不得转让工程监理业务。禁止超越本单位资质等级许可的范围或者以其他工程监理单位的名义承担工程监理业务。禁止允许其他单位或者个人以本单位的名义承担工程监理业务。

（2）工程监理单位与被监理工程的施工承包单位以及建筑材料、构配件和设备供应单位有隶属关系或者其他利害关系的，不得承担该项建设工程的监理业务。

（3）工程监理单位应当依照法律、法规以及有关技术标准、设计文件和建设工程承包合同，代表建设单位对施工质量实施监理，并对施工质量承担监理责任。

（4）工程监理单位应当选派具备相应资格的总监理工程师和监理工程师进驻施工现

场。未经监理工程师签字，建筑材料、构配件和设备不得在工程上使用或者安装，施工单位不得进行下一道工序的施工。未经总监理工程师签字，建设单位不得拨付工程款，不得进行竣工验收。

（5）监理工程师应当按照工程监理规范的要求，采取旁站、巡视和平行检验等形式对建设工程实施监理。

5.2.2　建设工程质量管理制度

1. 建设工程质量监督管理制度

1）政府监督管理部门

（1）国务院建设行政主管部门对全国的建设工程质量实施统一监督管理。国务院铁路、交通、水利等有关部门按照国务院规定的职责分工，负责对全国的有关专业建设工程质量的监督管理。

（2）县级以上地方人民政府建设行政主管部门对本行政区域内的建设工程质量实施监督管理。县级以上地方人民政府交通、水利等有关部门在各自的职责范围内，负责对本行政区域内的专业建设工程质量的监督管理。

2）建设工程质量监督管理实施

建设工程质量监督管理，可以由建设行政主管部门或者其他有关部门委托的建设工程质量监督机构具体实施。从事房屋建筑工程和市政基础设施工程质量监督的机构，必须按照国家有关规定经国务院建设行政主管部门或者省、自治区、直辖市人民政府建设行政主管部门考核；从事专业建设工程质量监督的机构，必须按照国家有关规定经国务院有关部门或者省、自治区、直辖市人民政府有关部门考核，经考核合格后，方可实施质量监督。

县级以上人民政府建设行政主管部门和其他有关部门履行监督检查职责时，有权采取下列措施。

（1）要求被检查单位提供有关工程质量的文件和资料。

（2）进入被检查单位的施工现场进行检查。

（3）发现有影响工程质量的问题时，责令改正。有关单位和个人对县级以上人民政府建设行政主管部门和其他有关部门进行的监督检查应当支持与配合，不得拒绝或者阻碍建设工程质量监督检查人员依法执行职务。

2. 建设工程施工图设计文件审查制度

建设单位应当将施工图设计文件报县级以上人民政府主管部门或者其他有关部门审查。施工图设计文件未经审查批准，不得使用。

3. 建设工程竣工验收备案制度

建设单位应当自建设工程竣工验收合格之日起 15 日内，将建设工程竣工验收报告和规划、公安消防、环保等部门出具的认可文件或者准许使用文件报建设行政主管部门或者其他有关部门备案。建设行政主管部门或者其他有关部门发现建设单位在竣工验收过程中有违反国家有关建设工程质量管理规定行为的，责令停止使用，重新组织竣工验收。

4. 建设工程质量事故报告制度

建设工程发生质量事故，有关单位应当在 24 小时内向当地建设行政主管部门和其他有关部门报告。对重大质量事故，事故发生地的建设行政主管部门和其他有关部门应当按照事故类别和等级向当地人民政府、上级建设行政主管部门和其他有关部门报告。特别重大质量事故的调查程序应按照国务院有关规定办理。

任何单位和个人对建设工程的质量事故、质量缺陷都有权检举、控告、投诉。

5. 建设工程质量检测制度

为保障建设工程的安全，在施工过程中要求对涉及结构安全和重要使用功能的试块、试件以及有关材料、地基、节能分项分部工程等，应由具有相应资质等级的质量检测单位进行测试、检测。

工程质量检测机构是对工程和建筑构件、制品以及建筑现场所用的有关材料、设备质量进行检测的，具有法定资质的第三方中介服务单位，其所出具的检测报告具有法定效力。工程质量检测机构的检测依据是国家、部门和地区颁发的有关建设工程的法规和技术标准。

6. 建设工程质量保修制度

建设工程在办理交工验收手续后，在规定的保修期限内因勘察、设计、施工、材料等原因造成的质量问题，由施工单位负责维修、更换，由责任单位负责赔偿损失。质量问题是指工程不符合国家工程建设强制性标准、设计文件以及合同中对质量的要求。

建设工程承包单位在向建设单位提交工程竣工验收报告时，应当向建设单位出具工程质量保修书，质量保修书中应当明确建设工程的保修范围、保修期限和保修责任等。

在正常使用条件下，建设工程的最低保修期限如下。

（1）基础设施工程、房屋建筑的地基基础工程和主体结构工程，为设计文件规定的该工程的合理使用年限。

（2）屋面防水工程，有防水要求的卫生间、房屋和外墙面的防渗漏，为 5 年。

（3）供热与供冷系统，为 2 个采暖期、供冷期。

（4）电气管线、给排水管道、设备安装和装修工程，为 2 年。

其他项目的保修期由发包方和承包方约定。保修期自竣工验收合格之日起计算。

任务单元 5.3　建设工程项目质量管理程序

工作任务单

任务单元 5.3 工作任务单
工作任务描述	某建筑公司投标某一新建工业厂房工程，该工程建筑面积 5466m^2，建筑高度 12.9m，基础为独立基础，结构类型为单层钢结构，要求质量达到国家施工验收规范合格标准，总工期为 100 日历天。 公司中标后，组建了工程项目经理部，并要求项目经理部及时编制项目质量计划。

续表

任务单元 5.3 工作任务单
工作任务要求 （1）项目经理部对项目进行质量管理的全过程应该包括哪几个环节？ （2）什么是建设工程项目质量计划？它包括哪些内容？其编制依据有哪些？ （3）请你查阅相关资料，给该工程项目草拟一份项目质量计划提纲。

5.3.1 建设工程项目质量策划

国际标准 ISO 9000：2000 中对质量策划的定义是：质量策划是质量管理的一部分，致力于制定质量目标并规定必要的运行过程和相关资源以实现质量目标。

项目质量策划是围绕项目所进行的质量目标策划、运行过程策划、确定相关资源等活动的过程。项目质量策划的结果是：明确项目质量目标；明确为达到质量目标应采取的措施，包括必要的作业过程；明确应提供的必要条件，包括人员、设备等资源条件；明确项目参与各方、部门或岗位的质量职责。质量策划的结果可用质量计划、质量技术文件等质量管理文件形式加以表达。

1. 质量目标策划

项目的质量目标是项目在质量方面所追求的目的。无论何种项目，其质量目标都包括总目标和具体目标。项目质量的总目标表达了项目拟达到的总体质量水平，如某建筑工程的质量目标是合格品率 100%、优良品率 80%。项目质量的具体目标包括项目的性能性目标、可靠性目标、安全性目标、经济性目标、时间性目标和环境适应性目标等。项目质量的具体目标一般应定量加以描述，如某基础工程项目，其混凝土的抗压强度等级为 40MPa。不同的项目，其质量目标策划的内容和方法也不相同，但通常要考虑以下因素。

（1）项目本身的功能性要求。每一个项目都有其特定的功能，在进行项目质量目标策划时，必须考虑其功能要求。

（2）项目的外部条件。项目的质量目标应与其外部条件相适应，所以在确定项目的质量目标时，应充分掌握项目的外部条件，如项目的环境条件、地质条件、水文条件等。

（3）市场因素。在进行项目质量目标策划时，应通过市场调查，了解社会或用户对项目的一种期望，并将其纳入质量目标之中。

（4）质量的经济性。项目质量的提高，往往会导致项目成本的增加。在确定项目质量目标时，要求既满足项目的功能要求和社会或用户的期望，又不至于造成成本的不合理增加。在项目质量目标策划时，应综合考虑项目质量与成本之间的关系，合理确定项目的质量目标。

2. 运行过程策划

项目质量管理是通过一系列活动、环节、过程实现的，项目质量策划应对这些活动、环节、过程加以识别和明确。具体而言，需要明确：影响项目质量的各个环节；质量管理程序；质量管理措施，包括质量管理的技术措施、组织措施等；质量管理方法，包括质量控制方法和质量评价方法等。

3. 确定相关资源

为进行项目质量管理，需建立相应的组织机构，配备人力、材料、检验试验机具等必备资源。这些都应通过项目质量策划过程加以确定。

4. 质量策划的依据

（1）项目特点。不同类型、不同规模、不同特点的项目，其质量目标、质量管理运行过程及需要的资源各不相同。因此，应针对项目的具体情况进行质量策划。

（2）项目质量方针。项目质量方针反映了项目总的质量宗旨和质量方向，质量方针提供了质量目标制订的框架，是项目质量策划的基础之一。

（3）范围说明。以文件形式规定主要项目成果和项目目标（业主对项目的需求），它是项目质量策划所需的关键依据之一。

（4）标准和规则。不同的行业、领域，对相关项目都有相应的质量要求，这些要求往往是通过标准、规范、规程等形式加以明确的，这将对项目质量策划产生重要影响。

5.3.2　建设工程项目质量计划

1. 质量计划的概念

质量计划是指确定项目的质量目标并规定达到这些质量目标必要的作业过程、专门的质量措施和资源等工作。质量计划往往不是一个单独文件，而是由一系列文件所组成的。项目开始时，应从总体考虑，编制规划性的质量计划，如质量管理计划；随着项目的进展，再编制各阶段较详细的质量计划，如项目操作规范。质量计划的格式和详细程度并无统一规定，但应与工程的复杂程度及施工单位的施工部署相适应，计划应尽可能简明。质量计划的作用是，对外可作为针对特定项目的质量保证，对内可作为针对特定项目质量管理的依据。

2. 质量计划的编制依据

（1）合同中有关产品（或过程）的质量要求。
（2）与产品（或过程）有关的其他要求。
（3）质量管理体系文件。
（4）组织针对项目的其他要求。

3. 质量计划的编制要求

质量计划应由项目经理主持编制。质量计划作为对外质量保证和对内质量控制的依据文件，应体现项目从分项工程、分部工程到单位工程的系统控制过程，同时也要体现从资源投入到完成工程质量最终检验和试验的全过程控制。质量计划的编制要求主要包括以下几方面。

1) 质量目标

质量目标一般由企业技术负责人、项目经理部管理层认真分析项目特点、项目经理部情况及企业生产经营总目标后决定。其基本要求是项目竣工交付业主使用时，质量要达到合同范围内全部工程的所有使用功能；符合设计图纸要求；检验批、分项、分部、单位工程质量达到施工质量验收统一标准，合格率为100%。

2）管理职责

质量计划应规定项目经理部管理人员及操作人员的岗位职责。

（1）项目经理是本项目实施的最高负责人，对项目符合设计、验收规范、标准要求等负责，对项目各阶段按期交工负责，以保证整个项目质量符合合同要求。

（2）项目经理委托项目质量副经理（或技术负责人）负责本工程质量计划和质量文件的实施及日常质量管理工作，当有更改时，负责更改后的质量文件活动的控制和管理：①对本项目的准备、施工、安装、交付和维修整个过程的质量活动的控制、管理、监督、改进负责；②对进场材料、机械设备的合格性负责；③对分包工程质量的管理、监督、检查负责；④对设计和合同有特殊要求的工程和部位负责，组织有关人员、分包商和用户按规定实施，指定专人进行相互联络，解决相互间接口发生的问题；⑤对施工图纸、技术资料、项目质量文件、记录的控制和管理负责。

（3）项目生产副经理要对项目进度负责，调配人力、物力，保证按图纸和规范施工，协调同业主、分包商的关系，负责审核结果、实施整改措施和质量纠正措施。

（4）施工队长、工长、测量员、试验员、计量员在项目质量副经理的直接指导下，负责所管部位和分项施工全过程的质量，使其符合图纸和规范要求，有更改的要符合更改要求，有特殊规定的要符合特殊要求。

（5）材料员、机械员对进场的材料、构件、机械设备进行质量验收和退货、索赔，对业主或分包商提供的物资和机械设备要按合同规定进行验收。

3）资源提供

质量计划要规定各项资源的提供方式和考核方式等。如规定项目经理部管理人员及操作人员的岗位任职标准及考核认定方法，规定项目人员流动时进出人员的管理程序，规定人员进场培训内容、考核、记录等，规定对新技术、新材料、新结构、新设备修订的操作方法和对操作人员进行的培训并记录，规定项目所需的临时设施、支持性服务手段、施工设备及通信设施。

4）项目实现过程的策划

在质量计划中，要规定施工组织设计或专项项目质量计划的编制要点及接口关系，规定重要施工过程技术交底的质量策划要求，规定新技术、新材料、新结构、新设备的策划要求，规定重要过程验收的准则或技艺评定方法。

5）材料、机械设备等采购过程的控制

质量计划对项目所需的材料、设备等，要规定供方产品标准及质量管理体系的要求、采购的法规要求。当有可追溯性要求时，要明确其记录、标识的主要方法等。

6）施工工艺过程的控制

质量计划对项目从合同签订到交付全过程的控制方法做出规定，对项目的总进度计划、分段进度计划、分包工程进度计划、特殊部位进度计划、中间交付进度计划等做出过程识别和管理规定。

7）搬运、存储、包装、成品保护和交付过程的控制

质量计划要对搬运、存储、包装、成品保护和交付过程的控制方法做出相应的规定，

具体包括：项目实施过程所形成的分项、分部、单位工程的半成品、成品的保护方案、措施、交接方式等内容；工程期间交付，竣工交付，工程的收尾、维护、验收，后续工作处理的方案、措施和方法；材料、构件、机械设备的运输、装卸、存收的控制方案及措施；等等。

8) 检验、试验、测量和计量过程及设备的控制

质量计划要对施工项目中所进行和使用的所有检验、试验、测量和计量过程及设备的控制、管理制度等做出相应的规定。

9) 不合格品的控制

质量计划要编制作业、分项或分部工程不合格品出现的补救方案和预防措施，规定合格品与不合格品之间的标识，并制定隔离措施。

4. 质量计划的主要内容

质量计划的主要内容包括以下几个方面。

（1）质量目标和要求。
（2）质量管理组织和职责。
（3）所需的过程、文件和资源。
（4）产品（或过程）所要求的评审、验证、确认、监视、检验和试验活动及接收准则。
（5）记录的要求。
（6）所采取的措施。

5.3.3 建设工程项目质量控制

质量控制是质量管理的一部分，致力于满足质量要求。质量控制的目标就是确保项目质量能满足有关方面所提出的质量要求。质量控制的范围涉及项目质量形成全过程的各个环节，任何一个环节的工作没有做好，都会使项目质量受到影响而不能满足质量要求。质量控制的工作内容包括专业技术和管理技术两方面。质量控制应贯彻预防为主与检验把关相结合的原则，在项目形成的每一个阶段和环节，都应对影响其工作质量的人、材料、机械设备、施工方法、环境因素进行控制，并对质量活动的成果进行分阶段验证，以便及时发现问题，查明原因，采取措施，防止类似问题重复发生，并使问题在早期得到解决，减少经济损失。

1. 施工生产要素的质量控制

建设工程项目的质量影响因素很多，归纳起来主要有五个方面，即人、材料、机械设备、施工方法和环境因素。

1) 人的质量控制

人是生产经营活动的主体，也是工程项目建设的决策者、管理者和操作者，工程建设的全过程，如项目的规划、决策、勘察、设计和施工，都是通过人来完成的。人员的素质将直接或间接地对规划、决策、勘察、设计和施工的质量产生影响，因此，建筑行业实行经营资质管理和各类专业从业人员

上海"11·15"特大火灾事故

持证上岗制度是保证人员素质的重要管理措施。

2）材料的质量控制

材料的质量控制包括原材料、成品、半成品、构配件等的质量控制。材料的质量控制是项目质量的基础，材料质量不符合要求，项目质量就不可能符合标准。所以加强材料的质量控制，是提高工程质量的重要保证。材料的质量控制，要做到进入现场的工程材料必须有产品合格证或质量保证书、性能检测报告，并能符合设计标准要求；凡需复试检测的工程材料必须复试合格才能使用；使用进口工程材料必须符合我国相应的质量标准，并持有商检部门签发的商检合格证书；严禁易污染、易反应的材料混放，造成材性蜕变；注意设计、施工过程对材料、构配件、半成品的合理选用，严禁混用、少用、多用，避免造成质量失控。

3）机械设备的质量控制

机械设备的质量控制包括工程设备和施工机械设备的质量控制。工程设备是指组成工程实体配套的工艺设备和各类机具，如电梯、泵机、通风空调设备等，它们是工程的重要组成部分，其质量的优劣，将直接影响工程使用功能的质量。施工机械设备是项目实施的重要物质基础，合理选择和正确使用施工机械设备是保证施工质量的重要物质基础。因此，必须对工程设备和施工机械设备的购置、检查验收、安装质量和试车运转加以控制，确保项目质量目标的实现。

4）施工方法的质量控制

施工方法的质量控制主要包括施工技术方案、施工工艺、施工技术措施等方面的质量控制。采用科学合理的施工方法有利于保证工程的质量。对施工方法的质量控制，重点应做好以下几个方面的工作：首先，施工方案应随工程的进展而不断细化和深化；其次，在选择施工方案时，对主要的施工项目要事先拟订几个可行的方案，找出主要矛盾，明确各方案的优缺点，通过反复论证和比较，选出最佳方案；此外，对主要项目、关键部位和难度较大的项目，如新材料、新结构、大跨度和高大结构部位等，制订方案时应充分考虑可能发生的施工质量问题及处理方法。

5）环境因素的质量控制

环境因素的质量控制主要包括现场自然环境条件、施工质量管理环境和施工作业环境的质量控制。环境因素对工程质量的影响经常是复杂多变的，而且具有不确定性，因此事先必须进行深入的调查研究，提前采取措施，充分做好各种准备工作。

（1）现场自然环境条件的质量控制。

现场自然环境条件，主要指工程地质、水文、气象、周边建筑、地下管道线路及其他不可抗力因素等。在编制施工方案、施工计划和措施时，应从自然环境的特点和规律出发，制定切实可行且具有针对性的技术方案和施工对策，防止地下水、地面水对施工的影响，保证周围建筑和地下管线的安全，从实际条件出发做好冬雨期施工项目的安排和防范措施，加强环境保护和建设公害的治理。

（2）施工质量管理环境的质量控制。

施工质量管理环境，主要指施工单位的质量保证体系、质量管理制度等。应根据承发包的合同结构，理顺各参建施工单位之间的管理关系，建立现场施工组织系统和质量管理的综合运行机制，保证质量保证体系处于良好的状态。

(3) 施工作业环境的质量控制。

施工作业环境，主要指施工现场的水电供应、施工照明、通风、安全防护设施、施工场地空间条件和通道、交通运输和道路条件等，这些条件是否良好，直接影响到施工能否顺利进行。施工时，应做好施工平面图的合理规划和管理，规范施工现场的机械设备、材料构件、道路管线和各种大型设施的布置，落实好现场各种安全防护措施，做出明确标志，保证施工道路的畅通，采取特殊环境下施工作业的通风、照明措施。

2. 事前、事中和事后的质量控制

施工阶段的质量控制，是指从投入资源的质量控制（项目的事前质量控制）开始，进而对施工过程及各个环节质量进行控制（项目的事中质量控制），直到对所完成的产品质量的检验与控制（项目的事后质量控制）为止的全过程的系统控制过程。因此，施工阶段的质量控制，可以根据项目实体质量形成的不同阶段划分为事前控制、事中控制和事后控制。

1) 项目的事前质量控制

项目的事前质量控制是指正式施工前的质量控制，具体内容包括以下几个方面。

(1) 技术准备。

技术准备是各项施工准备工作在正式开展作业技术活动前，按预先计划的安排落实到位，包括配置的人员、材料机具、场所环境、通风、照明、安全设施等。技术准备控制主要内容包括：熟悉和审查施工图纸，做好设计交底和图纸会审；对项目建设地点的自然条件、技术经济条件进行调查分析；编制项目管理的实施规划并进行审查；制订施工质量控制计划，设置质量控制点（所谓质量控制点是根据项目特点，为保证工程质量而确定的重点控制对象、关键部位或薄弱环节），明确关键部位的质量管理点。

(2) 现场施工准备的质量控制。

① 工程定位和标高基准的控制。工程测量放线是建设工程产品由设计转化为实物的第一步。施工测量质量的好坏会直接影响工程的质量，并且制约施工过程有关工序的质量。因此，施工单位必须对建设单位提供的原始基准点、基准线和标高等测量控制点进行复核，并将复测结果上报监理工程师审核，批准后施工单位才能建立施工测量控制网，进行工程定位和标高基准的控制。

② 施工平面布置的控制。建设单位应按照合同约定并考虑施工单位施工的需要，事先划定并提供施工占用和使用现场的用地范围。施工单位要科学合理地使用规划好的施工场地，保证施工现场道路畅通、材料堆放合理、防洪排水能力良好、给水和供电设施通畅以及机械设备安装布置正确。应制定施工现场质量管理制度，并做好施工现场的质量检查记录。

③ 材料、构配件的质量控制。首先应做好采购订货的质量控制，施工单位应制订科学合理的材料加工、运输的组织计划，掌握相应的材料信息，优选供货厂家，建立严密的计划、调度、管理体系，确保材料的供应质量；其次应做好对进场材料的质量控制，凡运到施工现场的材料、半成品或构配件都应出具产品合格证及技术说明书，并按规定进行试验和检验，经抽查合格后，方能允许进入施工现场；同时应加强材料的存储和使用的质量控制，避免使用变质或规格、性能不符合要求的材料，以免造成工程质量事故。

④ 机械设备的质量控制。根据工程特点和施工要求，对机械设备进行质量控制，是保证工程质量和施工正常进行，防止因机械设备事故导致发生重大质量和安全事故的重要措施。机械设备的质量控制，包括工程设备和施工机械设备的质量控制。工程设备的质量控制主要包括设备的检查验收、设备的安装质量、设备的调试和试车运转。施工机械设备的质量控制就是使施工机械设备的类型、性能、参数等与施工现场的实际条件、施工工艺、技术要求等因素相匹配，以符合施工生产的实际要求，其质量控制主要从机械设备的选型、主要性能参数指标的确定和使用操作要求等方面进行。

(3) 分包单位的选择和资格审查。

对分包单位资格与能力的控制是保证工程施工质量的一个重要方面，确定分包内容、选择分包单位及分包方式，既直接关系到施工总承包单位的利益和风险，也关系到建设工程项目质量的保障问题。因此，施工总承包单位必须有健全有效的分包选择程序，同时，按照我国现行法规的规定，在订立分包合同前，施工总承包单位必须将所联络的分包单位情况报送项目监理机构进行资格审查。

2) 项目的事中质量控制

项目的事中质量控制是指施工过程中的质量控制，具体内容包括以下几个方面。

(1) 做好技术交底。

做好技术交底是保证施工质量的重要保证措施之一。技术交底应由项目技术人员编制，并经项目技术负责人批准实施。作业前应由项目技术负责人向承担施工的负责人或分包人进行书面技术交底，技术交底资料应办理签字手续并归档保存。技术交底的内容主要包括：施工方法、质量标准和验收标准，施工中应注意的问题，可能出现意外情况的应急预案及处理措施，文明施工和安全措施要求及成品保护，等等。技术交底的形式，有书面、口头、会议、挂牌、样板和示范操作等。

(2) 测量控制。

项目开工前应编制测量控制方案，经项目技术负责人批准后实施。对相关部门提供的测量控制点应做好复核工作，经审批后进行施工测量放线，并保存测量记录。在施工过程中应对设置的测量控制点线妥善保护，不准擅自移动。同时在施工过程中必须认真进行施工测量复核工作，其复核结果应报送监理工程师复核确认后，方能进行后续相关工序的施工。

(3) 计量控制。

计量控制是保证工程项目质量的重要手段和方法，是施工项目开展质量管理的一项重要基础工作。施工过程中的计量工作，包括施工生产时的投料计量、施工测量、监测计量，以及对项目、产品或过程的测试、检验、分析计量等。计量控制的工作重点是：建立计量管理部门和配置计量人员；建立、健全和完善计量管理的规章制度；严格按规定有效控制计量器具的使用、保管、维修和检验；监督计量过程的实施，保证计量的准确。

(4) 工序施工质量控制。

施工过程是由一系列相互联系和制约的工序构成的，工序是人、材料、机械设备、施工方法和环境因素对工程质量起综合作用的过程，所以对施工过程的质量控制，必须以工序质量控制为基础和核心。工序施工质量控制，主要包括工序施工条件质量控制和工序施工效果质量控制。

① 工序施工条件是指从事工序活动的各生产要素质量及生产环境条件。工序施工条件质量控制，就是控制工序活动的各种投入要素质量和环境条件质量。控制的依据主要是设计质量标准、材料质量标准、机械设备技术性能标准、施工工艺标准及操作规程等。

② 工序施工效果主要反映工序产品的质量特征和特性指标。工序施工效果的质量控制，就是控制工序产品的质量特征和特性指标，以达到设计质量标准及施工质量验收标准的要求。

(5) 特殊过程的质量控制。

特殊过程是指该施工过程或工序施工质量不易或不能通过其后的检验和试验而得到充分验证的过程，或者万一发生质量事故难以挽救的施工对象。特殊过程的质量控制是施工阶段质量控制的重点，对在项目质量计划中界定的特殊过程，应设置工序质量控制点，抓住影响工序施工质量的主要因素进行强化控制。

质量控制点应选择那些保证质量难度大、对质量影响大或是发生质量问题时危害较大的对象进行设置。具体选择原则是：对工程质量形成过程产生直接影响的关键部位、工序及隐蔽工程；施工过程中的薄弱环节，或者质量不稳定的工序、部位或对象；对下道工序有较大影响的上道工序；采用新技术、新工艺、新材料的部位或环节；在施工上无把握的、施工条件困难的或技术难度大的工序或环节；用户反馈和过去有过返工的不良工序。

(6) 工程变更的控制。

工程变更的范围包括设计的变更、工程量的变动、施工时间的变更、施工合同文件的变更等。设计的变更的主要原因是投资者对投资规模的扩大或压缩，而需要重新设计，或是对已交付的设计图纸提出新的设计要求，需对原设计进行修改；工程量的变动是指对工程量清单中数量的增加或减少；施工时间的变更是指对已批准的承包单位施工计划中安排的施工时间或完成时间的变动；施工合同文件的变更包括施工图纸的变更、承包单位提出修改设计的合理化建议及其节约价值的分配导致的合同变更、由于不可抗力或双方事先未能预料而无法防止的事件发生而允许进行的合同变更。

工程变更的程序为：提出工程变更的申请→监理工程师审查工程变更→监理工程师与业主、承包商协商→监理工程师审批工程变更→编制变更文件→监理工程师发布变更指令。

3) 项目的事后质量控制

项目的事后质量控制主要是进行已完施工的成品保护、质量验收和不合格品的处理，以保证最终验收的建设工程质量。其具体内容包括以下几个方面。

(1) 已完施工成品保护。

所谓成品保护，一般是指在项目施工过程中，某些部位已经完成，而其他部位还在施工，在这种情况下，施工单位必须负责对已完成部分采取妥善的措施予以保护，以免因成品缺乏保护或保护不善而造成损伤或污染，影响工程的实体质量。

已完施工的成品保护问题和措施，在工程施工组织设计与计划阶段就应该从施工顺序上进行考虑，防止施工顺序不当或交叉作业造成相互干扰、污染和损坏，成品形成后可采取防护、覆盖、封闭、包裹等相应措施进行保护。

(2) 施工质量检查验收。

施工质量检查验收作为事后控制的途径,强调按照施工质量验收统一标准规定的质量等级划分,从施工作业工序开始,依次做好检验批、分项工程、分部工程及单位工程的施工质量验收。通过多层次的设防把关,严格验收,控制建设工程项目的质量目标。

(3) 建设工程项目竣工质量验收。

建设工程项目竣工质量验收分为三个阶段,即竣工验收的准备阶段、初步验收和正式验收。

① 参与工程建设的各方应做好竣工验收的准备工作,包括建设单位、监理单位、施工单位、设计单位等。

② 当建设工程项目达到竣工验收条件后,施工单位在自检合格的基础上,填写工程竣工报验单,并将全部资料报送监理单位,申请竣工验收。经监理单位检查验收合格后,由总监理工程师签署工程竣工报验单,并向建设单位提出质量评估报告。

③ 当初步验收检查结果符合竣工验收要求时,监理工程师应将施工单位的竣工申请报告报送建设单位,建设单位着手组织勘察、设计、施工、监理等单位和其他方面的专家组成竣工验收小组,并制订验收方案。

5.3.4 建设工程项目质量改进

1. 质量改进的基本规定

(1) 项目经理部应定期对项目质量状况进行检查、分析,并向组织提出质量报告,提出目前质量状况、发包人及其他相关方满意程度、产品要求的符合性及项目经理部的质量改进措施。

(2) 组织应对项目经理部进行检查、考核,定期进行内部审核,并将审核结果作为管理评审的输入,推动项目经理部的质量改进。

(3) 组织应了解发包人及其他相关方对质量的意见,并对质量管理体系进行审核,确定改进目标,提出相应措施并检查落实。

2. 质量改进的方法

(1) 坚持全面质量管理的 PDCA 循环方法。

随着质量管理的不断进行,原有的问题解决了,新的问题又产生了,问题不断产生而又不断被解决,如此循环下去,每一次循环都把质量管理活动推向一个新的高度。

(2) 坚持全面质量管理(TQC)的思想。

全面质量管理就是强调在企业或组织的最高管理者的质量方针的指引下,实行全方位、全过程和全员参与的质量管理。

① 全方位质量管理是指工程项目各管理主体所进行的工程项目质量管理的总称,其中包括工程质量和工作质量的全面管理。工作质量直接影响产品质量的形成,业主、监理单位、勘察单位、设计单位、施工总承包单位、施工分包单位、材料设备供应商等,任何一方、任何环节的怠慢疏忽或质量责任不到位,都会造成对工程项目质量的影响。

② 全过程质量管理是根据工程项目质量的形成规律,从源头抓起,强调全过程质量控制。

③ 全员参与质量管理是按照全面质量管理的思想,组织企业内部的各部门和各工作

岗位均承担相应的质量职能,组织的最高管理者确定了质量方针和目标,就应组织和动员全体员工参与到实施质量方针的系统活动中去,发挥自己的角色作用。开展全员参与质量管理的重要手段就是运用目标管理方法,将组织的质量总目标逐级进行分解,使之形成自上而下的质量目标分解体系和自下而上的质量目标保证体系,发挥组织系统内部每个工作岗位、部门或团队在实现质量总目标过程中的作用。

(3)运用先进的管理办法、专业技术和数理统计分析方法。

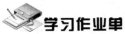学习作业单

任务单元5.3学习作业单	
工作任务完成	根据任务单元5.3工作任务单的工作任务描述和要求,完成任务如下。
任务单元学习总结	建设工程项目质量管理过程中各个环节的内容。
任务单元学习体会	

任务单元 5.4 质量控制的数理统计分析方法

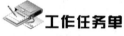

任务单元 5.4 工作任务单	
工作任务描述	施工现场制作混凝土预制构件,在检查的项目中发现不合格点 138 个,见下表所列。 | 不合格项目	不合格构件/件
表面有麻面	30
局部有露筋	15
振捣不密实	10
养护不良导致早期脱水	5
构件强度不足	78
合　计	138	
工作任务要求	(1) 请绘制排列图。 (2) 利用排列图确定影响混凝土预制构件质量的主要因素、次要因素和一般因素。

数理统计就是用统计的方法,通过收集、整理质量数据,分析、发现质量问题,从而及时采取对策和措施,纠正和预防质量事故。

利用数理统计分析方法控制质量可以分为三个步骤,即统计调查和整理、统计分析及统计判断。

(1) 统计调查和整理。根据解决某方面质量问题的需要收集数据,将收集到的数据加以整理和归档,用统计表和统计图的方法,并借助于一些统计特征值(如平均数、标准差等)来表达这批数据所代表的客观对象的统计性质。

(2) 统计分析。对经过整理、归档的数据进行统计分析,研究其统计规律。

(3) 统计判断。根据统计分析的结果,对总体的现状或发展趋势做出具有科学根据的判断。

5.4.1 排列图法

1. 排列图法的概念

排列图又称主次因素排列图,其原理是按照出现各种质量问题的频数,按大小次序排列,寻找出造成质量问题的主要因素和次要因素,以便抓住关键,采取措施,加以解决。

排列图由两条纵坐标、一条横坐标、若干个矩形和一条曲线组成,如图 5.1 所示。图中左边的纵坐标表示频数,即影响调查对象质量的因素重复发生或出现的次数;横坐标表示影响质量的各种因素,按其影响程度的大小,由左至右依次排列;右边的纵坐标表示累计频率,即表示横坐标所示的各种质量影响因素发生的累计频率。

通常按累计频率划分为三个区:累计频率在 0~80% 以内的区称为 A 区,其所包含的质量因素是主要因素或关键项目,是应解决的重点问题;累计频率在 80%~90% 的区域为 B 区,其所包含的因素为次要因素;累计频率在 90%~100% 的区域为 C 区,为一般因素,一般不作为解决的重点。

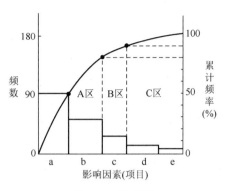

图 5.1 排列图

2. 排列图的作图方法与步骤

下面结合实例说明排列图的作图方法与步骤。

应用案例 5-1

某建筑工程对房间地坪质量不合格问题进行了调查,发现有 80 个房间起砂,调查结果统计见表 5-1。试应用排列图法,找出地坪起砂的主要原因。

表 5-1 不合格房间统计表

地坪起砂的原因	不合格的房间数	地坪起砂的原因	不合格的房间数
砂含量过大	16	水泥强度等级太低	2
砂粒径过细	45	砂浆终凝前压光不足	2
后期养护不良	5	其他	3
砂浆配合比不当	7		

【案例解析】

1. 整理数据

对表 5-1 中所列数据进行整理,将不合格的房间数按由大到小的顺序排列,以全部不合格点数为总数,计算各项的频数和累计频率,结果见表 5-2。

表 5-2 不合格房间频数及频率统计表

序号	地坪不合格的原因	频数	累计频数	累计频率/(%)
1	砂粒径过细	45	45	56.2
2	砂含量过大	16	61	76.2
3	砂浆配合比不当	7	68	85.0
4	后期养护不良	5	73	91.3
5	水泥强度等级太低	2	75	93.8
6	砂浆终凝前压光不足	2	77	96.2
7	其他	3	80	100

2. 画排列图

(1) 画横坐标。将横坐标按项目数等分,并按项目频数由大到小的顺序从左至右排列,本例中横坐标分为7等份。

(2) 画纵坐标。左侧的纵坐标表示项目不合格点数,即频数,右侧纵坐标表示累计频率。要求总频数对应累计频率。

(3) 画频率直方形。以频数为高画出各项目的直方形。

(4) 画累计频率曲线。从横坐标左端点开始,依次连接各项目直方形右边线及所对应的累计频率值的交点,得到的曲线即为累计频率曲线。地坪起砂原因排列图如图5.2所示。

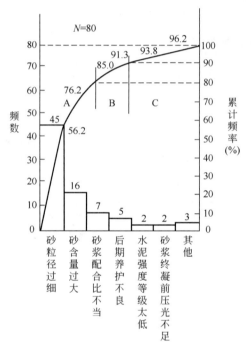

图 5.2 地坪起砂原因排列图

3. 排列图的观察与分析

(1) 观察直方形,大致可看出各项目的影响程度。排列图中的每个直方形都表示一个质量问题或影响因素,影响程度与各直方形的高度成正比。

(2) 利用排列图法,确定主次因素。本例中A区(主要因素)是砂粒径过细、砂含量过大;B区(次要因素)是砂浆配合比不当、后期养护不良;C区(一般因素)有水泥强度等级太低、砂浆终凝前压光不足及其他因素。综上分析,下一步应重点解决A区的质量问题。

5.4.2 统计调查表法

统计调查表法又称统计调查分析法,是利用专门设计的统计表对质量数据进行收集、整理和粗略分析质量状态的一种方法。

在质量控制活动中,利用统计调查表收集数据,简便灵活,便于整理,实用有效。统计调查表没有固定格式,可根据需要和具体情况来设计。常用的统计调查表有以下几种。

(1) 分项工程作业质量分布调查表。

(2) 不合格项目调查表。

(3) 不合格原因调查表。

(4) 施工质量检查评定用调查表。

表 5-3 是混凝土空心板外观质量问题调查表。

表 5-3 混凝土空心板外观质量问题调查表

产品名称	混凝土空心板		生产班组	
日生产总数	200 块	生产时间	年 月 日	检查时间
检查方式	全数检查		检查员	
项目名称	检查记录			合计
露筋	正正			9
蜂窝	正正一			11
孔洞	丁			2
裂缝	一			1
其他	下			3
总计				26

应当指出,统计调查表在应用时往往同分层法结合起来,这样可以更好更快地找出问题的原因,以便采取改进的措施。

5.4.3 分层法

分层法又称分类法,是将调查收集的原始数据,根据不同的目的和要求,按某一性质进行分组和整理的分析方法。分层的结果是使数据各层间的差异突出地显示出来,层内的数据差异减少了。在此基础上再进行层间和层内的比较分析,可以更深入地发现和认识质量问题的原因。由于产品质量是多方面因素共同作用的结果,因而对同一批数据可以按不同性质分层,从不同角度来考虑,分析产品存在的质量问题和影响因素。

常用的分层标志有如下几种。

(1) 按操作班组或操作者分层。

(2) 按使用机械设备型号分层。

(3) 按操作方法分层。

(4) 按原材料供应单位、供应时间或等级分层。

(5) 按施工时间分层。

(6) 按检查手段、工作环境等分层。

应用案例 5-2

一个焊工班组有 A、B、C 三位工人实施焊接作业，共抽检 60 个焊接点，发现有 18 个点不合格，占总焊接点的 30%。采用分层法调查的统计数据见表 5-4。

表 5-4　分层法调查的统计数据

作业工人	抽检点数	不合格点数	个体不合格率	占不合格点总数百分率
A	20	2	10%	11%
B	20	4	20%	22%
C	20	12	60%	67%
合计	60	18	—	100%

通过表 5-4 分析可知：焊接点不合格的主要原因是作业工人 C 的焊接质量影响了总体的质量水平。

5.4.4　因果分析图法

1. 因果分析图法的概念

因果分析图法是利用因果分析图来系统整理和分析某个质量问题（结果）与其产生原因之间关系的有效工具。因果分析图也称特性要因图，又因其形状而常被称为树枝图或鱼刺图，如图 5.3 所示。

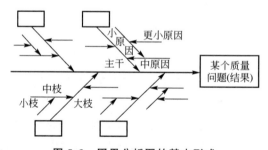

图 5.3　因果分析图的基本形式

由图 5.3 可看出，因果分析图由质量特性（质量结果，指某个质量问题）、要因（产生质量问题的主要原因）、枝干（指一系列箭线表示的不同层次的原因）、主干（指较粗的直接指向质量结果的水平箭线）等组成。

2. 因果分析图的绘制

下面结合具体实例说明因果分析图的绘制方法和步骤。

应用案例 5-3

试绘制混凝土强度不足的因果分析图。

【案例解析】

因果分析图的绘制步骤与图中箭头方向恰恰相反,是从"结果"开始将原因逐层分解的,具体步骤如下。

(1)明确质量问题与结果。本例分析的质量问题是"混凝土强度不足",作图时首先由左至右画出一条水平主干线,箭头指向一个矩形框,框内注明研究的质量问题,即结果。

(2)分析确定影响质量特性的大方面原因。一般来说,影响质量的因素涉及五大方面,即人、材料、机械设备、施工方法、环境因素等。另外,还可以按产品的生产过程进行分析。

(3)将每种大原因进一步分解为中原因、小原因,直至分解的原因可以采取具体措施解决为止。

(4)检查图中所列原因是否齐全,可以对初步分析结果广泛征求意见,并做必要的补充及修改。

(5)选出影响大的关键因素,做出标记"△",以便重点采取措施。图5.4所示为混凝土强度不足的因果分析图。

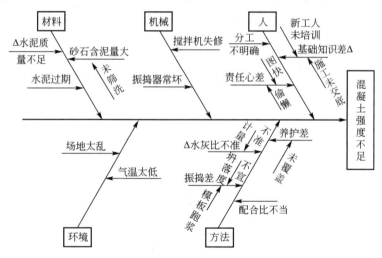

图 5.4 混凝土强度不足的因果分析图

3. 绘制和使用因果分析图时应注意的问题

(1)集思广益。绘制时要求绘制者熟悉专业施工方法技术,调查、了解施工现场实际条件和操作的具体情况。要以各种形式广泛收集现场工人、班组长、质量检查员、工程技术人员的意见,集思广益,相互启发、相互补充,以使因果分析更加符合实际。

(2)制定对策。绘制因果分析图不是目的,而是要根据图中所反映的主要原因,制定改进的措施和对策,限期解决问题,保证产品质量。

5.4.5 直方图法

直方图法即频数分布直方图法,它是将收集到的质量数据进行分组整理,绘制成频数分布直方图，用以描述质量分布状态的一种分析方法，又称质量分布图法。

1. 直方图法的主要用途

（1）整理统计数据，了解数据分布的集中或离散状况，从中掌握质量的波动情况。

（2）观察分析生产过程质量是否处于正常、稳定和受控状态及质量水平是否保持在公差允许的范围内。

2. 直方图的绘制方法

1）收集整理数据

用随机采样的方法抽取数据，一般要求数据在50个以上，并按先后顺序排列。

 应用案例 5-4

某建筑施工工地浇筑 C30 混凝土，为对其抗压强度进行质量分析，共收集了 50 份抗压强度试验报告单，数据整理结果见表 5-5。

表 5-5 数据整理结果　　　　　　　　　　单位：N/mm²

序号	混凝土抗压强度数据					最大值	最小值
1	39.8	37.7	33.8	31.5	36.1	39.8	**31.5**
2	37.2	38.0	33.1	39.0	36.0	39.0	33.1
3	35.8	35.2	31.8	37.1	34.0	37.1	31.8
4	39.9	34.3	33.2	40.4	41.2	41.2	33.2
5	39.2	35.4	34.4	38.1	40.3	40.3	34.4
6	42.3	37.5	35.5	39.3	37.3	42.3	35.5
7	35.9	42.4	41.8	36.3	36.2	42.4	35.9
8	46.2	37.6	38.3	39.7	38.0	**46.2**	37.6
9	36.4	38.3	42.4	38.2	38.0	42.4	36.4
10	44.4	42.0	37.9	38.4	39.5	44.4	37.9

2）计算极差 R

极差是一组测量数据中最大值与最小值之差。应用案例 5-4 的计算结果如下。

$$x_{max}=46.2 \text{N/mm}^2$$

$$x_{min}=31.5 \text{N/mm}^2$$

$$R=x_{max}-x_{min}=(46.2-31.5) \text{ N/mm}^2=14.7 \text{N/mm}^2$$

3）对数据分组

一批数据究竟分为几组，并无一定规则，一般采用表 5-6 的经验数值来确定。

表 5-6 数据分组参考表

数据个数（n）	组数（k）
50 以下	5～6

续表

数据个数（n）	组数（k）
50～100	6～10
100～250	7～12
250 以上	10～20

4）计算组距

组距是组与组之间的差距。分组要恰当，如果分得太多，则画出的直方图呈锯齿状，从而看不出明显的规律；如果分得太少，则会掩盖组内数据变动的情况。组距 h 可按下式计算。

$$h=\frac{R}{k} \quad (5-1)$$

式中　R——极差；

　　　k——组数。

应用案例 5-4 的计算结果为

$$h=\frac{R}{k}=\frac{14.7}{8}\text{N/mm}^2=1.84\text{N/mm}^2\approx 2.0\text{N/mm}^2$$

5）计算组限 r_i

一般情况下，组限计算方法如下。

$$r_1=x_{\min}-\frac{h}{2} \quad (5-2)$$

$$r_i=r_{i-1}+h \quad (5-3)$$

对正好处于组限值上的数据，其解决方法有两种：一种是规定每组上（或下）组限不计在该组内，而应计入相邻较高（或较低）组内；另一种是将组限较原始数据提高半个最小测量单位。

对应用案例 5-4，首先确定第一组下限：

$$r_1=x_{\min}-\frac{h}{2}=\left(31.5-\frac{2.0}{2}\right)\text{N/mm}^2=30.5\text{N/mm}^2$$

第一组上限：

$$r_2=(30.5+2.0)\text{ N/mm}^2=32.5\text{N/mm}^2$$

第二组下限＝第一组上限＝32.5N/mm²

第二组上限＝(32.5+2.0)N/mm²＝34.5N/mm²

依此类推，最高组限为 44.5～46.5N/mm²，分组结果覆盖了全部数据。

6）编制频数统计表

统计各组频数，频数总和应等于全部数据个数。应用案例 5-4 频数统计结果见表 5-7。

表 5-7 频数统计结果

组号	组限/(N/mm²)	频数统计数	组号	组限/(N/mm²)	频数统计数
1	30.5~32.5	2	5	38.5~40.5	9
2	32.5~34.5	6	6	40.5~42.5	5
3	34.5~36.5	10	7	42.5~44.5	2
4	36.5~38.5	15	8	44.5~46.5	1
合计					50

7）绘制频数直方图

在频数直方图中，横坐标表示质量特性值，应用案例 5-4 中为混凝土抗压强度，并标出各组的组限值。根据表 5-7 可画出以组距为底、以频数为高的 k 个直方形，便得到混凝土抗压强度频数分布直方图，如图 5.5 所示。

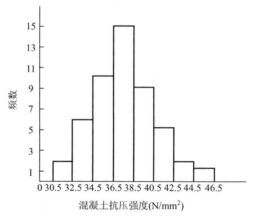

图 5.5　混凝土抗压强度频数分布直方图

3. 直方图的观察与分析

1）观察直方图的形状，判断质量分布状态

作完直方图后，首先要认真观察直方图的整体形状，看其是否属于正常型直方图。正常型直方图就是中间高、两侧低、左右接近对称的图形，如图 5.6（a）所示。

出现非正常型直方图时，表明生产过程或收集数据作图有问题。这就要求进一步分析判断，找出原因，从而采取措施加以纠正。凡属非正常型直方图，其图形分布有各种不同缺陷，归纳起来一般有以下五种类型，如图 5.6 所示。

（1）折齿形［图 5.6（b）］，是由于分组组数不当或者组距确定不当产生的。

（2）左（或右）缓坡形［图 5.6（c）］，主要是由于操作中对上限（或下限）控制太严产生的。

（3）孤岛形［图 5.6（d）］，是由于原材料发生变化，或者临时由他人顶班作业产生的。

（4）双峰形［图 5.6（e）］，是由于用两种不同方法或两台设备或两组工人进行生产，

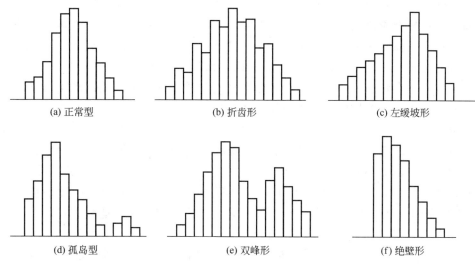

图 5.6 常见的直方图图形

然后把两方面数据混在一起整理产生的。

(5) 绝壁形 [图 5.6 (f)]，是由于数据收集不正常，可能有意识地去掉下限以下的数据，或是在检测过程中存在某种人为因素产生的。

2) 将直方图与质量标准进行比较，判断实际生产过程能力

作出直方图后，一般先观察直方图形状、分析质量分布状态，再将正常型直方图与质量标准进行比较，从而判断实际生产过程能力。正常型直方图与质量标准相比较，一般有如图 5.7 所示六种情况。

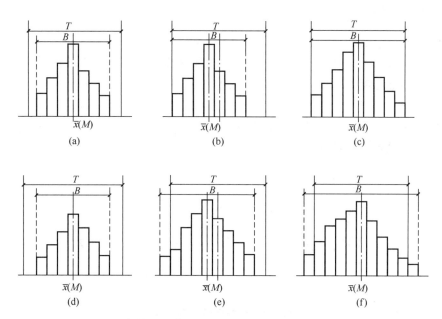

T—质量标准要求界限；B—实际质量特性分布范围。

图 5.7 实际质量分析与标准比较

(1) 如图 5.7 (a) 所示，B 在 T 中间，质量分布中心与质量标准中心 M 重合，实际数据分布与质量标准相比较两边还有一定余地。这样的生产过程质量是很理想的，说明生产过程处于正常的稳定状态。在这种情况下生产出来的产品可认为全都是合格品。

(2) 如图 5.7 (b) 所示，B 虽然落在 T 内，但质量分布中心与 T 的中心 M 不重合，偏向一边。这样生产状态一旦发生变化，就可能超出质量标准下限而出现不合格品。出现这种情况时，应迅速采取措施，使直方图移到中间来。

(3) 如图 5.7 (c) 所示，B 在 T 中间，且 B 的范围接近了 T 的范围，没有余地，生产过程一旦发生小的变化，产品的质量特性值就可能超出质量标准。出现这种情况时，必须立即采取措施，以缩小质量分布范围。

(4) 如图 5.7 (d) 所示，B 在 T 中间，但两边余地太大，说明加工过于精细，不经济。在这种情况下，可以对原材料、设备、工艺、操作等控制要求适当放宽些，有目的地使 B 扩大，从而降低成本。

(5) 如图 5.7 (e) 所示，质量分布范围 B 已超出标准下限之外，说明已出现不合格品。此时必须采取措施进行调整，使质量分布位于标准之内。

(6) 如图 5.7 (f) 所示，质量分布范围完全超出了质量标准上、下界限，散差太大，产生许多废品，说明过程能力不足，应提高过程能力，使质量分布范围 B 缩小。

5.4.6 控制图法

控制图又称管理图，是用于分析和判断施工生产工序是否处于稳定状态所使用的一种带有控制界限的图形。它的主要作用是反映施工过程的运动状况，分析、监督、控制施工过程，对工程质量的形成过程进行预先控制。

1. 控制图的基本形式

控制图的基本形式如图 5.8 所示。控制图的横坐标为样本序号或抽样时间，纵坐标为被控制对象，即被控制的质量特性值。控制图上一般有三条线：在上面的一条虚线称为上控制界线，用符号 UCL 表示；在下面的一条虚线称为下控制界限，用符号 LCL 表示；中间的一条实线称为中心线，用符号 CL 表示。中心线标志着质量特性值分布的中心位置，上下控制界限标志着质量特性值的允许波动范围。

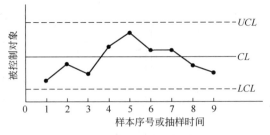

图 5.8 控制图的基本形式

在生产过程中通过抽样取得数据，把样本统计量描在图上来分析判断生产过程状态。如果数据点随机散落在上、下控制界限内，则表明过程处于稳定状态，不会产生不合格品;如果数据点超出控制界限,或点排列有缺陷,则表明生产条件发生了异常变化,生产过程处于失控状态。

2. 控制图控制界限的确定

根据数理统计的原理,考虑经济原则,通常采用三倍标准偏差法来确定控制界限,即将中心线定在被控制对象的平均值上,以中心线为基准,向上、向下各量三倍被控制对象的标准偏差,即作为上、下控制界限,如图 5.9 所示。

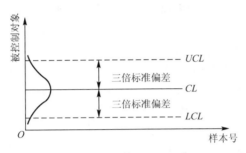

图 5.9 控制界限的确定

采用三倍标准偏差法是因为控制图是以正态分布为理论依据的。采用这种方法可以在最经济的条件下实现生产过程控制,保证产品质量。

在采用三倍标准偏差法确定控制界限时,其计算公式如下。

$$\begin{cases} 中心线\ CL = E(X) \\ 上控制界限\ UCL = E(X) + 3D(X) \\ 下控制界限\ LCL = E(X) - 3D(X) \end{cases} \tag{5-4}$$

式中　X——样本统计量,可取平均值、中位数、单值、极差、不合格数、不合格率缺陷数等;

　　　$E(X)$——X 的平均值;

　　　$D(X)$——X 的标准偏差。

3. 控制图的用途

控制图是用样本数据进行分析和判断生产过程是否处于稳定状态的有效工具。它的用途主要有以下两个。

(1) 过程分析,即分析生产过程是否稳定。因此,应随机连续收集数据,绘制控制图,观察数据点分布情况并判定生产过程状态。

(2) 过程控制,即控制生产过程质量状态。因此,要定时抽样取得数据,将其变为点描在图上,发现并及时消除生产过程中的失调现象,预防不合格品的产生。

前面讲述的排列图法、直方图法是质量控制的静态分析法,反映的是质量在某一段时间里的静止状态。然而产品都是在动态的生产过程中形成的,因此,在质量控制中单用静态分析法显然是不够的,还必须有动态分析法。只有动态分析法才能随时了解生产过程中质量的变化情况,及时采取措施,使生产处于稳定状态,起到预防出现废品的作用。控制图法就是典型的动态分析法。

控制图按用途可分为分析用控制图和管理用控制图。分析用控制图主要用来调查分析生产过程是否处于控制状态。绘制分析用控制图时，一般需连续抽取 20～25 组样本数据，计算控制界限。管理用控制图主要用来控制生产过程，使之经常保持在稳定状态下。

4. 控制图的观察与分析

绘制控制图的目的是分析判断生产过程是否处于稳定状态。这主要是通过对控制图上数据点的分布情况的观察与分析进行的。因为控制图上的数据点作为随机抽样的样本，可以反映出生产过程（总体）的质量分布状态。

当控制图同时满足点几乎全部落在控制界限内和控制界限内的点排列没有缺陷两个条件时，就可以认为生产过程基本上处于稳定状态。如果点的分布不满足其中任何一个条件，都应判断生产过程为异常。

1) 点几乎全部落在控制界线内

点几乎全部落在控制界线内，是指应符合以下三个要求。

(1) 连续 25 点以上处于控制界限内。

(2) 连续 35 点中仅有 1 点超出控制界限。

(3) 连续 100 点中不多于 2 点超出控制界限。

2) 控制界限内的点排列没有缺陷

控制界限内的点排列没有缺陷，是指点的排列是随机的，没有出现异常现象。这里的异常现象是指点排列出现了"链""多次同侧""趋势或倾向""周期性变动""点排列接近控制界限"等情况。

(1) 链（图 5.10）。链是指点连续出现在中心线一侧的现象。若出现 5 点链，应注意生产过程发展状况；若出现 6 点链，应开始调查原因；若出现 7 点链，应判定工序异常，需采取处理措施。

(2) 多次同侧（图 5.11）。多次同侧是指点在中心线一侧多次出现的现象，或称偏离。下列情况说明生产过程已出现异常：在连续 11 点中有 10 点在同侧；在连续 14 点中有 12 点在同侧；在连续 17 点中有 14 点在同侧；在连续 20 点中有 16 点在同侧。

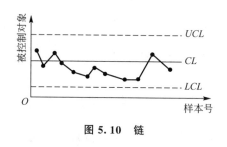

图 5.10 链

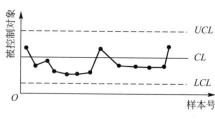

图 5.11 多次同侧

(3) 趋势或倾向（图 5.12）。趋势或倾向是指点连续上升或连续下降的现象。连续 7 点或 7 点以上上升或下降排列，就应判定生产过程有异常因素影响，要立即采取措施。

(4) 周期性变动（图 5.13）。周期性变动即点的排列显示周期性变化的现象。这样即使所有点都在控制界限内，也应认为生产过程为异常。

(5) 点排列接近控制界限（图 5.14）。点排列接近控制界限是指点落在了 $\mu \pm 2\sigma$ 以外和 $\mu \pm 3\sigma$ 以内。下列情况可判定为异常：连续 3 点至少有 2 点接近控制界限；连续 7 点至少有 3 点接近控制界限；连续 10 点至少有 4 点接近控制界限。

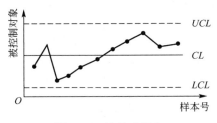
图 5.12 趋势或倾向

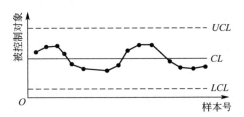
图 5.13 周期性变动

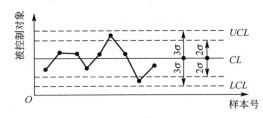
图 5.14 点排列接近控制界限

以上是分析用控制图判断生产过程是否正常的准则。如果生产过程处于稳定状态，则可将分析用控制图转为管理用控制图。分析用控制图是静态的，而管理用控制图是动态的。随着生产过程的进展，可将通过抽样取得的质量数据点描在图上，随时观察点的变化，一旦点落在控制界限外或界限上，即判断生产过程异常，点即使在控制界限内，也应随时观察其排列有无缺陷，以对生产过程正常与否做出判断。

5.4.7 相关图法

1. 相关图的定义

相关图又称散布图，在质量控制中是用来显示两种质量数据之间关系的一种图形。质量数据之间的关系多属相关关系，一般有三种类型：一是质量特性和影响因素之间的关系；二是质量特性和质量特性之间的关系；三是影响因素和影响因素之间的关系。

可以用 y 和 x 分别表示质量特性值和影响因素，通过绘制散布图，计算相关系数等，分析研究两个变量之间是否存在相关关系，以及这种关系的密切程度如何，进而对相关程度密切的两个变量，通过对其中一个变量的观察控制来估计控制另一个变量的数值，以达到保证产品质量的目的。这种统计分析方法称为相关图法。

2. 相关图的绘制方法

应用案例 5-5

试分析水灰比与混凝土抗压强度之间的关系。

【案例解析】

（1）收集数据。

要成对地收集两种质量数据，数据不得过少。本案例中数据见表 5-8。

表 5-8 水灰比与混凝土抗压强度统计资料

序号	1	2	3	4	5	6	7	8
水灰比 x（W/C）	0.4	0.45	0.5	0.55	0.6	0.65	0.7	0.75
混凝土抗压强度 $y/(N/mm^2)$	36.3	35.3	28.2	24.0	23.0	20.6	18.4	15.0

（2）绘制相关图。

在直角坐标系中，一般 x 轴用来代表原因的量或较易控制的量，本案例中表示水灰比；y 轴用来代表结果的量或不易控制的量，本案例中表示混凝土抗压强度。然后将数据在相应的坐标位置上描点，便得到混凝土抗压强度与水灰比相关图，如图 5.15 所示。

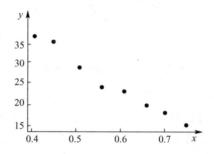

图 5.15 混凝土抗压强度与水灰比相关图

3. 相关图的观察与分析

相关图中点的集合，反映了两种数据之间的散布状况，根据散布状况我们可以分析两个变量之间的关系。相关图归纳起来有以下六种类型，如图 5.16 所示。

（1）正相关 [图 5.16（a）]。散布点基本形成由左至右向上变化的一条直线带，即随 x 增加，y 值也相应增加，说明 x 与 y 有较强的制约关系。此时，可通过对 x 控制而有效控制 y 的变化。

（2）弱正相关 [图 5.16（b）]。散布点形成向上较分散的直线带，随 x 值的增加，y 值也有增加趋势，但 x 与 y 的关系不如正相关明确。说明 y 除受 x 影响外，还受其他更重要因素的影响，需要进一步利用因果分析图法分析其他的影响因素。

（3）不相关 [图 5.16（c）]。散布点形成一团或平行于 x 轴的直线带，说明 x 变化不会引起 y 的变化或其变化无规律，分析质量原因时可排除 x 因素。

（4）负相关 [图 5.16（d）]。散布点形成由左向右向下的一条直线带，说明 x 对 y 的影响与正相关恰恰相反。

（5）弱负相关 [图 5.16（e）]。散布点形成由左至右向下分布的较分散的直线带，说明 x 与 y 的相关关系较弱，且变化趋势相反，应考虑寻找影响 y 的其他更重要的因素。

（6）非线性相关 [图 5.16（f）]。散布点呈一曲线带，即在一定范围内 x 增加，y 也增加；超过这个范围 x 增加，y 则有下降趋势，或改变变动的斜率呈曲线形态。

从图 5.15 可以看出应用案例 5-5 中水灰比与混凝土抗压强度的关系属于负相关。初步结果是，在其他条件不变的情况下，混凝土抗压强度随着水灰比增大有逐渐降低的趋势。

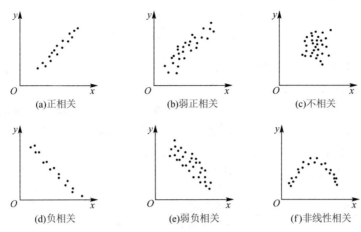

图 5.16 相关图的类型

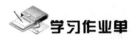学习作业单

任务单元 5.4 学习作业单			
工作任务完成	根据任务单元 5.4 工作任务单的工作任务描述和要求，完成任务如下。		
任务单元学习总结	按照下表对质量控制的数理统计分析方法进行总结。		
	方法名称	主要用途	解决问题的步骤
	排列图法		
	统计调查表法		
	分层法		
	因果分析图法		
	直方图法		
	控制图法		
	相关图法		
任务单元学习体会			

模块小结

建设工程项目质量管理的程序为：进行质量策划，确定质量目标；编制质量计划；实施质量计划，进行质量控制；总结项目质量管理工作，提出持续改进的要求。

质量控制中常用的统计方法有七种：排列图法、统计调查表法、分层法、因果分析图法、直方图法、控制图法和相关图法，这七种方法通常又称质量管理的七种工具。

在学习过程中应注意理论联系实际，通过解析案例，初步掌握理论知识，训练建设工程项目质量管理的扎实技能，提高实践能力。

思考与练习

一、单选题

1. 质量方针是指由组织的（　　）正式发布的、该组织总的质量宗旨和方向。
   A. 项目经理　　　B. 项目工程师　　　C. 最高管理者　　　D. 总经理

2. 质量控制是指为达到（　　）所采取的作业技术和活动。
   A. 质量方针　　　　　　　　　B. 质量目标
   C. 质量要求　　　　　　　　　D. 体系有效运行

3. PDCA 循环的含义为（　　）。
   A. 计划—检查—实施—处置　　B. 计划—实施—检查—处置
   C. 计划—检查—处置—实施　　D. 计划—处置—检查—实施

4. 建设工程项目质量管理程序正确的是（　　）。其中各数字含义如下：①进行质量策划，确定质量目标；②实施质量计划，进行质量控制；③总结项目质量管理工作，提出持续改进的要求；④编制质量计划。
   A. ①②③④　　　B. ①③②④　　　C. ①④②③　　　D. ①③④②

5. 工程项目的施工过程由一系列相互关联和制约的工序构成，对施工过程的质量控制，必须以（　　）为基础和核心。
   A. 工序操作检查　　　　　　　B. 工序质量预控
   C. 工序质量控制　　　　　　　D. 隐蔽工程作业检查

6. 工序质量控制包括对（　　）的控制。
   A. 施工工艺和操作规程
   B. 工序施工条件质量和工序施工效果质量
   C. 施工人员行为
   D. 质量控制点

7. 采用排列图法时，通常按累计频率划分为三个区，累计频率在（　　）以内的区称为 A 区，其所包含的质量因素是主要因素或关键项目，是应解决的重点问题。
   A. 0～70%　　　B. 0～80%　　　C. 0～90%　　　D. 80%～90%

8. 图 5.17 所示的某控制图，具有（　　）排列的缺陷。
   A. 链　　　　　B. 多次同侧　　　C. 趋势或倾向　　　D. 周期性变动

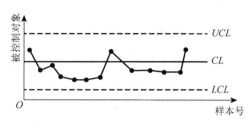

图 5.17 某控制图

9. 质量控制中采用因果分析图的目的在于（　　）。
A. 动态地分析工程中的质量问题　　B. 找出工程中存在的主要问题
C. 全面分析工程中的质量问题　　D. 找出影响工程质量问题的因素

10. 图 5.18 所示的相关图，表示 x 和 y 两个变量的关系为正相关的是（　　）。

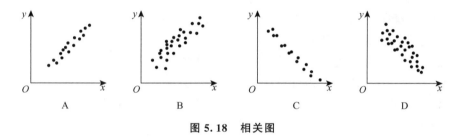

图 5.18 相关图

二、多选题

1. 以下（　　）属于建设工程项目质量的特点。
A. 影响质量的因素多　　B. 质量波动大
C. 质量的隐蔽性　　D. 终检的局限性
E. 采用一般的方法检验即可

2. 以下（　　）属于在施工过程中对材料的控制。
A. 进入现场的工程材料必须有产品合格证或质量保证书、性能检测报告，并能符合设计标准要求
B. 凡需复试检测的建材必须复试合格才能使用
C. 严禁将易污染、易反应的材料混放，造成材性蜕变
D. 实行各类专业从业人员持证上岗制度
E. 注意设计、施工过程对材料、构配件、半成品的合理选用

3. 以下（　　）属于在施工过程中对施工方法的控制。
A. 进入现场的工程材料必须有产品合格证或质量保证书、性能检测报告，并能符合设计标准要求
B. 施工方案应随工程的进展而不断细化和深化
C. 在选择施工方案时，对主要的施工项目要事先拟订几个可行的方案，选出最佳方案
D. 实行各类专业从业人员持证上岗制度
E. 对主要项目、关键部位和难度较大的项目，制订方案时应充分考虑到可能发生的

施工质量问题及处理方法

4. 环境因素的控制主要包括建设（　　）。

A. 进入现场的工程材料必须有产品合格证或质量保证书、性能检测报告，并能符合设计标准要求

B. 施工方案应随工程的进展而不断细化和深化

C. 现场自然环境条件

D. 施工质量管理环境

E. 施工作业环境

5. 以下（　　）属于建设工程项目的事前质量控制。

A. 熟悉和审查施工图纸，做好设计交底和图纸会审

B. 编制施工项目管理实施规划并进行审查

C. 计量控制

D. 工程定位和标高基准的控制

E. 分包单位的选择和资质的审查

6. 以下（　　）属于建设工程项目的事中质量控制。

A. 熟悉和审查施工图纸，做好设计交底和图纸会审

B. 进行技术交底　　　　　　　C. 工序施工质量控制

D. 测量控制　　　　　　　　　E. 分包单位的选择和资质的审查

7. 以下（　　）属于建设工程项目的事后质量控制。

A. 对建设项目地点的自然条件、技术经济条件进行调查分析

B. 特殊过程的控制　　　　　　C. 已完施工成品保护

D. 施工质量检查验收　　　　　E. 建设工程项目竣工质量验收

8. 依照全面质量管理（TQC）的思想，建设工程项目的质量管理应实行（　　）的措施。

A. 全心全意抓管理　　　　　　B. 全方位质量管理

C. 全过程质量管理　　　　　　D. 全面推行职业道德建设

E. 全员参与质量管理

9. 因果分析图主要由（　　）等所组成。

A. 影响调查对象质量的因素重复发生或出现的次数

B. 主干（指较粗的直接指向质量结果的水平箭线）

C. 质量特性（质量结果，指某个质量问题）

D. 要因（产生质量问题的主要原因）

E. 枝干（指一系列箭线表示的不同层次的原因）

10. 以下（　　）属于控制图的用途。

A. 分析两个变量之间的关系

B. 寻找造成质量问题的主要因素和次要因素

C. 分析某个质量问题（结果）与其产生原因之间的关系

D. 过程分析，即分析生产过程是否稳定

E. 过程控制，即控制生产过程质量状态

三、简答题

1. 解释质量管理的 PDCA 循环的含义。
2. 质量管理体系有效运行的要求有哪些？
3. 施工项目的事前、事中、事后质量控制包括哪些内容？
4. 简述全面质量管理的思想。
5. 简述因果分析图的绘制步骤。
6. 控制图的控制原理是什么？其控制界限是如何确定的？
7. 简述建设工程项目参与方的质量责任和义务。

四、实训题

某工地浇筑 C20 混凝土时，先后共抽样取得了 60 个混凝土抗压强度数据报告单（每个数据是 3 个试块抗压强度平均值），整理后见表 5-9。试绘制混凝土强度频数分布直方图，并分析混凝土强度质量数据分布状态。

表 5-9　混凝土抗压强度数据表

序号	试块抗压强度数据/(N/mm^2)					
1	21.2	21.5	16.5	17.3	18.2	22.1
2	20.2	20.9	19.8	21.3	21.7	20.2
3	19.6	19.5	22.3	23.5	16.2	19.7
4	14.0	18.6	27.2	29.0	23.4	21.7
5	19.6	27.3	23.8	24.2	16.2	20.5
6	18.0	24.1	23.8	23.4	15.2	25.9
7	21.2	19.8	21.6	22.0	27.0	27.7
8	23.4	26.7	22.4	27.3	24.9	21.3
9	25.4	11.8	20.9	27.2	25.2	17.9
10	21.7	19.1	17.9	15.5	17.6	15.3

模块5
在线答题

模块5
拓展习题

模块6
建设工程项目成本管理

能力目标

通过本模块的学习，学生要能够识别建设工程项目成本的构成，认识到成本管理的重要性，掌握成本管理的内容，按程序来讲包括成本计划、成本控制、成本核算、成本分析与成本考核，并能针对一个建设工程项目初步完成成本计划、成本控制、成本分析等环节。在教学过程中，本模块主要锻炼学生对事物全过程管理的能力、运用专业知识分析和解决问题的能力，培养严谨的工作态度。

知识目标

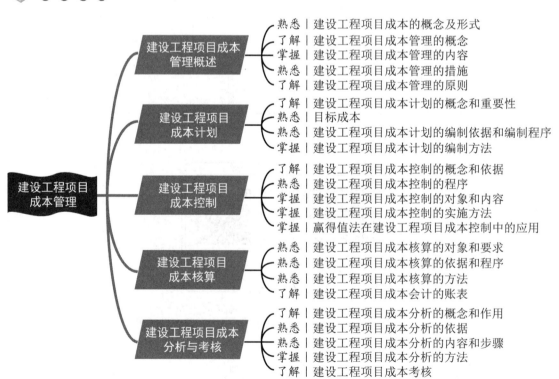

太原景观桥工程项目成本管理

1. 工程概况

太原市长风文化岛跨汾河学府景观桥全长1054m，由下部桩基工程、主体钢结构工程、上部桥面装饰工程三大部分组成，主桥钢箱梁为分离式双箱梁截面，南北梁桥以DNA双螺旋造型交叉错落。该工程由中交一航局第四工程有限公司承建。

2. 管理重点与目标

该工程实施精细化管理，重点为安全质量控制，提高员工成本意识并节约施工成本，为公司创益增收，将工程效益控制在工程造价的10%以上。

3. 成本管理措施

1）招标优选钢结构加工厂，以确保质量、降低成本

2）优化施工方案，降低成本

在施工方案确定过程中，对于灌注桩钢筋连接、钢结构施工支架搭设、主桥钢结构吊装、主桥钢箱梁制作等方案均进行了多方案比选和优化，选定的方案既保证了质量、提高了效率，又降低了成本。

3）工艺革新，以缩短工期、降低成本

（1）使用了桥梁钢墩柱预埋件基础调节托架，可以非常精确地控制预埋件的安装标高精度，有效地克服了由于施工过程引起的预埋件标高变化和基础沉降引起的标高误差。

（2）在桥侧面装饰板安装过程中，量身打造了可移动小车式吊篮，其应用大大加快了侧面装饰板的施工进度，同时又未对其他交叉施工的工序造成影响。

（3）吊装过程中引入了三维坐标体系控制。

4）落实精细化管理，降低成本

（1）向管理要效益是贯穿工程始终的控制过程。在施工过程中严格精细化管理，要求每一位管理人员树立成本意识，工作要有效率和效益。

（2）对工程的总体成本进行分析，结合现场实际找出工程中的利润增长点和成本控制关键，制定成本控制方案。如通过控制钢筋利用率及废料回收，获得效益4.5万元；通过控制机械利用率，获得效益16万元。

（3）桥梁下部施工完成后，根据项目部的统一部署陆续进行人员调整，控制好项目的管理成本，共节省管理成本近70万元。

（4）对合同外发生的工程量或产生的变更工程量，积极与监理、业主沟通形成现场签证和变更，共产生签证和变更610万元，产生效益92万元。

（5）由项目经理、项目副经理、总工程师、财务部门、预算部门组成成本分析控制小组，按照公司要求每季度进行一次经济活动分析，每月定期开展成本控制会议，针对上月完成的产值和实际成本做全面分析，并制订下一步工作计划。

4. 管理成效

该工程在资金紧张、施工难度大的情况下，通过项目部领导的精心组织，最终如期完

成，被评为"山西省建筑安全标准化工地"，且项目总盈利在10%以上，达到了预期目标。

全国劳动模范
高安培：做好
每一项工程

 引言

随着全球经济一体化进程的加快，建筑市场的竞争愈加激烈，"低成本竞争、高品质管理"日益成为建筑企业生存和发展的基本策略。因此，加强建设工程项目成本管理是企业积累财富、增强竞争力的必由之路，实现建设工程项目成本管理目标也是每个项目经理的首要责任和重要任务。

任务单元 6.1　建设工程项目成本管理概述

6.1.1　建设工程项目成本的概念及形式

劳模精神

1. 建设工程项目成本的概念

成本是指为进行某项生产经营活动所发生的各种耗费，是对象化的费用，是耗费劳动（物化劳动和活劳动）的货币表现形式。

现行建设工程项目总费用（总投资）由工程费用、工程建设其他费用、预备费、专项费用四部分构成。其中，工程费用包括设备及工器具购置费和建筑安装工程费；专项费用包括建设期贷款利息、固定资产投资方向调节税和铺底流动资金。

建设工程项目施工成本是指建设工程项目在施工过程中所发生的全部生产费用的总和，包括消耗的原材料、辅助材料、构配件等费用，周转材料的摊销费或租赁费，施工机械的使用费或租赁费，支付给生产工人的工资、奖金、工资性质的津贴等，以及进行施工组织与管理所发生的全部费用支出。

在项目法施工的管理模式下，强调项目经理部的职能，对项目经理来说，成本管理的对象就是建设工程项目施工成本。本书讨论的即为建设工程项目施工成本。

2. 建筑安装工程费用项目组成与成本的关系

如图 6.1 所示，目前我国的建筑安装工程费，按费用构成要素划分为人工费、材料费、施工机具使用费、企业管理费、利润和税金。

图 6.1　建筑安装工程费用项目组成及其与成本的关系

建设工程项目施工成本管理的对象是某一个具体的施工项目，仅对施工项目的成本进行核算，包括人工费、材料费、施工机具使用费，以及企业管理费中的施工现场管理费；企业成本是施工企业从事工程建设所花费的全部费用，既包括施工现场支出的施工费用和管理费用，也包括施工企业发生的管理费用。至于利润和税金，并未支付给劳动者，故而不构成成本。

企业下列支出不仅不得列入施工成本，也不能列入企业成本，如购置和建造固定资产、无形资产和其他资产的支出，对外投资的支出，被没收的财物，支付的滞纳金、罚款、违约金、赔偿金，企业赞助，捐赠支出，等等。

3. 建设工程项目施工成本的形式

在经济运行过程中，没有一种单一的成本概念能适用于各种不同的场合，不同的研究目的需要不同的成本概念。依据成本管理的需要，建设工程项目施工成本的形式要求从不同的角度来考察。

1) 直接成本和间接成本

按照国家现行制度的规定，施工过程中所发生的各项费用支出均应计入建设工程项目施工成本。施工成本按性质可将其划分为直接成本和间接成本两部分。

(1) 直接成本。直接成本是指施工过程中耗费的构成工程实体或有助于工程实体形成的各项费用支出，是可以直接计入工程对象的费用，包括人工费、材料费、施工机具使用费。

(2) 间接成本。间接成本是指用于施工准备、组织和管理施工生产的全部费用的支出，是非直接用于也无法直接计入工程对象，但为进行工程施工所必须发生的费用，包括管理人员工资、办公费、差旅交通费等，即施工现场管理费。

成本如此分类，能正确反映工程成本的构成，考核各项生产费用的使用是否合理，便于找出降低成本的途径。

2) 预算成本、计划成本和实际成本

根据成本控制要求，建设工程项目施工成本可分为预算成本、计划成本和实际成本。

(1) 预算成本。预算成本是指按照建筑安装工程实物量和国家或地区、企业制定的预算定额及取费标准计算的社会平均成本或企业平均成本，是以施工图预算为基础进行分析、预测、归集和计算来确定的，又称施工图预算成本。它是确定工程成本的基础，也是编制计划成本、评价实际成本的依据。

(2) 计划成本。计划成本是指在预算成本的基础上，根据企业自身的要求如内部承包合同的规定，结合施工项目的具体条件和为实施该项目的各项技术组织措施等情况，在实际成本发生前所预先计算的成本。计划成本反映了企业在计划期内应达到的成本水平，是成本管理的目标，又称目标成本。计划成本对于加强施工企业和项目经理部的经济核算、建立和健全建设工程项目成本管理责任制、控制施工过程中的生产费用以及降低建设工程项目施工成本，都具有十分重要的作用。

(3) 实际成本。实际成本是指施工项目在报告期内实际发生的各项生产费用支出的总和。实际成本与计划成本比较，可提示成本的节约或超支，考核企业的施工技术水平和技术组织措施的贯彻执行情况以及企业的经营效果。实际成本与预算成本比较，可以反映工程的盈亏情况。因此，计划成本和实际成本都反映了施工企业的成本水平，它与施工企业本身的生产技术水平、施工条件及生产管理水平相对应。

3）固定成本和可变成本

按生产费用与工程量的关系，建设工程项目施工成本可分为固定成本和可变成本。

（1）固定成本。固定成本是指在一定期间和一定的工程量范围内，其发生的成本额不受工程量增减变动的影响而相对固定的成本，如折旧费、大修理费、管理人员工资、办公费等。这一成本是为了保持一定的生产管理条件而发生的，项目的固定成本每月基本相同，但是，当工程量超过一定范围需要增添机械设备或管理人员时，固定成本将会发生变动。此外，所谓固定是指其总额固定，而分配到单位工程量上的固定成本则是变动的。

（2）可变成本。可变成本是指发生总额随着工程量的增减变动而成比例变动的费用，如直接用于工程的材料费、实行计件工资制的人工费等。所谓可变也是指其总额可变，而分配到单位工程量上的可变成本则是不变的。

将施工过程中发生的全部费用划分为固定成本和可变成本，对于成本管理和成本决策具有重要作用。由于固定成本是维持生产能力必需的费用，要降低单位工程量的固定费用，就需从提高劳动生产率、增加总工程量数额并降低固定成本的绝对值入手；而要降低变动成本，就需从降低单位分项工程的消耗入手。

6.1.2　建设工程项目成本管理的概念

建设工程项目成本管理，就是指在保证工期和质量满足要求的情况下，采取相应的管理措施，包括组织措施、经济措施、技术措施、合同措施，把成本控制在计划范围内，并进一步寻求最大限度的成本节约。

企业在建设工程项目施工成本管理中应树立全员进行成本管理的意识，应从工程投标报价开始，直至项目竣工结算保修金返还为止，贯穿于项目实施的全过程。

建设工程项目成本管理的重要性主要体现在以下几个方面。

（1）建设工程项目成本管理是项目实现经济效益的内在基础。

（2）建设工程项目成本管理是动态反映项目一切活动的最终水准。

（3）建设工程项目成本管理是项目经济责任机制控制和监督的有效手段。

6.1.3　建设工程项目成本管理的内容

建设工程项目成本管理的内容包括成本计划、成本控制、成本核算、成本分析和成本考核等。项目经理部在项目施工过程中对所发生的各种成本信息，通过有组织、系统地进行计划、控制、核算、分析和考核等工作，使工程项目系统内各种要素按照一定的目标运行，从而将工程项目的实际成本控制在预定的计划成本范围内。

1. 成本计划

成本计划是项目经理部对项目施工成本进行计划管理的工具。它是以货币形式编制工程项目在计划期内的生产费用、成本水平、成本降低率以及为降低成本所采取的主要措施和规划的书面方案,是建立项目成本管理责任制、开展成本控制和核算的基础。一般来说,一个成本计划应包括从开工到竣工所必需的施工成本,它是降低项目成本的指导文件,是设立目标成本的依据。

2. 成本控制

成本控制是指在施工过程中,对影响项目成本的各种因素加强管理,并采取各种有效措施,将施工中实际发生的各种消耗和支出严格控制在成本计划范围内,随时揭示并及时反馈,严格审查各项费用是否符合标准,计算实际成本和计划成本之间的差异并进行分析,消除施工中的损失和浪费现象,以及发现和总结先进经验。成本控制的目的是最终实现甚至超过预期的成本节约目标。成本控制应贯穿于工程项目从招投标阶段开始直到项目竣工验收的全过程,它是企业全面成本管理的重要环节。

3. 成本核算

成本核算是指对项目施工过程中所发生的各种费用的核算。成本核算包括两个基本环节:一是按照规定的成本开支范围对施工费用进行归集和分配,计算出施工费用的实际发生额;二是根据成本核算对象,采用适当的方法,计算出该工程项目的总成本和单位成本。成本核算所提供的各种成本信息,是成本计划、成本控制、成本分析和成本考核等各个环节的依据。因此,加强项目成本核算工作,对降低项目成本、提高企业的经济效益有积极的作用。

4. 成本分析

成本分析是指在成本形成过程中,对项目成本进行的对比评价和剖析总结工作。它贯穿于项目成本管理的全过程,主要利用工程项目的成本核算资料(成本信息),与计划成本、预算成本以及类似的工程项目的实际成本等进行比较,了解成本的变动情况,同时分析主要技术经济指标对成本的影响,系统地研究成本变动的因素,检查成本计划的合理性,并通过成本分析深入揭示成本变动的规律,寻找降低项目成本的途径,以便有效地进行成本控制。

5. 成本考核

成本考核是指在项目完成后,对项目成本形成中的各责任者,按项目成本目标责任制的有关规定,将成本的实际指标与计划、定额、预算进行对比和考核,评定项目成本计划的完成情况和各责任者的业绩,并以此给予相应的奖励和处罚。通过成本考核做到有奖有惩、赏罚分明,才能有效地调动企业的每一个员工在各自的岗位上努力完成目标成本的积极性,为降低项目成本和增加企业的积累做出自己的贡献。

综上所述,项目成本管理中每一个环节都是相互联系和相互作用的。成本计划是成本决策所确定目标的具体化,是成本控制的基础,也是成本核算和成本分析的依据;成本控制则是对成本计划的实施进行监督,保证成本目标实现;而成本核算是成本计划是否实现的最后检验,它所提供的成本信息又为下一个项目的成本预测和决策提供基础资料;成本分析的结果有助于提高成本控制的效果以及下一个成本计划的合理性;成本考核是实现成本目标责任制的保证和实现决策目标的重要手段。

6.1.4 建设工程项目成本管理的措施

为了取得建设工程项目施工成本管理的理想成效,应当从多方面采取措施实施管理,通常可以将这些措施归纳为组织措施、技术措施、经济措施和合同措施。

1. 组织措施

组织措施是从施工成本管理的组织方面采取的措施。施工成本管理是全员的活动,如实行项目经理责任制,落实施工成本管理的组织机构和人员,明确各级成本管理人员的任务和职能分工、权力和责任。成本管理不仅是专业成本管理人员的工作,也是各级项目管理人员应负的责任。

组织措施的另一方面是编制成本管理工作计划,确定合理详细的工作流程。要做好施工采购规划,通过生产要素的优化配置、合理使用、动态管理,有效控制实际成本;加强施工定额管理和施工任务单管理,控制活劳动和物化劳动的消耗;加强施工调度,避免因施工计划不周和盲目调度造成窝工损失、机械利用率降低、物料积压等而使施工成本增加。成本管理工作只有建立在科学管理的基础之上,具备合理的管理体制、完善的规章制度、稳定的作业秩序、完整准确的信息传递,才能取得成效。组织措施是其他各类措施的前提和保障,而且一般不需要增加什么费用,运用得当可以收到良好的效果。

2. 技术措施

施工过程中降低成本的技术措施,包括:进行技术经济分析,确定最佳的施工方案;结合施工方法,进行材料使用的比选,在满足功能要求的前提下,通过代用、改变配合比、使用添加剂等方法降低材料消耗的费用;确定最合适的施工机械、设备使用方案;结合项目的施工组织设计及自然地理条件,降低材料的库存成本和运输成本;对先进施工技术的应用、新材料的运用、新开发机械设备的使用;等等。在实践中,也要避免仅从技术角度选定方案而忽视对其经济效果的分析论证。

技术措施不仅对解决成本管理过程中的技术问题是不可缺少的,而且对纠正成本管理目标偏差也有相当重要的作用。运用技术纠偏措施的关键,一是要能提出多个不同的技术方案,二是要对不同的技术方案进行技术经济分析。

3. 经济措施

经济措施是最易为人们所接受和采用的措施。管理人员应编制资金使用计划,确定、分解施工成本管理目标;对成本管理目标进行风险分析,并制定防范性对策;对各种支出,应认真做好资金的使用计划,并在施工中严格控制各项开支;及时准确地记录、收集、整理、核算实际发生的成本;对各种变更,及时做好增减账,及时落实业主签证,及时结算工程款;通过偏差分析和未完工程预测,可发现一些潜在可能引起未完工程施工成本增加的问题,对这些问题应以主动控制为出发点,及时采取预防措施。由此可见,经济措施的运用绝不仅仅是财务人员的事情。

4. 合同措施

采用合同措施控制施工成本,应贯穿整个合同周期,包括从合同谈判开始到合同终结的全过程。首先是选用合适的合同结构,对各种合同结构模式进行分析、比较,在合同谈判时,要争取选用适合于工程规模、性质和特点的合同结构模式。其次,在合同的条款中应仔细考虑一切影响成本和效益的因素,特别是潜在的风险因素;通过对引起成本变动的风险因素的识别和分析,采取必要的风险对策,如通过合理的方式增加承担风险的个体数量、降低损失发生的比例,并最终使这些策略反映在合同的具体条款中。在合同执行期间,合同管理的措施既要密切注视对方合同执行的情况,以寻求合同索赔的机会,同时也要密切关注自己履行合同的情况,以防止被对方索赔。

施工企业的利润被谁吃掉了?

6.1.5　建设工程项目成本管理的原则

建设工程项目成本管理需要遵循以下六项原则。
(1) 领导者推动原则。
(2) 以人为本、全员参与原则。
(3) 目标分解、责任明确原则。
(4) 管理层次与管理内容的一致性原则。
(5) 动态性、及时性、准确性原则。
(6) 过程控制与系统控制原则。

任务单元 6.2　建设工程项目成本计划

工作任务单

任务单元 6.2 工作任务单	
工作任务描述	某建设工程项目需要编写施工成本计划,请协助项目经理完成任务。
工作任务要求	(1) 建设工程项目成本计划的编制依据和编制程序是什么? (2) 建设工程项目成本计划编制的方法有哪些?请结合实际情况考虑采用什么方法。 (3) 请查阅相关资料,对该工程项目草拟一份项目成本计划编写提纲与编制要求。

6.2.1　建设工程项目成本计划的概念和重要性

成本计划,是在多种成本预测的基础上,经过分析、比较、论证、判断之后,以货币

形式预先规定计划期内项目施工的耗费和成本所要达到的水平,并且确定各个成本项目比预计要达到的降低额和降低率,提出保证成本计划实施所需要的主要措施方案。

成本计划是建设工程项目成本管理的一个重要环节,是实现降低项目成本任务的指导性文件,也是企业设立目标成本的依据。

编制成本计划的过程,既是动员项目经理部全体职工挖掘降低成本潜力的过程,也是检验施工技术质量管理、工期管理、物资消耗和劳动力消耗管理等效果的全过程。

成本计划的重要性,具体表现为以下几个方面。

(1) 它是对生产耗费进行控制、分析和考核的重要依据。

(2) 它是编制核算单位其他有关生产经营计划的基础。

(3) 它是国家编制国民经济计划的一项重要依据。

(4) 它是可以动员全体职工深入开展增产节约、降低产品成本的活动。

(5) 它是建立企业成本管理责任制、开展经济核算和控制生产费用的基础。

6.2.2 目标成本

编制成本计划的关键前提是确定目标成本。所谓目标成本,即项目(或企业)对未来产品成本所规定的奋斗目标,它比已经达到的实际成本水平要低,但又是经过努力可以达到的。目标成本管理是现代化企业经营管理的重要组成部分,它是市场竞争的需要,是企业挖掘内部潜力、不断降低产品成本、提高企业整体工作质量的需要,是衡量企业实际成本节约或开支及考核企业在一定时期内成本管理水平高低的依据。

建设工程项目成本管理实质上就是一种目标管理。建设工程项目管理的最终目标是低成本、高质量、短工期,而低成本是这三大目标的核心和基础。目标成本有很多形式,可以是计划成本、定额成本或标准成本,它随成本计划编制方法的变化而变化。

一般而言,目标成本的计算公式如下。

$$项目的目标成本 = 预计结算收入 - 税金 - 项目的目标利润 \quad (6-1)$$

$$目标成本降低额 = 项目的预算成本 - 项目的目标成本 \quad (6-2)$$

$$目标成本降低率 = \frac{目标成本降低额}{项目的预算成本} \quad (6-3)$$

6.2.3 建设工程项目成本计划的编制依据和编制程序

1. 建设工程项目成本计划的编制依据

建设工程项目成本计划的编制依据有如下几个方面。

(1) 合同文件。合同文件除包括合同文本外,还包括招标文件、投标文件、设计文件等,合同中的工程内容、数量、规格、质量、工期和支付条款都将对工程的成本计划产生重要的影响,因此,承包方在签订合同前应进行认真的研究与分析,在正确履约的前提下降低工程成本。

(2) 项目管理实施规划。其中以工程项目施工组织设计文件为核心的项目实施技术方案与管理方案，是在充分调查和研究现场条件及有关法规条件的基础上制定的，不同实施条件下的技术方案和管理方案，将导致不同的工程成本。

(3) 相关设计文件。

(4) 生产要素价格信息，包括人工、材料、机械台班的市场价，企业颁布的材料指导价、企业内部机械台班价格、劳动力内部挂牌价格，周转设备内部租赁价格、摊销损耗标准，结构件外加工计划和合同，等等。

(5) 相关定额。

(6) 类似项目的成本资料。

2. 建设工程项目成本计划的编制程序

(1) 预测项目成本。

(2) 确定项目总体成本目标。

(3) 编制项目总体成本计划。

(4) 项目管理机构与组织的职能部门根据其责任成本范围，分别确定自己的成本目标，并编制相应的成本计划。

(5) 针对成本计划制定相应的控制措施。

(6) 由项目管理机构与组织的职能部门负责人分别审批相应的成本计划。

6.2.4 建设工程项目成本计划的编制方法

成本计划应由项目管理机构负责组织编制，计划中要明确各成本项目指标和降低成本指标，形成的项目计划对项目成本控制具有指导性。项目管理机构应通过系统的成本策划，按成本构成、项目结构和工程实施阶段分别编制成本计划。

1. 按成本构成编制成本计划的方法及成本计划表

(1) 建筑安装工程费按照费用构成要素划分为人工费、材料（包含工程设备）费、施工机具使用费、企业管理费、利润和税金，如图6.2所示。其中人工费、材料费、施工机具使用费、企业管理费和利润包含在分部分项工程费、措施项目费、其他项目费中。

在费用构成要素中利润和税金是不能事前编制计划的，利润的实现受企业管理效果的影响，税金则是根据国家有关规定执行。因此按成本构成编制成本计划，即编制人工费、材料费、施工机具使用费和企业管理费的成本计划，如图6.3所示。

(2) 项目成本计划表

1) 项目成本计划任务表

项目成本计划任务表是反映项目预算成本、计划成本、成本降低额、成本降低率的文件，是落实成本降低任务的依据，如表6-1所示。

2) 项目间接成本计划表

项目间接成本计划表是指施工现场管理费计划表，其反映发生在项目经理部的各项施工管理费的预算收入、计划数和降低额，如表6-2所示。

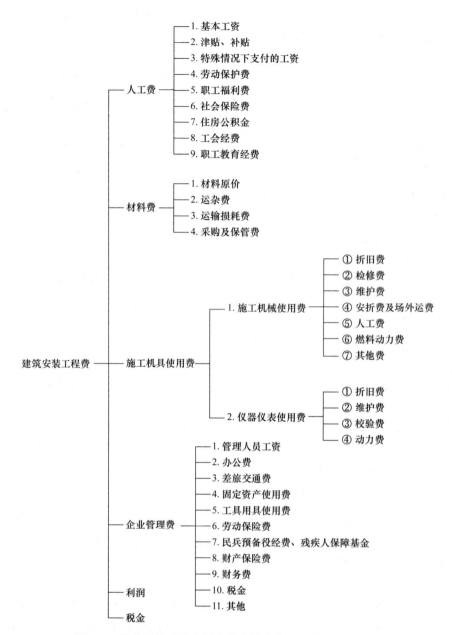

图 6.2 按费用构成要素划分的建筑安装工程费用项目组成

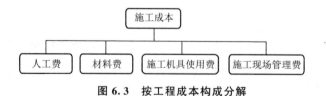

图 6.3 按工程成本构成分解

表6-1 项目成本计划任务表

工程名称：　　　　工程项目：　　　　项目经理：　　　　日期：　　　　单位：

项　　目	预算成本	计划成本	计划成本降低额	计划成本降低率
1. 直接成本				
人工费				
材料费				
施工机具使用费				
2. 间接成本				
施工现场管理费				
合计				

表6-2 施工现场管理费计划表

项　　目	预算收入	计划数	降低额
1. 项目管理人员工资、奖金等			
2. 办公费			
3. 差旅交通费			
4. 固定资产使用费			
5. 工具用具使用费			
6. 劳动保护费			
7. 检验试验费			
8. 财产保险费			
9. 取暖、水电费			
10. 排污费			
…			
合计			

2. 按项目结构编制成本计划的方法及成本计划表

大中型建设工程项目通常是由若干单项工程构成，每个单项工程又包括多个单位工程，而每个单位工程又是由若干个分部分项工程构成。因此，按项目结构编制成本计划首先要把项目总成本分解到单项工程和单位工程中，再进一步分解到分部工程和分项工程中，如图6.4所示。

在完成项目成本目标分解之后，接下来就要具体地分配成本，编制分项工程的成本支

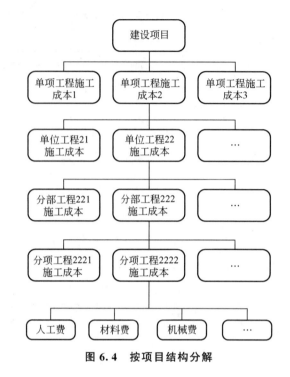

图 6.4 按项目结构分解

出计划,从而形成详细的成本计划表,见表 6-3。

表 6-3 分项工程成本计划表

分项工程编码	工程内容	计量单位	工程数量	计划成本	本分项总计
(1)	(2)	(3)	(4)	(5)	(6)

在编制成本支出计划时,要注意在项目总体层面上考虑总的预备费,在主要的分项工程中安排适当的不可预见费,避免在具体编制成本计划时,可能发现个别单位工程或工程量表中某项内容的工程量计算有较大出入,偏离原来的成本预算。因此,应在项目实施过程中对其尽可能地采取一些措施。

3. 按工程实施阶段编制成本计划的方法

按工程实施阶段编制成本计划,可以按实施阶段,如基础、主体、安装、装修等或按实施进度,如月、季、年等进行编制。

按实施进度编制成本计划,通常可在项目进度计划的基础上进一步扩充得到,即在建立进度计划时,一方面确定完成各项工作所需花费的时间,另一方面确定完成这一工作的成本支出计划。通过对成本目标按时间进行分解,在进度计划基础上编制成本计划。其表示方式有如下两种。

(1) 按月编制成本计划直方图,如图 6.5 所示。

坐标轴的横轴表示施工进度时长,纵轴表示成本投入金额,每一直条表示每月的成本计划。

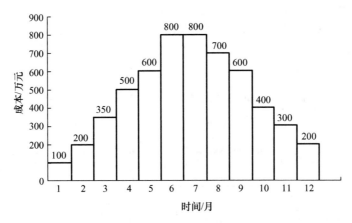

图 6.5　按月编制的成本计划直方图

（2）用时间-成本累计 S 曲线表示，如图 6.6 所示。

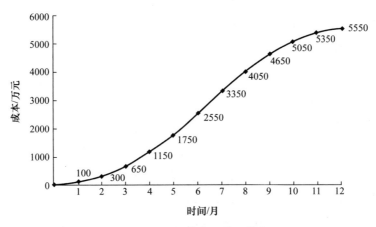

图 6.6　时间-成本累计 S 曲线

坐标轴的横轴表示施工进度时长，纵轴表示成本投入金额，每一时间点对应的成本为累计成本，将每个累计成本点连接形成一条形似"S"的曲线。如图 6.6 中 1 月的成本计划为 100 万元，2 月的成本计划为 200 万元，则 2 月对应的累计成本计划为 300 万元，为 1 月和 2 月的累计值。

时间-成本累计 S 曲线的绘制步骤如下。

第一步：确定工程项目进度计划，编制进度计划的时标网络图或横道图。

第二步：根据每单位时间内完成的实物工程量或投入的人力、物力和财力，计算单位时间（月或旬）的成本，按时间编制成本支出计划，如图 6.5 所示。

第三步：计算规定时间计划累计支出的成本额。计算方法为将各单位时间计划完成的成本额累加求和，计算公式为：

$$Q_t = \sum_{n=1}^{t} q_n$$

式中　Q_t——某时间 t 内计划累计支出成本额；

q_n——单位时间 n 的计划支出成本额；

t——某规定计划时刻。

第四步：按各规定时间的 Q_t 值，绘制时间-成本累计 S 曲线，如图 6.6 所示。

 应用案例 6-1

已知某施工项目成本计划数据资料见表 6-4，绘制该项目的时间-成本累计 S 曲线。

表 6-4 某施工项目成本计划数据资料

编码	项目名称	最早开始时间/月	工期/月	成本强度/（万元/月）
01	场地平整	1	1	20
02	基础施工	2	3	15
03	主体工程施工	4	5	30
04	砌筑工程施工	8	3	20
05	屋面工程施工	10	2	30
06	楼地面施工	11	2	20
07	室内设施安装	11	1	30
08	室内装饰	12	1	20
09	室外装饰	12	1	10
10	其他工程		1	10

【案例解析】

（1）确定施工项目进度计划，编制进度计划横道图，如图 6.7 所示。

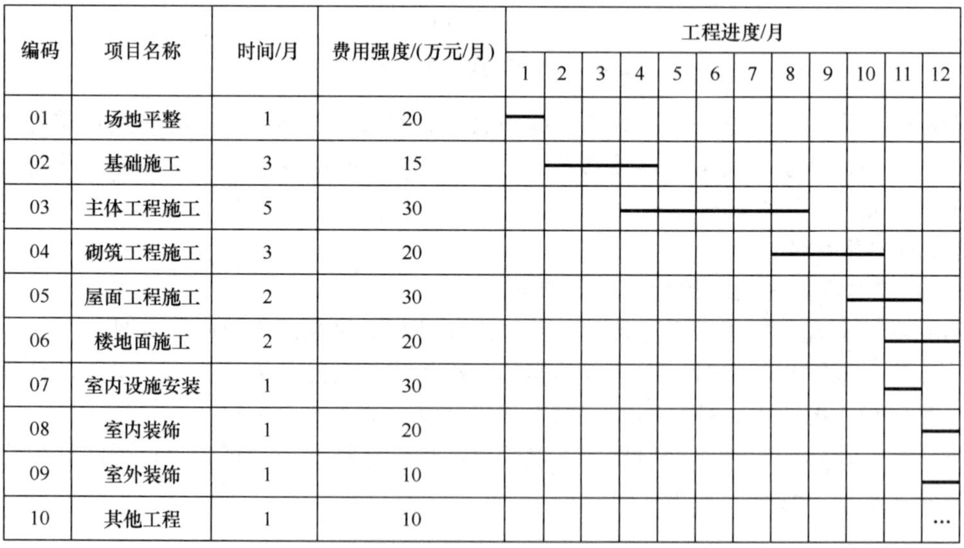

编码	项目名称	时间/月	费用强度/(万元/月)	工程进度/月											
				1	2	3	4	5	6	7	8	9	10	11	12
01	场地平整	1	20	—											
02	基础施工	3	15		—	—	—								
03	主体工程施工	5	30				—	—	—	—	—				
04	砌筑工程施工	3	20								—	—	—		
05	屋面工程施工	2	30										—	—	
06	楼地面施工	2	20											—	—
07	室内设施安装	1	30											—	
08	室内装饰	1	20												—
09	室外装饰	1	10												—
10	其他工程	1	10												...

图 6.7 某施工项目进度计划横道图

(2) 在横道图上按时间编制成本计划,如图 6.8 所示。

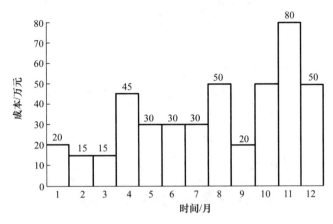

图 6.8 某工程项目按月编制的成本计划直方图

(3) 计算每月计划累计支出的成本额。

根据公式:$Q_t = \sum_{n=1}^{t} q_n$,可得如下结果:

$Q_1 = 20$,$Q_2 = 35$,$Q_3 = 50$,…,$Q_{10} = 305$,$Q_{11} = 385$,$Q_{12} = 435$

(4) 编制时间-成本累计 S 曲线,如图 6.9 所示。

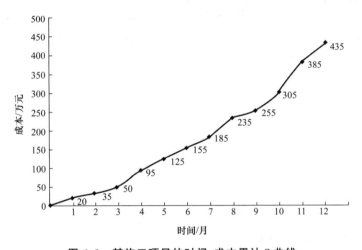

图 6.9 某施工项目的时间-成本累计 S 曲线

在编制时间-成本累计 S 曲线时要注意,每一条 S 形曲线都对应某一特定的工程进度计划。虽然是成本计划,但是计划也必须在某一个图形范围内波动。因为在进度计划的非关键路线中存在许多有时差的工作,因而每一条 S 形曲线必然包络在由全部工作都按最早开始时间开始和全部工作都按最迟必须开始时间开始所组成的闭合曲线"香蕉图"内,如图 6.10 所示。

若所有工作都按最迟开始时间开始,则在工期不变的情况下,资金贷款使用时间短,对节约资金贷款利息有利,但对保证项目按期竣工不利;若所有工作都按最早开始时间开始,对保证项目按期竣工有利,但在工期不变的情况下,因为工作开始时间早,资金贷款

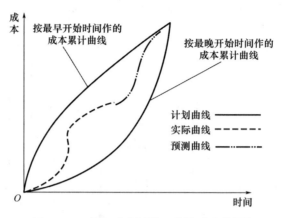

图 6.10　时间-成本累计 S 曲线 "香蕉图"

使用时间变长，利息增加，对节约资金贷款利息不利。

因此项目经理可根据编制的成本支出计划合理安排资金，同时也可以根据筹措的资金来调整 S 形曲线，即通过调整非关键路线上的工作的最早或最迟开始时间，力争将实际的成本支出控制在计划的范围内，达到既节约成本支出又能控制项目工期的目的。

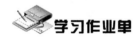学习作业单

任务单元 6.2 学习作业单	
工作任务完成	根据任务单元 6.2 工作任务单的工作任务描述和要求，完成任务如下。
任务单元学习总结	建设工程项目成本计划的编制方法。
任务单元学习体会	

任务单元 6.3　建设工程项目成本控制

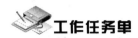

工作任务描述	某工程项目有 2000m² 缸砖面层地面施工任务，交由某分包商承担，计划于六个月内完成，计划的各工作项目单价和工作量见下表，该工程进行了三个月后，发现某些工作项目实际已完成的工作量及实际单价与原计划有偏差，数值如下。					
	工作项目名称	平整场地	室内夯填土	垫层	缸砖面砂浆结合	踢脚
	单位	100m²	100m²	10m²	100m²	100m²
	计划工作量（三个月）	180	30	70	110	15
	计划单价/(元/单位)	15	45	420	1500	1600
	已完成工作量（三个月）	180	28	58	0	10
	实际单价/(元/单位)	15	45	420	1700	1620
工作任务要求	（1）试计算并用表格法列出至第三个月末时各工作的计划工作预算费用（BCWS）、已完工作预算费用（BCWP）、已完工作实际费用（ACWP），并分析费用局部偏差值、费用绩效指数 CPI、进度局部偏差值、进度绩效指数 SPI，以及费用累计偏差和进度累计偏差。 （2）用横道图法表明各项工作的进度，分析并在图上标明其偏差情况。 （3）用曲线法表明该项施工任务总的计划和实际进展情况，标明其费用及进度偏差情况（说明：各工作项目在三个月内均是按等速、等值进行的）。					

6.3.1　建设工程项目成本控制的概念和依据

1. 成本控制的概念

成本控制，是指项目经理部在项目成本形成的过程中，为控制人、材、机消耗和费用支出，降低工程成本，达到预期的成本目标，所进行的一系列活动。

成本控制是在成本发生和形成的过程中，对成本进行的监督检查。成本的发生和形成是一个动态的过程，这就决定了成本的控制也应该是一个动态的过程，因此，也可称成本控制为成本的过程控制。

成本控制的重要性，具体可表现为以下方面。

（1）监督工程收支，实现计划利润。

（2）做好盈亏预测，指导工程实施。

（3）分析收支情况，调整资金流动。

(4) 积累资料，指导今后投标。

2. 成本控制的依据

(1) 合同文件。成本控制要以工程合同为依据，围绕降低工程成本这个目标，从预算收入和实际成本两个方面，努力挖掘增收节支潜力，以求获得最大的经济效益。

(2) 成本计划。成本计划是根据工程项目的具体情况制定的施工成本控制方案，既包括预定的具体的成本控制目标，又包括实现成本控制目标的措施和规划，是成本控制的指导性文件。

(3) 进度报告。进度报告提供了每一时刻工程实际完成量、工程施工成本实际支付情况等重要信息。成本控制工作正是通过实际情况与成本计划相比较，找出二者之间的差别，分析偏差产生的原因，从而采取措施改进以后的工作。此外，进度报告还有助于管理者及时发现工程实施中存在的隐患，并在事态还未造成重大损失之前采取有效措施，以尽量避免损失。

(4) 工程变更与索赔资料。在项目实施过程中，由于各方面原因，工程变更是很难避免的。工程变更一般包括设计变更、进度计划变更、施工条件变更、技术规范与标准变更、施工次序变更、工程数量变更等。一旦出现工程变更，工程量、工期、成本都必将发生变化，从而使得成本控制工作变得更加复杂和困难。因此，项目成本管理人员应当通过对变更要求当中各类数据的计算、分析，随时掌握变更情况，包括已经发生的工程量、将要发生的工程量、工期是否拖延、支付情况等重要信息，判断变更形态以及变更可能带来的索赔额度等。

(5) 各种资源的市场信息。成本控制过程中，要根据各种资源的市场价格信息和项目的实施情况，估计成本的发展趋势，计算项目的成本偏差。

除了上述几种成本控制工作的主要依据外，相关施工组织设计、分包合同等也都是成本控制的依据。

6.3.2 建设工程项目成本控制的程序

成本控制的关键是能否实现成本目标。项目管理机构为了保证成本目标的实现，需要对成本指标进行控制。项目成本指标控制程序如下。

1. 确定成本管理分层次目标

在工程开工之初，项目管理机构应根据公司与项目签订的项目承包合同确定项目的成本管理目标，并根据工程进度计划确定月度成本计划目标。

2. 采集成本数据，监测成本形成过程

在施工过程中要定期收集反映成本支出情况的数据，并将实际发生情况与目标计划进行对比，从而保证有效控制成本的整个形成过程。

3. 找出偏差，分析原因

施工过程是一个多工种、多方位立体交叉作业的复杂活动，成本的发生和形成是很难按预定的目标进行的，因此，需要及时分析偏差产生的原因，分清是客观因素（如市场调价）还是人为因素（如管理行为失控）。

4．制定对策，纠正偏差

过程控制的目的在于不断纠正成本形成过程中的偏差，保证成本项目的发生是在预定范围之内。针对产生偏差的原因及时制定对策并予以纠正。

5．调整改进成本管理方法

通过不断地调整成本管理方法，使管理更加科学合理，最终实现成本目标。

图 6.11 所示为成本指标控制程序图。

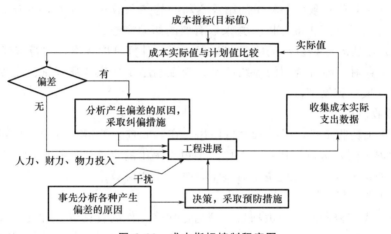

图 6.11　成本指标控制程序图

6.3.3　建设工程项目成本控制的对象和内容

1．成本控制的对象

（1）以项目成本形成的过程作为成本控制的对象。根据对项目成本实行全面、全过程控制的要求，成本控制的对象具体包括工程投标阶段的成本控制、施工准备阶段的成本控制、施工阶段的成本控制、竣工验收阶段的成本控制以及保修阶段的成本控制。

（2）以项目的职能部门、施工队和生产班组作为成本控制的对象。成本控制的具体内容是日常发生的各种费用和损失。项目的职能部门、施工队和生产班组还应对自己承担的责任成本进行自我控制，这是最直接、最有效的成本控制。

（3）以分部分项工程作为成本控制的对象。项目应该根据分部分项工程的实物量，参照施工预算定额，联系项目管理的技术素质、业务素质和技术组织措施的节约计划，编制包括工、料、机消耗数量以及单价、金额在内的施工预算，作为对分部分项工程成本进行控制的依据。

（4）以对外经济合同作为成本控制的对象。

2. 成本控制的内容

1）工程投标阶段

中标以后，应根据项目的建设规模，组建与之相适应的项目经理部，同时以标书为依据确定项目的成本目标，并下达给项目经理部。

2）施工准备阶段

根据设计图纸和有关技术资料，对施工方法、施工顺序、作业组织形式、机械设备选型、技术组织措施等进行认真的研究分析，并运用价值工程原理，制定出科学先进、经济合理的施工方案。

3）施工阶段

（1）将施工任务单和限额领料单的结算资料与施工预算进行核对，计算分部分项工程的成本差异，分析差异产生的原因，并采取有效的纠偏措施。

（2）做好月度成本原始资料的收集和整理，正确计算月度成本，实行责任成本核算。

（3）经常检查对外经济合同的履约情况，为顺利施工提供物质保证。定期检查各责任部门和责任者的成本控制情况。

4）竣工验收阶段

（1）重视竣工验收工作，以顺利交付使用。在验收前，要准备好验收所需要的各种书面资料（包括竣工图）送甲方备查；对验收中甲方提出的意见，应根据设计要求和合同内容认真处理，如果涉及费用，应请甲方签证，列入工程结算。

（2）及时办理工程结算。

此外，在工程保修期间，应由项目经理指定保修工作的责任者，并责成保修工作的责任者根据实际情况提出保修计划（包括费用计划），以此作为控制保修费用的依据。

6.3.4 建设工程项目成本控制的实施方法

1. 以成本目标控制成本支出

以成本目标控制成本支出，是指通过确定成本目标并按成本计划进行施工、资源配置，对施工现场发生的各种成本费用进行有效控制。其具体方法如下。

1）人工费的控制

人工费的控制实行"量价分离"的原则，将作业用工及零星用工按定额工日的一定比例综合确定用工数量与单价，通过劳务合同进行控制。

2）材料费的控制

材料费的控制同样是按照"量价分离"的原则，控制材料用量和材料价格。

（1）首先是材料用量的控制。在保证符合设计要求和质量标准的前提下，应合理使用材料，通过材料需用量计划、定额管理、计量管理等手段有效控制材料物资的消耗，具体方法如下。

① 材料需用量计划的编制实行适时性、完整性、准确性控制。在工程项目施工过程中，每月应根据施工进度计划，编制材料需用量计划。适时性是指材料需用量计划的提出和进场要适时；完整性是指材料需用量计划的材料品种必须齐全，材料的型号、规格、性

能、质量要求等要明确；准确性是指材料需用量的计算要准确，绝不能粗估冒算。材料需用量计划应包括材料需用量和材料供应量。材料需用量计划应包括两个月工程施工的材料用量。

② 材料领用控制。材料领用控制是通过实行限额领料制度来控制的。限额领料制度可采用定额控制和指标控制。定额控制指对于有消耗定额的材料，以消耗定额为依据，实行限额发料制度；指标控制指对于没有消耗定额的材料，实行计划管理和按指标控制。

③ 材料计量控制。准确做好材料物资的收发计量检查和投料计量检查。计量器具要按期检验、校正，必须受控；计量过程必须受控；计量方法必须全面、准确并受控。

④ 包干控制。在材料使用过程中，对部分小型及零星材料（如钢钉、钢丝等），根据工程量计算出所需材料量，将其折算成费用，由作业者包干使用。

⑤ 工序施工质量控制。工程施工前道工序的施工质量往往影响后道工序的材料消耗量。从每个工序的施工来讲，应时时受控，一次合格，避免返修而增加材料消耗。

(2) 其次是材料价格的控制。材料价格主要由材料采购部门控制。由于材料价格是由买价、运杂费、运输中的合理损耗等组成，因此控制材料价格，主要是通过掌握市场信息，应用招标和询价等方式控制材料、设备的采购价格。

建设工程项目的材料物资，包括构成工程实体的主要材料和结构件，以及有助于工程实体形成的周转使用材料和低值易耗品。从价值角度来看，材料物资的价值，占建筑安装工程造价的60%～70%，甚至70%以上，其重要程度自然是不言而喻的。材料物资的供应渠道和管理方式各不相同，控制的内容和方法也有所不同。

3) 施工机具使用费的控制

合理选择、合理使用施工机械设备对成本控制具有十分重要的意义，尤其是高层建筑施工。据某些工程实例统计，在高层建筑地面以上部分的总费用中，垂直运输机械费用占6%～10%。由于不同的起重运输机械有不同的用途和特点，因此在选择起重运输机械时，首先应根据工程特点和施工条件确定采取何种起重运输机械的组合方式。

施工机具使用费主要由台班数量和台班单价两方面决定，为有效控制施工机具使用费的支出，主要从以下几个方面进行控制。

(1) 合理安排施工生产，加强设备租赁计划管理，减少因安排不当引起的设备闲置。

(2) 加强机械设备的调度工作，尽量避免窝工，提高现场设备利用率。

(3) 加强现场设备的维修保养，避免因不正确使用造成机械设备的停置。

(4) 做好机上人员与辅助生产人员的协调与配合，提高施工机械台班产量。

(5) 做好施工机械配件采购计划，降低材料成本。

(6) 成立设备管理领导小组，负责设备调度、检查、维修、评估等具体事宜。

4) 施工分包费用的控制

分包工程价格的高低，必然对项目经理部的成本产生一定的影响。因此，成本控制的重要工作之一是对分包价格的控制。项目经理部应在确定施工方案的初期确定需要分包的工程范围。决定分包范围的因素主要是施工项目的专业性和项目规模。对分包费用的控制，主要是要做好分包工程的询价、订立平等互利的分包合同、建立稳定的分包关系网络、加强施工验收和分包结算等工作。

2. 以施工方案控制资源消耗

资源消耗数量的货币表现大部分是成本费用。因此，资源消耗的减少，就等于成本费用的节约；控制了资源消耗，也就是控制了成本费用。

以施工方案控制资源消耗的实施步骤和方法如下。

（1）在工程项目开工前，根据施工图纸和工程现场的实际情况，制定施工方案。

（2）组织实施。施工方案是进行工程施工的指导性文件，有步骤、有条理地按施工方案组织施工，可以合理配置人力和机械，可以有计划地组织物资进场，从而做到均衡施工。

（3）采用价值工程，优化施工方案。价值工程又称价值分析，是一门技术与经济相结合的现代化管理科学，应用价值工程，即研究在提高功能的同时不增加成本，或在降低成本的同时不影响功能，把提高功能和降低成本统一在最佳方案中。

6.3.5 赢得值法在建设工程项目成本控制中的应用

赢得值法（Earned Value Management，EVM）作为一项先进的项目管理技术，最初是美国国防部于1967年首次确立的。到目前为止，国际上先进的工程公司已普遍采用赢得值法进行工程项目的费用、进度综合分析控制。赢得值法也称挣值法，是通过分析项目实际完成情况与计划完成情况的差异，判断项目费用、进度是否存在偏差的一种方法。用赢得值法进行费用、进度综合分析控制，基本参数有三项，即已完工作预算费用、计划工作预算费用和已完工作实际费用。

1. 赢得值法的三个基本参数

1）已完工作预算费用（Budgeted Cost for Work Performed，BCWP）

已完工作预算费用（BCWP），是指在某一时间已经完成的工作（或部分工作），以批准认可的预算为标准所需要的资金总额，由于发包人正是根据这个值为承包人完成的工作量支付相应的费用，也就是承包人获得（挣得）的金额，故称赢得值或挣值。其计算公式为

$$BCWP = \sum (已完成工作量 \times 预算单价) \quad (6-11)$$

2）计划工作预算费用（Budgeted Cost for Work Scheduled，BCWS）

计划工作预算费用（BCWS），即根据进度计划，在某一时间应当完成的工作（或部分工作），以预算为标准所需要的资金总额，一般来说，除非合同有变更，BCWS在工程实施过程中应保持不变。其计算公式为

$$BCWS = \sum (计划工作量 \times 预算单价) \quad (6-12)$$

3）已完工作实际费用（Actual Cost for Work Performed，ACWP）

已完工作实际费用（ACWP），即到某一时刻为止，已完成的工作（或部分工作）所实际花费的总金额。其计算公式为

$$ACWP = \sum (已完成工作量 \times 实际单价) \quad (6-13)$$

2. 赢得值法的四个评价指标

在上述三个基本参数的基础上，可以确定赢得值法的四个评价指标，它们也都是时间的函数。

1）费用偏差（Cost Variance，CV）

$$CV = BCWP - ACWP \quad (6-14)$$

当 CV 为负值时，即表示项目运行超出预算费用；当 CV 为正值时，表示项目运行节支，实际费用没有超出预算费用；当 CV 为零时，表示实际费用等于预算费用。

2）进度偏差（Schedule Variance，SV）

$$SV = BCWP - BCWS \quad (6-15)$$

当 SV 为负值时，表示进度延误，即实际进度落后于计划进度；当 SV 为正值时，表示进度提前，即实际进度快于计划进度；当 SV 为零时，表示实际进度等于计划进度。

3）费用绩效指数（CPI）

$$CPI = BCWP / ACWP \quad (6-16)$$

当 CPI<1 时，表示超支，即实际费用高于预算费用；当 CPI>1 时，表示节支，即实际费用低于预算费用；当 CPI=1 时，表示实际费用等于预算费用。

4）进度绩效指数（SPI）

$$SPI = BCWP / BCWS \quad (6-17)$$

当 SPI<1 时，表示进度延误，即实际进度落后于计划进度；当 SPI>1 时，表示进度提前，即实际进度快于计划进度；当 SPI=1 时，表示实际进度等于计划进度。

费用（进度）偏差反映的是绝对偏差，结果直观，有助于管理人员了解项目费用出现偏差的绝对数额，并依次采取一定措施，制订或调整费用支出计划和资金筹措计划。但是，绝对偏差有其不容忽视的局限性。如同样是 10 万元的费用偏差，对于总费用 1000 万元的项目和总费用 1 亿元的项目而言，其严重性显然是不同的。因此，费用（进度）偏差仅适合于对同一项目做偏差分析。费用（进度）绩效指数反映的是相对偏差，它不受项目层次的限制，也不受项目实施时间的限制，因而在同一项目和不同项目比较中均可采用。

在项目的费用、进度综合控制中引入赢得值法，可以克服过去进度、费用分开控制的缺点，即过去当我们发现费用超支时，很难立即知道是由于费用超出预算，还是由于进度提前；相反，当我们发现费用低于预算时，也很难立即知道是由于费用节省，还是由于进度拖延。而引入赢得值法即可定量地判断进度、费用的执行效果。

3. 偏差分析的表达方法

偏差分析可以采用不同的表达方法，常用的有横道图法、表格法和曲线法。下面主要介绍横道图法。

用横道图法进行费用和进度偏差分析，是用不同的横道标记 BCWP、BCWS 和 ACWP，横道的长度与其金额成正比，如图 6.12 所示。

横道图法具有形象、直观等优点，它能够准确表达出费用和进度的绝对偏差，而且能够明显看出偏差的严重性。但这种方法反映的信息量少，一般在项目的较高管理层中应用。

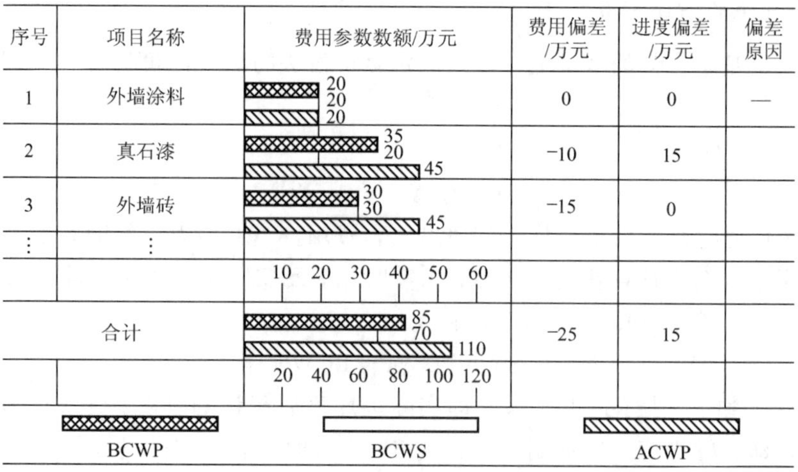

序号
项目名称
费用参数数额/万元
费用偏差/万元
进度偏差/万元
偏差原因
1
外墙涂料
20
20
20
0
0
—
2
真石漆
35
20
45
-10
15
3
外墙砖
30
30
45
-15
0
⋮
⋮
10 20 30 40 50 60
合计
85
70
110
-25
15
20 40 60 80 100 120
BCWP
BCWS
ACWP

图 6.12 费用和进度偏差分析的横道图

应用案例 6-2

某工程公司承接一项办公楼装修改造工程，合同总价 1420 万元，总工期 6 个月，前 5 个月完成费用情况见表 6-5。

(1) 计算各月的 BCWP 及 5 个月的 BCWP。

(2) 计算 5 个月的 BCWS 及 ACWP。

(3) 计算 5 个月的 CV、SV，并分析成本和进度状况。

(4) 计算 5 个月的 CPI 及 SPI，并分析成本和进度状况。

表 6-5 检查记录表

月　份	BCWS/万元	已经完成工作量/(%)	ACWP/万元	BCWP/万元
1	100	96	105	
2	140	100	125	
3	160	110	170	
4	220	105	230	
5	200	102	195	

【案例解析】

(1) 各月的 BCWP 计算结果见表 6-6。

表 6-6 费用计算

①月　份	②BCWS/万元	③已经完成工作量/(%)	④ACWP/万元	⑤BCWP/万元 ⑤=②×③
1	100	96	105	96

续表

①月　份	②BCWS/万元	③已经完成工作量/（%）	④ACWP/万元	⑤BCWP/万元 ⑤=②×③
2	140	100	125	140
3	160	110	170	176
4	220	105	230	231
5	200	102	195	204
合计	820	—	825	847

显然 BCWP＝BCWS×已经完成工作量的百分比。5 个月的 BCWP 合计为 847 万元。

（2）从表 6-6 中可见，5 个月的 BCWS 为 820 万元，5 个月的 ACWP 为 825 万元。

（3）5 个月的 CV 为

$$CV = BCWP - ACWP = (847 - 825) 万元 = 22 万元$$

由于 CV 为正，说明费用节约。

5 个月的 SV 为

$$SV = BCWP - BCWS = (847 - 820) 万元 = 27 万元$$

由于 SV 为正，说明进度提前。

（4）CPI＝BCWP/ACWP＝847/825≈1.0267，由于 CPI＞1，说明费用节约。

SPI＝BCWP/BCWS＝847/820≈1.0329，由于 SPI＞1，说明进度提前。

4．分析与建议

1）原因分析

经过对比分析，发现某一方面已经出现费用超支或预计最终将会出现费用超支，则应将它提出，做进一步的原因分析。原因分析是费用责任分析和提出费用控制措施的基础，费用超支的原因一般如下。

（1）宏观因素，如总工期延拖、物价上涨、工作量大幅度增加等。

（2）微观因素，如分项工程效率低、协调不好、局部返工等。

（3）内部原因，如管理失误、不协调、采购了劣质材料、工人培训不充分、材料消耗增加、出现事故、返工等。

（4）外部原因，如上级或业主的干扰、设计的修改、阴雨天气、其他风险等。

（5）其技术、经济、管理、合同等方面的原因。

原因分析可以采用因果关系分析图进行定性分析，在此基础上又可以利用因素差异分析法进行定量分析。

2）建议

通常要压缩已经超支的费用，而不损害其他目标是十分困难的，一般只有当给出的措施比原计划已选定的措施更为有利，或使工程范围减小，或生产效率提高，成本才能降低。建议的措施有以下方面。

（1）寻找新的、更好更省的、效率更高的技术方案。

(2) 购买部分产品，而不是采用完全由自己生产的产品。

(3) 重新选择供应商，但会产生供应风险，选择需要时间。

(4) 改变实施过程。

(5) 变更工程范围。

(6) 索赔。例如向业主、承（分）包商、供应商索赔以弥补费用超支等。

当发现费用超支时，人们常常通过其他手段，在其他工作上节约开支，这往往会损害工程，包括工程质量和工期目标，甚至有时贸然采取措施、主观上企图降低成本，但最终却导致更大的费用超支。表 6-7 为赢得值法参数分析与对应措施表。

表 6-7 赢得值法参数分析与对应措施表

图 型	三参数关系	分 析	措 施
	ACWP>BCWS>BCWP，SV<0，CV<0	效率低、进度较慢、投入超前	用工作效率高的人员更换一批工作效率低的人员
	BCWP>BCWS>ACWP，SV>0，CV>0	效率高、进度较快、投入延后	若偏离不大，维持现状
	BCWP>ACWP>BCWS，SV>0，CV>0	效率较高、进度快、投入超前	抽出部分人员，放慢进度
	ACWP>BCWP>BCWS，SV>0，CV<0	效率较低、进度较快、投入超前	抽出部分人员，增加少量骨干人员
	BCWS>ACWP>BCWP，SV<0，CV<0	效率较低、进度慢、投入延后	增加高效人员投入
	BCWS>BCWP>ACWP，SV<0，CV>0	效率较高、进度较慢、投入延后	迅速增加人员投入

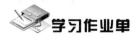

学习作业单

	任务单元 6.3 学习作业单
工作任务完成	根据任务单元6.3工作任务单的工作任务描述和要求，完成任务如下。
任务单元学习总结	(1) 建设工程项目成本控制的步骤、对象和内容。 (2) 赢得值法的三个基本参数、四个评价指标、偏差分析方法、项目成本与进度的综合分析及建议。
任务单元学习体会	

任务单元6.4 建设工程项目成本核算

成本核算是建设工程项目成本管理中最基本的职能，离开了成本核算，就谈不上成本管理，也就谈不上其他职能的发挥。成本核算在建设工程项目成本管理中的重要性体现在两个方面：第一，它是建设工程项目进行成本预测、制订成本计划和实行成本控制所需信息的重要来源；第二，它是建设工程项目进行成本分析和成本考核的基本依据。

6.4.1 建设工程项目成本核算的对象和要求

1. 建设工程项目成本核算的对象

成本核算的对象是指在计算工程成本中确定的归集和分配生产费用的具体对象，即生产费用承担的客体。确定成本核算的对象，是设立工程成本明细分类账户、归集和分配生产费用以及正确计算工程成本的前提。

成本核算的对象主要根据企业生产的特点与成本管理上的要求确定。由于建筑产品的多样性和设计、施工的单件性，在编制施工图预算、制订成本计划以及与建设单位结算工程价款时，都是以单位工程为对象。因此，按照财务制度规定，在成本核算时，项目成本一般应以独立编制施工图预算的单位工程为成本核算对象，但也可以按照承包工程项目的规模、工期、结构类型、施工组织和现场情况等，结合成本管理要求，灵活划分成本核算对象。一般来说有以下几种划分成本核算对象的方法。

（1）一个单位工程由几个施工单位共同施工时，各施工单位都应以同一单位工程作为成本核算对象，各自核算自行完成的部分。

（2）规模大、工期长的单位工程，可以将工程划分为若干部位，以分部位的工程作为成本核算对象。

（3）同一建设项目，由同一施工单位施工，并在同一地点施工，则将属于同一建设项目的各个单位工程合并作为一个成本核算对象。

（4）改建、扩建的零星工程，可根据实际情况和管理需要，以一个单项工程作为成本核算的对象，或将同一施工地点的若干个工程量较少的单项工程合并作为一个成本核算的对象。

2. 建设工程项目成本核算的要求

成本核算的基本要求如下。

（1）项目经理部应根据财务制度和会计制度的有关规定，建立成本核算制，明确成本核算的原则、范围、程序、方法、内容、责任及要求，并设置核算台账，记录原始数据。

（2）项目经理部应按照规定的时间间隔进行成本核算。

（3）成本核算应坚持"三同步"原则。所谓"三同步"，是指统计核算、业务核算、会计核算三者同步进行。统计核算即产值统计，业务核算即人力资源和物质资源的消耗统计，会计核算即成本会计核算。根据项目形成的规律，这三者之间必然存在同步关系，即完成多少产值、消耗多少资源、发生多少成本，三者应该同步，否则项目成本就会出现盈亏异常情况。

（4）建立以单位工程为对象的项目生产成本核算体系。因为单位工程是施工企业的最终产品（成品），可独立考核。

（5）项目经理部应编制定期成本报告。

6.4.2 建设工程项目成本核算的依据和程序

1. 成本核算的依据

成本核算的依据包括以下内容。

（1）各种财产物资的收发、领退、转移、报废、清查、盘点资料。做好各项财产物资的收发、领退、清查和盘点工作，是正确计算成本的前提条件。

（2）与成本核算有关的各项原始记录和工程量统计资料。

（3）工时、材料、费用等各项内部消耗定额，以及材料、结构件、作业、劳务的内部结算指导价。

2. 成本核算的程序

成本核算是企业会计核算的重要组成部分，应当根据工程成本核算的要求和作用，按照企业会计核算程序总体要求，确立工程成本核算程序。

根据会计核算程序，结合工程成本发生的特点和核算的要求，工程成本的核算程序如下。

（1）对所发生的费用进行审核，以确定应计入工程成本的费用和计入各项期间费用的数额。

（2）将应计入工程成本的各项费用，区分为哪些应当计入本月的工程成本，哪些应由其他月份的工程成本负担。

（3）将每个月应计入工程成本的生产费用，在各个成本对象之间进行分配和归集，计算各工程成本。

（4）对未完工程进行盘点，以确定本期已完工程实际成本。

（5）将已完工程成本转入工程结算成本，核算竣工工程实际成本。

6.4.3 建设工程项目成本核算的方法

建设工程项目成本核算的方法主要有表格核算法和会计核算法。

1. 表格核算法

表格核算法是通过对施工项目内部各环节进行成本核算，以此为基础，核算单位和各部门定期采集信息，按照有关规定填制一系列的表格，完成数据比较、考核和简单的核算，形成工程项目成本的核算体系，作为支撑工程项目成本核算的平台。

这种核算的优点是简便易懂，方便操作，实用性较好；缺点是难以实现较为科学严密的审核制度，精度不高，覆盖面较小。

2. 会计核算法

会计核算法是建立在会计对工程项目进行全面核算的基础上，再利用收支全面核实和借贷记账法的综合特点，按照施工项目成本的收支范围和内容，进行施工项目成本核算。会计核算法不仅要核算工程项目施工的直接成本，而且要核算工程项目在施工过程中出现的债权债务、为施工生产而自购的工器具摊销、向发包单位的报量和收款、分包完成和分包付款等。

这种核算方法的优点是科学严密，人为控制的因素较小，而且核算的覆盖面较大；缺点是对核算工作人员的专业水平和工作经验要求都较高。项目财务部门一般采用此种方法。

3. 两种核算方法的综合使用

因为表格核算具有操作简单和表格格式自由等特点，因而对工程项目内各岗位成本的责任核算比较实用。施工单位除应对整个企业的生产经营进行会计核算外，还应在工程项目上设成本会计，进行工程项目成本核算，以减少数据的传递，提高数据的及时性，便于与表格核算的数据接口。总的来说，用表格核算法进行工程项目施工各岗位成本的责任核算和控制，用会计核算法进行工程项目成本核算，两者互补，相得益彰，可确保工程项目成本核算工作的开展。

6.4.4　建设工程项目成本会计的账表

项目经理部应根据会计制度的要求，设立核算必要的账户，进行规范的核算：首先应建立三本账，即三账；然后由三账编制施工项目成本的会计报表，即四表。

1）三账

三账包括工程施工账、其他直接费账和施工间接费账。

（1）工程施工账：用于核算工程项目进行建筑安装工程施工所发生的各项费用支出，以组成工程项目成本的成本项目设专栏记载。

工程施工账按照成本核算对象核算的要求，又分为单位工程成本明细账和工程项目成本明细账。

（2）其他直接费账：先以其他直接费费用项目设专栏记载，月终再分配计入受益单位工程的成本。

（3）施工间接费账：用于核算项目经理部为组织和管理施工生产活动所发生的各项费用支出，以项目经理部为单位设账，按间接成本费用项目设专栏记载，月终再按一定的分配标准计入受益单位工程的成本。

2）四表

四表包括在建工程成本明细表、竣工工程成本明细表、施工间接费表和工程项目成本表。

（1）在建工程成本明细表：要求分单位工程列示，以组成单位工程成本项目的三账汇总形成报表，账表相符，按月填表。

（2）竣工工程成本明细表：要求在竣工点交后，以单位工程列示，实际成本账表相符，按月填表。

（3）施工间接费表：要求按成本核算对象的间接成本费用项目列示，账表相符，按月填表。

（4）工程项目成本表：该报表属于工程项目成本的综合汇总表，表中除按成本项目列示外，还增加了工程成本合计、工程结算成本合计、分建成本、工程结算其他收入和工程结算成本总计等项。它综合了前三个报表，汇总反映项目成本。

任务单元 6.5　建设工程项目成本分析与考核

工作任务单

任务单元 6.5 工作任务单				
工作任务描述	某项目经理部承接了一栋框架结构办公楼，墙体采用焦渣空心砌块砌筑。目标成本为 241570 元，实际成本为 258825 元，比目标成本超支 17255 元，有关对比数据见下表。			
	项目	目标值	实际值	差额
	砌筑量/千块	850	875	+25
	单价/(元/千块)	280	290	+10
	损耗率/(%)	1.5	2	+0.5
	成本/元	241570	258825	+17255

续表

任务单元 6.5 工作任务单	
工作任务要求	用因素分析法分析砌筑量、单价、损耗率等的变动对实际成本的影响程度。

6.5.1　建设工程项目成本分析的概念和作用

1．成本分析的概念

成本分析，就是根据会计核算、业务核算和统计核算提供的资料，对项目成本的形成过程和影响成本升降的因素进行分析，以寻求进一步降低项目成本的途径（包括项目成本中的有利偏差的挖潜和不利偏差的纠正）；另外，通过成本分析，可从账簿、报表反映的成本现象看清成本的实质，从而增强项目成本的透明度和可控性，为加强成本控制、实现项目成本目标创造条件。由此可见，成本分析也是降低项目成本、提高项目经济效益的重要手段之一。

2．成本分析的作用

（1）有助于恰当评价成本计划的执行结果。
（2）揭示成本节约和超支的原因，进一步提高企业管理水平。
（3）寻求进一步降低成本的途径和方法，不断提高企业的经济效益。

6.5.2　建设工程项目成本分析的依据

成本分析需要依据最初的计划值（即成本计划的资料）与核算的实际值（即成本核算的资料）进行比较，发现偏差，寻求降低成本的途径。成本分析的主要依据是会计核算、业务核算和统计核算所提供的资料。

1．会计核算

会计核算主要是价值核算。会计是对一定单位的经济业务进行计量、记录、分析和检查，做出预测、参与决策、实行监督，旨在实现最优经济效益的一种管理活动。它通过一系列有组织有系统的方法记录企业的一切生产经营活动，然后提出一些用货币反映的有关各种综合性经济指标数据。由于会计核算具有连续性、系统性、综合性等特点，所以是成本分析的重要依据。

2．业务核算

业务核算是各业务部门根据业务工作的需要而建立的核算制度，它包括原始记录和计算登记表,如单位工程及分部分项工程进度登记、质量登记、工效、定额计算登记、物资消耗定额记录、测试记录,等等。业务核算的范围比会计核算、统计核算要广,会计核算和统计核算一般是对已经发生的经济活动进行核算,而业务核算不但可以针对已经发生的经济活动进行核算,而且可以对尚未发生或正在发生的经济活动进行核算,看是否可以做,是否有经济效果。它的特点是对个别的经济业务进行单项核算。业务核算的目的在于迅速取得资料,在经济活动中及时采取措施进行调整。

3. 统计核算

统计核算是利用会计核算资料和业务核算资料,把企业生产经营活动客观现状的大量数据按统计方法加以系统整理,表明其规律性。它的计量尺度比会计核算宽,可以用货币计量,也可以用实物或劳动量计量。它通过全面调查和抽样调查等特有的方法,不仅能提供绝对数指标,还能提供相对数和平均数指标;既可以计算当前的实际水平,确定变动速度,也可以预测发展的趋势。

6.5.3 建设工程项目成本分析的内容和步骤

1. 成本分析的内容

(1) 时间节点成本分析。如分部分项工程成本分析、月(季)度成本分析、年度成本分析、竣工成本分析。

(2) 工作任务分解单元成本分析。

(3) 组织单元成本分析。

(4) 单项指标成本分析。如人工费分析、材料费分析、机具使用费分析、间接成本分析等。

(5) 综合项目成本分析。

2. 成本分析的步骤

(1) 选择成本分析方法。

(2) 收集成本信息。

(3) 进行成本数据处理。

(4) 分析成本形成原因。

(5) 确定成本结果。

6.5.4 建设工程项目成本分析的方法

因为建设工程项目成本涉及的范围很广,所以需要分析的内容较多,项目管理机构应在不同的情况下选择不同的分析方法,包括基本分析方法,综合成本的分析方法、成本项目的分析方法和专项成本的分析方法等。

1. 成本分析的基本方法

成本分析的基本方法,包括比较法、因素分析法、差额计算法和比率法等。

1) 比较法

比较法又称指标对比分析法，就是通过技术经济指标的对比，检查目标的完成情况，分析产生差异的原因，进而挖掘内部潜力的方法。这种方法具有通俗易懂、简单易行、便于掌握的特点，因而得到了广泛的应用，但在应用时必须注意各技术经济指标的可比性。比较法的应用，通常有以下三种形式。

（1）将实际指标与目标指标对比。通过比较，分析影响目标完成的积极因素和消极因素。

（2）将本期实际指标与上期实际指标对比。通过比较，反映施工管理水平的提高程度。

（3）与本行业平均水平、先进水平对比。通过比较，发现本项目与行业平均及先进水平的差距。

 应用案例 6-3

某教学楼施工项目 2023 年度节约钢筋的目标为 60 万元，实际节约 65 万元；2022 年节约 50 万元，本企业先进水平节约 80 万元。根据上述资料编制分析表，具体见表 6-8。

表 6-8　实际指标与目标指标、上期指标、先进水平对比表　　单位：万元

指标	2023年计划值	2022年实际值	企业先进水平	2023年实际值	差异值		
					2023年与计划比	2023年与2022年比	2023年与先进水平比
钢筋节约额	60	50	80	65	5	15	−15

从表 6-8 中可以很清楚地看出：实际指标与目标指标对比节支 5 万元，本期实际指标与上期实际指标对比节支 15 万元，说明施工项目管理水平有了一定提高；但与本企业先进水平对比仍存在差距，说明应采取措施进一步提高管理水平。

2) 因素分析法

因素分析法又称连环置换法，这种方法可用来分析各种因素对成本的影响程度。在进行分析时，首先要假定众多因素中的一个因素发生了变化，而其他因素不变，然后逐个替换，分别比较其计算结果，以确定各个因素的变化对成本的影响程度。因素分析法的计算步骤如下。

（1）确定分析对象，并计算出实际值与目标值的差异。

（2）确定该指标是由哪几个因素组成的，并按其相互关系进行排序（排序规则是：先实物量，后价值量；先绝对值，后相对值）。

（3）以目标值为基础，将各因素的目标值相乘，作为分析替代的基数。

（4）将各个因素的实际值按照上面的排列顺序进行替换计算，并将替换后的实际值保留下来。

（5）将每次替换计算所得的结果与前一次的计算结果相比较，两者的差异即为该因素对成本的影响程度。

（6）各个因素的影响程度之和，应与分析对象的总差异相等。

因素分析法是把项目成本综合指标分解为各个相关联的原始因素，以确定指标变动的各因素的影响程度。它可以衡量各项因素影响程度的大小，以查明原因，改进措施，

降低成本。

应用案例 6-4

某商品混凝土目标成本为 748800 元，实际成本为 804636 元，实际成本比目标成本增加了 55836 元，资料见表 6-9。试用因素分析法进行分析处理。

表 6-9 某商品混凝土目标成本与实际成本对比表

项目	单位	目标值	实际值	差额
产量	m³	900	930	+30
单价	元/m³	800	840	+40
损耗率	%	4	3	-1
成本	元	748800	804636	+55836

【案例解析】

分析成本增加的原因如下。

（1）分析对象是该商品混凝土的成本，实际成本与目标成本的差额为 55836 元，该指标是由产量、单价、损耗率三个因素组成的，其排序见表 6-9。

（2）以目标值 748800 元[=（900×800×1.04）元]为分析替代的基础。

第一次替代产量因素，以 930m³ 替代 900m³，可得

$$（930×800×1.04）元 = 773760 元$$

第二次替代单价因素，以 840 元替代 800 元，并保留上次替代后的值，可得

$$（930×840×1.04）元 = 812448 元$$

第三次替代损耗率因素，以 1.03 替代 1.04，并保留上两次替代后的值，可得

$$（930×840×1.03）元 = 804636 元$$

（3）计算差额：

第一次替代与目标值的差额 =（773760-748800）元 = 24960 元

第二次替代与第一次替代的差额 =（812448-773760）元 = 38688 元

第三次替代与第二次替代的差额 =（804636-812448）元 = -7812 元

（4）由以上结果可知，产量增加使成本增加了 24960 元，单价提高使成本增加了 38688 元，而损耗率下降使成本减少了 7812 元。

（5）各因素的影响程度之和 =（24960+38688-7812）元 = 55836 元，跟实际成本与目标成本的总差额相等。

为了使用方便，企业也可以通过运用因素分析表来求出各因素变动对实际成本的影响程度，其具体形式见表 6-10。

表 6-10 某商品混凝土成本变动因素分析表

顺序	连环替代计算值/元	差额/元	因素分析
目标值	900×800×1.04	—	—

续表

顺　序	连环替代计算值/元	差额/元	因　素　分　析
第一次替代	930×800×1.04	+24960	由于产量增加 30m³，成本增加 24960 元
第二次替代	930×840×1.04	+38688	由于单价提高 40 元，成本增加 38688 元
第三次替代	930×840×1.03	−7812	由于损耗率下降 1%，成本减少 7812 元
合　计	24960+38688−7812=55836	+55836	—

注意：因素分析法在计算时，各个因素的排列顺序是固定不变的。

3）差额计算法

差额计算法是因素分析法的一种简化形式，它利用各个因素的目标值与实际值的差额来计算其对成本的影响程度。

应用案例 6-5

某工程项目某月的实际成本降低额比目标值提高了 3.1 万元。根据表 6-11 所列资料，试应用差额计算法分析预算成本和成本降低率对成本降低额的影响程度。

表 6-11　降低成本目标与实际对比表

项　目	单　位	目标值	实际值	差　额
预算成本	万元	400	420	+20
成本降低率	%	5	5.5	+0.5
成本降低额	万元	20	23.1	+3.1

【案例解析】

根据因素分析法的分析顺序（先实物量，后价值量；先绝对值，后相对值），结合题意计算如下。

（1）预算成本增加对成本降低额的影响程度为

$$(420-400)万元 \times 5\% = 1 万元$$

（2）成本降低率提高对成本降低额的影响程度为

$$(5.5\%-5\%) \times 420 万元 = 2.1 万元$$

以上两项合计为 (1+2.1) 万元 = 3.1 万元。

4）比率法

比率法是指用两个以上指标的比例进行分析的方法。它的基本特点是：先把对比分析的数值变成相对数，再观察其相互之间的关系。

常用的比率法有以下几种。

（1）相关比率法。由于项目经济活动的各个方面是相互联系、相互依存又相互影响的，因而可以将两个性质不同而又相关的指标加以对比，求出比率，并以此来考察经营成果的好坏。如给予员工的工资与产值之间的比例，两者之间性质不同但相关。

（2）构成比率法，又称比重分析法或结构对比分析法。通过构成比率，可以考察成本总量的构成情况及各成本项目占成本总量的比重，同时也可看出量、本、利的比例关系（即预算成本、实际成本与降低成本的比例关系），从而为寻求降低成本的途径指明方向。采用构成比率法时，一般要使用成本构成比例分析表，其实例见表6-12。

表6-12 成本构成比例分析表　　　　　　　　　　单位：万元

成本项目	预算成本		实际成本		降低成本		
	金额	比例/(%)	金额	比例/(%)	金额	占本项/(%)	占总量/(%)
一、直接成本	1441.27	93.86	1313.08	94.11	128.19	8.89	8.35
1. 人工费	104.60	6.81	105.70	7.58	-1.10	-1.05	-0.07
2. 材料费	1213.20	79.01	1079.63	77.38	133.57	11.01	8.70
3. 施工机具使用费	82.20	5.35	89.65	6.43	-7.45	-9.06	-0.49
4. 措施费	41.27	2.69	38.10	2.73	3.17	7.68	0.21
二、间接成本	94.26	6.14	82.20	5.89	12.06	12.79	0.79
成本总量	1535.53	100.00	1395.28	100.00	140.25	9.13	9.13
量本利比例/(%)	100.00	—	90.87	—	9.13	—	—

（3）动态比率法。就是将同类指标不同时期的数值进行对比，求出比率，用以分析该项指标的发展方向和发展速度。动态比率法的计算通常采用基期指数和环比指数两种方法。采用动态比率法时，一般要使用指标动态比较表，其实例见表6-13。

表6-13　指标动态比较表

指标	第一季度	第二季度	第三季度	第四季度
降低成本/万元	82.10	85.82	92.32	98.30
基期指数/(%)（一季度=100）	—	104.53	112.45	119.73
环比指数/(%)（上一季度=100）	—	104.53	107.57	106.48

2. 综合成本的分析方法

所谓综合成本，是指涉及多种生产要素并受多种因素影响的成本费用，如分部分项工程成本、月（季）度成本、年度成本、竣工成本等。由于这些成本都是随着项目施工的进展而逐步形成的，与生产经营有着密切的关系，因此做好上述成本的分析工作，将促进项目的生产经营管理，提高项目的经济效益。

1）分部分项工程成本分析

分部分项工程成本分析是项目成本分析的基础。分部分项工程成本分析的对象为已完成分部分项工程，分析的方法是：进行预算成本、目标成本和实际成本的"三算"对比，分别计算实际偏差和目标偏差，分析偏差产生的原因，为今后的分部分项工程成本寻求节约途径。

分部分项工程成本分析的资料来源如下：预算成本来自投标报价成本，目标成本来自施工预算，实际成本来自施工任务单的实际工程量、实耗人工和限额领料单的实耗材料。

施工项目包括很多分部分项工程，不可能也没有必要对每一个分部分项工程进行成本分析。但是，那些主要分部分项工程必须进行成本分析，而且要做到从开工到竣工进行系统的成本分析。这是一项很有意义的工作，因为通过对主要分部分项工程成本的系统分析，可以基本了解项目成本形成的全过程，为竣工成本分析和今后的项目成本管理提供宝贵的参考资料。

2）月（季）度成本分析

月（季）度成本分析，是项目定期的、经常性的中间成本分析。对于具有一次性特点的施工项目来说，有着特别重要的意义。因为通过月（季）度成本分析，可以及时发现问题，以便按照成本目标指定的方向进行监督和控制，保证项目成本目标的实现。

月（季）度成本分析的依据是当月（季）的成本报表。分析的方法通常有以下几种。

(1) 做实际成本与预算成本的对比，分析成本降低水平，预测实现项目成本目标的前景。

(2) 做实际成本与目标成本的对比，分析目标成本的落实情况，发现目标管理中存在的不足，进而采取措施，保证目标成本的实现。

(3) 通过对各成本项目的成本分析，可以了解成本总量的构成比例和成本管理的薄弱环节。

(4) 通过主要技术经济指标实际值与目标值的对比，分析产量、工期、质量、主材节约率、机械利用率等对成本的影响。

(5) 通过对技术组织措施执行效果的分析，寻求更加有效的节约途径。

(6) 分析其他有利条件和不利条件对成本的影响。

3）年度成本分析

企业成本要求一年结算一次，不得将本年成本转入下一年度。而项目成本则以项目的生命周期为结算期，要求从开工、竣工到保修期结束连续计算，最后结算出成本总量及其盈亏。由于项目的施工周期一般较长，除进行月（季）度成本核算和分析外，还要进行年度成本的核算和分析。这不仅是为了满足企业汇编年度成本报表的需要，同时也是项目成本管理的需要。因为通过年度成本的综合分析，可以总结一年来成本管理的成绩和不足，为今后的项目成本管理提供经验和教训，从而对项目成本进行更有效的管理。

年度成本分析的依据是年度成本报表。年度成本分析的内容，除了月（季）度成本分析的六个方面以外，重点是针对下一年度的施工进展情况规划切实可行的成本管理措施，以保证项目成本目标的实现。

4）竣工成本的综合分析

凡是有几个单位工程而且是单独进行成本核算（作为成本核算对象）的施工项目，其竣工成本分析应以各单位工程竣工成本分析资料为基础，再加上项目经理部的经营效益（如资金调度、对外分包等所产生的效益）进行综合分析。如果施工项目只有一个成本核算对象（单位工程），就以该成本核算对象的竣工成本资料作为成本分析的依据。

单位工程竣工成本分析，应包括以下三方面的内容。
（1）竣工成本分析。
（2）主要资源节超对比分析。
（3）主要技术节约措施及经济效果分析。

通过以上分析，可以全面了解单位工程的成本构成和降低成本的来源，对今后同类工程的成本管理有一定的参考价值。

3. 成本项目的分析方法

1）人工费分析

项目施工需要的人工和人工费，由项目管理机构与作业队签订劳务分包合同，明确承包范围、承包金额及双方的权利和义务。除按合同规定支付劳务费外，还可能发生一些其他人工费支出，主要有：

（1）因实物工程量增减而调整的人工和人工费。

（2）定额人工以外的计日工工资（如果已按定额人工的一定比例由作业队包干，并已列入承包合同的，不再另行支付）。

（3）对在进度、质量、节约、文明施工等方面做出贡献的班组和个人进行奖励的费用。

项目管理层应根据上述人工费的增减，结合劳务分包合同的管理进行分析。

2）材料费分析

材料费分析包括主要材料、结构件和周转材料使用费的分析以及材料储备的分析。

（1）主要材料和结构件费用的分析。

主要材料和结构件费用的高低，主要受价格和消耗数量的影响。而材料价格的变动，受采购价格、运输费用、途中损耗、供应不足等因素的影响；材料消耗数量的变动，则受操作损耗、管理损耗和返工损失等因素的影响。因此，可在价格变动较大和数量超用异常的时候再做深入分析。为了分析材料价格和消耗数量的变化对材料和结构件费用的影响程度，可按下列公式计算：

因材料价格变动对材料费的影响＝（计划单价－实际单价）×实际数量

因消耗数量变动对材料费的影响＝（计划用量－实际用量）×实际价格

（2）周转材料使用费分析。

在实行周转材料内部租赁制的情况下，项目周转材料费的节约或超支，取定于材料周转率和损耗率。周转减慢，则材料周转的时间增长，租赁费支出就增加；而超过规定的损耗，则要照价赔偿。

（3）采购保管费分析。

材料采购保管费属于材料的采购成本，包括：材料采购保管人员的工资、工资附加费、劳动保护费、办公费、差旅费，以及材料采购保管过程中发生的固定资产使用费、工具用具使用费、检验试验费、材料整理及零星运费和材料物资的盘亏及毁损等。材料采购保管费一般应与材料采购数量同步，即材料采购多，采购保管费也会相应增加。因此，应根据每月实际采购的材料数量（金额）和实际发生的材料采购保管费，分析保管费率的变化。

(4) 材料储备资金分析。

材料储备资金是根据日平均用量、材料单价和储备天数（即从采购到进场所需要的时间）计算的。上述任何一个因素变动，都会影响储备资金的占用量。材料储备资金的分析，可以应用"因素分析法"。

3) 机械使用费分析

由于项目施工具有一次性，项目管理机构不可能拥有自己的机械设备，而是随着施工的需要，向企业动力部门或外单位租用。在机械设备的租用过程中，存在以下两种情况。

(1) 按产量进行承包，并按完成产量计算费用，如土方工程。项目管理机构只要按实际挖掘的土方工程量结算挖土费用，而不必考虑挖土机械的完好程度和利用程度。

(2) 按使用时间（台班）计算机械费用，如塔式起重机、搅拌机等，如果机械完好率低或在使用中调度不当，必然会影响机械的利用率，从而延长使用时间，增加使用费。因此，项目管理机构应该给予一定的重视。

由于建筑施工的特点，在流水作业和工序搭接上往往会出现某些必然或偶然的施工间隙，影响机械的连续作业；有时，又因为加快施工进度和工种配合，需要机械日夜不停地运转，这样便造成机械综合利用效率不高，比如机械停工，则需要支付停班费。因此，在机械设备的使用过程中，应以满足施工需要为前提，加强机械设备的平衡调度，充分发挥机械的效用；同时，还要加强平时的机械设备的维修保养工作，提高机械的完好率，保证机械的正常运转。

4) 管理费分析

管理费分析，也应通过预算（或计划）数与实际数的比较来进行。预算与实际比较的常用表格形式见表 6-14。

表 6-14 管理费用预算与实际比较

序号	项目	预算	实际	比较	备注
1	管理人员工资				包括职工福利费和劳动保护费
2	办公费				包括生活用水、电、暖费
3	差旅费				
4	固定资产使用费				包括折旧和修理费
5	工具用具使用费				
…	……				
	合计				

4. 专项成本的分析方法

1) 成本盈亏异常分析

检查成本盈亏异常的原因，应从经济核算的"三同步"入手。因为，项目经济核算的基本规律是：在完成多少产值、消耗多少资源、发生多少成本之间，有着必然的同步关系。如果违背这个规律，就会发生成本的盈亏异常。

2）工期成本分析

工期成本分析，就是计划工期成本与实际工期成本的比较分析。工期成本分析一般采用比较法，即将计划工期成本与实际工期成本进行比较，然后应用"因素分析法"分析各种因素的变动对工期成本差异的影响程度。

3）资金成本分析

资金与成本的关系，就是工程收入与成本支出的关系。根据工程成本核算的特点，工程收入与成本支出有很强的相关性。在一般情况下，都希望工程收入越多越好，成本支出越少越好。进行资金成本分析通常应用"成本支出率"指标，即成本支出占工程款收入的比例，计算公式如下：

$$成本支出率 = \frac{计算期实际成本支出}{计算期实际工程款收入} \times 100\%$$

通过对"成本支出率"的分析，可以看出资金收入中用于成本支出的比重。结合储备金和结存资金的比重，可以分析资金使用的合理性。

6.5.5　建设工程项目成本考核

1. 成本考核的概念

成本考核，是指对成本目标（降低成本目标）完成情况和成本管理工作业绩两方面的考核。这两方面的考核，都属于企业对项目经理部成本监督的范畴。应该说，成本降低水平与成本管理工作之间有着必然的联系，又受偶然因素的影响，但都是对项目成本评价的一个方面，都是企业对项目成本进行考核和奖罚的依据。

施工项目的成本考核，特别要强调施工过程中的中间考核，这对具有一次性特点的施工项目来说尤其重要。

2. 成本考核的内容

1）企业对项目经理考核的内容

（1）项目成本目标和阶段成本目标的完成情况。

（2）建立以项目经理为核心的成本管理责任制的落实情况。

（3）成本计划的编制和落实情况。

（4）对各部门、各作业队和班组责任成本的检查和考核情况。

（5）在成本管理中贯彻责、权、利相结合原则的执行情况。

2）项目经理对所属各部门、各作业队和班组考核的内容

（1）对各部门的考核内容：本部门、本岗位责任成本的完成情况，本部门、本岗位成本管理责任的执行情况。

（2）对各作业队的考核内容：对劳务合同规定的承包范围和承包内容的执行情况，劳务合同以外的补充收费情况，对班组施工任务单的管理情况以及班组完成施工任务后的考核情况。

（3）对班组的考核内容（平时由作业队考核）：以分部分项工程成本作为班组的责任成本；以施工任务单和限额领料单的结算资料为依据，与施工预算进行对比，考核班组责

任成本的完成情况。

3. 成本考核的依据

成本考核的依据包括成本计划、成本控制、成本核算和成本分析的资料。成本考核的主要依据是成本计划确定的各类指标。成本计划一般包括以下三类指标。

1) 成本计划的数量指标

(1) 按子项目汇总的工程项目计划总成本指标。

(2) 按分部工程汇总的各单位工程（或子项目）计划成本指标。

(3) 按人工、材料、机具等各主要生产要素划分的计划成本指标。

2) 成本计划的质量指标（如项目总成本降低率）

(1) 设计预算成本计划降低率＝设计预算总成本计划降低额/设计预算总成本。

(2) 责任目标成本计划降低率＝责任目标总成本计划降低额/责任目标总成本。

3) 成本计划的效益指标（如项目成本降低额）

(1) 设计预算总成本计划降低额＝设计预算总成本－计划总成本。

(2) 责任目标总成本计划降低额＝责任目标总成本－计划总成本。

4. 成本考核的方法

公司应以项目成本降低额、项目成本降低率作为对项目管理机构成本考核的主要指标。要加强公司层对项目管理机构的指导，并充分依靠管理人员、技术人员和作业人员的经验和智慧，防止项目管理在企业内部异化为靠少数人承担风险的以包代管模式。成本考核也可分别考核公司层和项目管理机构。

公司应对项目管理机构的成本和效益进行全面评价、考核与奖惩。公司层对项目管理机构进行考核与奖惩时，既要防止虚盈实亏，也要避免实际成本归集差错等的影响，使成本考核真正做到公平、公正、公开，在此基础上落实成本管理责任制的奖惩措施。项目管理机构应根据成本考核结果对相关人员进行奖惩。

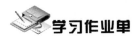

任务单元 6.5 学习作业单	
工作任务完成	根据任务单元 6.5 工作任务单的工作任务描述和要求，完成任务如下。
任务单元学习总结	(1) 因素分析法的作用与分析步骤。 (2) 建设工程项目成本分析的基本方法。

续表

任务单元6.5学习作业单	
任务单元学习体会	

模块小结

建设工程项目成本管理的内容依次涉及成本计划、成本控制、成本核算、成本分析、成本考核五个环节，各个环节是相互联系和相互作用的。

在学习过程中，学生应注意理论联系实际，通过解析案例初步掌握理论知识和基本技能，同时还要建立起"以人为本，全员参与"的全面成本管理思想。成本管理工作是一个系统工程，是项目管理的核心工作，只有把每个员工的积极性都调动起来，做到人人有责有目标，将每一项管理职能、各个要素均纳入成本管理轨道，才能提高企业成本管理的水平。

思考与练习

一、单选题

1. 建设工程施工项目成本不包含（　　）费用。
   A. 人工费　　　　B. 材料费　　　　C. 施工现场管理费　　D. 企业管理费

2. 建设工程项目成本管理的内容依次为（　　）。
   A. 计划→控制→核算→分析→考核　　B. 计划→控制→核算→考核→分析
   C. 计划→控制→考核→分析→核算　　D. 分析→计划→控制→核算→考核

3. 成本管理中，加强施工定额管理和施工任务单管理，控制活劳动和物化劳动的消耗，属于施工成本管理中的（　　）。
   A. 组织措施　　　　　　　　　　B. 技术措施
   C. 经济措施　　　　　　　　　　D. 合同措施

4. 根据费用是否可以直接计入工程对象，建设工程项目成本划分为（　　）。
   A. 直接成本和间接成本　　　　　B. 固定成本和可变成本
   C. 预算成本和计划成本　　　　　D. 计划成本和实际成本

5. 施工机械使用费主要由台班数量和（　　）两方面决定。
   A. 台班效率　　　B. 台班时间　　　C. 台班单价　　　D. 操作人员

6. 某项目地面铺贴的清单工程量为1000m^2，预算费用单价为60元/m^2，计划每天施工100m^2。第6天检查时发现实际完成800m^2，实际费用为5万元。根据上述情况预计项目完工时的费用偏差（CV）是（　　）元。

A. -2500　　　　B. 25000　　　　C. -2000　　　　D. 2000

7. 对某建设工程项目采用赢得值法进行分析，得出效率低、进度较慢、投入超前，则下列参数关系表达正确的是（　　）。

　　A. ACWP＞BCWS＞BCWP
　　B. BCWS＞BCWP＞ACWP
　　C. BCWS＞ACWP＞BCWP
　　D. ACWP＞BCWP＞BCWS

8. 施工成本管理过程中，进行施工项目总成本和单位成本计算、确定施工费用实际发生额的工作属于（　　）。

　　A. 成本分析　　　B. 成本考核　　　C. 成本核算　　　D. 成本控制

9. 建设工程项目成本核算中，一般以（　　）为成本核算对象，但也可以按照承包工程项目的规模、工期、结构类型、施工组织和现场情况等，结合成本管理要求，灵活划分成本核算对象。

　　A. 群体工程　　　B. 单位工程　　　C. 分部工程　　　D. 分项工程

10. 根据表6-15资料，某建设工程工程项目某月的实际成本降低额比目标数提高了3.10万元，则预算成本增加对成本降低额的影响程度为（　　）。

表6-15　降低成本目标与实际对比表

项　目	单位	目标	实际	差异
预算成本	万元	400	420	+20
成本降低率	％	5	5.5	+0.5
成本降低额	万元	20	23.1	+3.10

A. 1万元　　　　B. 2.1万元　　　　C. 3.1万元　　　　D. 106.48万元

二、多选题

1. 下列施工成本管理措施中，属于经济措施的有（　　）。

　　A. 使用添加剂降低水泥消耗　　　　B. 选用合适的合同结构
　　C. 及时落实业主签证　　　　　　　D. 采用新材料降低成本
　　E. 通过偏差分析找出成本超支潜在问题

2. 以下（　　）属于建设工程项目成本管理的合同措施。

　　A. 选用合适的合同结构
　　B. 进行技术经济分析，确定最佳的施工方案
　　C. 在合同的条款中应仔细考虑一切影响成本和效益的因素，特别是潜在的风险因素
　　D. 采取必要的风险对策，并最终使这些策略反映在合同的具体条款中
　　E. 密切注视对方合同执行的情况，以寻求合同索赔的机会

3. 下列关于施工成本分析的依据正确的是（　　）。

　　A. 会计核算主要是价值核算
　　B. 统计核算的计量尺度比会计宽
　　C. 业务核算的范围比会计、统计核算要广

D. 业务核算不但可以核算已经完成的项目是否达到原定的目的、取得预期的效果，而且可以对尚未发生或正在发生的经济活动进行核算

E. 业务核算是施工成本分析的重要依据

4. 以下（　　）属于材料用量的控制方法。

A. 加强现场设备的维修保养，避免因不正确使用造成机械设备的停置

B. 材料需用量计划的编制适时性、完整性、准确性控制

C. 材料领用控制　　D. 材料计量控制　　E. 工序施工质量控制

5. 按施工进度编制施工成本计划时，若所有工作均按照最早开始时间安排，则对项目目标控制的影响有（　　）。

A. 工程按期竣工的保证率较高

B. 工程质量会更好

C. 有利于降低投资

D. 不利于节约资金贷款利息

E. 不能保证工程质量

6. 若需采用赢得值法对不同的建设工程项目做费用和进度比较，适宜采用的评价指标有（　　）。

A. 费用偏差　　　B. 进度偏差　　　C. 费用绩效指数

D. 进度绩效指数　　E. 项目完工预算

7. 按赢得值法进行费用、进度综合分析控制，基本参数包括（　　）。

A. 费用偏差　　　B. 进度偏差　　　C. 计划工作预算费用

D. 已完工作实际费用　E. 已完工作预算费用

8. 建设工程项目成本考核是指在项目完成后，对项目成本形成中的各责任者，按项目成本目标责任制的有关规定，将成本的实际指标与（　　）进行对比和考核，评定项目成本计划的完成情况和各责任者的业绩，并以此给以相应的奖励和处罚。

A. 初步预测　　　B. 定额　　　　　C. 成本计划

D. 成本核算　　　E. 工程预算

9. 下列关于施工成本核算方法的说法，正确的是（　　）。

A. 施工项目成本核算的方法主要有表格核算法和会计核算法

B. 会计法的优点是简便易懂、方便操作、实用性较好

C. 项目财务部门一般采用会计核算法

D. 成本核算的方法须单独使用，不允许交叉使用

E. 表格核算法的缺点是难以实现较为科学严密的审核制度，精度不高，覆盖面较小

10. 某工作采用赢得值法进行偏差分析如表 6-16 所示，以下分析正确的有（　　）。

表 6-16　某工作赢得值法偏差分析表

项目编码	项目名称	费用参数额/万元
010302001	实心砖墙	已完工作预算费用（BCWP）40 计划工作预算费用（BCWS）30 已完工作实际费用（ACWP）50

A. 费用超支 B. 进度较快
C. 效率较高 D. 进度较慢
E. 可采用增加人员投入的措施

三、简答题

1. 简述建设工程项目施工成本费用的构成。
2. 简述建设工程项目成本管理的内容及其相互之间的关系。
3. 简述建设工程项目成本计划的编制方法。
4. 建设工程项目成本控制的程序是什么？
5. 赢得值法的优势有哪些？
6. 建设工程项目成本考核有什么意义？

四、案例分析

1. 某施工单位中标一项瓷砖粘贴项目，工期10个月，合同工程量清单报价注明瓷砖粘贴面积$1000m^2$，综合单价为110元/m^2。在合同执行过程中，建设单位调换了瓷砖的规格型号，经核算综合单价变为150元/m^2。该工程完工后，经监理工程师实测确认瓷砖粘贴面积为$1200m^2$，但建设单位未确认变更单价。

问题：

（1）采用赢得值法计算三个基本参数和四个评价指标。
（2）结合评价指标，对该项目的成本、进度进行综合分析，并提出相应的措施。

2. 某工程浇筑一层结构商品混凝土，成本目标645840元，实际成本为714305元，比成本目标增加68465元。试根据表6-17的资料，用因素分析法（连环置换法）分析其成本增加的原因。

表6-17　某商品混凝土成本目标与实际成本对比表

项目	计划值	实际值	差额
产量/m^3	900	950	+50
单价/元	690	730	+40
损耗率/(%)	4	3	-1
成本/元	645840	714305	+68465

模块6
在线答题

模块6
拓展习题

模块 7
建设工程项目安全生产、绿色建造与环境管理

能力目标

通过本模块的学习，学生要能够认识到建设工程项目安全生产、绿色建造与环境管理的重要性，具有安全第一、预防为主、绿色建造、保护环境的强烈意识。在建设工程项目安全生产管理过程中，能够独立或辅助完成以下工作：识别危险源并进行风险评价，编制安全生产管理计划，并实施和检查，控制安全生产隐患，处理安全生产事故。在建设工程项目绿色建造与环境管理过程中，能够按照有关要求选用绿色施工技术、制定环境管理措施并实施。

知识目标

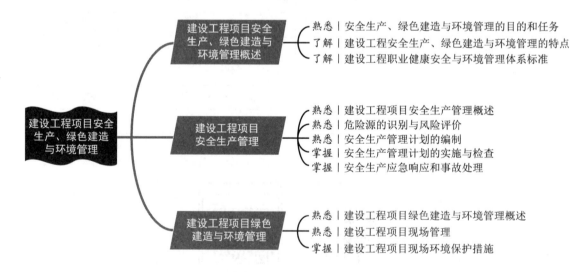

模块 7 建设工程项目安全生产、绿色建造与环境管理

西安丝路国际会议中心建设项目绿色建造

1. 项目概况

西安丝路国际会议中心位于西安市浐灞生态区，建筑面积为 207112m² （该工程地下一层、地上三层，地下为混凝土结构、地上为钢结构），是西北地区最大的会议场馆。它承办了丝绸之路国际博览会及欧亚经济论坛等，是提升西安城市形象、加快西安国际化进程的有力支撑。该项目获得工程建设项目绿色建造施工水平评价"三星项目"称号。

2. 绿色设计

（1）曲面幕墙采用吊挂式设计理念，将幕墙玻璃悬挂于桁架吊柱之上，实现了钢结构吊柱与幕墙龙骨融合的效果。四面通透的大玻璃幕墙，采用 TP12Low－E＋16Ar＋TP12 中空 Low－E 超白钢化玻璃，不仅为室内提供了更舒适的自然光环境，也大幅节约了建筑能耗。

（2）地下结构为"钢筋混凝土框架"体系，地上结构为"钢框架支撑结构柱＋正交主桁架"体系。地上与地下通过 526 个隔震支座形成的隔震层连接，巨型隔震层的设计，既减少了钢结构的用钢量，又保证了结构在大震情况下的安全、可靠。

（3）工程设有太阳能热水系统。在屋面设置了面积为 600m² 的太阳能集热器，经各系统的预热罐换热后再经供热罐与锅炉热水换热后供给。

（4）项目屋面雨水经初期弃流后收集至模块装配式雨水收集池，雨水经过滤器过滤处理并消毒后作为回用水用于室外绿化及景观用水。景观水体利用雨水的补水量大于其水体蒸发量的 60%。此外，采用生态水处理技术保障了水体的水质。

（5）应用建筑能耗监测系统、智能照明系统、太阳能热水组和 Low－E 中空玻璃等多项节能措施，获得二星级绿色建筑设计标识。

3. 绿色施工

（1）设置扬尘监测与自动喷淋系统；洒水车定时洒水；裸土覆盖；渣土车密闭；切割机设置防尘罩；现场道路硬化；现场出入口设置洗车台；室内垃圾采用垂直运输系统；厨房采用甲醇清洁能源；现场设有焊烟收集装置；大厅地面采用水磨石块材地面，避免传统水磨石工艺的水土污染问题；采用定向灯罩，避免夜间焊接施工；采用低噪声设备，设置降噪棚，对现场每天进行噪声监测。

（2）办公生活区设施全部装配化，现场临时设施定型化，现场采用可周转板房基础，有效减少损耗。

（3）优化钢筋下料，集中加工配送；钢筋采用直螺纹套筒连接，余料加工马凳筋，提高钢筋利用率；采用预拌混凝土，砌体采用预拌砂浆；砌体、精装石材均进行排版优化；采用 BIM 优化机电管线，对管材短节进行接长，减少材料浪费；采用方圆扣、承插型键槽式钢管支撑架体系，拼拆快速，提高使用周转率。

（4）进行短木方接长；回收混凝土余料、粉碎混凝土废料，用来制作预制块等小型构件；用模板窄板作踏步护角及临电防护；用包装箱保护地

《绿色建造技术导则（试行）》

《绿色建筑评价标准》

《建筑工程绿色施工规范》

《建筑工程绿色施工评价标准》

面石材。

（5）科学规划用水线路，采用雨水收集循环系统，提高水资源利用率；采用节水型器具，临时用水采用自动加压变频系统；混凝土采用薄膜及养护液养护，减少水资源浪费。

（6）施工现场张贴节能宣传标语，选择环保耗能小的设备，办公区采用节能灯具、太阳能路灯、变频空调及空气能热水器，生活区采用36V低压供电、LED照明，有效节约电能。

（7）采用BIM对不同施工阶段的场地进行规划，无人机航拍进行现场管理，边缘空地进行绿化及种植蔬菜，现场道路永临结合，设置移动厕所，减少占地。

引言

党的二十大报告提出，积极稳妥推进碳达峰碳中和。实现碳达峰碳中和是一场广泛而深刻的经济社会系统性变革。近年来，中国制造、中国创造、中国建造共同发力，继续改变着中国的面貌。建筑业是国民经济的支柱产业，为我国经济社会发展和民生改善做出了重要贡献，但同时，建筑业仍然存在资源消耗大、污染排放高、建造方式粗放等问题，与"创新、协调、绿色、开放、共享"的新发展理念要求还存在一定差距。在2020年联合国大会上，中国承诺力争在2030年前实现碳达峰，2060年前实现碳中和。为推动建筑业的转型升级和绿色发展，进一步规范和指导绿色建造试点工作，中华人民共和国住房和城乡建设部发布了《绿色建造技术导则（试行）》，提出绿色建造全过程关键技术要点，引导绿色建造技术方向。上述引例在绿色设计、绿色施工等方面技术先进，具有推广意义。

任务单元7.1　建设工程项目安全生产、绿色建造与环境管理概述

世界经济的快速增长和科学技术的发展给人类带来了一系列问题。市场竞争日益加剧，在这样的情况下，人们往往专注于追求低成本、高利润，而忽视了劳动者的劳动条件和环境的改善，甚至以牺牲劳动者的职业健康安全和破坏人类赖以生存的自然环境为代价；生产事故和劳动疾病有增无减，特别是发展中国家和发达国家尤为严重；资源的过度开发和利用以及由此产生的废物使人类面临着巨大的挑战。因此，在建设工程生产过程中，要加强安全生产、绿色建造与环境管理。施工方在工程建设中除了对工程项目的施工成本、施工进度和施工质量进行严格管理外，还必须对安全生产、绿色建造与环境进行管理。

建设工程项目安全生产管理包括项目职业健康与安全管理。

绿色建造的内涵是指在建设工程项目生命周期内，对勘察、设计、采购、施工、试运行过程的环境因素、环境影响进行统筹管理和集成控制的过程。

7.1.1 安全生产、绿色建造与环境管理的目的和任务

1. 安全生产、绿色建造与环境管理的目的

安全生产管理的目的是防止和减少生产安全事故，保护产品生产者的健康与安全，保障人民群众的生命和财产免受损失。控制影响工作场所内所有人员健康和安全的条件和因素，考虑和避免因管理不当对员工的健康和安全造成的危害，是安全生产管理的有效手段和措施。

绿色建造与环境管理的目的是节约资源，保护环境，减少排放，使社会的经济发展与人类的生存环境相协调。进行绿色设计，采用绿色施工技术，制定绿色施工措施，提高绿色施工效果，控制施工现场的各种粉尘、废水、废气、固体废物以及噪声、振动对环境的污染和危害，是绿色建造与环境管理的有效手段和措施。

2. 安全生产、绿色建造与环境管理的任务

安全生产、绿色建造与环境管理的任务是：建筑生产组织（企业）根据自身的实际情况制定方针，并为实施、实现、评审和保持（持续改进）方针来建立组织机构、策划活动、明确职责、遵守有关法律法规和惯例、编制程序控制文件，实行过程控制并提供人员、设备、资金和信息资源，保证安全生产、绿色建造与环境管理任务的完成。对于安全生产、绿色建造与环境密切相关的任务，可一同完成。表7-1给出了安全生产、绿色建造与环境管理的任务。

表7-1 安全生产、绿色建造与环境管理的任务

类别	组织机构	计划活动	职责	惯例（法律法规）	程序文件	过程	资源
安全生产							
绿色建造与环境管理							

7.1.2 建设工程安全生产、绿色建造与环境管理的特点

建设工程产品及其生产与工业产品不同，其特殊性决定了建设工程安全生产、绿色建造与环境管理的特点，主要包括以下几个特点。

（1）建设工程产品的固定性，决定了施工的流动性，而且施工生产露天作业和高空作业多，手工作业和湿作业多，对施工人员的职业健康安全影响较大，环境污染因素多，从而导致施工现场的安全生产、绿色建造与环境管理比较复杂。

（2）建设工程产品的单件性，使施工作业形式多样化，从而决定了安全生产、绿色建

造与环境管理的多样性。

（3）建设工程市场在供大于求的情况下，业主经常会压低标价，造成施工单位对安全生产、绿色建造与环境管理费用投入的减少，不符合安全生产、绿色建造与环境管理有关规定的现象时有发生。

（4）项目施工涉及的内部专业多、外界单位广、综合性强，这就要求施工方做到各专业之间、单位之间互相配合，共同注意施工过程中接口部分的安全生产、绿色建造与环境管理的协调性。

（5）施工作业人员文化素质低，并处在动态调整的不稳定状态中，从而给施工现场的安全生产、绿色建造与环境管理带来很多不利因素。

7.1.3 建设工程职业健康安全与环境管理体系标准

建立、实施和保持质量、职业健康安全与环境三项国际通行的管理体系认证，是现代企业管理的一个重要标志。随着我国加入国际贸易组织（WTO），企业越来越关注现代化管理，积极地进行质量、职业健康安全与环境管理体系的认证工作。企业实施并通过国际通行的认证标准，将为企业增强国际市场竞争能力、提高企业经济效益和社会效益带来巨大影响。下面主要介绍建设工程职业健康安全与环境管理体系标准。

1. 职业健康安全管理体系标准

1）《职业健康安全管理体系 要求及使用指南》（GB/T 45001—2020）体系标准构成

2020 年 3 月 6 日，我国颁布了国家标准《职业健康安全管理体系 要求及使用指南》（GB/T 45001—2020），代替了 2011 年版的《职业健康安全管理体系》（GB/T 28000）系列标准，并于 2020 年 3 月 6 日正式实施。

《职业健康安全管理体系 要求及使用指南》（GB/T 45001—2020）的制定是为了满足职业健康安全管理体系评价和认证的需要，其等同于国际上通行的《职业健康安全管理体系 要求及使用指南》（ISO 45001：2018）标准。由于很多国家和国际组织把职业健康安全与贸易挂钩，形成贸易壁垒，因此贯彻执行职业健康安全管理标准将有助于消除贸易壁垒，从而为参与国际市场竞争创造必备的条件。

《职业健康安全管理体系 要求及使用指南》（GB/T 45001—2020）共有 10 章内容，分别为范围、规范性引用文件、术语与定义、组织所处的环境、领导作用和工作人员参与、策划、支持、运行、绩效评价、改进。

2）职业健康安全管理体系标准的特点

职业健康安全管理体系是各类组织总体管理体系的一部分。目前，《职业健康安全管理体系 要求及使用指南》（GB/T 45001—2020）标准作为推荐性标准被各类组织普遍采用，适用于各行各业、任何类型和规模的组织建立职业健康安全管理体系，并作为其认证的依据。其特点体现在以下几个方面。

（1）标准的结构系统采用 PDCA 循环管理模式，即标准由"领导作用—策划—支持和运行—绩效评价—改进"五大要素构成，采用 PDCA 动态循环、不断上升的螺旋式运行模式，体现了持续改进的动态管理思想。

（2）标准规定了职业健康安全管理体系的要求，并给出了其使用指南，以使组织能够通过防止与工作相关的伤害和健康损害以及主动改进其职业健康安全绩效来提供安全和健康的工作场所。

（3）标准有助于组织实现其职业健康安全管理体系的预期结果。依照组织的职业健康安全方针，其职业健康安全管理体系的预期结果包括以下几个方面。

① 持续改进职业健康安全绩效。

② 满足法律法规要求和其他要求。

③ 实现职业健康安全目标。

（4）标准适用于任何规模、类型和活动的组织。它适用于组织控制下的职业健康安全风险，这些风险必须考虑诸如组织运行所处环境、组织工作人员和其他相关方的需求和期望等因素。

（5）实施符合本标准的职业健康安全管理体系，能使组织管理其职业健康安全风险并提升其职业健康安全绩效。职业健康安全管理体系可有助于组织满足法律法规要求和其他要求。

（6）标准的内容全面、充实、可操作性强，为组织提供了一套科学、有效的职业健康安全管理手段，不仅要求组织强化安全管理，完善组织安全生产的自我约束机制，而且要求组织提升社会责任感和对社会的关注度，形成良好的社会形象。

（7）实施职业健康安全管理体系标准，组织必须对全体员工进行系统的安全培训，强化全体员工的安全意识，以增强劳动者的身心健康，提高劳动者的劳动效率，从而为组织创造更大的经济效益。

（8）标准具有与其他管理体系的兼容性。为满足组织整合质量、职业健康安全与环境管理体系的需要，《职业健康安全管理体系 要求及使用指南》（GB/T 45001—2020）标准考虑了与《质量管理体系 要求》（GB/T 19001—2016）、《环境管理体系 要求及使用指南》（GB/T 24001—2016）标准的兼容性。

2. 环境管理体系标准

1)《环境管理体系》（GB/T 24000）系列标准构成

ISO 14000 环境管理体系标准是 ISO（国际标准化组织）在总结了世界各国的环境管理标准化成果，并具体参考了英国的 BS 7750 标准后，于 1996 年年底正式推出的一整套环境管理标准。其目的是支持环境保护和污染预防，协调它们与社会需求和经济需求的关系，指导各类组织取得并表现出良好的环境行为。ISO 14000 环境管理体系标准，被我国等同采用。

2016 年 10 月 13 日我国颁布了新的《环境管理体系 要求及使用指南》（GB/T 24001—2016），等同采用 ISO 14001：2015；2017 年 12 月 29 日发布了《环境管理体系 通用实施指南》（GB/T 24004—2017），等同采用 ISO 14004：2016。标准的制定是为了满足环境管理体系评价和认证的需要。

《环境管理体系 要求及使用指南》（GB/T 24001—2016）共有 10 章内容，分别为范围、规范性引用文件、术语与定义、组织所处的环境、领导作用、策划、支持、运行、绩效评价、改进。

2)《环境管理体系》(GB/T 24000) 系列标准的特点

《环境管理体系》(GB/T 24000) 系列标准作为推荐性标准被各类组织普遍采用,适用于各行各业、任何类型和规模的组织用于建立组织的环境管理体系,并作为其认证的依据。其特点体现在以下几个方面。

(1) 标准在市场经济驱动的前提下,以促进各类组织提高环境管理水平、实现环境目标为目的。

(2) 环境管理体系的结构系统,采用的是 PDCA 动态循环、不断上升的螺旋式管理运行模式,在"策划—支持和运行—绩效评价—改进"四大要素构成的动态循环过程基础上,结合环境管理特点,考虑组织所处环境、内外部问题、相关方需求及期望等因素,形成完整的持续改进动态管理体系。该模式为环境管理体系提供了一套系统化的方法,指导组织合理有效地推行其环境管理工作。

(3) 标准着重强调与环境污染预防、环境保护等法律法规的符合性。

(4) 标准注重体系的科学性、完整性和灵活性。

(5) 标准具有与其他管理体系的兼容性。为满足组织整合质量、职业健康安全和环境管理体系的需要,《环境管理体系》(GB/T 24000) 系列标准考虑了与《质量管理体系 要求》(GB/T 19001—2016)、《职业健康安全管理体系 要求及使用指南》(GB/T 45001—2020) 标准的兼容性。

3) 环境管理体系标准的应用原则

(1) 标准的实施强调自愿性原则,并不改变组织的法律责任。

(2) 有效的环境管理需建立并实施结构化的管理体系。

(3) 标准着眼于采用系统的管理措施。

(4) 环境管理体系不必成为独立的管理系统,而应纳入组织整个管理体系中。

(5) 实施环境管理体系标准的关键是坚持持续改进和环境污染预防。

ISO体系标准简介

(6) 有效地实施环境管理体系标准,必须有组织最高管理者的承诺和责任以及全员的参与。

总之,《环境管理体系》(GB/T 24000) 系列标准的实施,可以规范所有组织的环境行为,降低环境风险和法律风险,最大限度地节约能源和资源,从而减少人类活动对环境造成的不利影响,维持和改善人类生存和发展的环境,有利于实现经济可持续发展和环境管理现代化的需要。

任务单元 7.2　建设工程项目安全生产管理

党的二十大报告提出,我们要坚持以人民安全为宗旨,把保障人民健康放在优先发展的战略位置。企业应遵照《建设工程安全生产管理条例》《职业健康安全管理体系 要求及使用指南》(GB/T 45001—2020) 和《建设工程项目管理规范》(GB/T 50326—2017) 的要求,坚持"安全第一、预防为主、综合治理"的方针,加大安全生产投入,满足本质安全要求。项目经理应负责工程项目安全生产的全面管理工作。由于安全工作的专业性,各级安全管理人员应通过相应的资格考试,持证上岗。

7.2.1 建设工程项目安全生产管理概述

1. 建设工程项目安全生产管理内容

建设工程项目安全生产管理包括以下内容。
(1) 安全生产组织管理。
(2) 安全生产制度管理。
(3) 施工人员操作规范化管理。
(4) 安全生产技术管理。
(5) 施工现场安全生产设施管理。

2. 建设工程项目安全生产管理程序

建设工程项目安全生产管理应遵循以下程序。
(1) 识别并评价危险源及风险。
(2) 编制安全生产管理计划。
(3) 安全生产管理计划的实施与检查。
(4) 安全生产应急响应与事故处理
(5) 安全生产管理评价。

7.2.2 危险源的识别与风险评价

1. 危险源的概念

危险源是可能导致人身伤害或疾病、财产损失、工作环境破坏或这些情况组合的危险因素和有害因素。危险因素是强调突发性和瞬间作用的因素，有害因素则强调是在一定时期内有慢性损害和累积作用的因素。

危险源是安全生产控制的主要对象。

2. 危险源的辨识

1) 危险源辨识的方法

(1) 专家调查法。专家调查法是向有经验的专家咨询、调查、辨识、分析和评价危险源的一类方法。其优点是简便、易行，缺点是受专家的知识、经验和占有资料的限制，可能出现遗漏。常用的专家调查法有头脑风暴法和德尔菲法。

① 头脑风暴法是通过专家创造性的思考，产生大量的观点、问题和议题的方法。其特点是多人讨论，集思广益，可以弥补个人判断的不足，常采取专家会议的方式来相互启发、交换意见，使危险、有害因素的辨识更加细致、具体。

② 德尔菲法是采用背对背的方式对专家进行调查的方法。其特点是避免了集体讨论中的从众性倾向，更能代表专家的真实意见。要求对调查的各种意见进行汇总、统计、处理，再反馈给专家，反复征求意见。

(2) 安全检查表法。安全检查表实际上就是实施安全检查和诊断项目的明细表。安全检查表法是运用已编制好的安全检查表，进行系统的安全检查，以辨识工程项目存在的危险源。安全检查表的内容一般包括分类项目、检查内容及要求、检查以后的处理意见等，可以用"是""否"做回答或用"√""×"符号做标记，同时注明检查日期，并由检查人员和被检单位同时签字。

安全检查表法的优点是简单易懂、容易掌握，可以事先组织专家编制检查项目，使安全检查做到系统化、完整化。其缺点是一般只能做出定性评价。

2) 施工过程中危险因素的分析

施工过程中危险因素一般存在于以下几个方面。

(1) 安全防护工作，如脚手架作业防护、基坑开挖防护、洞口防护、临边防护、高空作业防护、模板防护、起重机械及其他施工机械设备防护。

(2) 关键工序和特殊工序防护，如洞内作业、潮湿环境作业、桩基人工挖孔、易燃和易爆品、防尘、防触电的防护。

(3) 特殊工种防护，如电工、电焊工、架子工、爆破工、机械工、起重工、机械司机等，除一般安全教育外，还要进行专业安全技能的培训，经考试合格持证后方可上岗。

(4) 临时用电的安全系统防护，如用电总体布置、变压器周围防护和各施工阶段的临时用电（电闸箱、电路、施工机具用电等）布置。

(5) 消防保卫工作的安全系统管理，如临时消防用水、临时消防管道、消防灭火器材的布置等。

3. 风险评价方法

风险评价是评估危险源所带来的风险大小及确定风险是否可容许的全过程。一般根据评价结果对风险进行分级，按不同级别的风险有针对性地采取风险控制措施。下面介绍一种常用的风险评价方法。

这种方法是将安全风险的大小（R）用事故发生的可能性（p）与发生事故后果的严重程度（f）的乘积来衡量，即 $R=pf$。根据计算结果，按表 7-2 对风险进行分级。其中Ⅰ级为可忽略风险，Ⅱ级为可容许风险，Ⅲ级为中度风险，Ⅳ级为重大风险，Ⅴ级为不容许风险。

表 7-2 风险级别表

可能性（p）	后果（f）		
	轻度损失（轻微伤害）	中度损失（伤害）	重大损失（严重伤害）
很 大	Ⅲ	Ⅳ	Ⅴ
中 等	Ⅱ	Ⅲ	Ⅳ
极 小	Ⅰ	Ⅱ	Ⅲ

4. 风险的控制策略

不同的工程项目应根据不同的条件和不同的风险量选择适合的控制策略，具体见表 7-3。

表7-3 风险控制策略

风 险	措 施
可忽略风险	不采取措施且不必保留文件记录
可容许风险	不需要采取另外的控制措施，应考虑投资效果更佳的解决方案或不增加额外成本的改进措施，需要通过监视来确保控制措施得以维持
中度风险	应努力降低风险，同时应仔细测定并限定预防成本，并在规定的时间期限内实施降低风险的措施。在中度风险与严重伤害后果相关的场合，必须进一步评价，以便更准确地确定伤害的可能性，以及确定是否需要改进控制措施
重大风险	直至风险降低后才能开始工作。有时为降低风险必须配给大量的资源。当风险涉及正在进行中的工作时，就应采取应急措施
不容许风险	只有当风险已经降低时，才能开始或继续工作。如果无限的资源投入也不能降低风险，就必须禁止工作

7.2.3 安全生产管理计划的编制

安全生产管理计划应在项目管理实施规划中由项目经理主持编制，经有关部门批准后，由专职安全管理员进行现场监督实施。

1. 安全生产管理计划的编制依据

安全生产管理计划的编制是依据以下几方面的情况来进行的。

(1) 国家安全生产法规、条例、规程、政策及企业有关的安全生产规章制度。
(2) 在安全生产检查中发现的但尚未解决的问题。
(3) 造成工伤事故与职业病的主要设备与技术原因，应采取的有效防范措施。
(4) 生产发展需要所采取的安全技术与工业卫生技术措施。
(5) 安全技术革新项目和职工提出的合理化建议项目。

2. 安全生产管理计划的编制内容

安全生产管理计划的编制，应根据工程特点、施工方法、施工程序、安全生产法规和标准的要求，采取可靠的技术措施，消除安全隐患，保证施工安全。项目安全生产管理计划应满足事故预防的管理要求，其内容可根据项目运行实际情况增减，并应符合下列规定：针对项目危险源和不利环境因素进行辨识与评估的结果，确定对策和控制方案；对危险性较大的分部分项工程编制专项施工方案；对分包人的项目安全生产管理、教育和培训提出要求；对项目安全生产交底、有关分包人制定的项目安全生产方案制订控制的措施；有应急准备与救援预案。

3. 建设工程施工安全技术措施简介

建设工程结构复杂多变，工程施工涉及的专业和工种很多，安全生产管理的内容很广泛。但归结起来，建筑工程施工安全技术措施可以分为一般工程施工安全技术措施、特殊工程施工安全技术措施、季节性施工安全技术措施等。

1)一般工程施工安全技术措施

一般工程是指结构共性较多的工程,其施工生产作业既有共性,也有不同之处。由于施工条件、环境等不同,同类工程的不同之处在共性措施中无法解决,因此应根据相关法规,结合以往的施工经验与教训,制定施工安全技术措施。一般工程施工安全技术措施主要包括以下方面。

(1)土石方开挖工程,应根据开挖深度和土质类别,选择开挖方法,确保边坡稳定,或采取支护结构措施,防止边坡滑动和塌方。

(2)脚手架、吊篮等的选用及设计搭设方案和安全防护措施。

(3)高处作业的上下安全通道。

(4)安全网(平网、立网)的设置要求和范围。

(5)对施工电梯、井架(龙门架)等垂直运输设备的位置搭设要求,以及稳定性、安全装置等的要求。

(6)施工洞口的防护方法和主体交叉施工作业区的隔离措施。

(7)场内运输道路及人行通道的布置。

(8)编制临时用电的施工组织设计和绘制临时用电图纸,在建工程(包括脚手架具)的外侧边缘与外电架空线路的间距达到最小安全距离所采取的防护措施。

(9)防火、防毒、防爆、防雷等安全措施。

(10)在建工程与周围人行通道及民房的防护隔离设置。

(11)起重机回转半径达到项目现场范围以外的,要设置安全隔离设施。

2)特殊工程施工安全技术措施

结构比较复杂、技术含量高的工程称为特殊工程。对于特殊工程,应编制单项安全技术措施。例如,对爆破、大型吊装、沉箱、沉井、烟囱、水塔、特殊架设作业、高层脚手架、井架和拆除工程必须制定专项施工安全技术措施,并注明设计依据,做到有计算、有详图、有文字说明。

3)季节性施工安全技术措施

季节性施工安全技术措施是考虑不同季节的气候条件对施工生产带来的不安全因素和可能造成的各种突发性事件,从技术上、管理上采取的各种预防措施。一般工程施工方案中的安全技术措施中,都需要编制季节施工安全技术措施。对危险性大、高温期长的建筑工程,应单独编制季节性施工安全技术措施。各季节性施工安全技术措施的主要内容如下。

(1)夏季气候炎热,高温时间持续较长,主要是做好防暑降温工作,避免员工中暑和因长时间暴晒引发的职业病。

(2)雨季作业,主要做好防触电、防雷击、防水淹泡、防塌方、防台风和防洪等工作。

(3)冬季作业,主要做好防冻、防风、防火、防滑、防煤气中毒等工作。

7.2.4 安全生产管理计划的实施与检查

1. 设置安全生产管理机构

1)公司安全生产管理机构的设置

公司应设置以法定代表人为第一责任人的安全生产管理机构,并根据企业的施工规模及职工人数设置专门的安全生产管理机构部门,并配备专职安全管理人员。

2)项目经理部安全生产管理机构的设置

项目经理部是施工现场第一线管理机构,应根据工程特点和规模,设置以项目经理为第一责任人的安全管理领导小组,其成员由项目经理、技术负责人、专职安全管理人员、工长及各工种班组长组成。安全管理领导小组及管理人员应当恪尽职守、依法履行职责。

3)施工班组安全生产管理

施工班组要设置不脱产的兼职安全员,协助班组长搞好班组的安全生产管理。班组要坚持班前班后岗位安全检查、安全值日和安全日活动制度,并认真做好班组的安全记录。

施工企业负责人、项目经理、专职安全管理人员都必须进行安全教育培训并持证上岗。

2. 建立安全生产责任制

安全生产责任制是最基本的安全管理制度,是所有安全生产管理制度的核心。建立安全生产责任制是建设工程项目安全生产管理计划实施的重要保证。在安全生产责任制中,企业对项目经理部及其各职能部门、各成员规定了他们对安全生产应负的责任,主要内容如下。

(1)项目相关人员的安全职责,包括项目经理、技术负责人、专职安全管理人员、工长及各工种班组长、施工员、安全员等项目各类人员的安全责任。

(2)对各职能部门安全生产责任制的执行情况制定检查和考核办法,并按规定期限进行考核,对考核结果及兑现情况应有记录。

(3)明确总分包的安全生产责任。实行总承包的由总承包单位负责,分包单位向总承包单位负责,服从总承包单位对施工现场的安全管理,分包单位在其分包范围内建立施工现场安全生产管理制度,并组织实施。

(4)项目的主要工种应有相应的安全技术操作规程,一般应包括砌筑、拌灰、混凝土、木作、钢筋、机械、电气焊、起重、信号指挥、塔式起重机司机、架子、水暖、油漆等工种,特殊作业应另行补充。应将安全技术操作规程列为日常安全活动和安全教育的主要内容,并应悬挂在操作岗位前。

(5)施工现场应按工程项目大小配备专职安全管理人员。建筑工程可按建筑面积1万平方米以下的工地至少设1名专职安全管理人员,1万平方米以上的工地设2~3名专职安全管理人员,5万平方米以上的大型工地按不同专业组成安全管理组进行安全监督检查。

3. 进行安全生产教育

安全是施工生产赖以正常进行的前提,安全生产教育又是安全生产管理工作的重要环节,是提高全体员工安全生产素质、安全管理水平,从而防止事故、实现安全生产的重要手段。安全生产教育的要求如下。

(1)广泛开展安全生产的宣传教育,使全体员工真正认识到安全生产的重要性和必要性,懂得安全生产和文明施工的科学知识,牢固树立"安全第一"的思想,自觉遵守各项安全生产法律法规和规章制度。

(2)安全生产教育的内容应该包括思想教育、知识教育、技能教育和法治教育。

(3)安全生产教育的对象包括企业负责人、项目经理、技术负责人、项目基层管理人员、专(兼)职安全管理人员、分包负责人、分包队伍管理人员、特种操作人员、操作工人。

（4）新工人必须进行公司、项目、作业班组三级安全教育；电工、电焊工、架子工、司炉工、爆破工、机操工、起重工、机械司机、机动车辆司机等特殊工种工人，除一般安全教育外，还要经过专业安全技能培训，经考试合格持证后，方可独立操作；转换施工现场的工人必须进行转场安全教育；采用新技术、新工艺、新设备施工和调换工作岗位的工人必须进行安全培训。

（5）建立经常性的安全生产教育考核制度，考核成绩要记入员工档案。

4. 进行安全技术交底

安全技术交底是指导工人安全施工的技术措施，是建设工程项目安全技术方案的具体落实。安全技术交底是在工程施工前，项目部的技术人员向施工班组和作业人员进行有关工程安全施工的详细说明，并由双方签字确认。安全技术交底一般由技术管理人员根据分部分项工程的实际情况、特点和危险因素编写，是操作者的法令性文件，因而要具体、明确、针对性强，不得用施工现场的安全纪律等制度代替。

1）安全技术交底的基本要求

（1）安全技术交底应优先采用新的安全技术措施。

（2）在工程开工前，应将工程概况、施工方法、安全技术措施等情况，向工地负责人、工长及全体作业人员进行交底。

（3）每天工作前，工长应向班组长进行安全技术交底，班组长对作业人员进行有关施工要求、作业环境等方面的安全技术交底。

（4）有两个以上施工队或工种配合施工时，要根据工程进度情况定期或不定期地向有关施工队或班组进行交叉作业施工的安全技术交底。

（5）安全技术交底应一式两份，交底人与接底人各持一份，记录交底的时间、内容，双方签字后生效。

（6）安全技术交底书要按单位工程归放在一起，以备查验。

2）安全技术交底的主要内容

（1）建设工程项目、单项工程和分部分项工程的概况、施工特点及安全要求。

（2）确保安全的关键环节、危险部位、安全控制点，以及采取相应的技术、安全和管理措施。

（3）做好"四口""五临边"的防护设施。其中"四口"为通道口、楼梯口、电梯井口、预留洞口；"五临边"为未安装栏杆的阳台周边、无外架防护的屋面周边、框架工程的楼层周边、卸料平台的外侧边及上下跑道和斜道的两侧边。

（4）项目管理人员应做好的安全管理事项和作业人员应注意的安全防范事项。

（5）各级管理人员应遵守的安全标准、安全操作规程及注意事项。

（6）出现异常征兆、事态或发生事故的应急救援措施。

5. 进行安全生产检查

建设工程项目安全检查是安全生产管理的一项重要内容，其目的是消除隐患、防止事故、改善劳动条件及提高员工的安全意识。通过安全检查，可以及时发现工程中的危险因素，以便有计划地采取措施，保证安全生产。

1）安全检查的内容

在工程施工的不同阶段，安全检查的具体内容有所不同，但都应该包括以下几个方面。

（1）查思想。主要检查各级领导和职工对安全生产工作的认识。

（2）查管理。主要检查工程项目的安全管理是否有效，包括安全组织机构、安全技术措施计划、安全保证措施、安全教育、持证上岗、安全生产责任制、安全技术交底、安全设施、安全标识、操作规程、违规行为、安全记录等。

（3）查隐患。主要检查作业现场是否符合安全生产的要求。

（4）查整改。主要检查对过去提出问题的整改情况。

（5）查事故处理。对安全事故的处理应达到查明事故原因、明确责任并对责任者做出处理、明确和落实整改措施等要求，同时还应检查对伤亡事故是否及时报告、认真调查、严肃处理。

安全检查的重点为是否违章指挥和违章作业。安全检查后应编制检查报告，说明已达标项目、未达标项目、存在问题、原因分析、纠正和预防措施。

2）安全检查的形式

安全检查的形式多样，通常有经常性检查、定期和不定期检查、专业性检查、季节性检查、节假日前后检查、上级检查、班组自检和互检、交接检查及复工检查等。

3）安全检查的方法

随着安全管理科学化、标准化、规范化的发展，目前安全检查基本上都采用安全检查表法和一般检查方法，进行定性、定量的安全评价。

（1）安全检查表法是一种初步定性分析的方法，它通过事先拟定的安全检查明细表或清单，对安全生产进行初步的诊断和控制。

（2）安全检查一般方法，主要是通过看、听、嗅、问、查、测、验、析等手段进行检查。

7.2.5 安全生产应急响应和事故处理

1. 安全生产应急准备与响应

项目经理部应识别可能的紧急情况和突发过程的风险因素，编制项目安全生产应急准备与响应预案。安全生产应急准备与响应预案应包括下列内容。

（1）应急目标、应急指挥和组织机构。

（2）突发过程的风险因素及评估。

（3）应急响应程序和措施。

（4）应急准备与响应能力测试。

（5）需要准备的相关资源。

其中的应急措施具体包括：施工场内应急计划、事故应急处理程序和措施；施工场外应急计划、向外报警程序及方式；设置安全装置、报警装置、疏散口装置、避难场所等；有足够数量并符合规格的安全进出通道；有急救设备（担架、氧气瓶、防护用品、冲洗设施等）；设置通信联络与报警系统；与应急服务机构（医院、消防等）建立联系渠道。

项目经理部应对应急预案进行专项演练，对其有效性和可操作性实施评价并修改完善。

2. 安全隐患的控制

1）安全隐患的概念

安全隐患是指可能导致安全事故的缺陷和问题，包括安全设施、过程和行为等诸方面的缺陷问题。因此，对检查和检验中发现的事故隐患，应采取必要的措施及时处理和化解，以确保不合格设施不使用、不合格过程不通过、不安全行为不放过，防止安全事故的发生。

2）安全隐患的分类

（1）按危害程度分类：可分为一般隐患（危险性较小，事故影响或损失较小的隐患）、重大隐患（危险性较大，事故影响或损失较大的隐患）和特别重大隐患（危险性大，事故影响或损失大的隐患，如发生事故可能造成死亡10人以上，或直接经济损失500万元以上的隐患）。

（2）按危害类型分类：可分为火灾隐患、爆炸隐患、危房隐患、坍塌和倒塌隐患、滑坡隐患、交通隐患、泄漏隐患和中毒隐患。

（3）按表现形式分类：可分为人的隐患（认识隐患和行为隐患）、机的状态隐患、环境隐患和管理隐患。

3）安全隐患的控制要求

项目经理部对各类事故隐患应确定相应的处理部门和人员，规定其职责和权限，要求一般问题当天解决，重大问题限期解决。根据隐患的危害程度提出相应的处理方式，进行整改，整改应达到"五定"要求，即定整改责任人、定整改措施、定整改完成时间、定整改完成人、定整改验收人，只有当险情排除并采取了可靠措施后方可恢复使用或施工。

3. 安全事故的分类

事故是指人们在进行有目的的活动过程中，发生了违背人们意愿的不幸事件，使其有目的的行动暂时或永久地停止。事故可能造成人员的死亡、疾病、伤害、损坏、财产损失或其他损失。

安全事故分为两大类型，即职业伤害事故与职业病。职业伤害事故是指因生产过程及工作原因或与其相关的其他原因造成的伤亡事故；职业病是指因从事接触有毒有害物质或不良环境的工作而造成的急慢性疾病。

1）按事故类别分类

根据《企业职工伤亡事故分类》(GB 6441—1986) 规定，将事故类别划分为20类，其中与建筑工程密切相关的有11类：物体打击、车辆伤害、机械伤害、起重伤害、触电、灼烫、火灾、高处坠落、坍塌、中毒和窒息、其他伤害。

2）按事故后果严重程度分类

根据《生产安全事故报告和调查处理条例》（国务院令第493号），按照事故造成的人员伤亡或者直接经济损失,事故一般分为以下四个等级。

(1) 特别重大事故。指造成 30 人以上死亡,或者 100 人以上重伤(包括急性工业中毒,下同),或者 1 亿元以上直接经济损失的事故。

(2) 重大事故。指造成 10 人以上 30 人以下死亡,或者 50 人以上 100 人以下重伤,或者 5000 万元以上 1 亿元以下直接经济损失的事故。

(3) 较大事故。指造成 3 人以上 10 人以下死亡,或者 10 人以上 50 人以下重伤,或者 1000 万元以上 5000 万元以下直接经济损失的事故。

(4) 一般事故。指造成 3 人以下死亡,或者 10 人以下重伤,或者 1000 万元以下直接经济损失的事故。

4. 安全事故的处理原则

根据国家法律法规的要求,施工项目一旦发生安全事故,在进行事故处理时必须实施"四不放过"的原则,即事故原因不清楚不放过,事故责任者和员工没有受到教育不放过,事故责任者没有处理不放过,没有制定防范措施不放过。

5. 安全事故的处理程序

根据《生产安全事故报告和调查处理条例》(国务院令第 493 号),安全事故的处理程序如下。

1) 事故报告

事故发生后,事故现场有关人员应当立即向本单位负责人报告;单位负责人接到报告后,应当于 1 小时内向事故发生地县级以上人民政府安全生产监督管理部门和负有安全生产监督管理职责的有关部门报告。情况紧急时,事故现场有关人员可以直接向事故发生地县级以上人民政府安全生产监督管理部门和负有安全生产监督管理职责的有关部门报告。安全生产监督管理部门和负有安全生产监督管理职责的有关部门接到事故报告后,应当依照有关规定上报事故情况,并通知公安机关、劳动保障行政部门、工会和人民检察院,同时报告本级人民政府。国务院安全生产监督管理部门和负有安全生产监督管理职责的有关部门以及省级人民政府接到发生特别重大事故、重大事故的报告后,应当立即报告国务院。

报告事故应当包括下列内容:事故发生单位概况;事故发生的时间、地点以及事故现场情况;事故的简要经过;事故已经造成或者可能造成的伤亡人数(包括下落不明的人数)和初步估计的直接经济损失;已经采取的措施;其他应当报告的情况。

事故发生单位负责人接到事故报告后,应当立即启动事故相应应急预案,或者采取有效措施,组织抢救,防止事故扩大,减少人员伤亡和财产损失。事故发生地有关地方人民政府、安全生产监督管理部门和负有安全生产监督管理职责的有关部门接到事故报告后,其负责人应当立即赶赴事故现场,组织事故救援。事故发生后,有关单位和人员应当妥善保护事故现场以及相关证据,任何单位和个人不得破坏事故现场、毁灭相关证据。事故发生地公安机关根据事故的情况,对涉嫌犯罪的,应当依法立案侦查,采取强制措施和侦查措施,犯罪嫌疑人逃匿的,公安机关应当迅速追捕归案。安全生产监督管理部门和负有安全生产监督管理职责的有关部门应当建立值班制度,并向社会公布值班电话,受理事故报告和举报。

2）事故调查

特别重大事故由国务院或者国务院授权有关部门组织事故调查组进行调查。重大事故、较大事故、一般事故分别由事故发生地省级人民政府、设区的市级人民政府、县级人民政府负责调查。省级人民政府、设区的市级人民政府、县级人民政府可以直接组织事故调查组进行调查，也可以授权或者委托有关部门组织事故调查组进行调查。未造成人员伤亡的一般事故，县级人民政府也可以委托事故发生单位组织事故调查组进行调查。

事故调查组的组成应当遵循精简、效能的原则。根据事故的具体情况，事故调查组由有关人民政府、安全生产监督管理部门、负有安全生产监督管理职责的有关部门、监察机关、公安机关以及工会派人组成，并应当邀请人民检察院派人参加。事故调查组可以聘请有关专家参与调查。

事故调查组应当自事故发生之日起 60 日内提交事故调查报告；特殊情况下，经负责事故调查的人民政府批准，提交事故调查报告的期限可以适当延长，但延长的期限最长不超过 60 日。事故调查报告应当包括下列内容：事故发生单位概况；事故发生经过和事故救援情况；事故造成的人员伤亡和直接经济损失；事故发生的原因和事故性质；事故责任的认定以及对事故责任者的处理建议；事故防范和整改措施。

3）事故处理

重大事故、较大事故、一般事故，负责事故调查的人民政府应当自收到事故调查报告之日起 15 日内做出批复；特别重大事故，30 日内做出批复，特殊情况下，批复时间可以适当延长，但延长的时间最长不超过 30 日。

有关机关应当按照人民政府的批复，依照法律、行政法规规定的权限和程序，对事故发生单位和有关人员进行行政处罚，对负有事故责任的国家工作人员进行处分。事故发生单位应当按照负责事故调查的人民政府的批复，对本单位负有事故责任的人员进行处理。负有事故责任的人员涉嫌犯罪的，依法追究刑事责任。

4）法律责任

事故发生单位主要负责人有下列行为之一的，处上一年年收入 40%～80%的罚款；属于国家工作人员的，并依法给予处分；构成犯罪的，依法追究刑事责任。

（1）不立即组织事故抢救的。

（2）迟报或者漏报事故的。

（3）在事故调查处理期间擅离职守的。

事故发生单位及其有关人员有下列行为之一的，对事故发生单位处 100 万元以上 500 万元以下的罚款；对主要负责人、直接负责的主管人员和其他直接责任人员处上一年年收入 60%～100%的罚款；属于国家工作人员的，并依法给予处分；构成违反治安管理行为的，由公安机关依法给予治安管理处罚；构成犯罪的，依法追究刑事责任。

（1）谎报或者瞒报事故的。

（2）伪造或者故意破坏事故现场的。

（3）转移、隐匿资金、财产，或者销毁有关证据、资料的。

（4）拒绝接受调查或者拒绝提供有关情况和资料的。

（5）在事故调查中作伪证或者指使他人作伪证的。

（6）事故发生后逃匿的。

事故发生单位对事故发生负有责任的,依照下列规定处以罚款。

(1) 发生一般事故的,处 10 万元以上 20 万元以下的罚款。
(2) 发生较大事故的,处 20 万元以上 50 万元以下的罚款。
(3) 发生重大事故的,处 50 万元以上 200 万元以下的罚款。
(4) 发生特别重大事故的,处 200 万元以上 500 万元以下的罚款。

事故发生单位主要负责人未依法履行安全生产管理职责,导致事故发生的,依照下列规定处以罚款;属于国家工作人员的,并依法给予处分;构成犯罪的,依法追究刑事责任。

(1) 发生一般事故的,处上一年年收入 30% 的罚款。
(2) 发生较大事故的,处上一年年收入 40% 的罚款。
(3) 发生重大事故的,处上一年年收入 60% 的罚款。
(4) 发生特别重大事故的,处上一年年收入 80% 的罚款。

事故发生单位对事故发生负有责任的,由有关部门依法暂扣或者吊销其有关证照;对事故发生单位负有事故责任的有关人员,依法暂停或者撤销其与安全生产有关的执业资格、岗位证书;事故发生单位主要负责人受到刑事处罚或者撤职处分的,自刑罚执行完毕或者受处分之日起,5 年内不得担任任何生产经营单位的主要负责人。

任务单元 7.3 建设工程项目绿色建造与环境管理

党的二十大报告提出,加快发展方式绿色转型,推动经济社会发展绿色化、低碳化是实现高质量发展的关键环节。企业应按照《绿色建造技术导则(试行)》和《建筑工程绿色施工规范》(GB/T 50905—2014) 的要求进行绿色建造,应按照《环境管理体系 要求及使用指南》(GB/T 24001—2016) 的要求建立并持续改进环境管理体系。

7.3.1 建设工程项目绿色建造与环境管理概述

项目管理机构应建立绿色建造与环境管理制度,确定绿色建造与环境管理的责任部门,明确管理内容和考核要求;应制定绿色建造与环境管理目标,实施环境影响评价,配置相关资源,落实绿色建造与环境管理措施;项目管理过程应优先选用绿色技术、建材、机具和施工方法,应采取环境保护措施,控制施工现场的环境影响,预防环境污染。

1. 建设工程项目绿色建造的要求

设计项目管理机构应根据绿色建造目标进行绿色设计。

施工项目管理机构应对施工图进行深化设计或优化,采用绿色施工技术,制定绿色施工措施,提高绿色施工效果。具体应实施下列绿色施工活动。

(1) 选用符合绿色建造要求的绿色技术、建材和机具,实施节能降耗措施。

(2) 进行节约土地的施工平面布置。

(3) 确定节约水资源的施工方法。

绿色冬奥

(4) 确定降低材料消耗的施工措施。
(5) 确定施工现场固体废物的回收利用和处置措施。
(6) 确保施工产生的粉尘、污水、废气、噪声、光污染的控制效果。

2. 建设工程项目环境管理的要求

(1) 工程施工方案和专项措施应保证施工现场及周边环境安全、文明,减少噪声污染、光污染、水污染及大气污染,杜绝重大污染事件的发生。

(2) 在施工过程中应进行垃圾分类,实现固体废物的循环利用,设专人按规定处置有毒有害物质,禁止将有毒有害废物用于现场回填或混入建筑垃圾中外运。

(3) 按照分区划块原则,规范施工污染排放和资源消耗管理,进行定期检查或测量,实施预控和纠偏措施,保持现场良好的作业环境和卫生条件。

(4) 针对施工污染源或污染因素,进行环境风险分析,制定环境污染应急预案,预防可能出现的非预期损害;在发生环境事故时,进行应急响应以消除或减少污染,隔离污染源并采取相应措施防止二次污染。

7.3.2 建设工程项目现场管理

建设工程项目现场管理应遵守以下基本规定。

(1) 项目经理部应在施工前了解经过施工现场的地下管线,标出位置,并加以保护。施工时发现文物、古迹、爆炸物、电缆等,应当停止施工,保护现场,及时向有关部门报告,并按照规定处理。

(2) 当施工中需要停水、停电、封路而影响环境时,应经有关部门批准,事先告示。在行人、车辆通过的地方施工,应当设置沟、井、坎、洞覆盖物和标志。

(3) 项目经理部应对施工现场的环境因素进行分析,对于可能产生的污水、废气、噪声、固体废物等污染源采取措施,进行控制。

(4) 建筑垃圾和渣土应堆放在指定地点,定期进行清理。装载建筑材料、垃圾或渣土的运输机械,应采取防止尘土飞扬、洒落或流溢的有效措施。施工现场应根据需要设置机动车辆冲洗设施,冲洗污水应进行处理。

(5) 除有符合规定的装置外,不得在施工现场熔化沥青和焚烧油毡、油漆,也不得焚烧其他可产生有毒有害烟尘和恶臭气味的废物。项目经理部应按规定有效地处理有毒有害物质。禁止将有毒有害废物现场回填。

(6) 施工现场的场容管理,应符合施工平面图设计的合理安排和物料器具定位管理标准化的要求。

(7) 项目经理部应依据施工条件,按照施工总平面图、施工方案和施工进度计划的要求,认真进行所负责区域的施工平面图的规划、设计、布置、使用和管理。

(8) 现场的主要机械设备、脚手架、密封式安全网与围挡、模具、施工临时道路、各种管线、施工材料制品堆场及仓库、土方及建筑垃圾堆放区、变配电间、消火栓、警卫室,以及现场的办公、生产和生活临时设施等的布置,均应符合施工平面图的要求。

(9) 现场入口处的醒目位置,应公示以下内容:工程概况、安全纪律、防火须知、安全生产与文明施工规定、施工平面图、项目经理部组织机构图及主要管理人员名单。

（10）施工现场周边应按当地有关要求设置围挡和相关的安全预防设施。危险品仓库附近应有明显标志及围挡设施。

（11）施工现场应设置畅通的排水沟渠系统，保持场地道路的干燥坚实。施工现场的泥浆和污水未经处理不得直接排放。地面宜做硬化处理。有条件时，可对施工现场进行绿化布置。

7.3.3 建设工程项目施工现场环境保护措施

1. 施工现场水污染的处理

（1）搅拌机前台、混凝土输送泵及运输车辆清洗处应设置沉淀池，废水经二次沉淀后方可排入市政排水管网或回收用于洒水降尘。

（2）施工现场现制水磨石作业产生的污水，禁止随地排放。作业时要严格控制污水流向，在合理位置设置沉淀池，经沉淀后方可排入市政污水管网。

（3）对于施工现场气焊用的乙炔发生罐产生的污水，严禁随地倾倒，要求使用专用容器集中存放，并倒入沉淀池处理，以免污染环境。

（4）现场要设置专用的油漆油料库，并对库房地面做防渗处理，储存、使用及保管要采取措施和专人负责，防止油料泄漏而污染土壤水体。

（5）施工现场的临时食堂，用餐人数在100人以上的，应设置简易有效的隔油池，使产生的污水经过隔油池后再排入市政污水管网。

（6）禁止将有毒有害废物用作土方回填，以免污染地下水和环境。

2. 施工现场噪声污染的处理

（1）施工现场的搅拌机、固定式混凝土输送泵、电锯、大型空气压缩机等强噪声机械设备应搭设封闭式机械棚，并尽可能离居民区远一些设置，以减少强噪声的污染。

（2）尽量选用低噪声或备有消声降噪设备的机械。

（3）凡在居民密集区进行强噪声施工作业时，要严格控制施工作业时间，晚间作业不超过22时，早晨作业不早于6时。特殊情况下需昼夜施工时，应尽量采取降噪措施，并会同建设单位做好周围居民的工作，同时报工地所在地的环保部门备案后方可施工。

（4）施工现场要严格控制人为的大声喧哗，增强施工人员防噪声扰民的自觉意识。

（5）加强施工现场环境噪声的长期监测，要有专人监测管理，并做好记录。凡超过《建筑施工场界环境噪声排放标准》（GB 12523—2011）限值的，要及时进行调整，以达到施工噪声不扰民的目的。

3. 施工现场空气污染的处理

（1）施工现场外围设置的围挡不得低于1.8m，以避免或减少污染物向外扩散。

（2）施工现场的主要运输道路必须进行硬化处理。现场应采取覆盖、固化、绿化、洒水等有效措施，做到不泥泞、不扬尘。

（3）对现场有毒有害气体的产生和排放，必须采取有效措施进行严格控制。

（4）对于多层或高层建筑物内的施工垃圾，应采用封闭的专用垃圾道或容器吊运，严禁随意凌空抛洒造成扬尘。现场还应设置密闭式垃圾站，施工垃圾和生活垃圾应分类存放。施工垃圾要及时清运，清运时应尽量洒水或覆盖，以减少扬尘。

（5）拆除旧建筑物、构筑物时，应配合洒水，减少扬尘污染。

（6）水泥和其他易飞扬的细颗粒散体材料应密闭存放，使用过程中应采取有效的措施防止扬尘。

（7）对于土方、渣土的运输，必须采取封盖措施。现场出入口处应设置冲洗车辆的设施，出场时必须将车辆清洗干净，不得将泥沙带出现场。

（8）在城区内施工，应使用商品混凝土，从而减少搅拌扬尘；在城区外施工，混凝土搅拌站应搭设封闭的搅拌棚，搅拌机上应设置喷淋装置方可施工。

（9）对于现场内的锅炉、茶炉、大灶等，必须设置消烟除尘设备。

（10）在城区、郊区城镇和居民稠密区、风景旅游区、疗养区及国家规定的文物保护区内施工的工程，严禁使用敞口锅熬制沥青，而要使用密闭和带有烟尘处理装置的加热设备。

4. 施工现场固体废物的处理

（1）物理处理：压实浓缩、破碎、分选、脱水干燥等，减少废物的最终处置量，减少对环境的污染。

（2）化学处理：氧化还原、中和、化学浸出等。这种方法能破坏固体废物中的有害成分，从而达到无害化，或将其转化成适于进一步处理、处置的形态。

（3）生物处理：好氧处理、厌氧处理等。

（4）热处理：焚烧、热解、焙烧、烧结等。

（5）固化处理：利用水泥、沥青等胶结材料，将松散的废物胶结包裹起来，减少有害物质从废物中向外迁移、扩散。

（6）回收利用和循环再造：将拆建物料作为建筑材料回收利用；将可用的废弃金属、沥青等物料循环再造。

（7）填埋：将经过无害化、减量化处理的废物残渣集中到填埋场进行处置。禁止将有毒有害废物现场填埋，填埋场应利用天然或人工屏障，并注意保证废物的稳定性和长期安全性。

模块小结

本模块要求学生深刻认识到在建设工程项目管理中，安全生产、绿色建造与环境管理的重要意义，建立、实施和保持环境与职业健康安全管理体系认证已经是现代企业管理的一个重要标志。

在熟悉安全生产管理的内容和程序的基础上，掌握安全生产管理计划的编制、实施与检查，安全生产应急响应和安全事故处理等内容。

在熟悉绿色建造与环境管理的要求的基础上，掌握施工现场管理、环境保护措施等内容。

学生在学习过程中，应注意理论联系实际，通过解析案例，初步掌握理论知识，提高实践动手能力。

思考与练习

一、单选题

1. （　　）是安全生产控制的主要对象。
   A. 危险源　　　　B. 环境　　　　C. 安全管理制度　　　D. 施工现场
2. 安全检查表法的缺点是（　　）。
   A. 复杂难懂，不易掌握　　　　　　B. 只能做出一些定性的评价
   C. 不能事先组织专家编制检查项目　D. 不能使安全检查做到系统化、完整化
3. 安全生产管理实施不包括（　　）。
   A. 进行安全生产教育
   B. 建立安全生产责任制
   C. 进行安全技术交底
   D. 进行安全生产管理评价
4. 根据《生产安全事故报告和调查处理条例》（国务院令第493号），按照事故造成的人员伤亡或者直接经济损失，事故一般分为（　　）。
   A. 特别重大事故、重大事故、较大事故、一般事故
   B. 轻伤事故、重伤事故、死亡事故、重大伤亡事故、特大伤亡事故、特别重大伤亡事故
   C. 一级重大事故、二级重大事故、三级重大事故、四级重大事故
   D. 特别重大事故、重大事故、较大事故、一般事故、轻微事故
5. 安全事故的处理程序为（　　）。
   A. 事故报告，事故处理，事故调查，追究法律责任
   B. 事故调查，事故报告，事故处理，追究法律责任
   C. 事故调查，事故处理，事故报告，追究法律责任
   D. 事故报告，事故调查，事故处理，追究法律责任
6. 施工现场外围设置的围挡不得低于（　　）。
   A. 1.8m　　　　　B. 2.5m　　　　　C. 3.2m　　　　　D. 2.7m

二、多选题

1. 建设工程项目绿色建造与环境管理的目的是（　　）。
   A. 防止和减少生产安全事故
   B. 节约资源，保护环境，减少排放，使社会的经济发展与人类的生存环境相协调
   C. 进行绿色设计，采用绿色施工技术、制定绿色施工措施、提高绿色施工效果
   D. 控制作业现场的各种粉尘、废水、废气、固体废物，以及噪声、振动对环境的污染和危害
   E. 考虑和避免因管理不当对员工的健康和安全造成的危害
2. 建设工程安全生产、绿色建造与环境管理的特点是（　　）。

A. 施工现场的安全生产、绿色建造与环境管理比较复杂

B. 建设工程产品的单件性决定了安全生产、绿色建造与环境管理的多样性

C. 施工单位对安全生产、绿色建造与环境管理费用投入减少

D. 各专业、单位之间互相配合,要注意接口部分安全生产、绿色建造与环境管理的协调性

E. 目前我国施工作业人员文化素质高,这是安全生产、绿色建造与环境管理的有利因素

3. 建立、实施和保持质量、职业健康安全与环境三项国际通行的管理体系认证是现代企业管理的一个重要标志。以下(　　)是我国质量、职业健康安全与环境管理体系认证的标准。

A. 《绿色建造技术导则(试行)》

B. 《质量管理体系　要求》(GB/T 19001—2016)

C. 《建筑工程绿色施工规范》(GB/T 50905—2014)

D. 《职业健康安全管理体系　要求及使用指南》(GB/T 45001—2020)

E. 《环境管理体系　要求及使用指南》(GB/T 24001—2016)

4. 安全隐患整改应达到"五定"要求,"五定"是指(　　)。

A. 定整改责任人　　　　　　　　B. 定整改措施、定整改完成时间

C. 定整改监督人　　　　　　　　D. 定整改完成人

E. 定整改验收人

5. 安全技术交底的主要内容包括(　　)。

A. 本工程项目的施工特点及安全要求

B. 确保安全的关键环节、危险部位、安全控制点,以及采取相应的技术、安全和管理措施

C. 做好"四口""五临边"的防护设施

D. 施工方案及施工方法

E. 出现异常征兆、事态或发生事故的应急救援措施

6. 安全检查的内容有(　　)。

A. 查思想　　　B. 查管理　　　C. 查作风

D. 查整改　　　E. 查事故处理

7. 安全事故的处理原则是(　　)。

A. 事故原因不清楚不放过

B. 事故责任者和员工没有受到教育不放过

C. 事故责任者没有处理不放过

D. 事故主要责任者不开除不放过

E. 没有制定防范措施不放过

8. 以下(　　)属于绿色施工的内容。

A. 综合考虑安全耐久、节能减排、易于建造等因素,择优选择建筑形体和结构体系

B. 确定节约水资源的施工方法

C. 确定降低材料消耗的施工措施

D. 确定施工现场固体废物的回收利用和处置措施

E. 进行节约土地的施工平面布置

9. 建设工程项目施工现场环境保护包括（　　）污染的处理。
A. 水
B. 噪声
C. 空气
D. 固体废物
E. 组织混乱

10. 下列属于固体废物的主要处理方法有（　　）。
A. 回收利用
B. 循环再造
C. 固化处理
D. 焚烧和填埋
E. 不能焚烧只能填埋

11. 施工现场噪声污染的处理措施有（　　）。
A. 声源控制及传播途径的控制
B. 接收者的防护
C. 严格控制人为噪声
D. 控制强噪声作业时间
E. 坚决杜绝强噪声源

三、简答题

1. 简述安全生产、绿色建造与环境管理的目的。
2. 简述建筑工程安全生产、绿色建造与环境管理的特点。
3. 什么叫危险源？危险源辨识的方法有哪些？施工过程中危险因素一般存在于哪些方面？
4. 一般工程施工安全技术措施主要包括哪几个方面？
5. 什么是三级安全教育？
6. 施工现场中的"四口""五临边"是指什么？
7. 安全事故的处理原则是什么？简述其处理程序。

四、案例分析

1. 某15层商品房工程，总建筑面积约38700.8m²，建筑高度50.55m，采用全现浇钢筋混凝土剪力墙结构，桩箱复合基础。通过公开招标，建设单位与某市建筑集团公司签订了施工合同。工程于2020年5月开工。在土方施工阶段，分包回填土施工任务的某施工队采用装载机铲土，在向基础边倒土时，将一名正在⑩轴检查质量的质检员撞倒，质检员被送往附近医院经抢救无效死亡。经调查，装载机司机未经培训，无操作证并且当时现场没有指挥人员，暴露出该项目经理部安全管理工作的混乱。

问题：
（1）安全生产管理计划的内容包括哪些？
（2）请简要分析造成这起机械伤害事故的原因。

2. 某商务大厦工程，总建筑面积约45350m²，采用钢筋混凝土框架-剪力墙结构，桩箱复合基础。由某建筑集团公司中标承建。2020年9月26日，根据管理人员安排，农民工李某等4人使用井字架高车自地面往5层运内墙板，当4人抬一块内墙板刚刚放置在井字架高车的吊篮上时，上方突然掉下一扇钢筋焊制的防护门，将农民工李某砸倒，李某被送往医院经抢救无效后死亡。

经调查，焊工王某、林某2人正在8层焊接防护门，防护门摆放在安装位置上后，王某本应用手扶持防护门等待焊接，但在未焊接也未采取固定措施的情况下王某便将手松开，导致防护门坠落，砸到正在下方作业的农民工李某。经调查，施工单位安全生产责任制的落实不力，工人违反安全技术操作规程；安全教育不到位，安全技术交底不细致；各专业之间协调配合有漏洞，全局安全意识差，交叉作业的防护不到位。

问题：

(1) 本工程中的事故可定为哪种等级的事故？依据是什么？

(2) 简要分析造成这起物体打击事故的原因。

(3) 建设工程施工安全技术交底应包括哪些主要内容？

(4) 作为该项目的项目经理，在事故发生后应如何进行处置？

模块 8
建设工程项目风险管理

能力目标

通过本模块的学习,学生要对建设工程项目风险管理的全过程有一个清晰、完整的认识,能够按照科学的方法进行建设工程项目风险的识别和评估,能够采用合理的风险分析,制订风险应对方案,为决策提供依据。在学习过程中,培养学生对项目风险管理的能力,锻炼学生运用专业知识分析和处理问题的能力,判断是非的能力,以及面对风险管理严谨、审慎的工作态度。

知识目标

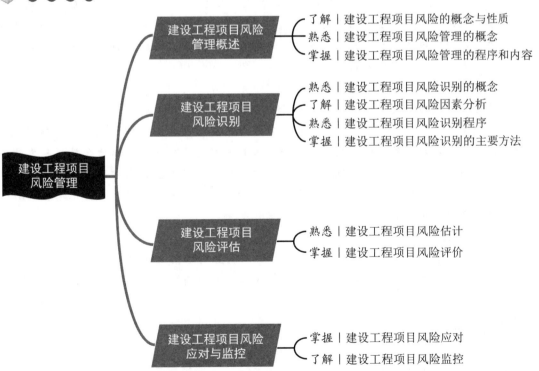

北京市东直门交通枢纽工程的风险管理

1. 项目介绍

北京市东直门交通枢纽工程在结构施工完毕,准备进入装修阶段施工时,业主经过与政府协商,将地下二层一部分车库与其他业主的工程进行等面积置换,后续装修施工由其他业主的承包商进行施工。作为东直门交通枢纽工程总承包商的中铁建设集团有限公司认为此事件对整体工程项目的继续实施可能构成一定风险,于是召集相关人员进行了此事件的风险识别、分析、处理。

2. 风险识别

项目部召集各部门负责人就此事件进行讨论,各负责人运用头脑风暴法,根据各自多年的工作经验,就此事可能对工程施工构成的风险进行识别。合约部经理认为:按原合同约定需要置换的车库所有施工项目均应由该项目部完成,现在结构已经施工完毕,装修工作由其他承包商施工,存在合约风险。工程部经理认为:其他承包商进入本项目施工现场进行施工,存在施工管理风险。

3. 风险分析与评价

各部门负责人对识别出来的合约风险、施工管理风险进行进一步分析。首先对风险事件发生的概率进行分析,需要置换的车库结构已经由本项目部施工完毕,并进行了结构验收,相关施工手续资料齐全,合约风险发生的概率中等;其他承包商进入项目施工现场进行施工,存在交叉施工,人员、材料、设备管理难度加大,施工管理风险发生的概率偏大。接下来对风险事件发生的后果进行分析,需要置换的车库结构已经由项目部施工完毕为事实存在,合约风险发生的后果严重程度不大;而施工管理风险事件一旦发生,后果会很严重,甚至影响整个工程的进行。

4. 风险控制与对策

经过对合约风险、施工管理风险进行分析与评价,根据风险的大小分别采用不同的方法进行控制管理。对于合约风险,项目部决定采取风险控制对策,即降低或消除损失发生的概率,与业主以现场签证的形式将事件描述清楚并经过各方认可,降低合约风险发生的概率;对于施工管理风险,由于风险事件一旦发生后果会很严重,因此项目部决定采取风险回避对策,即将需要置换的车库范围与项目部的施工场地完全分隔,由其他承包商独立施工,并与其签订施工安全协议,将彼此的责任明确。

5. 风险管理成效

在其他承包商进场施工后的第10天,其施工现场发生安全事故,经调查施工场地交接手续齐全,施工安全协议签订及时全面,本项目无任何责任,对风险进行了有效回避。

引言

在日常工作、生活、生产中,风险无处不在,建设工程项目由于投资大、工期长,在建设过程中不可预见的因素较多。因此建设工程项目管理各方不可避免地面临着各种风险，如果不加防范，很可能会影响建设工程项目的顺利建设，甚至酿成严重后果。为此，建设工程项目风险管理尤为重要。

任务单元 8.1　建设工程项目风险管理概述

8.1.1　建设工程项目风险的概念与性质

1. 建设工程项目风险的概念

风险是与损失有关的不确定性，是某一事故或紧急情况发生的可能性与事故后果严重性的组合。风险可以被认为是一种必然会导致不良后果的不确定性，或者说是一种损失的不确定性，不会产生不良后果的不确定性不被称为风险。

建设工程项目风险是造成建设工程项目达不到预期目标的不确定性，或是指那些影响项目目标实现的消极的不确定性。建设工程项目的目标是一个十分复杂的系统，项目本身具有实施的一次性，使其比其他经济活动的不确定性大得多，风险的不可预测性也大得多。

建设工程项目风险会造成项目实施的失控现象，如工期延长、成本增加、计划修改等，最终导致工程经济效益降低。现代工程项目规模大、技术新颖、持续时间长、涉及单位多、与环境接口复杂，可以说项目在实施过程中危机四伏。

2. 风险的基本性质

1）客观存在性

任何一个建设工程项目中都客观存在着各种风险，一是表现在它的存在不是以人的意志为转移的，二是表现在它是无处不在、无时不有的。

2）不确定性

风险的不确定性是指风险的发生是不确定的。即风险的程度有多大、风险何时何地可能转变为现实均是不确定的。一方面不可能准确地预测风险的发生，另一方面风险的不确定性并不代表风险就完全不可预测。风险活动或事件的发生时间、地点、起因及其后果都具有不确定性，但可以依据历史数据和经验对此做出一定程度上的分析和预测。

3）可变性

风险的可变性是指在一定条件下风险可以转化。风险因素的变化导致风险的性质或后果在一定条件下是可以变化的，也可能消除风险因素。风险的可变性体现在风险性质的变化、风险量的变化、某些风险在一定空间和时间范围内被消除、新的风险产生等。

4）相对性

风险的相对性是针对风险管理主体而言的，在相同的风险情况下，不同的风险主体对风险的承受能力是不同的，也就是说风险对于不同的主体，其风险大小是相对的。

5）风险与利益的对称性

对称性是指对风险主体来说风险与利益是必然同时存在的，即风险是利益的代价，利益是风险的回报。

8.1.2 建设工程项目风险管理的概念

1. 建设工程项目风险管理

建设工程项目风险管理是指参与建设工程项目的各方,包括发包方、承包方和勘察、设计、监理单位等在项目的策划、设计、施工以及竣工后投入使用等各阶段对风险采取的辨识、评估、应对、监控等管理的系统过程。

2. 建设工程项目风险管理与建设工程项目管理的关系

建设工程项目风险管理是建设工程项目管理的一部分,它贯穿于建设工程项目管理整个过程中,二者之间的关系如下。

(1) 建设工程项目风险管理与建设工程项目管理目标一致。通过建设工程项目风险管理,把风险导致的各种不利后果减少到最低程度,正符合项目有关各方在成本、进度、质量和安全等方面的要求。特别是在项目的前期阶段,由于不确定因素较多,在这一环节推行建设工程项目风险管理对提高项目计划的准确性和可行性有很大帮助。

(2) 建设工程项目风险管理为建设工程项目范围管理提供依据。建设工程项目范围管理的主要内容之一是审查项目和项目变更的必要性。一个项目被批准并付诸实施,是项目能够满足市场的需要。建设工程项目风险管理通过风险分析,对需求进行预测,确定市场和社会需求的可能变动的范围,为项目进行经济、技术、财务的可行性研究提供重要依据。建设工程项目在实施过程中经常会出现各种各样的变更,变更之后,会带来一些新的不确定性。建设工程项目风险管理可通过风险分析来识别和评价这些不确定性,向建设工程项目范围管理提供依据。

(3) 建设工程项目风险管理的标的服务于建设工程项目管理的标的。建设工程项目风险管理的标的是风险,着重于不确定性的未来;而建设工程项目管理的标的是各种有限的资源,着重于各种资源配置的现实效果。项目计划的制订考虑的是项目的未来,未来充满着不确定因素,建设工程项目风险管理的职能之一是减少项目整个过程中的不确定性。

8.1.3 建设工程项目风险管理的程序和内容

建设工程项目风险管理伴随在建设工程项目管理过程中,已成为建设工程项目管理的一大职能。建设工程项目风险管理的程序和内容包括以下几个方面。

1. 建设工程项目风险识别

建设工程项目风险识别是确定可能影响项目的风险种类,识别影响项目目标实现的风险事件。建设工程项目风险识别是建设工程项目风险管理的基础。

2. 建设工程项目风险评估

建设工程项目风险评估将项目风险发生的条件、概率及风险事件对项目的影响进行分析，按它们对项目目标的影响程度的大小进行排列。

3. 建设工程项目风险应对

建设工程项目风险应对是针对不同的风险事件，确定风险对策的最佳组合，编制风险应对计划，根据程序利用技术手段来提高实现项目目标的概率和减少风险的威胁。

4. 建设工程项目风险监控

在工程实施过程中对于风险对策的执行情况进行不断的检查，并评估其执行效果，保证对策措施的有效性，监控残余风险，识别新的风险，更新风险计划。

任务单元8.2　建设工程项目风险识别

8.2.1　建设工程项目风险识别的概念

建设工程项目风险识别是项目管理人员在收集资料和调查研究之后，运用各种方法对潜在的及存在的各种风险进行系统的归类和识别，确定建设工程项目实施过程中各种可能的风险，并将它们作为管理对象的风险管理活动。

建设工程项目风险识别是建设工程项目风险管理的第一步，只有在正确识别出所面临的风险的基础上，才能够主动选择适当有效的方法进行处理。通常首先罗列对整个建设工程项目有影响的风险，然后再考虑对本组织有重大影响的风险，以作为全面风险管理的对象。建设工程项目风险识别不是一次性的，而应当贯穿于项目始终。随着项目的进展，不确定性逐渐减少，建设工程项目风险识别的内容也会逐渐减少，重点也会有所不同。

8.2.2　建设工程项目风险因素分析

建设工程项目风险因素分析是确定一个项目的风险范围，即有哪些风险存在，并将这些风险因素逐一列出，以作为全面风险管理的对象。建设工程项目不同阶段的目标设计、技术设计、环境调查的深度均不同，但不管哪个阶段首先都是将对项目的目标系统（总目标、子目标及操作目标）有影响的各种风险因素罗列出来，做出项目风险目录表，再采用系统方法进行分析。罗列风险因素通常要从多角度、多方面进行，以形成对项目系统风险多方位的透视。通常可从以下几个角度进行建设工程项目风险因素分析。

1. 按建设工程项目系统要素分析

1）项目环境风险因素

（1）政治风险。如政局不稳定，战争、动乱、政变的可能性；国家的对外关系；政府信用和政府廉洁程度；政策及其稳定性；经济的开放程度；国有化的可能性；民众意见及意识形态的变化等。

（2）经济风险。经济政策变化，产业结构调整，银根紧缩；工程承包市场、材料供应市场、劳动力市场的变动；物价上涨，通货膨胀速度加快；原材料进口风险、金融风险、外汇汇率的变化;等等。

(3) 法律风险。如法律不健全,有法不依、执法不严,法律内容的变化,法律对项目的干预;工程中对相关法律未能全面、正确理解可能有触犯法律的行为;等等。

(4) 自然灾害和意外事故风险。不可预测的地质条件,如泥石流、河塘、垃圾场、流砂泉眼等;反常恶劣的雨雪天气、冰冻天气;恶劣的现场条件,周边存在对项目的干扰源;工程项目的建设可能造成对自然环境的破坏;不良的运输条件可能造成供应的中断;等等。

(5) 社会风险。如宗教信仰的影响和冲击、社会治安的不稳定性、社会的禁忌、劳动者的文化素质、社会风气等。

2) 项目技术风险因素

(1) 项目的生产工艺、流程可能有问题,新技术不稳定,对将来生产和运营产生影响。

(2) 施工工艺可能出现的问题。

3) 项目行为主体风险因素

(1) 业主和投资者。业主支付能力差,经营状况恶化,资信不好,企业倒闭,抽逃资金,改变投资方向及项目目标;业主违约,苛求刁难,错误的行为和指令,干扰正常施工活动;业主不能完成合同义务,如不及时供应约定的设备、材料,不及时交付场地,不及时支付工程款。

(2) 承包商(分包商、供应商)。技术能力和管理能力不足,没有适合的项目经理和技术人员,不能积极地履行合同,由于管理和技术方面的失误,造成工程中断;没有得力的措施来保证进度、安全和质量要求;财务状况恶化,无力采购和支付工资,企业处于破产境地;工作人员罢工或抗议,错误理解业主意图和招标文件,实施方案错误,报价失误,计划失误。

(3) 项目管理者。管理能力、组织能力、工作热情和积极性、职业道德、公正性差;错误执行合同,苛刻要求;起草错误的招标文件、合同条件,下达错误指令。

(4) 其他方面。设计单位设计错误,工程技术系统之间不协调、设计文件不完备、不能及时交付图纸或无力完成设计工作;中介人的资信、可靠性差;政府机关工作人员、城市公共供应部门(如水、电等部门)的干预、苛求和个人需求;项目周边或涉及的居民或单位的干预、抗议或苛刻的要求;等等。

2. 按建设工程项目管理过程要素分析

(1) 高层战略风险。如指导方针、战略思想可能有错误而造成项目目标设计错误。

(2) 环境调查和预测的风险。

(3) 决策风险。如错误的选择、投标决策、报价等。

(4) 项目策划风险。

(5) 技术设计风险。

(6) 计划风险。包括对目标文件(如招标文件)的理解错误,合同条款不准确、不严密、错误、二义性,过于苛刻的、单方面约束性的、不完备的条款,方案错误、估价(预算)错误、施工组织措施错误等。

(7) 实施控制中的风险。如合同风险、供应风险、新技术新工艺风险以及分包层次太多造成的风险等。

(8) 运营管理风险。如准备不足、无法正常营运、销售渠道不畅、宣传不力等。

3．按风险对目标的影响分析

(1) 工期风险。即造成局部或整体工程的工期延长，不能按时投入使用。

(2) 费用风险。包括财务风险、成本超支、投资追加、报价风险、收入减少、投资回收期延长或无法收回、回报率降低。

(3) 质量风险。包括材料、工艺、工程不能通过验收，工程试生产不合格，经过评价工程质量未达标准。

(4) 生产能力风险。项目建成后达不到设计生产能力。

(5) 市场风险。工程建成后产品未达到预期的市场销售额，没有销路，没有竞争力。

(6) 信誉风险。即造成对企业形象、企业信誉的损害。

(7) 安全隐患。包括人身伤亡、安全、健康以及工程或设备的损坏。

(8) 法律责任。即可能被起诉或承担相应法律或合同的处罚。

8.2.3　建设工程项目风险识别程序

1．收集与风险有关的信息

建设工程项目风险识别是要确定具体项目的风险，必须掌握该项目和项目环境的特征数据，如本项目相关的数据资料、设计与施工文件，以了解该项目系统的复杂性、规模、工艺的成熟程度等。

2．建立风险清单

通过对工程、工程环境、已建类似工程等的调查、研究、座谈、查阅资料等手段进行分析，列出风险因素一览表，再经过归纳、整理，列出风险清单，并在清单中明确列出客观存在和潜在的各种风险。

3．编制建设工程项目风险识别报告

建设工程项目风险识别后，要把结果整理出来，形成书面文件，即建设工程项目风险识别报告。建设工程项目风险识别报告应由编制人签字确认，并经批准后发布。建设工程项目风险识别报告应包括下列内容：风险源的类型、数量；风险发生的可能性；风险可能发生的部位及风险的相关特征。

8.2.4　建设工程项目风险识别的主要方法

建设工程项目风险识别要根据行业和项目的特点，采用适当的方法进行。建设工程项目风险识别要采用分析和分解原则，把综合性的风险问题分解为多层次的风险因素。

建设工程项目风险识别的方法有专家调查法、财务报表分析法、流程图法、初始清单法、经验数据法和风险调查法等。其中前三种方法为建设工程项目风险识别的一般方法，后三种方法为建设工程项目风险识别的具体方法。

德尔菲法

1）专家调查法

专家调查法是基于专家的知识、经验和直觉，通过发函、会议或问卷调查等形式向专家进行调查，发现项目潜在风险的分析方法，对项目风险因素及其风险程度进行评定，将多位专家的经验集中起来形成分析结论的一种方法（如德尔菲法），它适用于风险分析的全过程。专家调查法的形式有会议和问卷调查两种。

2）财务报表分析法

财务报表能全面反映项目的财务状况、现金流量和经营成果，为建设工程项目风险识别提供数据来源。

财务报表分析法是采用财务报表进行建设工程项目风险识别，要对财务报表中所列的各项会计科目做深入的分析研究，并提出分析研究报告，以确定可能产生的损失，还应通过一些实际调查以及其他信息资料来补充财务记录。分析的内容主要有：①偿债能力分析，分析项目的权益结构，估量项目对债务资金的利用度；②资产的营运能力分析，分析项目资产的分布和周转情况；③盈利能力分析，分析项目的盈利情况以及不同年度项目盈利水平的变化情况。

3）流程图法

流程图法是将一个建设工程项目按步骤或阶段顺序以若干个模块形式组成一个流程图，在每一个模块中都标出各种潜在的风险因素或风险事件，从而给决策者一个清晰的总体印象。一般说来，对流程图中各步骤或各阶段的划分比较容易，关键在于找出各步骤或各阶段不同的风险因素和风险事件，可使决策者得到清晰的总体印象，但识别结果较为粗略。

4）初始清单法

建立建设工程项目初始风险清单有以下两种途径。

（1）采用保险公司或风险管理协会公布的潜在损失一览表，即任何企业或工程都可能发生的所有损失一览表。以此为基础，风险管理人员再结合本企业或某项工程所面临的潜在损失，对一览表中的损失予以具体化，从而建立特定工程的风险一览表。我国至今尚没有这类一览表，即使在发达国家，一般也都是对企业风险公布潜在的损失一览表，对建设工程项目风险则没有这类一览表。所以，这种潜在损失一览表对建设工程项目风险识别作用并不大。

（2）基于建设工程项目工作分解（WBS），用适当风险分解的方式来识别风险是建立建设工程项目初始风险清单的有效途径。对于大型、复杂的建设工程项目，首先将其按单项工程、单位工程进行分解，再对各单项工程、单位工程分别从时间维度、目标维度和因素维度进行分解，可以较容易地识别出建设工程项目主要的、常见的风险。

建设工程项目初始风险清单只是为了便于人们较全面地认识风险的存在，而不至于遗漏重要的工程风险，但并不是建设工程项目风险识别的最终结论。在建设工程项目初始风险清单建立后，还需要结合特定建设工程项目的具体情况进一步识别风险，从而对建设工程项目初始风险清单做一些必要的补充和修正。为此，需要参照同类建设工程项目风险的经验数据，若无现成的资料，则要多方收集或针对具体建设工程项目的特点进行风险调查。

5) 经验数据法

经验数据法也称统计资料法,是以已往的建设工程项目风险的有关数据或资料来预测拟建项目中的各种风险。

6) 风险调查法

风险调查法应当从分析具体建设工程项目的特点入手,一方面对通过其他方法已识别出的风险,如建设工程项目初始风险清单所列出的风险,进行鉴别和确认;另一方面,通过风险调查有可能发现此前尚未识别出的重要的工程风险。通常,风险调查法可以从建设工程项目的组织、自然环境、经济、技术、合同等方面分析潜在的风险。

风险调查并不是一次性的。由于风险管理是一个系统的、完整的循环过程,因而风险调查也应该在建设工程实施全过程中不断地进行,这样才能了解不断变化的条件对工程风险状态的影响。

任务单元8.3　建设工程项目风险评估

系统而全面地识别风险只是建设工程项目风险管理的第一步,此外对认识到的风险还要做进一步分析,也就是建设工程项目风险评估。建设工程项目风险评估的主要任务是对施工项目各阶段的风险事件发生概率、后果严重程度、影响范围大小以及发生时间的估计和评价,其作用是为分析整个施工项目风险或某一类风险提供基础,并进一步为制订风险管理计划、确定风险应对措施和进行风险监控提供依据。建设工程项目风险评估包括风险估计和风险评价两部分。

8.3.1　建设工程项目风险估计

1. 建设工程项目风险估计的概念

建设工程项目风险估计是在建设工程项目风险识别后对风险事件发生的可能性、风险事件的影响范围、风险事件发生的时间和风险后果及其严重程度所进行的估计。

2. 建设工程项目风险估计的方法

建设工程项目风险估计的方法包括风险概率估计方法和风险影响估计方法两类,前者有风险概率估计,后者有概率树分析、蒙特卡罗模拟等。

1) 风险概率估计

风险概率估计是把风险因素作为随机变量,分析该随机变量的概率分布,包括客观概率估计和主观概率估计。在项目评价中,风险概率估计较常用的是正态分布、三角形分布、贝塔分布等概率分布形式,一般由项目评价人员或专家进行估计。

2) 概率树分析

当离散型随机变量出现的概率以条件概率的关系表示时,可以用树型图表示这种关系,这种树型图称为概率树。

概率树分析是借助现代计算技术,运用概率论和数理统计原理进行概率分析,求得风险因素取值的概率分布,并计算期望值、方差或标准差和离散系数,表明项目的风险程度。

3) 蒙特卡罗模拟

当项目评价中输入的随机变量个数较多,每个输入变量可能出现多个甚至无限多个状态时(如连续随机变量),可考虑采用蒙特卡罗模拟技术。蒙特卡罗模拟的原理是用随机抽样的方法抽取一组输入变量的数值,并根据这组输入变量的数值计算项目评价指标,如内部收益率、净现值等,用这样的办法抽样计算足够多的次数,可获得评价指标的概率分布及累计概率分布、期望值、方差、标准差,计算项目由可行转变为不可行的概率,从而估计项目投资所承担的风险。

8.3.2 建设工程项目风险评价

1. 建设工程项目风险评价的程序

(1) 确定建设工程项目风险评价标准。建设工程项目风险评价标准是项目主体针对每一种风险后果确定的可接受水平。单个风险和整体风险都要确定评价的标准。风险的可接受水平可以是绝对的,也可以是相对的。

(2) 确定建设工程项目的风险水平。建设工程项目整体风险水平是综合所有个别风险之后确定的。一般建设工程项目的风险水平取决于工程中存在风险的多少和风险对工程目标的影响程度,一般来说,存在的风险越多或风险事件对工程影响越大,说明工程项目的风险等级越高。

(3) 将建设工程项目的风险水平与建设工程项目评价标准进行对比,判断项目风险是否在可接受的范围之内,进而确定该项目是停止还是继续进行,为项目决策提供依据。

2. 风险程度评估

(1) 风险发生的可能性。风险发生的概率需要利用已有数据资料和相关专业方法进行估计。

(2) 风险损失量的估计。风险损失的大小较难确定,有的风险造成的损失较小,有的风险造成的损失很大,甚至可能引起整个工程的中断或报废。风险损失量的估计包括下列内容:工期损失的估计;费用损失的估计;对工程的质量、功能、使用效果等方面影响的估计。

3. 风险等级评定

干扰项目的风险因素很多,涉及各个方面,我们并不是要对所有的风险都十分重视,否则将大大提高管理费用,干扰正常的决策。所以应根据风险因素发生的可能性和损失量,确定风险程度,进行分级评估。表 8-1 所示为风险等级评定,表中,1 为可忽略风险、2 为可容许风险、3 为中度风险、4 为重大风险、5 为不容许风险。

表 8-1 风险等级评定

可能性	后果		
	轻度损失	中度损失	重大损失
很大	3	4	5

续表

可能性	后果		
	轻度损失	中度损失	重大损失
中等	2	3	4
极小	1	2	3

任务单元8.4 建设工程项目风险应对与监控

建设工程项目风险应对与监控就是对识别出的风险，经过估计与评价之后，选择并确定最佳的对策结合，并进一步落实到具体的计划和措施中，如制订一般计划、应急计划、预警计划等；在建设工程项目实施过程中，对各项风险对策的执行情况进行监控，评价各项风险对策的执行效果；在项目实施条件发生变化时，确定是否需要提出不同的风险处理方案；除此之外，还需要检查是否有被遗漏的风险或者发现新的风险，也就是进入下一轮的建设工程项目风险识别，开始新一轮的风险管理过程。

8.4.1 建设工程项目风险应对

1. 风险规避

风险规避是指项目在决策中回避高风险的领域、项目和方案，进行低风险选择。通过风险规避，可以在风险事件发生之前完全彻底地消除某一特定风险可能造成的种种损失，而不仅仅是减轻损失的影响程度。风险规避是对所有可能发生的风险尽可能地规避，这样可以直接消除风险损失。风险规避具有简单、易行、全面、彻底的优点，能将风险的概率保持为零，从而保证项目的安全运行。

风险规避的具体方法有：放弃或终止某项活动；改变某项活动的性质。例如，放弃某项不成熟工艺；初冬时期为避免混凝土受冻，不用矿渣水泥而改用硅酸盐水泥。一般来说，风险规避有方向规避、项目规避和方案规避三个层次。在采取风险规避时，应注意以下几点。

（1）当风险可能导致损失频率和损失幅度极高，且对此风险有足够的认识时，这种策略才有意义。

（2）当采用其他风险策略的成本和效益的预期值不理想时，可采用风险规避的策略。

（3）不是所有的风险都可以采取规避策略的，如地震、洪灾、台风等。

（4）由于风险规避只是在特定范围内及特定的角度上才有效，因此，避免了某种风险，又可能产生另一种新的风险。

2. 风险减轻

风险减轻是指把不利风险事件发生的可能性和（或）影响降低到可以接受的临界值范围内，也是绝大部分项目应用的主要风险对策。提前采取措施以降低风险发生的可能性和

（或）给项目造成的影响，比风险发生后再设法补救要有效得多。

可行性研究报告的风险对策研究应重视风险控制措施的研究，应就识别出的关键风险因素逐一提出技术上可行、经济上合理的预防措施，以尽可能低的成本降低风险发生的可能性，并将风险损失控制在最低程度。典型的风险减轻措施包括通过降低技术方案复杂性的方式降低风险事件发生的概率，通过增加技术方案的安全冗余度以降低日后一旦发生风险可能带来的负面效果。

3. 风险转移

风险转移是将组织或个人可能面临的风险转移给其他组织或个人承担，以避免风险损失的一种方法。风险转移是把风险管理的责任简单地推给他人，而并非消除风险。实行这种策略要遵循两个原则：第一，必须让承担风险者得到相应的报酬；第二，对于具体风险，谁最有能力管理就让谁分担。

风险转移有两种方式：一是将风险源转移出去，二是只把部分或全部风险损失转移出去。就投资项目而言，第一种风险转移方式是风险规避的一种特殊形式。例如，将已做完前期工作的项目转给他人投资，或将其中风险大的部分转给他人承包建设或经营。第二种风险转移方式又可细分为保险转移方式和非保险转移方式两种。

(1) 保险转移通常直接称为保险，是在工程项目实施阶段常见的风险对策之一。工程保险是针对工程项目在建设过程中可能出现的因自然灾害和意外事故而造成的物质损失和依法应对第三者人身伤亡或财产损失承担的经济赔偿责任提供保障的险种。通过购买保险，建设工程项目业主或承包商作为投保人将本应由自己承担的工程风险（包括第三方责任）转移给保险公司，从而使自己免受风险损失，如建设工程一切险、安装工程一切险和建设安装工程第三者责任险等。

(2) 非保险转移的主要方式有出售、分包、免责合同、第三方担保等。

① 出售。通过买卖合同将风险转移给其他单位。例如，项目可以通过发行股票或债券筹集资金，股票或债券的认购者在取得项目的一部分所有权时，也同时承担了一部分风险。

② 分包。转让人通过分包合同，将项目风险较大的部分转移给非保险业的其他人。例如，一个大跨度网架结构项目，对总包单位来讲，他们认为高空作业多，吊装复杂，风险较大，因此将网架的拼装和吊装任务分包给有专用设备和经验丰富的专业施工单位来承担。

③ 免责合同。在合同中列入免责条款，在某些风险事故发生时，项目班子本身不应承担责任。

④ 第三方担保。合同当事人的一方要求另一方为其履约行为提供第三方担保。担保方所承担的风险仅限于合同责任，即由于委托方不履行或不适当履行合同以及违约所产生的责任。第三方担保的主要表现是业主要求承包商提供履约保证和预付款保证，在投标阶段还有投标保证，我国《建设工程施工合同（示范文本）》，也有发包人和承包人互相提供履约担保的规定。

无论采用何种风险转移方式，风险的接收方都应具有更强的风险承受能力或更有利的处理能力。

4. 风险自留

风险自留又称风险承担，是一种由项目组织自己承担风险损失的措施。风险自留分为两种情况：主动风险自留与被动风险自留。主动风险自留又称计划性承担，是指经合理判断、慎重研究后，将风险承担下来。被动风险自留是指由于疏忽未探究风险的存在而承担下来。

为了应对风险自留，可以事先制订后备措施。一旦项目实际进展情况与计划不同，就需动用后备措施，主要有费用、进度和技术三种后备措施。

（1）预备费，是一笔事先准备好的资金，用于补偿差错、疏漏及其他不确定性对项目费用估计精确性的影响。预备费在项目预算中要单独列出，不能分散到具体费用项目之下，否则，项目班子就会失去对支出的控制。预备费一般分为基本预备费和涨价预备费两类，基本预备费用于补偿估价和实施过程中的不确定性，涨价预备费用于应对通货膨胀和价格波动。

（2）进度后备措施。对于项目进度方面的不确定性因素，项目各方一般不希望以延长时间的方式来解决。因此，就要设法制订出一个较紧凑的进度计划，争取项目在各方要求完成的日期前完成。从网络计划的观点来看，进度后备措施就是在关键路线上设置一段时差或浮动时间。项目工序不确定程度越高，任务越含糊，关键路线上的时差或浮动时间也应该越长。

（3）技术后备措施。技术后备措施专门用于应付项目的技术风险，它可以是一段时间或是一笔资金。当预想的情况未出现并需要采取补救行动时才动用这笔资金或这段时间。

8.4.2　建设工程项目风险监控

在项目进展过程中应收集和分析与项目风险相关的各种信息，获取风险信号，预测未来的风险并提出预警，属于建设工程项目风险管理工作流程中的风险监控。预警应纳入项目进展报告，并采用下列方法。

（1）通过工期检查、成本跟踪分析、合同履行情况监督、质量监控措施、现场情况报告、定期例会等，全面了解工程风险。

（2）对新的环境条件、实施状况和变更，预测风险，修订风险应对措施，持续评价项目风险管理的有效性。

（3）对可能出现的潜在风险因素进行监控，跟踪风险因素的变动趋势。

（4）采取措施限制风险的影响，降低损失，提高效益，防止风险蔓延，确保工程的顺利实施。

模块小结

建设工程项目风险管理是建设工程项目管理的一项重要内容，关系着项目的成败。项目风险是指所有可能阻碍项目成功完成的不确定性因素，按照不同标准，风险有很多类别。建设工程项目风险管理就是使用各种技术手段和工具，通过对项目风险的识别、评估、应对和监控，以最小的代价，在最大限度上实现项目目标的科学管理方法与过程。在实践中，工程保险和工程担保是常见的应对风险的方式。

学生在学习过程中，应注意理论联系实际，通过解析案例，初步掌握理论知识，训练建设工程项目风险管理的技能，提高实践能力。

思考与练习

一、单选题

1. 建设工程项目风险管理的程序是（　　）。
   A. 风险识别→风险应对→风险监控→风险评估
   B. 风险识别→风险评估→风险应对→风险监控
   C. 风险监控→风险识别→风险应对→风险评估
   D. 风险识别→风险应对→风险评估→风险监控

2. 某企业承接了一大型钢网架结构施工任务，但企业有该类项目施工经验的人员较少，大部分管理人员缺乏经验，这类属于建设工程项目风险因素中的（　　）。
   A. 项目环境风险　　　　　　B. 项目技术风险
   C. 项目法律风险　　　　　　D. 项目行为主体风险

3. 下列关于风险程度的描述，正确的是（　　）。
   A. 风险程度只与风险发生的可能性有关
   B. 风险程度只与损失大小有关
   C. 风险程度与风险发生的可能性和损失大小都有关
   D. 风险程度与风险发生的可能性和损失大小都无关

4. 如果某建设工程项目风险发生可能性很大，且风险发生造成的损失属于中度损失，则此种风险的等级应评为（　　）。
   A. 2　　　　　B. 3　　　　　C. 4　　　　　D. 5

5. 工程分包属于下列哪种风险应对措施？（　　）
   A. 风险转移　　B. 风险规避　　C. 风险自留　　D. 风险减轻

6. （　　）就是将可能的风险损失留给自己承担。
   A. 风险转移　　B. 风险规避　　C. 风险自留　　D. 风险减轻

7. 工程在建设中，以一定的方式中断风险源，使其不发生或不再发生，从而避免可能产生的潜在损失，这是一种（　　）风险对策。
   A. 风险转移　　B. 风险规避　　C. 风险自留　　D. 风险减轻

8. 在建设工程项目风险管理中，（　　）不属于非保险转移。
   A. 第三方担保
   B. 购买保险
   C. 业主将合同责任和风险转移给对方当事人
   D. 承包商进行合同转让或工程分包

二、多选题

1. 风险具有（　　）基本性质。

A. 客观存在性　　B. 确定性　　　C. 可变性
D. 相对性　　　　E. 不确定性

2. 建设工程项目环境风险因素包括（　　）。
A. 政治风险　　　　　　　　B. 经济风险
C. 法律风险　　　　　　　　D. 自然灾害和意外事故风险
E. 技术风险

3. 以下风险识别的方法中，（　　）是建设工程项目风险识别的具体方法。
A. 专家调查法　　B. 财务报表法　　C. 初始清单法
D. 经验数据法　　E. 风险调查法

4. 下列选项中，可供施工单位选择的风险对策有（　　）。
A. 风险规避　　　B. 风险减轻　　　C. 风险监控
D. 风险转移　　　E. 风险接受

三、简答题

1. 建设工程项目风险因素都有哪些？
2. 建设工程项目风险管理的程序和内容包括什么？
3. 建设工程项目风险识别的方法有哪些？
4. 建设工程项目风险估计的方法有哪些？

模块8
在线答题

模块 9
建设工程项目管理规划

 能力目标

通过本模块的学习，学生要在掌握相应知识的基础上，通过实践训练，具备编制建设工程项目管理规划文件或施工组织设计文件的初步能力。

知识目标

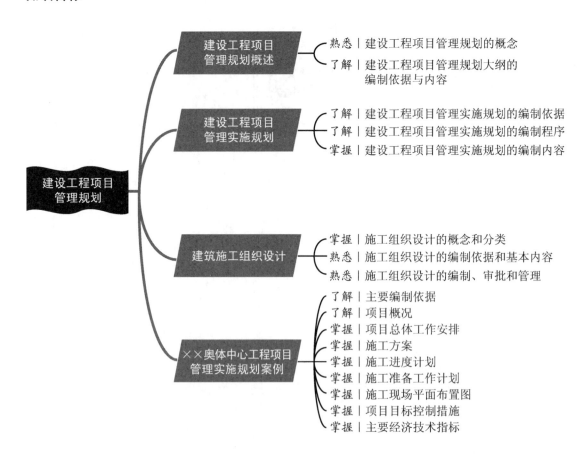

顺丰鄂州花湖机场工程项目管理规划

1. 项目概况

顺丰鄂州花湖机场位于湖北省鄂州市鄂城区燕矶镇杜湾村附近。项目主要包括专业中心主楼、指廊、综合业务楼、室外工程、卡口、洗车库、东连廊和东接驳厅、国际特运库、航材库和部分地服、航材特运库、机组休息室、走马石景观保护区、检验检疫用房、管理室等，总建筑面积约 $756000m^2$，是亚洲第一个、全球第四个专业货运枢纽机场。项目建设单位为鄂州丰泰启盛物流发展有限公司，施工单位为中天建设集团有限公司。

2. 管理目标及管理难点

针对工程特点及实际情况，制定确保湖北省建设优质工程（楚天杯）奖、确保中国钢结构金奖、争创中国建设工程鲁班奖（国家优质工程）的管理目标。

该工程存在大量专业工程，工期紧，工序衔接交叉大，总承包管理协同难度大，平面布置交通组织与施工堆场布置难度大，大面积、大体积、超长结构整体施工，混凝土抗渗、抗裂质量控制等一系列管理难点和痛点。

3. 管理过程与方法

1）施工项目管理实施规划

（1）组织规划。为有效保证工程顺利进行和工期目标的顺利实现，组建了项目经理为第一责任人的工期保证管理体系，并通过科学的管理方法和先进的设备，合理地进行资源分配，通过"人机料法环"五个维度针对性地制定进度保障措施，保证了各项工作的全面展开，优质高效地完成了本工程建设。

（2）项目范围管理与责任规划。根据该工程的具体特点，按公司管理文件的相关规定，制定了《顺丰鄂州花湖机场工程项目经理责任书》，项目经理与项目管理人员也签订了《岗位责任合同》，对各个岗位的职责、权限做了明确规定，做到了管理范围明确，责任到人，可以定期、定量考核。

（3）项目管理措施规划。对于管理重点和难点，制定了切实可行的技术与组织措施。

（4）项目管理方式提升。针对该工程特点和建设方需求，提出了基于建筑信息模型（BIM）技术的工程建造管理模式，提出了项目施工准备阶段、施工阶段、竣工阶段BIM实施技术要求、管理要求及成果交付标准，建立并执行标准化、精细化的项目管理行为准则。

2）施工项目管理实施规划的贯彻

在施工过程中，严格贯彻了项目管理实施规划。

4. 管理成效

全部实现了管理总目标和各分项目标，通过深入应用BIM技术进行项目管理，大大提升了现场的工作效率，有效避免了现场返工，保证了工期与质量。应用BIM技术进行深化设计，有效提升了建筑设计图纸的信息表达效率，在施工准备阶段即可解决专业内部、专业间以及标段间图纸碰撞、优化问题。

基于BIM技术的质量验评相较传统模式效率明显提升，平均每月可减少25%的验评时间，同时避免了线下纸质文档填写不规范、补录多等问题，保证了验评结果的准确性与真实性。通过BIM进行一键式智能计价算量，极大地提升了施工单位造价预算以及建设单位计量审核的工作效率，类比同体量传统项目，商务配备人员减少了50%以上，获国家实用型专利11项，版权证书6项，计算机软件著作登记证书21项，数字化建造奖项25项，荣获2022—2023年度中国建设工程鲁班奖（国家优质工程）、中国钢结构金奖及湖北省建设优质工程（楚天杯）奖。

 引言

建设工程项目管理本身是一个复杂的系统工程，需要全方位、全过程进行资源的有效配置、整合和管理。因此，加强建设工程项目管理规划很有必要，应力争使项目在实施过程的各阶段管理和局部管理紧密衔接，资源分配合理，以保证项目按计划有序实施。上述案例中，施工单位高度重视工程项目管理实施规划，并在实施过程中很好地落实，为该项目成功落地实施奠定了基础。

建设工程项目管理策划应由建设工程项目管理规划和建设工程项目管理配套策划组成。建设工程项目管理规划应包括建设工程项目管理规划大纲和建设工程项目管理实施规划，建设工程项目管理配套策划应包括建设工程项目管理规划以外的所有建设工程项目管理策划内容。本模块主要阐述建设工程项目管理规划的内容。

任务单元9.1　建设工程项目管理规划概述

9.1.1　建设工程项目管理规划的概念

建设工程项目管理规划是对项目全过程中的各种管理职能、管理过程以及管理要素所做出的完整而全面的总体计划。作为指导项目管理工作的纲领性文件，建设工程项目管理规划应对项目管理的目标、依据、内容、组织、资源、方法、程序和控制措施进行确定。建设工程项目管理规划的范围和编制主体见表9-1。本模块主要以施工承包单位编制的建设工程项目管理规划大纲和建设工程项目管理实施规划为例进行阐述。

表9-1　建设工程项目管理规划的范围和编制主体

项目定义	项目范围与特征	项目管理规划名称	编制主体
建设项目	在一个总体规划范围内、统一立项审批、单一或多元投资、经济独立核算的建设工程	建设项目管理规划	建设单位
工程项目	建设项目内的单位工程、单项工程或具有独立使用功能的交工系统（一般含多个）	建设工程项目管理规划大纲和建设工程项目管理实施规划，也可以是施工组织设计或建设工程项目管理计划	承包单位
专业工程项目	上下水、强弱电、风暖气、桩基础、内外装等	建设工程项目管理实施规划	专业分包单位

对于施工承包单位来说，建设工程项目管理规划大纲是由企业管理层在投标阶段编制的旨在作为投标依据、满足招标文件要求及签订合同要求的文件。建设工程项目管理规划大纲作为投标人的项目管理总体构想或项目管理宏观方案，具有战略性、全局性和宏观性，显示投标人的技术和管理方案的可行性与先进性，其作用是指导项目投标和签订施工合同。

建设工程项目管理实施规划是在开工之前由项目经理主持编制的，旨在指导施工项目实施阶段管理的文件。

建设工程项目管理规划大纲和建设工程项目管理实施规划的关系是：前者是后者的编制依据，后者是前者的延续、深化和具体化。二者的区别见表 9-2。

表 9-2 两种建设工程项目管理规划的区别

种类	编制时间	编制者	主要特征	服务范围	追求主要目标
建设工程项目管理规划大纲	投标书编制	企业管理层	规划性	投标与签约	中标和经济效益
建设工程项目管理实施规划	签约后开工前	项目管理层	作业性	施工准备至验收	施工效率和效益

9.1.2 建设工程项目管理规划大纲的编制依据与内容

1. 建设工程项目管理规划大纲的编制依据

建设工程项目管理规划大纲需要依靠企业管理层的智慧与经验，取得充分依据，发挥综合优势进行编制。其编制依据如下。

(1) 可行性研究报告。
(2) 招标文件及发包人对招标文件的解释。
(3) 企业管理层对招标文件的分析研究结果。
(4) 工程现场环境情况的调查结果。
(5) 发包人提供的信息和资料。
(6) 有关该工程投标的竞争信息。
(7) 企业法定代表人的投标决策意见。
(8) 相关法律、法规和标准。
(9) 类似项目经验资料。

2. 建设工程项目管理规划大纲的内容

《建设工程项目管理规范》(GB/T 50326—2017) 规定，建设工程项目管理规划大纲宜包括下列内容，企业可根据需要在其中选定。

(1) 项目概况。
(2) 项目范围管理。
(3) 项目管理目标。

（4）项目管理组织。
（5）项目采购与投标管理。
（6）项目进度管理。
（7）项目质量管理。
（8）项目成本管理。
（9）项目安全生产管理。
（10）项目绿色建造与环境管理。
（11）项目资源管理。
（12）项目信息管理。
（13）项目沟通与相关方管理。
（14）项目风险管理。
（15）项目收尾管理。

任务单元9.2　建设工程项目管理实施规划

建设工程项目管理实施规划作为项目经理部实施项目管理的依据，必须由项目经理组织项目经理部成员在工程开工之前编制完成。

9.2.1　建设工程项目管理实施规划的编制依据

建设工程项目管理实施规划的编制依据可包括下列内容。
（1）适用的法律、法规和标准。
（2）项目合同及相关要求。
（3）建设工程项目管理规划大纲。
（4）项目设计文件。
（5）工程情况与特点。
（6）项目资源和条件。
（7）有价值的历史数据。
（8）项目团队的能力和水平。

9.2.2　建设工程项目管理实施规划的编制程序

编制建设工程项目管理实施规划应遵循下列程序。
了解相关方的要求→分析项目的具体特点和环境条件→熟悉相关的法规和文件→实施编制活动→履行报批手续。

9.2.3　建设工程项目管理实施规划的编制内容

建设工程项目管理实施规划应以建设工程项目管理规划大纲的总体构想和决策意图为

指导，具体规定各项管理业务的目标要求、职责分工和管理方法，把履行合同和落实项目管理目标责任书的任务，贯彻在实施规划中，是项目管理人员的行为指南。建设工程项目管理实施规划应包括下列内容（编制时可以根据建设工程项目的性质、规模、结构特点、技术复杂难易程度和施工条件等进行选择）。

(1) 项目概况。
(2) 项目总体工作安排。
(3) 组织方案。
(4) 施工方案。
(5) 进度计划。
(6) 质量计划。
(7) 成本计划。
(8) 安全生产计划。
(9) 绿色建造与环境管理计划。
(10) 资源需求与采购计划。
(11) 信息管理计划。
(12) 沟通管理计划。
(13) 风险管理计划。
(14) 项目收尾计划。
(15) 施工现场平面布置图。
(16) 项目目标控制措施。
(17) 技术经济指标。

1. 项目概况

项目概况主要包括工程建设概况、工程建设地点及环境特征、建筑及结构设计概况、施工条件和工程施工特点分析五方面的内容。

1) 工程建设概况

工程建设概况主要介绍拟建工程的建设单位、工程名称、性质、用途和建设目的，资金来源及工程造价，开工、竣工日期，设计单位、施工单位、监理单位，施工图纸情况，施工合同情况，上级有关文件或要求，以及组织施工的指导思想，等等。

2) 工程建设地点及环境特征

工程建设地点及环境特征主要介绍拟建工程的地理位置、地形、地貌、地质、水文、气温、冬雨期时间、主导风向、风力和抗震设防烈度等。

3) 建筑及结构设计概况

建筑及结构设计概况主要根据施工图纸，结合调查资料，简练概括工程全貌，综合分析，突出重点问题。对新结构、新材料、新技术、新工艺及施工的难点做重点说明。

建筑设计概况主要介绍拟建工程的建筑面积、平面形状和平面组合情况、层数、层高、总高、总长、总宽等尺寸及室内外装修情况。

结构设计概况主要介绍基础的形式、埋置的深度，设备基础的形式，主体结构的类型，墙、柱、梁、板的材料及截面尺寸，预制构件的类型及安装位置，楼梯的构造及形式，等等。

4）施工条件

施工条件主要介绍"三通一平"的情况，当地的交通运输条件，资源生产及供应情况，施工现场大小及周围环境情况，预制构件生产及供应情况，施工单位机械、设备、劳动力的落实情况，内部承包方式、劳动组织形式及施工管理水平，现场临时设施、供水、供电问题的解决。

5）工程施工特点分析

工程施工特点分析主要介绍拟建工程施工特点和施工中的关键问题和难点所在，以便突出重点、抓住关键，使施工顺利进行，提高施工单位的经济效益和管理水平。

2. 项目总体工作安排

项目总体工作安排主要是对重大的组织问题和技术问题做出规划和决策，其主要内容包括以下几个方面。

1）质量、进度、成本、安全生产、绿色建造与环境管理目标

上述五项控制目标应在已签订的工程承包合同的基础上，从提高项目管理经济效益和施工效率的原则出发，做出更积极的决策，从而对职工提出更高目标的要求以调动其积极性。

2）拟投入的劳动力人数（最高人数和平均人数）（略）

3）劳动力、材料、机械设备供应计划（略）

4）分包计划

该项内容在分包合同的基础上，根据综合进度计划进行规划。

5）区段划分与施工程序

区段划分是指为了满足流水施工的需要，应对工程从平面上进行施工段的划分，从立面上进行施工层的划分。

施工程序是指工程中各施工阶段的先后次序及其制约关系，主要是解决时间搭接的问题，以便合理地压缩工期，处理好季节性施工。考虑时应注意以下两点。

（1）严格执行开工报告制度。

（2）遵守"先地下后地上""先土建后设备""先主体后围护""先结构后装修"的原则。

6）项目管理总体安排

（1）根据工程的规模和特点确定项目经理部的组织或规模。

（2）确定组织结构的形式，一般提倡采用矩阵式，也可采用事业部式或直线职能式。

（3）确定职能部门的设置，应突出施工、技术、质量、安全和核算这些与建筑工程直接相关的部门设置。

（4）根据部门责任配备职能人员。

（5）制定项目经理部工作总流程以及对管理过程中控制、协调、总结、考核等工作过程的规定。

3. 组织方案

组织方案应编制出项目的项目结构图、组织结构图、合同结构图、编码结构图、重点工作流程图、任务分工表、职能分工表等，并进行必要的说明。

4. 施工方案

施工方案的选择是建设工程项目管理实施规划中的重要内容，施工方案选择恰当与否，将直接影响工程的施工效率、进度安排、施工质量、施工安全、工期长短等。因此，必须在若干个初步方案的基础上进行认真的分析比较，力求选出一个最经济、最合理的施工方案。

在选择施工方案时，应着重研究施工流向、施工顺序、施工方法和施工机械的选择等方面的内容。

1) 施工流向的确定

施工流向是指施工项目在平面或空间上的流动方向，这主要取决于生产需要、缩短工期和保证质量等要求。施工流向的确定，需要考虑以下因素。

（1）生产工艺或使用要求。

生产工艺或使用要求是确定施工流向的基本因素。一般来讲，生产工艺上影响其他工段试车投产的或生产使用上要求时间紧的工段、部位应先安排施工。例如，在确定工业厂房的施工流向时，需要研究生产工艺流程，即先生产的区段先施工，以尽早交付生产使用，尽快发挥基本建设投资的效益。

（2）施工的繁简程度。

一般来说，技术复杂、施工进度较慢、工期较长的工段或部位，应先施工。

（3）房屋高低层或高低跨。

柱的吊装应从高低跨并列处开始；屋面防水层应按先高后低的方向施工，同一屋面则由檐口向屋脊方向施工。

（4）选用的施工机械。

根据工程条件，挖土机械可选用正铲、反铲、拉铲等，吊装机械可选用履带式起重机、汽车式起重机、塔式起重机等，这些机械的开行路线或布置位置决定了基础挖土方及结构吊装的施工起点和流向。

（5）组织施工的分层分段。

划分施工层、施工段的部位，也是决定施工流向时应考虑的因素。

（6）分部工程或施工阶段的特点。

如基础工程由施工机械和方法决定其平面的施工流向；主体工程从平面上看，无论哪一边先开始都可以，但竖向应自下而上施工；装修工程竖向的施工流向比较复杂，室外装修可采用自上而下的流向，室内装修则可采用自上而下、自下而上两种流向。下面介绍一下室外和室内装修工程施工流向的特点。

① 室外装修工程。

室外装修工程一般采用自上而下的施工流向，即在屋面工程全部完工后，室外装修从顶层至底层逐层向下进行。采用这种施工流向的优点是：可以使房屋在主体结构完成后，有足够的沉降和收缩期，从而保证装修工程的质量，同时便于脚手架及时拆除。

② 室内装修工程。

a. 室内装修工程采用自上而下的施工流向是指屋面防水层完工后，装修从顶层至底层逐层向下进行，又可分为水平向下和垂直向下两种，如图 9.1 所示，通常采用水平向下的施工流向。室内装修工程采用自上而下的施工流向的优点是：房屋主体结构完成后，建筑物有足够的沉降和收缩期，这样可保证室内装修质量；可以减少或避免各工种操作互相交叉，便于组织施工，有利于施工安全，而且自上而下的楼层清理也很方便。其缺点是：不能与主体结构施工搭接，故总工期相对较长。

b. 室内装修工程采用自下而上的施工流向是指主体结构施工到三层及三层以上时（有两层楼板，以确保底层施工安全），装修从底层开始逐层向上进行，与主体结构平行搭接施工，也可分为水平向上和垂直向上两种形式，如图9.2所示，通常采用水平向上的施工流向。为了防止雨水或施工用水从上层楼板渗漏，应先做好上层楼板的面层，再进行本层顶棚、墙面、楼地面的饰面。室内装修工程采用自下而上施工流向的优点是：可以与主体结构平行搭接施工，从而缩短工期。其缺点是：工种操作相互交叉，需要增加安全措施；资源供应集中，现场施工组织和管理比较复杂。因此，只有当工期紧迫时，室内装修工程才考虑采取自下而上的施工流向。

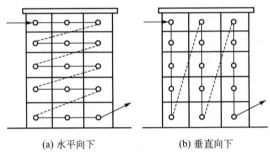

图 9.1　自上而下的施工流向

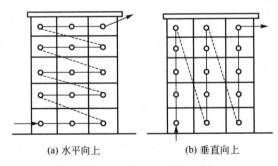

图 9.2　自下而上的施工流向

2) 施工顺序的确定

施工顺序是指工程开工后各分部分项工程施工的先后次序。确定施工顺序既是为了按照客观的施工规律组织施工，也是为了解决工种之间的合理搭接，在保证工程质量和施工安全的前提下，充分利用空间，以达到缩短工期的目的。

在实际工程施工中，施工顺序可以有多种。不仅不同类型建筑物的建造过程有着不同的施工顺序，而且在同一类型的建筑工程施工中，甚至同一幢房屋的施工中，也会有不同的施工顺序。因此，应该在众多的施工顺序中，选择既符合客观规律又经济合理的施工顺序。

(1) 多层砌体结构房屋的施工阶段与施工顺序。

多层砌体结构房屋的施工，按照房屋结构各部位不同的施工特点，可分为基础工程，主体工程，屋面、装修及设备安装工程等施工阶段，下面介绍各阶段的施工顺序。

① 基础工程阶段的施工顺序。

基础工程是指室内地坪以下的工程。其施工顺序一般是：挖土方→做垫层→砌基础→回填土。具体内容视工程设计而定。如有地下障碍物、坟穴、防空洞、软弱地基等，需先进行处理；如有桩基础，应先进行桩基础施工；如有地下室，则其施工顺序一般是：挖土方→做垫层→施工地下室底板→施工地下室墙、柱结构→施工地下室顶板→做防水层及保护层→回填土，但由于地下室结构、构造不同，有些施工内容可能有一定的配合和交叉。

需要注意的是，为了避免基槽（坑）浸水或受冻害，挖土方与做垫层这两道工序在施工安排上要紧凑，时间间隔不宜太长。各种管沟的挖土、铺设等施工过程，应尽可能与基础工程施工配合，采取平行搭接施工。回填土一般在基础工程完工后一次性分层、对称夯填，以避免基础受到浸泡，并为后续工程创造良好的工作条件。当回填土工程量较大且工期较紧时，也可将回填土分段施工并与主体结构搭接进行。室内回填土（房心回填土）最好与基槽（坑）回填土同时进行，也可安排在室内装修施工前进行。

② 主体工程阶段的施工顺序。

主体工程是指基础工程以上，屋面板以下的所有工程。这一施工阶段的施工过程主要包括：安装起重垂直运输机械设备，搭设脚手架，砌筑墙体，现浇柱、梁、板、雨篷、阳台、楼梯等施工内容。其施工顺序一般为：绑扎柱筋→砌墙→支柱模→浇筑柱混凝土→支梁、板、楼梯等模板→绑扎梁、板、楼梯等钢筋→浇筑梁、板、楼梯等混凝土。

砌墙和现浇楼板是主体工程施工阶段的主导过程，应以它们为主组织流水施工，使它们在施工中保持均衡、连续、有节奏地进行，而其他施工过程则应配合砌墙和现浇楼板组织流水施工，搭接进行。如脚手架搭设应配合砌墙和现浇楼板逐段、逐层进行；要及时做好模板、钢筋的加工制作工作，以免影响后续工程的按期投入。

③ 屋面、装修及设备安装工程阶段的施工顺序。

这一施工阶段的特点是：施工内容多、繁、杂；有的工程量大而集中，有的工程量小而分散；劳动消耗大，手工作业多，工期较长。因此，妥善安排屋面、装修及设备安装工程的施工顺序，组织立体交叉流水作业，对加快工程进度有着特别重要的意义。

柔性防水屋面按照找平层→保温层→找平层→柔性防水层→隔热层的施工顺序依次进行。刚性防水屋面按照找平层→保温层→找平层→刚性防水层→隔热层的施工顺序依次进行。防水层施工应在主体工程完成后开始并尽快完成，为顺利进行室内装修创造条件。屋面工程施工在一般情况下不划分流水段，它可以和装修工程搭接或平行施工。

装修工程的施工可分为室外装修（檐沟、女儿墙、外墙、勒脚、散水、台阶、明沟、雨水管等）和室内装修（顶棚、墙面、楼面、地面、踢脚线、楼梯、门窗、五金、油漆及玻璃等）两个方面的内容。其中内外墙及楼地面的饰面是整个装修工程施工的主导过程。

在同一楼层内，顶棚、墙面、楼地面之间的施工顺序一般有两种：楼地面→顶棚→墙面；顶棚→墙面→楼地面。这两种施工顺序各有利弊。前者便于清理地面基层，楼地面质量易保证，而且便于收集墙面和顶棚的落地灰，从而节约材料，但要注意楼地面成品保护，否则后一道工序不能及时进行。后者则在楼地面施工之前，必须将落地灰清扫干净，否则会影响面层与结构层之间的黏结，引起楼地面起壳。底层地面施工通常在最后进行。

楼梯间和楼梯踏步在施工期间易受损坏，为了保证装修工程质量，楼梯间和踏步的装修往往安排在其他室内装修完工之后，自上而下统一进行。

门窗的安装可在抹灰之前或之后进行，主要视气候和施工条件而定，通常是安排在抹灰之后进行，但若是在冬季施工，为防止抹灰层冻结，加速其干燥，门窗扇均应在抹灰前安装完毕。油漆和安装玻璃的顺序是应先油漆门窗扇，后安装玻璃，以免油漆时弄脏玻璃。

在装修施工阶段，还需考虑室内装修与室外装修的先后顺序，这与施工条件和天气变化有关，通常有先内后外、先外后内、内外同时进行三种施工顺序。当室内有水磨石楼地面时，应先做水磨石楼地面，再做室外装修，以免施工时渗漏水影响室外装修质量；当采用单排脚手架砌墙时，由于留有脚手眼需要填补，应先做室外装修，拆除脚手架，再做室内装修；如果为了赶工期，则应采取内外同时的顺序；当装饰工人较少时，则不宜采用内外同时施工的施工顺序。一般来说，采用先外后内的施工顺序较为有利。

水、暖、煤、卫、电等设备安装工程不像土建工程一样可以分成几个明显的施工阶段，而是需要与土建工程中有关的分部分项工程进行交叉施工，紧密配合。例如，基础工程施工阶段，应先将相应的管沟埋设好，再进行回填土；主体工程施工阶段，应在砌墙或现浇楼板的同时，预留电线、水管等的孔洞或预埋件；装修工程阶段，应安装各种管道和附墙暗管、接线盒等；设备安装最好在楼地面和墙面抹灰之前或之后穿插施工；室外管道等的施工可安排在土建工程之前或与土建工程同时进行。

（2）钢筋混凝土框架结构房屋的施工阶段与施工顺序。

钢筋混凝土框架结构房屋的施工可分为基础工程、主体工程、围护工程、屋面及装修工程四个阶段。

钢筋混凝土框架结构房屋在主体工程施工时与多层砌体结构房屋有所区别，它既可采用框架柱、框架梁、板交替施工，也可采用框架柱、框架梁、板同时施工。

围护工程包括墙体工程、安装门窗框。其中墙体工程包括砌筑用脚手架的搭设，内外墙砌筑等分项工程。围护工程应与主体工程搭接施工。

基础工程、屋面及装修工程的施工顺序与多层砌体结构房屋基本相同。

（3）装配式单层工业厂房的施工阶段与施工顺序。

装配式单层工业厂房的施工，按照厂房结构各部位不同的施工特点，一般可分为基础工程、预制工程、吊装工程、其他工程四个施工阶段。

在装配式单层工业厂房施工中，当工程规模较大、生产工艺复杂时，厂房应按生产工艺要求分区、分段，施工时要分期、分批进行，分期、分批交付试生产，这是确定其施工顺序的总要求。下面根据中小型装配式单层工业厂房各施工阶段来介绍其施工顺序。

① 基础工程阶段施工顺序。

装配式单层工业厂房的柱基础大多采用钢筋混凝土杯形基础。基础工程施工阶段的施工过程和施工顺序一般是：挖土方→做垫层→施工钢筋混凝土杯形基础（也可分为绑扎钢筋、支模板、浇筑混凝土、养护、拆模）→回填土。如有桩基础工程，则应另列桩基础工程。

厂房内的设备基础，视具体情况，可采用封闭式和敞开式施工。封闭式施工，是指厂房柱基础先施工，设备基础在结构吊装后施工。它适用于设备基础埋置浅（不超过厂房柱基础埋置深度）、体积小、土质较好、距柱基础较远、对厂房结构稳定性并无影响的情况。封闭式施工的优点是：土建施工工作面大，有利于构件现场预制、吊装和就位，便于选择合适的起重机械和开行路线；设备基础能在室内施工，不受气候影响；有时还可以利用厂房内的桥式吊车为设备基础施工服务。其缺点是：会出现某些重复性工作，如部分柱基础回填土的重复挖填；设备基础施工条件差，场地拥挤，基坑不宜采用机械开挖；若土质不佳，在设备基础基坑开挖过程中，容易造成土体不稳定，需增加加固措施费用。敞开式施工，是指厂房柱基础与设备基础同时施工或设备基础先施工。它的适用范围、优缺点与封闭式施工正好相反。

② 预制工程阶段施工顺序。

目前，装配式单层工业厂房构件一般采用加工厂预制和现场预制相结合的预制方式。这里着重介绍现场预制的施工顺序。对于质量大、批量小或运输不便的构件，一般采用现场预制的方式，如柱子、吊车梁、屋架等。非预应力预制构件制作的施工顺序为：支模板→绑扎钢筋→预埋铁件→浇筑混凝土→养护→拆模。后张法预应力预制构件制作的施工顺序为：支模板→绑扎钢筋→预埋铁件→孔道留设→浇筑混凝土→养护→拆模→预应力钢筋的张拉和锚固→孔道灌浆→养护→拆模。

预制构件的施工顺序取决于吊装方法。当采用分件吊装法时，预制构件的制作有两种方案：若场地狭窄而工期又允许，构件制作可分批进行，可首先制作柱子和吊车梁，待柱子和吊车梁吊装完后再进行屋架制作；若场地宽敞，可考虑柱子和吊车梁等构件在拟建车间内预制，屋架在拟建车间外制作。当采用综合吊装法时，预制构件需一次制作。

③ 吊装工程阶段施工顺序。

吊装工程是装配式单层工业厂房施工中的主导施工过程。其施工内容依次为柱子、基础梁、吊车梁、连系梁、屋架、天窗架、屋面板等构件的吊装、校正和固定。

吊装的顺序取决于吊装方法。当采用分件吊装法时，其吊装顺序为：第一次开行吊装柱子，随后校正与固定；第二次开行吊装基础梁、吊车梁、连系梁等；第三次开行吊装屋盖构件。有时也可将第二次开行、第三次开行合并为一次开行。当采用综合吊装法时，其吊装顺序为：先吊装四根或六根柱子，迅速校正固定，再吊装基础梁、吊车梁、连系梁及屋盖等构件，如此逐个节间吊装，直至整个厂房吊装完毕。

抗风柱的吊装有两种顺序：一种是在吊装柱子的同时先吊装该跨一端的抗风柱，另一端抗风柱则在屋盖吊装完后进行；另一种是全部抗风柱均在屋盖吊装完毕后进行。

④ 其他工程阶段施工顺序。

其他工程阶段主要包括围护工程、屋面工程、装修工程、设备安装工程等内容。这一阶段总的施工顺序为：围护工程→屋面工程→装修工程→设备安装工程，但有时也可互相交叉或平行搭接施工。

设备安装包括水、暖、煤、卫、电和生产设备安装。水、暖、煤、卫、电安装与前述多层砌体结构房屋基本相同。生产设备安装则由于专业性强、技术要求高等，一般由专业公司分包安装。

上述关于多层砌体结构房屋、钢筋混凝土框架结构房屋和装配式单层工业厂房的施工顺序，仅适用于一般情况。建筑施工顺序的确定既是一个复杂的过程，又是一个发展的过程,它随着科学技术的发展和人们观念的更新在不断变化。因此,针对每一个工程,必须根据其施工特点和具体情况,合理确定施工顺序。

3)施工方法和施工机械的选择

正确选择施工方法和施工机械是制定施工方案的关键。单位工程中各个分部分项工程均可采用各种不同的施工方法和施工机械进行施工,而每一种施工方法和施工机械又都有其优缺点。因此,必须从先进、经济、合理的角度出发,综合考虑工程建筑结构特点、质量要求、工期长短、资源供应条件、现场施工条件、施工单位的技术装备水平和管理水平等因素进行选择,以达到提高工程质量、降低工程成本、提高劳动生产率和加快工程进度的预期效果。

(1)选择施工方法和施工机械的基本要求。

① 应考虑主要分部分项工程的要求。

应从工程施工全局出发,着重考虑影响整个工程施工的主要分部分项工程的施工方法和施工机械的选择。而对于一般的、常见的、工人熟悉的、工程量小的以及对施工全局和工期无多大影响的分部分项工程,只要提出若干注意事项和要求即可。

② 应满足施工技术的要求。

施工方法和施工机械的选择,必须满足施工技术的要求。如预应力张拉方法和机械的选择应满足设计、质量、施工技术的要求,又如吊装机械的类型、型号、数量的选择应满足构件吊装技术和工程进度要求。

③ 应考虑如何符合工厂化、机械化施工的要求。

尽可能实现和提高工厂化、机械化的施工程度,这是建筑施工发展的需要,也是提高工程质量、降低工程成本、提高劳动生产率、加快工程进度和实现文明施工的有效措施。

④ 应符合先进、合理、可行、经济的要求。

选择施工方法和施工机械,除要求先进、合理外,还要考虑其对施工单位是否是可行的、经济的。必要时,要进行分析比较,从施工技术水平和实际情况出发,选择先进、合理、经济、可行的施工方法和施工机械。

⑤ 应满足工期、质量、成本和安全的要求。

所选择的施工方法和施工机械应尽量满足缩短工期、提高工程质量、降低工程成本、确保施工安全的要求。

(2)主要分部分项工程施工方法和施工机械选择的内容。

主要分部分项工程的施工方法和施工机械的选择,在建筑施工技术课程中已详细叙述,这里仅将其要点归纳如下。

① 土方工程。

a. 计算土方开挖量,确定土方开挖方法、工作面宽度、放坡坡度、土壁支撑形式。

b. 进行土方平衡调配,绘制土方平衡表。

c. 选择土方工程施工所需机具的型号和数量。

d. 选择排除地面水、地下水的方法,确定排水沟、集水井或井点布置,选择所需设备的型号和数量。

② 基础工程。

a. 按浅基础施工中垫层、钢筋混凝土、基础墙砌筑的施工要点,选择所需机械的型号和数量。

b. 地下室施工的防水要求，如施工缝的留置和处理等；按大体积混凝土的浇筑要点、模板及支撑要求，选择所需机具型号和数量。

c. 桩基础施工中桩的入土方法、灌注桩的施工方法及所需设备的型号和数量。

③ 砌筑工程。

a. 砌体的砌筑方式、砌筑方法及质量要求。

b. 弹线及皮数杆的控制要求。

c. 选择所需机具型号和数量。

④ 钢筋混凝土工程。

a. 确定模板类型及支模方法，进行模板支撑设计。

b. 确定钢筋的加工、绑扎、焊接方法，选择所需机具型号和数量。

c. 确定混凝土的搅拌、运输、浇筑、振捣、养护方法，施工缝的留置和处理，选择所需机具型号和数量。

d. 确定预应力钢筋混凝土的施工方法，选择所需机具型号和数量。

⑤ 结构吊装工程。

a. 确定构件的预制、运输及堆放要求，选择所需机具型号和数量。

b. 确定构件的吊装方法，选择所需机具型号和数量。

⑥ 屋面工程。

a. 确定屋面材料的运输方式，选择所需机具型号和数量。

b. 确定各个层次的施工方法，选择所需机具型号和数量。

⑦ 装修工程。

a. 确定各种装修工程的做法及施工要点，有时需要做样板间。

b. 确定材料运输方式、堆放位置。

c. 选择所需机具型号和数量。

⑧ 现场垂直运输、水平运输及脚手架等的搭设。

a. 确定垂直运输及水平运输方式、布置位置、开行路线，选择垂直运输及水平运输机具型号和数量。

b. 根据不同建筑类型，确定脚手架所用材料、搭设方法及安全网的挂设方法。

(3) 多层砌体结构房屋施工方法的选择。

这种房屋以砖砌体为竖向承重构件，以混凝土板、梁为水平承重构件。由于通常采用常规的、熟悉的施工方法，只要着重解决垂直运输及脚手架搭设等问题即可。材料吊装所需的机械，一般应根据结构特点、材料质量、数量及现场条件等因素，综合考虑吊装机械的技术性能参数进行选择。为了便于砌墙操作，要从运输、堆放材料及工作面要求等方面选择脚手架工具，一般选择钢管脚手架、木脚手架、竹脚手架、门式脚手架或碗扣式脚手架，也可选用里脚手架砌墙和用吊篮脚手架做外装修。

(4) 钢筋混凝土框架结构房屋施工方法的选择。

根据这种建筑类型的特点，应着重考虑模板及支撑架的设计、钢筋混凝土的施工方法、脚手架及安全网的搭设、垂直运输设备的选择等问题。模板及支撑架应根据工程特点进行选择，一般可选用组合钢模板、大模板、爬模、台模、滑模等。采用组合钢模板时，应尽量先组装后安装，以提高效率。钢筋应采用先组装成骨架再安装的方法，以减少高空作业。混凝土浇筑应采用泵送施工的方式，根据混凝土浇筑量选择输送泵；如采用现场搅拌混凝土，应减少吊次、加快浇筑速度。脚手架和安全网应考虑结合搭设，一般采用全封闭悬挑式钢管脚手架。垂直运输设备一般根据吊次和起重能力选择塔式起重机。此外，还应有外用电梯等，以便施工人员上下及材料运输，一般选用双笼客货两用电梯。

根据建筑节能的要求，还应考虑墙体保温的施工方法。

(5) 装配式单层工业厂房施工方法的选择。

这种厂房的构件预制和结构吊装是主导施工过程。构件预制（柱子、屋架等的现场制作）要与结构吊装一起综合考虑决定。柱子预制位置就是起吊位置，即采用就位预制。屋架也应尽量就位预制，否则应扶直就位后再吊装。为节约场地和模板，还可采用重叠预制。结构吊装应着重考虑机械选择及其开行路线、吊装顺序、构件就位等问题，并拟定几种方法进行比较和选择，要求机械开行路线合理，尽量减少机械的停歇时间，避免吊装机械的二次进场。

5. 各种管理计划

各种管理计划包括进度计划、质量计划、成本计划、安全生产计划、绿色建造与环境管理计划、资源需求与采购计划、信息管理计划、沟通管理计划、风险管理计划、项目收尾计划等。

进度计划、质量计划、成本计划、安全生产计划、绿色建造与环境管理计划的编写分别参照本教材相关模块。

项目资源包括人力资源、劳务、工程材料与设备、施工机具与设施、资金等。资源需求与采购计划应包括下列内容：建立资源管理制度，编制资源使用计划、采购计划、供应计划和处置计划，规定控制程序和责任要求。

项目信息管理的对象需包括项目管理机构内部和外部产生的相关信息。信息管理计划应包括下列内容：信息管理范围，信息管理目标，信息需求，信息管理手段和协调机制，信息编码系统，信息渠道和管理流程，信息资源需求计划，信息管理制度与信息变更控制措施。

项目管理机构应将沟通管理纳入日常管理计划，沟通与协调工作包括组织之间和个人之间两个层面，通过沟通需形成人与人、事与事、人与事的和谐统一。沟通管理计划应包括下列内容：沟通范围、对象、内容与目标，沟通方法、手段及人员职责，信息发布时间与方式，项目绩效报告安排及沟通需要的资源，沟通效果检查与沟通管理计划的调整。

风险管理计划用于描述如何安排与实施风险管理活动。风险管理计划应包括下列内容：风险管理目标，风险管理范围，可使用的风险管理方法、措施、工具和数据，风险跟踪的要求，风险管理的责任和权限，必需的资源和费用预算。风险管理计划应根据风险变化进行调整，并经过授权人批准后实施。

项目收尾阶段应是项目管理全过程的最后阶段，包括竣工验收、竣工结算、竣工决算、保修期管理、项目管理总结等方面的管理，项目收尾计划应包括以上内容。

6. 施工现场平面布置图

如果是建设项目或建筑群施工，应编制施工总平面图；如果是单位工程施工，应编制单位工程施工平面图。在该部分内容中,应说明施工现场情况、施工现场平面的特点、施工现场平面布置的原则;确定现场管理的目标、原则、主要措施,施工平面图及其说明;施工现场平面布置和施工现场管理规划,必须符合环境保护法、劳动保护法、城市管理规定、工程施工规范、文明现场标准等。

1) 施工平面图设计的概念

施工平面图设计是指结合拟建工程的施工特点和施工现场条件,按照一定的设计原则,对施工机械、施工道路、材料构件堆场、临时设施、水电管线等,进行平面的规划和布置,并将布置方案绘制成图。

2) 施工平面图设计的意义

施工平面图是安排和布置施工现场的基本依据,是实现有组织、有计划和顺利进行施工的重要条件,也是施工现场文明施工的重要保证。因此,合理地、科学地规划施工平面图,并严格贯彻执行,加强督促和管理,不仅可以顺利地完成施工任务,而且能提高施工效率和效益。

3) 施工平面图设计的原则

(1) 在确保施工安全以及使现场施工比较顺利进行的条件下,要布置紧凑,少占或不占农田,尽可能减少施工占地面积。

(2) 最大限度地缩短场内运距,尽可能减少二次搬运。

(3) 在满足需要的前提下,减少临时设施的搭设。为了降低临时设施的费用,应尽量利用已有的或拟建的各种设施为施工服务;各种临时设施的布置,应便于生产和生活。

(4) 各项布置内容,应符合劳动保护、技术安全、防火和防洪的要求。为此,机械设备的钢丝绳、缆风绳以及电缆、电线与管道等不要妨碍交通,应保证道路畅通;各种易燃库、棚(如木工、油毡、油料等)及沥青灶、化灰池应布置在下风向,并远离生活区;炸药、雷管要严格控制并由专人保管;根据工程具体情况,考虑各种劳保、安全、消防设施;在山区雨期施工时,应考虑防洪、排涝等措施,做到有备无患。

根据上述原则及施工现场的实际情况,尽可能进行多方案施工平面图设计,从中选择合理、安全、经济、可行的布置方案。

4) 施工平面图设计的主要依据

施工平面图设计的主要依据有建筑总平面图、施工图纸、现场地形图、水源和电源情况、施工场地情况、可利用的房屋及设施情况、自然条件和技术经济条件的调查资料、建设工程项目管理规划大纲、施工方案、施工进度计划和资源需求计划。

5) 施工平面图设计的内容

首先应该注意的是:建筑工程施工是一个复杂多变的过程,它随着工程施工的不断展开,需要规划和布置的内容也在发生变化。因此,在整个工程的不同施工阶段,施工现场布置的内容也各有侧重且在不断变化。所以,工程规模较大、结构复杂、工期较长的工程,应当按不同的施工阶段设计施工平面图,但要统筹兼顾。

规模不大的砌体结构和框架结构工程,由于工期不长,施工也不复杂,这些工程往往只考虑主要施工阶段,即主体结构施工阶段的施工平面布置,实际上也要兼顾其他施工阶段的需要。

以单位工程为例,其施工平面图一般包括以下内容。

（1）单位工程施工区域范围内，已建的和拟建的地上的、地下的建筑物及构筑物的平面尺寸、位置，河流、湖泊等的位置和尺寸，以及指北针、风向玫瑰图等。

（2）拟建工程所需的起重机械、垂直运输设备、搅拌机械及其他机械的布置位置，起重机械开行的线路及方向等。

（3）施工道路的布置、现场出入口位置等。

（4）各种预制构件堆放及预制场地所需的面积和位置，大宗材料堆场的面积和位置，仓库的面积和位置。

（5）临时设施的名称、面积、位置。

（6）临时供电、供水、供热等管线的布置；水源、电源、变压器的位置；现场排水沟渠及排水方向的考虑。

（7）土方工程的弃土及取土地点等有关说明。

（8）劳动保护、安全、防火及防洪设施布置以及其他需要布置的内容。

6）施工平面图的设计步骤

下面以单位工程为例，说明施工平面图的设计步骤。

（1）确定起重机械的位置。

起重机械的位置直接影响仓库、材料堆场、砂浆和混凝土搅拌站、道路、水电线路的布置，因此，应首先予以考虑。

固定式垂直运输设备，如井架、龙门架、施工电梯等，其布置应充分发挥起重机械的能力并使地面和楼面上的水平运距最小，应根据机械性能、建筑物的平面形状和大小、施工段的划分、房屋的高低分界、材料进场方向和道路情况而定。一般说来，固定式垂直运输设备应布置在靠现场较宽的一面，以便在固定式垂直运输设备附近堆放材料和构件。当建筑物各部位的高度相同时，固定式垂直运输设备应布置在施工段的分界线附近；当建筑物各部位的高度不同时，固定式垂直运输设备应布置在高低分界线处。这样布置的优点是楼面上各施工段水平运输互不干扰。若有可能，固定式垂直运输设备应尽量选择布置在建筑的窗洞口处为宜，以避免砌墙留槎和减少井架拆除后的修补工作。固定式垂直运输设备中卷扬机的位置不应距离起重机过近，以便司机能够看到起重机的整个升降过程。

塔式起重机的布置除了应注意安全上的问题外，还应着重解决布置的位置问题。塔式起重机的安装位置，主要取决于建筑物的平面布置、形状、高度和吊装方法等。建筑物的平面应尽可能处于吊臂回转半径之内，以便直接将材料和构件运至任何施工地点，尽量避免出现"死角"，如图9.3所示。塔式起重机离建筑物的距离（B）应考虑脚手架的宽度、建筑物悬挑部位的宽度、安全距离和回转半径（R）等内容。

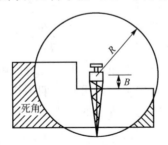

图9.3 塔式起重机布置方案

(2) 确定搅拌站、加工棚、仓库和材料、构件堆场的位置。

确定搅拌站、加工棚、仓库和材料、构件堆场的位置，总的要求是：既要使它们尽量靠近使用地点或将它们布置在起重机服务范围内，又要便于运输、装卸。

① 建筑物基础和第一施工层所用的材料，应该布置在建筑物的四周，但应与基槽（坑）边缘保持一定的安全距离，以免造成基槽（坑）土壁的塌方事故。

② 搅拌站、仓库和材料、构件堆场的布置位置，当采用固定式垂直运输设备时，应尽量靠近固定式垂直运输设备布置，以缩短运距或减少二次搬运；当采用塔式起重机进行垂直运输时，应布置在塔式起重机的有效起重半径内；当采用无轨自行式起重机进行水平和垂直运输时，应沿无轨自行式起重机开行路线布置，且其位置应在起重臂的最大外伸长度范围内。

③ 预制构件的堆放位置还要考虑吊装顺序。先吊的放在上面，后吊的放在下面，预制构件的进场时间应与吊装就位密切配合，力求直接卸到其就位位置，避免二次搬运。

④ 砂、石堆场及水泥仓库应布置在搅拌站附近，同时搅拌站的位置还应考虑到这些大宗材料运输和装卸的方便。

⑤ 当多种材料同时布置时，对大宗的、重的和先期使用的材料，应尽量布置在起重机附近；少量的、轻的和后期使用的材料，则可布置得稍远一些。

⑥ 加工棚的位置可考虑布置在建筑物四周稍远的地方，但应有一定的场地堆放木材、钢筋和成品。石灰仓库和淋灰池的位置要接近砂浆搅拌站，并布置在下风向；沥青堆场及熬制锅的位置要远离易燃仓库或堆场，并布置在下风向。

(3) 现场运输道路的布置。

现场运输道路的布置主要解决运输和消防两个问题。现场主要道路应尽可能利用永久性道路的路面或路基，以节约费用。现场道路布置时要保证行驶畅通，使运输工具有回转的可能性。因此，现场运输道路最好绕建筑物布置成环形道路，且道路宽度应大于3.5m。

(4) 临时设施的布置。

施工现场的临时设施可分为生产性与非生产性两大类。布置临时设施时，应遵循使用方便、有利于施工、尽量合并搭建、符合防火安全的原则；同时结合现场地形和条件、施工道路的规划等因素分析考虑它们的布置。各种临时设施均不能布置在拟建工程（或后续开工工程）、拟建地下管沟、取土、弃土等地点。

各种临时设施尽可能采用活动式、装拆式结构或就地取材。警卫传达室应设在现场出入口处。办公室应靠近施工现场。生产性与非生产性设施应有所区分，不要互相干扰。

(5) 水、电管网的布置。

施工用临时给水管，一般由建设单位的干管或施工用干管接到用水地点，有枝状、环状和混合状等布置方式，应根据工程实际情况，从经济和保证供水两个方面考虑其布置方式。管径的大小、龙头数目根据工程规模由计算确定。管道既可埋置于地下，也可铺设于地面，视气温情况和使用期限而定。工地内要设消防栓，消防栓距离建筑物应不小于5m，也不应大于25m，距离路边不大于2m。条件允许时，可利用城市或建设单位的永久消防设施。有时，为了防止供水的意外中断，可在建筑物附近设置简易蓄水池，储存一定数量的生产和消防用水。水压不足时，尚应设置高压水泵。

施工中的临时供电，应在施工总平面图中一并考虑。只有在独立的单位工程施工时，才根据计算出的现场用电量选用变压器或由建设单位原有变压器供电。变压器的位置应布置在现场边缘高压线接入处，离地应大于3m，四周设有防护栏，并设有明显的标志，注意不要把变压器布置在交通要道出入口处。现场导线宜采用绝缘线架空或埋地电缆布置。

7. 项目目标控制措施

项目目标控制措施应针对目标需要进行制定，具体包括下列内容：保证进度目标的措施、保证质量目标的措施、保证成本目标的措施、保证安全生产目标的措施、保证绿色建造与环境管理的措施、保证季节施工的措施等。各项措施应包括技术措施、组织措施、经济措施及合同措施。

8. 技术经济指标

技术经济指标应根据项目的特点选定有代表性的指标，且应突出实施难点和对策，以满足分析评价和持续改进的需要。技术经济指标的计算与分析应包括以下内容。

1) 规划的技术经济指标

技术经济指标至少应包括以下几项。

（1）进度方面的指标：总工期。

（2）质量方面的指标：工程整体质量标准、分部分项工程质量标准。

（3）成本方面的指标：工程总造价或总成本、单位工程量成本、成本降低率。

（4）资源消耗方面的指标：总用工量、单位工程用工量、平均劳动力投入量、高峰人数、劳动力不均衡系数、主要材料消耗量及节约量、主要大型机械使用数量及台班量。

（5）其他指标：施工机械化水平等。

2) 规划指标水平高低的分析与评价

《建筑施工组织设计规范》

根据建设工程项目管理实施规划列出的规划指标，对各项指标的水平高低做出分析与评价。

3) 实施难点的对策（略）

任务单元9.3　建筑施工组织设计

《建设工程项目管理规范》（GB/T 50326—2017）中提出，一般情况下，施工单位的项目施工组织设计等同于建设工程项目管理实施规划。《建筑施工组织设计规范》（GB/T 50502—2009）总结了近几十年来施工组织设计在我国建筑工程施工领域应用的主要经验，内容和作用与项目管理规划具有一定的共性。下面对建筑施工组织设计做简要介绍。

9.3.1　施工组织设计的概念和分类

施工组织设计，是以施工项目为对象编制的用以指导施工的技术、经济和管理的综合性文件。

施工组织设计按编制对象，可分为施工组织总设计、单位工程施工组织设计和施工方案。

1. 施工组织总设计

施工组织总设计是以若干单位工程组成的群体工程或特大型项目为主要对象编制的施工组织设计,对整个项目的施工过程起统筹规划、重点控制的作用。

2. 单位工程施工组织设计

单位工程施工组织设计是以单位(子单位)工程为主要对象编制的施工组织设计,对单位(子单位)工程的施工过程起指导和制约作用。

3. 施工方案

施工方案是指以分部(分项)工程或专项工程为主要对象编制的施工技术与组织方案,用以具体指导施工过程。

9.3.2 施工组织设计的编制依据和基本内容

1. 施工组织设计的编制依据

(1) 与工程建设有关的法律、法规和文件。
(2) 国家现行有关标准和技术经济指标。
(3) 工程所在地区行政主管部门的批准文件,建设单位对施工的要求。
(4) 工程施工合同或招标投标文件。
(5) 工程设计文件。
(6) 工程施工范围内的现场条件,工程地质及水文地质、气象等自然条件。
(7) 与工程有关的资源供应情况。
(8) 施工企业的生产能力、机具设备状况、技术水平等。

2. 施工组织设计的基本内容

施工组织设计,应包括编制依据、工程概况、施工部署、施工进度计划、施工准备与资源配置计划、主要施工方法、施工现场平面布置及主要施工管理计划(质量管理计划、安全管理计划、环境管理计划、成本管理计划、其他管理计划)等基本内容。

9.3.3 施工组织设计的编制、审批和管理

1. 施工组织设计的编制和审批

(1) 施工组织设计应由项目负责人主持编制,可根据需要分阶段编制和审批。
(2) 施工组织总设计应由总承包单位技术负责人审批;单位工程施工组织设计应由施工单位技术负责人或技术负责人授权的技术人员审批,施工方案应由项目技术负责人审批;重点、难点分部(分项)工程和专项工程的施工方案应由施工单位技术部门组织相关专家评审,由施工单位技术负责人批准。
(3) 由专业承包单位施工的分部(分项)工程或专项工程的施工方案,应由专业承包

单位技术负责人或技术负责人授权的技术人员审批；有总承包单位时，应由总承包单位项目技术负责人核准备案。

（4）规模较大的分部（分项）工程和专项工程的施工方案，应按单位工程施工组织设计进行编制和审批。

2. 施工组织设计的管理

施工组织设计应实行动态管理，并符合下列规定。

（1）项目施工过程中，发生以下情况之一时，施工组织设计应及时进行修改或补充：工程设计有重大修改；有关法律、法规、规范和标准实施、修订和废止；主要施工方法有重大调整；主要施工资源配置有重大调整；施工环境有重大改变。

（2）经修改或补充的施工组织设计应重新审批后实施。

（3）项目施工前，应进行施工组织设计逐级交底；项目施工过程中，应对施工组织设计的执行情况进行检查、分析，并适时调整。

（4）施工组织设计应在工程竣工验收后归档。

任务单元9.4 ××奥体中心工程项目管理实施规划案例

9.4.1 主要编制依据

（1）施工合同：××奥体中心主体育场及附属设施、第一检录处工程施工合同。

（2）施工图：封面及设计组成、施工现场平面布置图、建筑施工图、结构施工图、给排水施工图、暖通施工图、电气施工图。

（3）有关法律、法规，相关规程，规范，相关图集，相关标准，地质勘察资料及其他相关资料。

9.4.2 项目概况

1. 工程建设概况

工程相关单位及合同情况见表9-3。

表9-3 工程相关单位及合同情况

工程名称	××奥体中心主体育场及附属设施、第一检录处	地理位置	××市
建设单位	××奥体博览中心建设指挥部	设计单位	××省建筑设计研究院
勘察单位	××省建筑工程勘察设计院	监理单位	××工程管理股份有限公司
监督单位	××市建设工程质量安全监督总站		

续表

施工总承包单位	××建设集团有限公司		
合同范围	施工图中全部	投资性质	自筹
合同质量目标	确保"钱江杯"、争创"鲁班奖"工程	合同性质	中标价加增减概算
合同工期	总工期：1305日历天；开工日期：2011年2月18日；竣工日期：2014年9月14日		

2. 建筑设计概况

本工程主体育场为8万座特级特大型体育建筑，主体育场看台和附属用房为钢筋混凝土框架-剪力墙结构，罩棚为空间管桁架＋弦支单层网壳钢结构体系。工程总建筑面积为138774m² （地上116502m²、地下22272m²）；主体育场地上六层、地下一层，建筑高度59.4m，主体育场结构使用年限100年。

3. 结构设计概况

结构设计概况见表9-4。

表9-4 结构设计概况

序号	设计概况			
1	主体结构	六层	地下层数	一层
2	混凝土结构高度	36.445～42.463m	地下室埋深	2.4～7m
3	建筑结构安全等级	一级	结构形式	框架-剪力墙＋钢结构
4	建筑抗震设防类别	乙类	抗震设防烈度	6度
5	设计使用年限	100年	结构抗震等级	框架抗震等级三级＋剪力墙抗震等级二级
6	地基基础设计等级	甲级	建筑桩基安全等级	一级
7	基础形式	采用钻孔灌注桩基，桩径700～1000mm，总桩数3403根		
8	柱截面尺寸	$b \times h$：方柱 800mm×800mm、800mm×2000mm、1200mm×1200mm、600mm×600mm、800mm×1200mm、400mm×600mm、800mm×1000mm；圆柱 D=1000mm、800mm、1400mm、1200mm		
9	基础底板	h：500mm		
10	承台厚度	1000mm、1500mm、2100mm、2400mm		
11	墙板厚度	200mm、400mm、500mm、变截面500～800mm		
12	梁截面尺寸	$b \times h$：800mm×700mm、800mm×1700mm、400mm×700mm、800mm×1000mm、800mm×1200mm、600mm×700mm、800mm×550mm、800mm×800mm、1200mm×1500mm、800mm×1400mm、1200mm×2400mm		

续表

序号	设计概况	
13	板截面尺寸	120mm、140mm、160mm、200mm
14	混凝土强度等级	（1）基础垫层 C15；桩 C35；基础底板和承台 C40，抗渗等级 P8；地下室挡土外墙 C40，抗渗等级 P8；与水土直接接触的地下室顶板 C40，抗渗等级 P8。 （2）室内环境（不含与水土直接接触的构件）下的楼面梁板、楼梯、车道 C30；室外环境（包括与水土直接接触的室内环境构件）下的屋面梁板、看台梁板、楼梯、车道 C35，抗渗等级 P6。 （3）柱、剪力墙、连梁 C50。 （4）水箱、水池 C40，抗渗等级 P8；构造柱、圈梁、现浇过梁一般采用 C30
15	钢材	钢筋采用 HPB300、HRB335、HRB400，型钢、钢板、螺栓采 Q235B 和 Q345B 钢
16	砌体材料	（1）室内 M5 混合砂浆，MU5 实心砌块。 （2）±0.000 以下室外 M10 水泥砂浆，MU10 实心砌块

4. 专业设计概况（略）

9.4.3 项目总体工作安排

1. 工程施工管理目标

工程施工管理目标见表 9-5。

表 9-5 工程施工管理目标

序号	项目	目标、指标
1	工期	开工日期：2011年2月18日；竣工日期：2014年9月14日
2	质量	确保"钱江杯"、争创"鲁班奖"工程
3	安全	全年实现"五无"，即无残疾、无重伤、无火灾、无中毒、无坍塌；负伤率控制在 1.5‰ 以内，实现重大伤亡事故为零的目标控制
4	文明施工	确保××市市级安全文明工地和××省省级安全文明工地

2. 项目管理组织

1）项目管理组织机构

项目经理部由项目经理、项目执行经理，以及下设的质量、生产、安全、商务、物资、办公室、财务七个小组组成，各小组设负责人一名。项目经理对公司负责，其余人员对项目经理负责。项目经理部制定考核激励制度，各小组按岗位责任及考核办法，层层落实确保各项指标的完成。项目组织管理机构见图9.4。

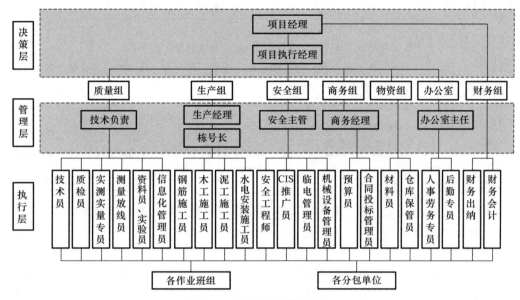

图 9.4 项目组织管理机构

2）质量保证体系及分工

为了确保工程质量目标的实现，项目部设立了质量管理领导小组，由项目经理部直接领导，技术负责人担任组长。质量组配置质检员、测量员、试验员、资料员及实测实量专员等岗位。专业工程师进行现场检查纠偏，生产组等配合整改，从而形成决策、管理、执行三个层次的现场质量管理职能体系，从组织上保证质量目标的最终实现。

3．任务划分

工程任务划分为A类工程和B类工程，A类工程为总承包工程范围，B类工程为专业分包工程范围，工程任务划分见表9-6。

表 9-6 工程任务划分

序号	工程分类	内容
1	A类工程	1.1 土建工程 主体育场施工图纸范围内的土建工程（不含试桩、检测工程桩及锚桩）。 1.2 安装工程 主体育场施工图纸范围内的安装工程主要包括给排水工程、电气工程、暖通工程
2	B类工程	2.1 钢结构工程； 2.2 幕墙工程（含金属屋面）； 2.3 消防工程； 2.4 二次装修工程； 2.5 智能化工程； 2.6 体育工艺；

续表

序号	工程分类	内容
2	B类工程	2.7 电梯、VRV空调、锅炉； 2.8 与体育工艺相关的材料、货物及专业配套工程等； 2.9 室外工程（含广场、停车场、道路、内环道、高架桥、综合管线等）； 2.10 室外景观绿化工程； 2.11 20kV外线工程； 2.12 其他专用消防工程； 2.13 其他未明确工程

4. 总包、分包协调

为确保本工程在总包有序高效的管理下如期高质完成，在工程进度计划与工程质量方面与分包单位协调并制订了详细的实施计划。

1) 进度计划

在进度计划管理上，实行分级进度计划管理。结合本工程工程量，制订施工总控制进度计划，指明各专业分包商的配合及施工工期，在施工总控制进度计划当中，充分考虑并保证专业系统调试时间必须充足。在施工总控制进度计划的基础上，制订各阶段及各分部分项及各专业分包商的二级施工进度计划。相对施工总控制进度计划，二级施工进度计划工期应适当提前，以保证施工总控制进度计划的实现。

2) 工程质量

为更好地对各专业分包实施管理和提供配合服务，总承包商根据本工程实际情况，针对各专业工程特点拟定了管理与服务承诺，特别是针对工程质量目标，必须充分发挥和调动各专业分包商的积极性，在质量目标上与总承包保持一致，并在总承包单位的领导下，完成本工程的质量目标，实现对业主的承诺。

5. 劳动力组织

施工劳务人员是在施工过程中的实际操作人员，是施工质量、安全、进度、文明施工的实施者，也是最直接的保证者。由于本工程规模大，工期紧，尤其是单层施工面积大，为此，劳动力投入相对集中。本工程将选用具有良好的质量、安全意识，具有较高的技术水平和具有类似工程施工经验的劳务工人。

（1）做好职工的入场教育，搞好全员的各项交底工作。职工进场后利用一段时间进行入场教育，对职工大力宣传国家的法律、法规和本市的各项规定以及公司的各项规章制度，教育职工学习文明公约，让职工做文明市民。

（2）加强职工的职业健康安全教育，树立安全第一的意识，由安全员给职工上安全课，使全体职工把安全工作当作头等大事来抓。

（3）落实各级人员的岗位责任制。对职工进行施工项目管理实施规划及各分部分项施工方案的集体交底工作，使全体职工都能掌握技术及质量标准；关键部位除做详细交底外，还应做现场示范，促使操作工人理解"企业在我心中，质量在我手中"及"百年大计，质量第一"的内涵。

（4）总劳动力需求计划见表9-7。

表 9-7 总劳动力需求计划

单位：人

工种	工程桩、支护桩施工阶段	地下室结构施工阶段		按工程施工阶段投入劳动力情况 1-A轴～1-H轴主体结构施工阶段				钢结构安装阶段		机电安装和装饰装修阶段	试运营阶段
	2010年 10—12月	2011年 1—3月	2011年 4—6月	2011年 7—9月	2011年 10—12月	2012年 1—3月	2012年 4—6月	2012年 7—9月		2012年10月—2014年3月	2014年 4—5月
测量工	6	6	6	6	6	6	6	6	6	略	0
机操工	40	40	57	57	57	57	57	30	20	略	0
机修工	6	6	6	6	6	6	6	6	6	略	0
电工	6	6	6	6	5	6	6	6	6	略	2
架子工	0	0	30	60	90	90	90	20	20	略	0
防水工	0	0	60	60	10	10	10	10	10	略	0
焊工	12	12	30	30	30	30	30	30	30	略	20
调试工	0	0	0	0	0	0	0	10	15	略	20
泥工	10	10	50	30	60	90	90	50	20	略	0
混凝土工	40	40	120	160	160	150	90	90	120	略	0
钢筋安装工	0	0	60	95	95	95	30	0	0	略	0
钢筋工	90	90	40	305	280	240	240	40	250	略	0
木工	0	0	120	320	480	400	300	30	180	略	0
油漆工	0	0	0	0	0	0	0	0	0	略	10
装饰泥工	0	0	30	20	20	20	25	80	80	略	10
抹灰工	0	0	0	0	20	25	25	30	0	略	8
细木工	0	0	15	15	25	30	30	35	30	略	10
管工	0	0	15	15	25	30	30	35	35	略	10
通风工	0	0	15	15	30	30	50	50	55	略	20
一般电工	40	40	90	90	100	100	100	100	100	略	10
普工	250	250	750	1440	1470	1480	1405	638	1008	略	135
合计	250	220	750	1245	1310	1345	1240	565	518	略	110

注：本计划表以每班 8 小时工作制为基础。

6. 主要项目工程量（略）

7. 主要材料计划（略）

8. 主要机械计划

根据进度计划制订机械需用计划，机械计划分为土建工程施工机械需求计划（表 9-8）和机电安装工程施工机械需求计划（略），及时组织好施工机械的进场就位，并进行检查保养，使设备完好率达到 90% 以上。

表 9-8 土建工程施工机械需求计划

序号	机械设备名称	规格型号	数量/台	额定功率/kW	备注
1	钻孔灌注桩机	GPS-10	35	67	
2	冲击桩机	JK-10	1	60	
3	双液压注浆机	FBY-30/120	5	11	
4	旋挖桩机	SR220R	1		
5	泥浆泵	3PN	50	22	
6	砂石泵组	6BS	50	45	
7	空压机		20		
8	三轴搅拌桩机	ZKD85-3	3	185	
9	桩架	DH608	3		
10	搅浆系统		3	22	
11	排污泵	NL65A-16	3	10	
12	咬合钻机	MZ-2B	4		
13	塔式起重机	QTZ250（7035）	8	86	
14	履带式起重机	20t	2		
15	履带式起重机	50t	2		
16	小型机动翻斗车		20		
17	平板车		1		
18	人货两用电梯	SCD200/200	6	44	
19	人货两用电梯	SCD200	2	22	
20	搅拌机	350L	4	7.5	
21	砂浆机	UJ325	12	2.8	
22	钢筋切断机	GJ5-40	8	7.5	
23	钢筋弯曲机	GJ5-8	8	5.5	
24	钢筋调直机	GJ58/4	8	5.5	
25	电焊机	BX-300	8	23.4	
26	平板振动机	P2-50	10	0.5	

续表

序号	机械设备名称	规格型号	数量/台	额定功率/kW	备注
27	插入式振动机	HZ69-70A	40	1.5	
28	木工平刨	MB1043	8	3	
29	圆盘锯	MJ114	8	3	
30	散装水泥桶	20t	4		
31	竖向焊机	SH-40	8	30	
32	对焊机	UW1-100	8	100	
33	发电机组	120kW	2		
34	各种水泵		450		
35	混凝土试块模具		45		
36	砂浆试块模具		36		
37	抗渗试块模具		36		
38	强振式打夯机		4	1	
39	磅秤		2		
40	地磅		1		
41	挖土机	PC300	2		
42	挖土机	PC200	12		
43	运土车辆		60		
44	挖土机	0.2m³	8		
45	汽油抽水泵		10		
46	压路机	YZC8	2		
47	推土机	SD08	4		
48	振动夯实机	HW30		1.5	
49	混凝土泵	HBT60			
50	汽车泵	臂长40m、42m			
51	滚轧直螺纹机	HGS-40	4		

9．施工程序及验收安排

（1）本工程施工以"平行为主、衔接为辅；控制节点、保证重点"为总体思路，合理进行施工部署。场地平整→工程桩、围护桩施工→第一阶段基坑支护及土方开挖→第一阶段地下室底板施工→第一阶段地下室结构施工→第一阶段主体结构施工→体育场钢结构吊装→第二阶段基坑工程土方开挖→第二阶段地下室底板施工（开始插入第一阶段装修施工）→第二阶段地下室结构施工→第二阶段主体结构向上施工→第二阶段装修施工。

（2）根据施工合同和工程实际情况，在结合类似工程经验的基础上，制定主要时间控制节点如下。

① 主体育场±0.000，计划于2011年11月完工并经中间验收合格。

② 主体育场六层主体结构，计划于2012年7月完工并经中间验收合格。

③ 二层裙房主体结构，计划于2013年8月完工并经中间验收合格。

9.4.4 施工方案

1. 施工段划分

针对本工程体量大、分阶段施工、主体育场工作面能同时提交的特点，在平面上我们将主体育场按后浇带划分为A、B、C、D四个区域，组织平行施工。本工程总体施工施工段划分见图9.5。

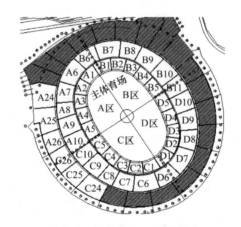

图 9.5 总体施工施工段划分

2. 施工组织方式与施工顺序

本工程体量大，由主体育场、训练场、第一检录处及能源中心等区块组成，其中主体育场根据要求分两步施工：第一步，工程桩、围护桩全部施工，主体育场H~J轴以内地下一层、地上六层的主体结构施工完成，待钢筋混凝土结构强度满足要求，进行主体育场上部钢结构吊装施工；第二步，主体育场钢结构吊装完成后，进行主体育场裙房（二层平台）的主体结构施工，主体育场按后浇带并结合工程体量划分为四个施工区域，即A、B、C、D各为一个施工区域，各区块根据后浇带位置分若干个施工段，分段进行流水施工。

1) 结构阶段

结构施工阶段同样以后浇带划分为A、B、C、D四个区域，组织平行施工，第一步主体育场钢结构吊装完成后，结构施工队伍转入第二步，即1-H轴~1-M轴交1-18轴~1-80轴结构施工，此部分完成后结构施工队伍退场。

2) 安装阶段

考虑各分区工作量平衡以及劳动力配备情况等因素，为确保施工现场多个区域能同步展开施工，且施工组织与协调有条不紊，我们对机电安装施工做了如下区段划分与组织：根据土建施工区域的划分，将机电安装施工区段划分为两部分，A、C施工区为机电安装第一区段，B、D 施工区为机电安装第二区段，每个区段组织电气、通风空调、给排水、消防各一个专业施工班组（本工程设一个综合调试组），负责各自施工区段内的机电工程施工，以劳动竞赛的形式，展开平行施工和流水施工。另外，负责 A、B 区施工区段的机电班组还将负责第一检录处及附属工程的施工。

3）装饰阶段

考虑本工程体量大，结构可提供作业面多，装饰工程的区域划分紧随结构，也分面 A、B、C、D 四个施工区域，每个施工区域按专业各安排一个装饰施工队组织施工，装饰工程按建筑使用功能划分水平施工段，竖向以自然楼层划分施工段，随结构施工进度先后插入施工。

4）施工顺序

A、C 段和 B、D 段的施工顺序分别如图 9.6 和图 9.7 所示。

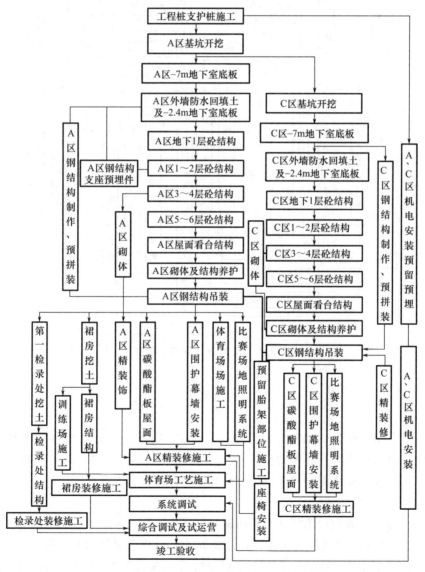

图 9.6　A、C 施工段施工顺序

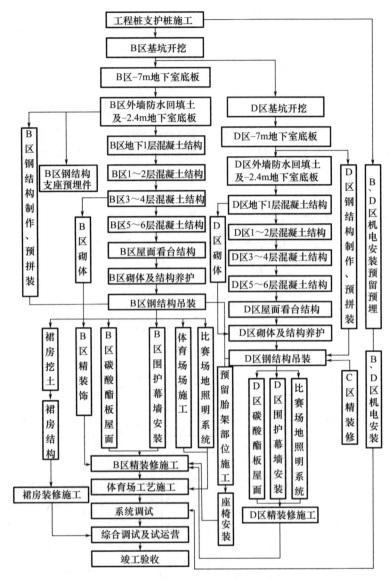

图 9.7 B、D 施工段施工顺序

3. 主要项目施工方法

1）工程测量

标高测量采用水准仪引测后竖向传递（±0.000 以下采用标高传递法测量，±0.000 以上沿结构外檐阳角或塔身等部位垂直向上引侧）；平面定位采用 GPS 全站仪、经纬仪、垂准仪等，结合极坐标法配合计算机进行内控法定位放样。

2）普通混凝土结构施工

钢筋场内加工，成型后用塔式起重机运输至各作业面，柱、墙主筋 $\phi22$ 及以上采用机械连接，$\phi22$ 以下采用电渣压力焊连接；梁主筋 $\phi22$ 及以上采用机械连接，其余采用闪光对焊或搭接电弧焊连接，钢筋直径 14mm 以下时采用绑扎搭接。板筋、梁腰筋及箍筋采用绑扎搭接和闪光对焊相结合的方法。

柱、墙、梁、板、楼梯采用 18mm 厚全新的木胶板，清水混凝土构件模板采用进口黑夹板，支撑采用普通扣件式钢管脚手架，圆柱采用定型钢模板，以节省钢管周转材料。超重、超高梁板支模架采用钢管加顶托形式进行支模体系施工。

主体结构、看台楼面 40mm 厚细石混凝土采用商品混凝土，浇注采用泵送工艺，各层竖向、水平结构分次浇筑，混凝土浇筑采用固定泵加汽车泵方式。

后张拉预应力施工顺序：本工程结构二层设有多根有黏结预应力大梁，施工顺序按每区的混凝土浇筑顺序进行，预应力筋在混凝土浇筑后张拉前敷设，待混凝土强度达到设计强度的 100% 后进行张拉。

3）现浇清水混凝土结构施工

本工程所有室外平台栏板、六层柱、支撑看台方柱、V 梁等外露的混凝土构件采用清水混凝土，模板选用进口黑夹板，按业主认可的混凝土饰面效果图进行模板设计，选择专业化的模板加工厂进行模板加工，合同商品混凝土厂家选择最优原材料进行混凝土配合比试验和现场样板施工，确定出最优配合比和支模方案，清水混凝土采用不透水、汽油薄膜布（塑料薄膜布）进行包裹养护。

4）钢骨混凝土梁、柱型钢制作、吊装

钢骨混凝土梁、柱型钢在工厂内加工制作，施工现场设置钢构件临时堆场，吊装主要根据实际情况由汽车吊完成。

5）屋面钢结构施工

主体育场钢结构为业主另外发包的 B 类工程，不在我方自行施工范围。我们根据总体进度计划，充分考虑钢结构吊装与主体结构施工的配合衔接，对比各种方法的优劣，建议采用单榀钢管桁架抬吊的施工方法吊装钢屋盖，相关部署如下。

主体育场内侧场地和二阶段场地作为钢结构的堆场，构件运输至现场后集中堆放在该区域，根据工程进度情况采用拖车二次运输至安装位置，拼装场地设置在吊车行走路线附近，拼装完成后及时进行吊装。胎架搭设在铸钢节点位置，采用钢管格构形式，用缆风绳进行稳定。

钢结构吊装分成两个施工区域，即 A、C 区和 B、D 区，分别从北面看台 1-37a 逆时针方向、北面看台 1-35a 顺时针方向进行平行作业。钢结构吊装时总包安排专人负责道路、场地使用进行协调。

6）外架脚手架

本工程采用落地脚手架，根据分阶段施工特点，外架须分阶段搭设，第一阶段搭设分为在地下 1 层及地上 1 层、7.6m 标高平台以上共两部分，钢结构吊装前对第一阶段搭设的外架进行拆除，第二阶段施工按同样流程搭设落地脚手架。

7）主要分部分项工程的穿插搭接

主体封顶达到强度后即穿插屋面钢结构安装。钢结构吊装方向为由北向南进行，即由 A、B 区向 C、D 区方向进行吊装施工。

A、B 区钢结构吊装完成后，穿插进行 A、B 区 1-H 轴～1-M 轴交 1-18 轴～1-80 轴的基坑开挖施工，然后进行地下结构及地上一层、二层的结构施工。

钢结构完成后，同时穿插进行屋面、墙面幕墙以及第二阶段的基坑开挖施工。

第一阶段 C、D 区钢结构吊装完成后进行第二阶段 C、D 区施工时，根据商业地下室施工进度安排及时调整方案。

第二阶段C、D区与商业地下室同时施工时，C、D区基坑开挖考虑采用以1-30轴为界，其中C区从1-30轴开始由南向北按顺时针方向施工，D区从1-30轴开始由南向北按逆时针方向施工，各区块施工的施工段即从挖土至主体结构完成后再进行下一施工段的施工，各配备1台20t履带式起重机配合定型工具化运输设备负责周转材料的运输。

第二阶段C、D区先施工、商业地下室后施工时，现场配备50t履带式起重机负责周转材料的运输。

外围护幕墙及初装饰完成后，开始大面积精装修施工及体育场场地和训练场场地施工。

9.4.5 施工进度计划

安排施工总进度计划时，考虑用1305日历天完成合同界定范围内的所有施工任务，对各节点施工工期提出了较高的要求。工程施工总施工进度计划见图9.8。

主体育场地下室为一个整体，地下室按不同阶段进行穿插施工，±0.000以下划分为4个区域41个施工段，±0.000以上二层结构划分为4个区域19个施工段，三层以上划分为4个区域21个施工段，4个区域同时施工，区域内各施工段进行流水施工。其中钢结构施工阶段先行施工A、B区，A、B区吊装完成后插入裙房A、B区基坑开挖，即1-H轴～1-M轴裙房A、B区基坑开挖。按不同阶段分别穿插施工，对每一个区域内的工序进行穿插施工，利用穿插的施工来缩短施工总工期，以实现施工总进度计划。

9.4.6 施工准备工作计划

1. 搭设临时设施

根据现场踏勘情况和其他资料，考虑在现场西南角布置生活区和办公区。

2. 消防设施的设置

根据本工程实际情况，现场施工人员多，在布置施工用水管时，应考虑施工期间消防用水的要求。

3. 环保措施准备

进场后随即对施工现场安装排水系统，并做好周边围护，确保施工安全。

4. 图纸会审

项目部施工管理人员认真熟悉图纸，并组织图纸自审，积极参加由建设单位组织、设计单位和监理单位等参加的图纸会审。

5. 施工班组准备

综合考虑图纸、材料种类及合同工期，总平均人数1120人，施工高峰时现场劳动力达1480人左右，其中电工、电焊工、架子工、起重工等均需持证上岗。为保证质量、提高效率，作业班组需保持相对稳定。

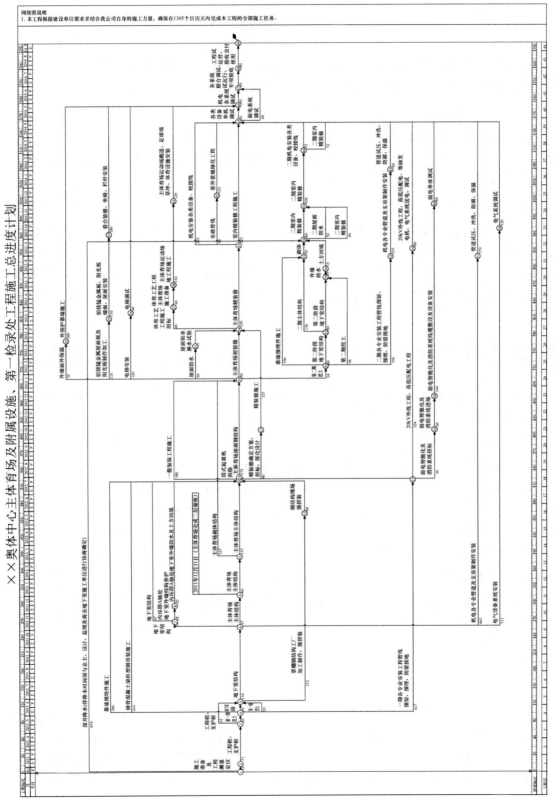

图 9.8 工程施工总进度计划

6. 材料准备

根据施工进度计划要求,编制建筑材料和预制品需要量计划,组织货源,订好供货合同,保证施工所需的各种材料都能按时、保质、保量进场,按照施工现场平面布置图要求堆放整齐。并根据规范规定和要求,进行各种材料的检查、试验,以保证工程质量和进度要求。

7. 施工机械准备

编制施工机械需求计划。根据工程施工需要,编制施工机械需求计划,根据施工机械使用的先后顺序组织进场,按照施工现场平面布置图要求,做好设备基础,就位安装,以满足开工需要。

8. CIS计划准备

根据公司CIS形象战略实施的宗旨:展示人文卓越的企业形象,塑造崇高诚信的企业精神,服务于项目建设实践。在征得建设单位同意后,对施工现场的各个要素根据不同场合和时间严格按照CIS手册的标准执行,做到施工现场"五化",即"亮化、净化、绿化、美化、硬化";以"新概念、新环境、新品质"的"三新"为目标,使现场的安全生产、文明施工和施工现场管理不断提升。

9.4.7 施工现场平面布置图

根据公司形象战略实施的宗旨,施工现场以"三新"和"五化"为目标,施工现场平面布置图见图9.9。

1. 办公区、生活区布置

临时设施搭设:职工宿舍、办公区等搭设在现场西南角空地上;整个场地开设三个临时大门,其中1号大门宽12m,主要用于钢结构吊装等大型机械进出场和基坑阶段土方运输的出入;2号大门宽6m,主要用于主体结构、装饰等一般材料的进出场;3号大门宽6m,主要用于甲方办公区进出场通道。在大门入口处浇筑20cm厚C25混凝土,在离1号大门约1m处设置车辆冲洗槽。

2. 生产设施布置

生产设施布置包括现场围挡、施工道路、试验室、仓库、机修工具用房,以及各类加工车间(钢筋加工场地、木工加工场地、安装加工场地、钢结构堆场和组装场地)、构件堆场、工具堆场等。

3. 大型机械设备的布置

1)塔式起重机布置

本工程在基础、主体结构施工阶段共布置9台QTZ63(5710)臂长57m的自升塔式起重机,塔式起重机能全部覆盖施工场地,在一阶段主体结构完成后拆除内围9台塔式起重机后,进行钢结构吊装施工。主体结构第一步时9台塔式起重机能全部覆盖周围各加工区、材料堆放区,最大限度地减少人工倒运、提高机械效率,塔式起重机覆盖不到部位考虑采用汽车吊配合吊运施工。

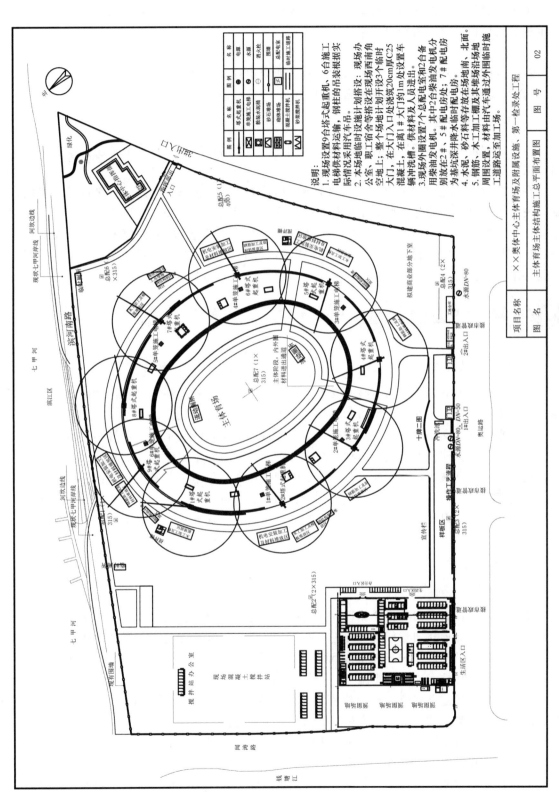

图 9.9 施工现场平面布置图

主体育场裙房二层平台结构施工时考虑商业地下室开工的影响，配备 2 台 20t 履带式起重机负责场地内材料短距离水平、垂直运输。

2）施工电梯布置

在二层砌体具备施工条件后，沿主体育场四周布置 6 台单笼施工电梯负责装饰阶段的垂直运输。机械安装以前对该跨平台加固处理，通过坡道同地面连通。

4. 现场形象布置

对本工程范围内的围墙进行重新修整，围墙上书写的内容和色调按照业主要求统一执行。在现场设置民工维权牌，使职工权益得到充分保障。

在显眼位置上设立"十牌二图"，"十牌"内容为工程概况牌，管理人员名单及监督电话，安全生产牌，文明施工牌，消防保卫牌，安全十大禁令牌，安全生产六大纪律牌，十项安全技术措施牌，"三宝、四口"防护规定牌，质量、环境、职业健康安全方针及目标牌；"二图"为施工现场平面布置图、施工现场消防平面布置图。"十牌二图"的格式按照公司要求统一执行。

9.4.8 项目目标控制措施

1. 技术管理措施

凡是有详细方案和严格落实技术交底的分项工程，施工质量都能得到很好的保证；凡是没有详细方案、技术交底不严格的工程，施工质量就容易出问题。基于这样的认识，总承包商将狠抓技术交底管理落实工作，从分包商进场开始就特别重视技术管理的力度，建立三级交底制度，即技术负责人向项目全体管理人员进行施工组织设计交底，方案编制人员向现场施工管理人员进行交底；现场施工管理人员向分包施工负责人交底；分包施工负责人向施工操作人员交底，并由现场责任工程师监督执行。

技术交底必须以书面形式进行，并填写交底记录，审核人、交底人及接受交底人应履行交接签字手续。

2. 质量管理措施

1）主要质量管理制度

施工前技术负责人向项目全体管理人员进行施工组织设计交底，分项工程施工前三天技术负责人以书面形式向责任工程师进行施工方案交底，施工方案要有指导性；分项工程施工前一天施工员向施工班组进行书面施工质量技术交底，技术交底要详细、有可操作性。无施工方案和技术交底不得施工。

项目经理部要建立规范的检验检测制度，所有使用的物资、施工过程中各工序的质量、成品与半成品的质量都要按照相应的国家或地方规范、标准进行检验检测，未通过检验检测程序的物资不能使用于工程中，未经检验的工序不得进入下道工序。检验检测坚持各负其责、委托试验、见证取样的原则。

总承包商不仅要对自身施工和自行分包范围内的工程严格执行检验检测制度，对合同中有质量责任要求的专业分包工程也要严格执行检验检测制度。

分项工程开工前，由项目经理部的施工员和质检员，根据专项方案、措施交底及现行的国家规范、标准，组织分包单位进行样板分项（工序样板、分项工程样板、样板墙、样板间、样板段等）施工，样板工程验收合格后才能进行专项工程的施工。同时，分包单位在样板施工中也接受了技术标准、质量标准的培训，做到了统一操作程序、统一施工做法、统一质量验收标准。

2）每周生产例会质量讲评制度

项目经理部将每周召开生产例会，项目经理把质量讲评放在例会的重要议事议程上，除布置生产任务外，还要对上周工地质量动态做全面总结，指出施工中存在的质量问题以及解决这些问题的措施，并形成会议纪要，以便在召开下周例会时逐项检查执行情况。对执行好的分包单位进行口头表彰，对执行不力者要提出警告，并限期整改。

3）每周质量例会制度

由主管质量的质量负责人主持，总承包责任工程师、质量工程师以及分包商现场经理、质量及技术负责人参加。首先由分包商汇报上周施工项目的质量情况、质量体系运行情况、质量上存在的问题以及解决问题的办法，以及需要项目经理部协助配合事宜。质量组与与会者共同商讨解决质量问题的措施，会后予以贯彻执行。每次会议都要做好例会纪要，作为下周例会检查执行情况的依据。

4）每月质量检查、验评制度

每月由质量组牵头，组织生产组及各专业分包班组负责人对在施工程进行实体质量检查，并由各分包班组编制本月度在施工程质量总结报告，提交质量组负责人进行汇总，质量组结合质量检查情况，以《月度质量管理情况简报》的形式发至项目经理部有关领导、各专业分包班组负责人，并抄送项目总监。

总监理工程师对过程质量展开全过程、全天候的监督与纠偏，凡达不到质量标准的不予验收，并定人、定时、定措施限期整改。

在工程装饰施工阶段，质量组增加钢结构、幕墙、机电等专业工程师，对专业分包工程进行全过程、全天候质量跟踪检查，并建立质量管理台账。通过质量管理台账记录反映工程整体质量情况，把管理情况及时反馈到各专业负责人，并抄送项目总监理工程师。在每周的质量例会中，质量组负责人通过图表形式对工程质量情况进行阐述和分析，使各分包单位全面了解各自工程中出现的质量问题及隐患、解决措施等。在整个建设过程中，通过各种制度保障，总承包单位能全面了解各参建分包单位的工程质量情况，确保各项工程质量保持在受控状态。

3. 工期保证措施

（1）建立生产例会制度，每周开一次工程例会，检查上次例会以来的进度计划落实情况，布置下次例会前的进度计划安排，对于拖延进度计划的工作内容进行分析，并及时采取有效措施保证进度计划的完成。

（2）举行与监理单位、建设单位、设计单位、专业分包单位、质监部门等的联席办公会议，及时处理施工中的问题。

（3）采用施工总进度计划与月、周计划相结合的各级网络计划，进行施工进度计划的控制和管理，在施工生产中抓主导工序、找关键矛盾，组织流水交叉、合理的施工顺序，做好劳动力组织调动和协调工作，通过施工网络节点控制目标的实现保证各控制点工期目标的实现，从而进一步通过各控制点工期目标的实现确保工期控制进度计划的实现。

（4）下达到班组和分包单位的施工进度计划均以 1 天计，并有奖惩措施，对各项节点工期重点控制，凡发生不正常情况则须在人员、材料和机械设备等诸要素上及时调整。

（5）在征得质量监督、监理部门同意并能确保工程质量的前提下，对地下结构实施分段验收，以提早开展内装饰施工。

（6）在施工组织策划时，各道工序建立严格的管理流程、制度，各工序之间能够快速响应、有序衔接。

（7）健全项目部的内部管理制度，明确管理人员和岗位职责，特别是工作程序和各工种、班组之间的工序衔接制度。

4．安全管理措施

1）安全教育概述

项目开工后，由项目经理部组织人员参加安全生产、文明施工和环境保护培训，公司安全管理部门进行培训。针对分包单位的各项安全教育由项目经理部统一组织、指导，各分包单位有关人员配合完成。

2）工人入场三级安全教育

工人入场必须进行总承包级、项目分包级和作业班组级三级安全教育，通过三级安全教育考核的施工人员，由项目经理部发放工作证，所有施工人员必须携带工作证方可进场施工。

3）转场安全教育

持有本公司工作证的人员转入本工程时，对其进行至少 20 学时的转场安全教育。

4）特种作业人员安全教育

从事特种作业的人员必须经过专门的安全技术培训，经考试合格取得操作证后方准独立作业。对特种作业人员的培训、取证及复审等工作严格执行国家安全生产监督管理总局令第 80 号第二次修正《特种作业人员安全技术培训考核管理规定》。在本工程内从事特种作业的操作人员，必须经过专门的安全技术理论和实际操作培训，经考试合格后，取得特种作业操作证，方可上岗作业。在选择分包队伍之前，要求分包队伍提供一定数量持特种作业操作证的人员，并保证这些人员一定进驻本工程。禁止任何单位使用无特种作业操作证的人员进行特种作业独立操作，违反规定的，根据有关规定予以处罚。特种作业人员要持证上岗，不准从事操作证限定范围外的特种作业。

5）班前安全讲话

各作业班组长于每班工作开始前（包括夜间工作前）对本班组全体人员进行不少于 15 分钟的班前安全活动交底。

6）现场安全活动

项目每周一开始工作前，应对全体在岗工人开展安全生产及法治教育活动，同时对上周安全生产情况进行讲评。

7）针对特殊情况的安全教育

项目出现以下几种情况时，项目总工及安全总监应提请项目经理及时安排有关部门和人员对施工工人进行安全生产教育。

（1）因故改变安全操作规程。

（2）实施重大和季节性安全技术措施。

（3）更新仪器、设备和工具，推广新工艺、新技术。

（4）发生因工伤亡事故、机械损坏事故及重大未遂事故。

（5）出现其他不安全因素，安全生产环境发生了变化。

（6）项目根据自身需要或地方政府要求开展各种形式的安全教育。

5．现场管理措施

1）现场临时设施管理措施

本工程现场管理目标为××市安全文明工地和××省安全文明工地，为保证这一目标的实现，场容管理采取以下措施。

（1）大门。施工现场大门应庄重美观，按照公司标准设置，最小尺寸为2500mm×6000mm，门扇底部离地100～200mm。主大门设置有灯箱式大门，非主大门设置无灯箱式大门。

（2）围墙。围墙按设置位置可分为外围墙和内围墙，内外围墙均采用砌体式。砌体式围墙设置要求：墙体厚度240mm，附墙柱间距小于6m，截面尺寸400mm×400mm，围墙外侧用水泥砂浆抹面，压光后满刮二道白色防水腻子。围墙每30m设一道伸缩缝，伸缩缝两侧设围墙端柱。

（3）其他临时设施。"十牌二图"设置在正对大门较明显处，可结合旗坛、宣传栏等一起灵活布置，并结合现场适当进行绿化布置；"十牌二图"尺寸为4000mm×6000mm。"十牌二图"除企业简介牌每年更新外，工程概况牌、安全生产牌、施工现场平面布置图等应反映项目特点。旗坛旗杆为3根，中间为主旗杆，悬挂国旗，两侧为副旗杆，设置企业旗；主旗杆高度为9.8m，副旗杆高度为8.8m；基座有企业名称文字标识，基座面采用石材装饰，字体为综艺体，文字及企业标志采用铜字；企业旗设置白色和蓝色2种，白色旗红标蓝字，蓝色旗为白标白字，综艺体，尺寸为1500mm×1000mm。项目部设置茶水和开水供应点，建立茶水供应制度。

（4）办公临时设施。办公临时设施选用正规合格的彩钢板房厂家，明确楼面允许荷载，核实厂家营业执照、安装资质、安全生产许可证等资料，保证临时设施质量。办公用房参考面积指标为3～5m²/人，搭设高度为两层。办公楼按各部门设置，即质量组、生产组、安全组等，在门口正上方设置各组室标识牌，大小为120mm×320mm。办公室内的文件柜、办公桌、椅子统一企业标识。办公室内安装空调。办公室内按相应职能悬挂规章制度、岗位职责及相关图表。如施工现场平面布置图、施工总进度计划、安全和质量管理网络图、晴雨表等，并建立考勤制度。

2）项目部综合管理措施

（1）劳务管理措施。为了保障劳动者合法权益，切实保障职工工作生活条件及人身安全，保证工程顺利进行，保护用工者和务工者的合法权益，自工程项目开始至结束，项目部必须认真执行国家、省市及公司有关劳务用工者和务工者的合法利益。

（2）民工工资保证制度。公司所用民工均来自公司内部或公司下属劳务分公司的人员，进场员工均需签订劳动合同。对进场民工工资发放银行工资卡，每月工资根据班组的考勤表发放到每位员工手中。在集团公司范围内设立民工工资保障专用基金，如项目部发生资金周转困难时优先发放民工工资，以创建和谐社会。

9.4.9 主要经济技术指标

1. 工期

计划工期1305日历天。

2. 质量目标

确保"钱江杯"，争创"鲁班奖"工程。

3. 安全指标

实现"五无"，即无残疾、无重伤、无火灾、无中毒、无坍塌；负伤率控制在1.5‰以内，实现重大伤亡事故为零的目标。

4. 文明施工目标

现场达标，确保××市安全文明工地和××省安全文明工地。

5. 新技术应用目标

争创住房和城乡建设部新技术应用示范工程。

模块小结

建设工程项目管理规划包括建设工程项目管理规划大纲和建设工程项目管理实施规划两大类。本模块在全面介绍建设工程项目管理规划的基础上，详细介绍了建设工程项目管理实施规划，并给出了某工程项目管理实施规划案例。要求学生重点掌握建设工程项目管理实施规划的编制内容和编制方法。国家标准《建筑施工组织设计规范》(GB/T 50502—2009)规定的施工组织设计的内容和作用与建设工程项目管理规划具有一定的共性。

由于学生缺乏实践经验，学习本模块有一定的困难，应注意理论联系实际，结合案例解析，初步掌握理论知识，并不断提高实践动手能力。

思考与练习

一、单选题

1. 建设工程项目管理规划大纲是由（　　）编制的。
A. 项目管理层　　B. 建设单位　　C. 企业管理层　　D. 监理单位
2. 建设工程项目管理实施规划的服务范围是（　　）。
A. 投标与签约阶段　　　　　　　　B. 收尾阶段
C. 施工准备至验收阶段　　　　　　D. 设计阶段

3. 施工承包单位的计划体系包括投标之前编制的建设工程项目管理规划大纲和签订合同之后编制的建设工程项目管理实施规划，其中，建设工程项目管理实施规划应（　　）。

A. 由企业管理层在投标之前编制

B. 由企业管理层在开工之前编制

C. 由施工项目经理在投标之前编制

D. 由施工项目经理在开工之前主持编制

4. 当工期紧迫时，室内装修应考虑采取（　　）的施工流向。

A. 自上而下　　　B. 自左向右　　　C. 自下而上　　　D. 自右向左

5. 柔性防水屋面的施工顺序正确的是（　　）。

A. 保护隔热层→找平层→保温层→找平层→柔性防水层

B. 柔性防水层→保温层→找平层→保护隔热层

C. 找平层→保温层→找平层→柔性防水层→保护隔热层

D. 找平层→保温层→柔性防水层→保护隔热层

6. 门窗油漆和安装玻璃的次序一般采用（　　）。

A. 二者同时进行　　　　　　　　B. 先油漆门窗扇，后安装玻璃

C. 先安装玻璃，后油漆门窗扇　　D. 无所谓先后

7. 对于厂房内设备基础的施工，采用（　　）施工，是指厂房柱基础与设备基础同时施工或设备基础先施工。

A. 敞开式　　　B. 封闭式　　　C. 先敞开后封闭　　　D. 先封闭后敞开

8. 以下（　　）不属于施工组织设计的基本内容。

A. 项目范围管理规划　　　　　　B. 施工部署

C. 施工准备与资源配置计划　　　D. 施工现场平面布置

9. 施工组织总设计应由（　　）审批。

A. 项目技术负责人　　　　　　　B. 施工单位技术负责人

C. 总承包单位技术负责人　　　　D. 施工单位技术负责人授权的技术人员

二、多选题

1. 以下（　　）属于建设工程项目管理实施规划的编制依据。

A. 招标文件及发包人对招标文件的解释　　B. 项目合同及相关资料

C. 建设工程项目管理规划大纲　　　　　　D. 工程情况与特点

E. 项目设计文件

2. 以下（　　）属于建设工程项目管理实施规划的内容。

A. 项目范围管理规划　　B. 项目概论概况　　C. 施工方案

D. 成本计划　　　　　　E. 施工现场平面布置图

3. 项目总体工作安排主要是对重大的组织问题和技术问题做出规划和决策，主要内容包括（　　）。

A. 施工流向的确定

B. 质量、进度、成本、安全生产、绿色建造与环境管理目标

C. 区段划分与施工程序

D. 项目管理总体安排

E. 工程特点分析

4. 以下（　　）属于施工方案的内容。
   A. 施工流向的确定　　　　B. 施工顺序的确定　　　C. 施工阶段划分
   D. 项目管理总体安排　　　E. 施工方法和施工机械的选择

5. 室内装修可采用（　　）等流向。
   A. 自上而下　　　　　　　B. 自左向右　　　　　　C. 自下而上
   D. 自右向左　　　　　　　E. 自中间向上，自中间向下

6. 室内装修采用自上而下的流向，具有（　　）等特点。
   A. 可以与主体结构平行搭接施工，从而缩短工期
   B. 房屋主体结构完成后，建筑物有足够的沉降和收缩期，可保证室内装修质量
   C. 可以减少或避免各工种操作互相交叉，有利于施工安全
   D. 自上而下的楼层清理也很方便
   E. 不能与主体结构施工搭接，总工期相应较长

7. 同一楼层内装修顺序"楼地面→顶棚→墙面"与"顶棚→墙面→楼地面"相比，具有（　　）的特点。
   A. 便于清理地面基层，楼地面质量易保证
   B. 便于收集墙面和顶棚的落地灰，节约材料
   C. 注意楼地面成品保护，否则后一道工序不能及时进行
   D. 在楼地面施工之前，必须将落地灰清扫干净，否则会影响面层与结构层间的黏结，引起楼地面起壳
   E. 无须进行楼地面成品保护

8. 对于厂房内设备基础的施工，封闭式施工适用于（　　）的情况。
   A. 设备基础埋置深（超过厂房柱基础埋置深度）、体积大
   B. 设备基础埋置浅（不超过厂房柱基础埋置深度）、体积小
   C. 土质较好
   D. 设备基础距柱基础较近
   E. 设备基础距柱基础较远、对厂房结构稳定性无影响

9. 以下（　　）属于施工平面图设计的原则。
   A. 要布置紧凑，少占或不占农田，尽可能减少施工占地面积
   B. 最大限度缩短场内运距，尽可能减少二次搬运
   C. 在满足需要的前提下，减少临时设施的搭设
   D. 施工平面图是施工现场文明施工的重要保证
   E. 各项布置内容，应符合劳动保护、技术安全、防火和防洪的要求

10. 施工组织设计按编制对象不同可以分为（　　）。
    A. 施工组织总设计　　　　　　　　B. 单项工程施工组织设计
    C. 单位工程施工组织设计　　　　　D. 施工方案
    E. 专项施工组织设计

三、简答题

1. 什么是建设工程项目管理规划？

2. 简述建设工程项目管理规划大纲和建设工程项目管理实施规划的联系与区别。
3. 建设工程项目管理规划大纲一般包括哪些内容？
4. 建设工程项目管理实施规划一般包括哪些内容？
5. 项目概况一般包括哪些内容？
6. 项目总体工作安排一般包括哪些内容？
7. 施工方案一般包括哪些内容？
8. 确定施工流向一般要考虑哪些因素？
9. 多层砌体结构房屋的施工顺序应如何确定？
10. 装配式单层工业厂房的施工顺序应如何确定？
11. 单位工程施工平面图一般包括哪些内容？
12. 简述单位工程施工平面图的设计步骤。
13. 建筑施工组织设计包括哪些基本内容？

参 考 文 献

成虎，陈群，2015. 工程项目管理［M］. 4版. 北京：中国建筑工业出版社.
丛培经，2017. 工程项目管理［M］. 5版. 北京：中国建筑工业出版社.
丁士昭，2014. 工程项目管理［M］. 2版. 北京：中国建筑工业出版社.
范红岩，宋岩丽，2024. 建筑工程项目管理［M］. 3版. 北京：北京大学出版社.
黄春蕾，2020. 建设工程项目管理［M］. 北京：中国建筑工业出版社.
刘晓丽，谷莹莹，2022. 建筑工程项目管理［M］. 3版. 北京：北京理工大学出版社.
全国二级建造师执业资格考试用书编写委员会，2023. 建设工程施工管理［M］. 北京：中国建筑工业出版社.
全国一级建造师执业资格考试用书编写委员会，2023. 建设工程项目管理［M］. 北京：中国建筑工业出版社.
全国咨询工程师（投资）职业资格考试参考教材编写委员会，2021. 项目决策分析与评价［M］. 北京：中国统计出版社.
王辉，2019. 建设工程项目管理［M］. 3版. 北京：北京大学出版社.
危道军，2019. 工程项目管理［M］. 4版. 武汉：武汉理工大学出版社.
银花，2019. 建设工程项目管理［M］. 北京：中国建筑工业出版社.
中华人民共和国住房和城乡建设部，2017. 建设工程项目管理规范：GB/T 50326—2017［M］. 北京：中国建筑工业出版社.